La Reconquista contada para escépticos

Juan Eslava Galán

LA RECONQUISTA CONTADA PARA ESCÉPTICOS

Planeta

Autor representado por Silvia Bastos, S. L., Agencia Literaria

Av. Diagonal, 662-664, 08034 Barcelona
www.planetadelibros.com

Iconografía: Grupo Planeta

Ilustraciones del interior: archivo del autor, © AESA, © Gradual Map, © Ana Miralles, © akg-images / Album, © sfgp / Album, © Oronoz / Album, © zabanski / Shutterstock, © Teo Moreno Moreno / Alamy / ACI, © Art Media / Heritage Images / Album, © Granger, NYC / Album, © Sergei Nezhinskii / Dreamstime, © The Print Collector / Alamy / ACI, © akg-images / Pictures From History / Album, © akg-images / Bildarchiv Monheim / Album, © rook76 / Shutterstock, © Evan Frank / Alamy / ACI, © Gibon Art / Alamy / ACI, © Allen Brown / Alamy / ACI, © Bridgeman Images / Agefotostock, © British Library / Album, © Luis Castañeda / Agefotostock, © The Picture Art Collection / Alamy / ACI, © Magite Historic / Alamy / ACI, © Heritage Image Partnership Ltd / Alamy / ACI, © Art Collection 4 / Alamy / ACI, © Granger, NYC / Album, © akg / Bildarchiv Steffens / Album, © Jimlop collection / Alamy / ACI, © Qrt / Alamy / ACI, © Granger - Historical Picture Archive / Alamy / ACI, © CallumFTW / Shutterstock, © Florilegius / Album, © Heritage Art / Heritage Images / Album, © akg-images / Album, © Historic Images / Alamy / ACI, © David Bagnall (1) / Alamy / ACI, © Stefano Ravera / Alamy / ACI, © Lebrecht Music & Arts / Alamy / ACI, © Antonio Real / Agefotostock, © Colección Manuel Mateo Pérez, Museo de Jaén, © Pedro Díez, © akg-images / Andrea Jemolo / Album, © Metropolitan Museum of Art, NY / Album, © joserpizarro / Shutterstock, © Kurwenal / Prisma / Album, © sfgp / Album, © Antonio García Fernández, © Soyazur / iStockphoto, © Luis Serrano, © Pepepitos / Wikimedia, © FLHC 54 / Alamy / ACI, © akg-images / Fototeca Gilardi / Album, © Erich Lessing / Album, © Joseph Martin / Album, © De Agostini / Biblioteca Ambrosiana / Album, © Agefotostock, © Juan García Rosell / Wikimedia

Primera edición: octubre de 2022
Tercera impresión: enero de 2023
Depósito legal: B. 14.081-2022
ISBN: 978-84-08-26342-5
Preimpresión: Safekat, S. L.
Impresión: Unigraf
Printed in Spain – Impreso en España

PEFC
PEFC/14-38-00305
Certificado PEFC
Este libro procede de bosques gestionados de forma sostenible y fuentes controladas
www.pefc.es

El papel utilizado para la impresión de este libro está calificado como **papel ecológico** y procede de bosques gestionados de manera **sostenible.**

Índice

CAPÍTULO I

Una tierra de tesoros

Año 710. Un día soleado de primavera dos hombres pasean por las blancas arenas de la playa de Dalia, en Marruecos. El de más edad es Musa ibn Nusayr, gobernador (valí) de Ifriqiya; su acompañante es el mercader bizantino Arcadio Monómakos.

Se detienen un momento a contemplar el paso de una bandada de cigüeñas que atraviesa el estrecho en su anual migración.

Al otro lado del mar, a solo catorce kilómetros, se distinguen las verdes costas y los grises promontorios de la roca de Calpe, hoy Gibraltar.

—¿Es cierto lo que se dice de los tesoros de Spania? —pregunta Musa volviéndose hacia su interlocutor.

Arcadio Monómakos ha recorrido todas las regiones habitables de la tierra y se precia de conocer la variedad del mundo. Medita un momento antes de responder. ¿Será prudente informar al valí sobre las riquezas del reino de los godos? Por otra parte, es probable que Musa solo quiera confirmar lo que ya sabe.

—Spania es muy variada, señor —responde—. Es una tierra fértil en la que se recogen cosechas abundantes de cuanto pueda desearse: trigo, vid, olivas, higos… Es famosa también por la dulzura de sus aguas y la hermosura de sus mujeres. En el sur es verde y tiene prósperas ciudades, como Córdoba, Mérida, Carmona y Écija; más al norte, en el camino de Toledo, donde reside su rey, hay una mina de plata líquida[1] y filones de plomo, cobre y estaño.

1. Se refiere al mercurio de Almadén.

—¿Es cierto que existe una ciudad construida enteramente de cobre? —pregunta Musa.

—Medina al-Baht, así la llaman, señor —asiente Monómakos—. Muchos hablan de ella y cuentan sus grandezas, pero yo no la he visitado. Dicen que está rodeada por desiertos, cerca del mar de las Tinieblas, y que sus muros heridos por el sol brillan con una blancura cegadora. Solo tiene una puerta, enorme, de roble, chapada en oro. En su centro hay un palacio sostenido por cuatro hileras de columnas de oro en el que solo habitan miles de cuervos.[2] Todo esto es lo que se cuenta, pero lo cierto es que los que intentan llegar a la ciudad del cobre no regresan.

»Un rey quiso explorarla y se presentó ante ella con un ejército. Para acceder tenía que pasar por un puente en el que había un arquero. Cuando sus soldados se acercaron disparó una flecha y mató a uno de ellos, lanzó otra flecha y mató a otro y, antes de disparar la tercera, se desplomó. Llegaron a él y resultó que era un autómata hecho de cobre.

—¿Y qué hicieron?

—El rey se asustó y prefirió no entrar en la ciudad.

Musa camina un trecho en reflexivo silencio.

—¿Y es cierto que tienen el tesoro del profeta Suleyman, la paz sea con él?

Arcadio Monómakos titubea. Suleyman es como llaman los árabes al rey Salomón de la Biblia.

¿Quién había hablado al valí del tesoro sagrado de los godos?

—Eso se dice, señor —responde—. Los godos guardan celosamente sus secretos, pero pudiera ser que ese tesoro estuviera en Toledo.

—¿Pudiera ser? —repite Musa—. Dime lo que sepas del asunto.

Monómakos se mesa la barba entrecana, recortada a la moda griega, mejillas rasuradas.

2. La leyenda aparece en las noches 340 y 341 de la colección de cuentos *Las mil y una noches,* compuesta hacia el año 850 a partir de un libro persa anterior.

—Señor, es fama, pero la verdad solo Dios la sabe, que los romanos que saquearon Jerusalén en tiempos de Vespasiano (año 70) llevaron esos tesoros a Roma, donde, siglos después, los requisó el godo Alarico (año 410) que los llevó a Tolosa, donde Alarico había establecido su morada. Cuando los godos cedieron Tolosa a los francos (año 507), se replegaron a sus posesiones de Spania y trasladaron a Toledo el tesoro de Suleyman. Lo depositaron, eso se dice, en una casa fuerte de piedra que nunca se abre. Yo la he visto. No tiene ventanas, solo una puerta ferrada pequeña y baja, llena de candados, porque cada nuevo rey godo añade uno nuevo. Es lo primero que hacen los reyes godos, después de que el obispo los unja con el óleo sagrado.

Medita Musa mientras prosiguen el paseo. A lo lejos, unos pescadores desnudos jalan la barca a la playa entre roncos cánticos. Arrastra la brisa un aroma a yodo y a algas podridas.

Los paseantes remontan una leve duna. Se sientan a la sombra de una higuera que, caldeada por el sol, difunde su fresco e intenso olor.

En silencio contemplan las lejanas costas de Spania. En menos de un siglo los árabes han conquistado medio mundo y forjado un imperio más extenso que el de Alejandro Magno y el de los césares romanos, cavila Monómakos. Quizá el valí de Ifriqiya planee proseguir las conquistas en la tierra de los godos.

—Las noticias de esos tesoros han llegado a Damasco —declara al fin el musulmán—. Mi señor, el califa Walid I, que Alá guarde, desea uno de esos vasos en los que Suleyman mantenía encerrado un *efrit*.

Monómakos conoce la leyenda del genio encerrado en una redoma que aconsejaba sabiamente a Salomón.[3]

3. No es fantasía. Muchos árabes creían en ello basados en el propio texto sagrado. Hasta el musulmán más ignorante había escuchado y repetido miles de veces las aleyas 11 y 12 de la sura 34 del Corán: «Suleyman tenía espíritus que trabajaban entre sus manos por permiso del Señor [...] hacían para él lo que quería, desde estrados de honor e imágenes y platos hasta fuentes de cobre y acetres sólidos».

—Señor, todo esto que cuento es lo que se dice —lo previene Monómakos—. Bien pudiera no ser cierto.

—Pero tú mismo ratificas lo que atañe a Spania, la variedad de sus regiones, el caudal de sus ríos, la abundancia de sus cosechas, la dulzura de sus aguas y la belleza de sus mujeres.[4]

—Eso es cierto, señor —reconoce el mercader—, aunque últimamente han tenido que afrontar ciertas calamidades.

—¿Qué calamidades?

—La reciente epidemia de peste y las malas cosechas tienen al pueblo al borde de la hambruna. A ello se suma que los godos se hallan enzarzados en una guerra civil.

—Uno de los dos bandos me ha pedido ayuda —corrobora Musa—. Los rebeldes pretenden derrocar al rey Rodrigo y entronizar a Aquila II, hijo del rey anterior, Witiza.[5] El pueblo no derramará su sangre por defender al godo que los trata apenas mejor que a sus perros.

Musa alcanza una breva, la desnuda de su piel y la mastica despacio.

—La fruta está madura, y es dulce y fresca —murmura contemplando la tierra verdigrís al otro lado del Estrecho.

Esa noche Musa ibn Nusayr tarda en conciliar el sueño acuciado por recuerdos y proyectos. Ha gastado su vida en someter

4. En no pocas fuentes musulmanas se resalta que uno de los atractivos de la conquista es «lo que produce esta península de bellas huríes, mujeres griegas, engalanadas con perlas y corales, cubiertas de mantos tejidos en oro, confinadas en castillos de reyes coronados» (Ibn Abd Rabbihi, 1997). Un poderoso estímulo de las conquistas islámicas fue la captura de mujeres y efebos para emplearlos como objetos sexuales. La posesión de *yawari* (esclavas sexuales) era también símbolo de rango social. «Además de engrosar los harenes, las cautivas podían acabar en tabernas y prostíbulos [...]. Esta trata de blancas institucionalizada se mantuvo durante todo el Medievo y pervivió en forma de incursiones de piratas berberiscos en el litoral hispano hasta bien entrado el siglo XVIII» (Yeyo Balbás, 2022, p. 267).

5. La monarquía goda era electiva, lo que le aseguraba cierta inestabilidad. Cuando fallecía un rey, a veces asesinado por algún aspirante a sucederlo, los magnates elegían al siguiente.

a los belicosos beréberes.[6] Rememora con amargura las derrotas y los humillantes sobornos con los que ha logrado la sumisión de algunas tribus para que consientan unirse a su ejército. ¿Dónde emplear a tanto guerrero cuyo sustento le cuesta una fortuna?

Después de la primera oración del día, Musa convoca a uno de sus más experimentados comandantes, Tarif ibn Malluk.

—Toma cuatrocientos guerreros, cruza el Estrecho y tantea las defensas de Spania.

—¡Oír es obedecer! —responde Tarif golpeándose el pecho con el puño.

Tarif desembarca en la punta de Tarifa (llamada en su nombre Yazirat Tarif, «Isla de Tarif»), recorre la comarca sin hallar oposición alguna, saquea el poblado de Iulia Traducta (Algeciras) y regresa con un rico botín *(ganima)*.

—La ocasión de conquistar Spania parece propicia —confirma Musa al califa de Damasco—. La fruta está en su punto. Basta alargar la mano y tomarla.

—Conquista esa tierra con la bendición de Alá —le responde el califa.

6. Los beréberes se extendían desde las costas atlánticas al oasis de Siwa, en Egipto. Los griegos los denominaron *libios;* los romanos, *numidios* o *mauritanos*.

CAPÍTULO 2

La pérdida de España

Después de unos meses de preparativos, en abril de 711 Musa ibn Nusayr envió a su liberto Tariq ibn Ziyad al frente de un ejército de unos nueve mil beréberes, los indígenas apenas islamizados del norte de África.[7]

Podemos imaginar la atracción que aquella costa verde en la que a los moros se les había prometido encontrar riquezas y mujeres.[8] Como dice el poema de Fernán González: *Todos estos paganos, que África mandavan, / contra los de Oropa despechosos estavan.*

Tariq, al que una crónica describe como un hombrón bizco, rubio, valiente e íntegro, desembarcó en Tarifa o en el promon-

7. Conviene no confundir a Tarif, el caudillo del desembarco exploratorio, con Tariq, el conquistador que desembarca al año siguiente y le da nombre a Gibraltar (Ẏabal Tāriq o «Montaña de Tariq»).

8. En adelante, usaremos la castiza expresión *moro* para designar a los islamistas conquistadores de la península ibérica y a sus descendientes. Conste que *moro* no encierra intención peyorativa alguna. Es una venerable palabra que procede del latín *maurus,* versión del griego *μαῦρος (máuros),* «oscuro de piel» o «moreno», que designaba a los habitantes del norte de África, los que mayoritariamente invadieron la península ibérica en 711 y siglos sucesivos. La palabra *árabe* designa a los pueblos originarios de la península arábiga, entre los que surgió la religión islámica, y a la lengua que hablaban. *Musulmán* o *islámico* significa «creyente en el islam», la religión predicada por Mahoma, que hoy se expande por África, Europa, Asia y América.

torio de Calpe que hoy llamamos Gibraltar (Ẏabal Tāriq, «el peñón de Tariq»), y después de ocupar la Isla Verde (al-Yazirat al-Jadra, hoy Algeciras) saqueó la comarca.

Las noticias de los estragos causados por los invasores alcanzaron al rey Rodrigo cuando sitiaba a los insurrectos vascones en Pamplona.

¿Qué hacer?

—Señor, los vascones pueden esperar —le aconsejó su alférez—. Es más urgente atajar a los invasores.

Rodrigo cruzó la península a marchas forzadas y salió al encuentro de los africanos. La batalla se riñó el 19 de junio del 711 junto al río Guadalete (Wadi Lakka).[9]

En algún momento el resultado estuvo dudoso, pero a la caída de la tarde los witizianos se pasaron al enemigo, con el que se habían conchabado bajo promesa de instaurar en el trono a Aquila II.[10]

9. Algún historiador sostiene que los moros no desembarcaron en el Estrecho, sino cerca de Cartagena. Tampoco está claro dónde se riñó la famosa batalla del Guadalete o de la Janda, en la que los invasores derrotaron al rey Rodrigo. Desde el siglo XIX, historiadores como los hermanos Oliver Hurtado, Eduardo Saavedra y Sánchez Albornoz la sitúan en el Guadalete o, más exactamente, en los *Transductini promonturii,* las sierras que rodean la bahía de Algeciras en la proximidad de la laguna de la Janda, que abarcaba las marismas del río Barbate y un humedal de cuatro mil hectáreas desecado a mediados del siglo XX (Yeyo Balbás, 2022, p. 309). El caso es que la batalla fue larga y peleada y que Rodrigo pereció en ella junto a lo más distinguido de la aristocracia goda, los que lucían en los dedos anillos de oro (las categorías inferiores los llevaban de plata o de cobre). El poeta cordobés Ibn Abd Rabbihi (siglo X) transmite la arenga de Musa a sus tropas la víspera de la batalla en su obra *Al-'iqd al-farīd:* «Tenemos el mar a la espalda y al enemigo delante [...]. Estamos más abandonados que huérfanos en banquete de usureros [...]. Adonde os conduzco iré yo el primero. A poco que perseveréis en la empresa os espera un largo disfrute de exquisitas delicias [...], ser yernos y cuñados de los reyes de esta tierra» (Ibn Abd Rabbihi, 1997). Observemos que las exquisitas delicias del reclamo son el botín y las mujeres.

10. Los traidores estaban capitaneados por los hermanos del difunto rey Witiza, Oppas y Sisberto. Oppas fue sucesivamente obispo de Sevilla

El resultado de esta traición fue la completa derrota de Rodrigo. El propio rey pereció en la batalla, aunque entre tantos muertos dispersos por el barrizal e hinchados por el sol nadie identificó su cadáver. Rodrigo se perdió para la historia y se convirtió en un personaje de leyenda.[11]

—La conquista de Spania es empresa fácil —comunicó Tariq a Musa—, pero necesito más tropas para dominar una tierra tan extensa.

Musa no podía consentir que un simple liberto suyo figurara como vencedor ante el califa de Damasco.

—Ese camello no se comerá un dátil tan dulce —metaforizó—. Conquistaré personalmente Spania.

Musa desembarcó en Algeciras al frente de unos veinte mil árabes.[12]

Fue un paseo militar por unas antiguas calzadas romanas en las que ya volvía a crecer la hierba. En los meses siguientes los

---

y de Toledo, y alguna vez medió entre invasores e invadidos, siempre a favor de los primeros. Menudo pájaro, el monseñor.

11. Tan solo quedó de él un sorprendente testimonio material, su retrato en los baños de Qusair Amra, en el remoto desierto sirio, a ochenta y cinco kilómetros de Amán, donde, bajo la palabra griega *niké* («victoria»), aparece en la galería de reyes sometidos por el califa (un chino de la dinastía Tang, un turco o hindú, quizá Dahir; el persa Cosroes, Qaysar, el basileo de Bizancio, el negus de Abisinia y Rodrigo el godo, el más reciente, joven e imberbe). Los baños, fechados entre 723 y 743, son obra del disoluto príncipe Walid ibn Yazid, que aspiraba a vivir como un emperador romano: caza, vino, mujeres y masajes, pero apenas pudo disfrutar de ellos porque ascendió al califato al año siguiente, como Walid II, y a los pocos meses fue asesinado por esos creyentes fanáticos que, en cualquier país o época, ni viven ni dejan vivir.

12. Los árabes que acompañaron a Musa eran kalbíes y qaysíes, dos tribus originarias de la península arábiga. Nunca se llevaron bien, aunque después de las predicaciones de Mahoma hicieron causa común para extender el islam por el mundo. Los kalbíes eran originarios del sur de Arabia; los qaysíes, del norte. Tenían poco en común, aparte de la religión y el idioma. Los kalbíes eran hortelanos sedentarios (aportaron a Andalucía y Levante la rica tradición de los regadíos); por el contrario, los qaysíes eran pastores y camelleros nómadas.

invasores sometieron Carmona, Sevilla, Écija, Córdoba, Mérida y Toledo. Una tropa menor al mando de Abd al-Aziz, hijo de Musa, conquistaba Málaga, Granada y la costa levantina.

Los escasos datos de que disponemos confirman que la conquista islámica fue la correría de una horda fanatizada que invadió a sangre y fuego un país indefenso. *Con la espada, el hambre y la cautividad devasta no solo la Spania ulterior, sino también la citerior hasta más allá de Zaragoza [...]. Hermosas ciudades, reducidas a cenizas; señores y nobles crucificados, niños y lactantes descuartizados [...]. Así, sobre esta España desdichada establecen un reino bárbaro.*[13]

Renunciamos a reproducir otros textos igualmente islamófobos que soliviantan el ánimo de todo creyente en la Alianza de Civilizaciones y el diálogo entre culturas.[14]

Los moros se caracterizaban por la «codicia y ferocidad».[15] Saqueaban poblados y alquerías, demolían las iglesias. Toda resistencia se ahogaba en sangre.[16] Los aterrados godos apenas

13. Yeyo Balbás, 2022, p. 372; Albarrán, 2013, p. 56.

14. *Las sus caras dellos negras como la pez, el más fermoso dellos era negro como la olla, así luzían sus ojos como candelas [...] La vil yente de los africanos que se non solie preciar de fuerça ni de bondad, et todos sus fechos fazie con art et a enganno* (Menéndez Pidal, 1955, 1, 559). *Espanna la gentyl fue luego destruyda, / eran sennores della la gente descreyda, / los cristianos mesquinos avyan muy mala vida, / nunca fue en cristianos tan grand cuyta venida. / Dentro en las yglesias fazían establías,* [establos] */ fazían en los altares muchas fieras follías* [profanaciones] */ rrobavan los tesoros de las sacristanías* (*Poema de Fernán González,* en Menéndez Pidal, 1951).

15. Serafín Fanjul (<https://www.ersilias.com/la-epoca-de-al-Ándalus-fue-terrorifica/>). «Gente belicosa y feroz, ansiosa de combate y ávida de botín, la describe un cronista árabe» (Simonet, 1897-1903, prólogo, pp. LI y 48).

16. En Córdoba, los soldados godos se refugiaron en el monasterio de San Acisclo. Después de tres meses de heroica resistencia se rindieron bajo promesa de que les respetarían la vida, pero los moros los pasaron a cuchillo (Sánchez Saus, 2016, p. 66; Simonet, 1897-1903, p. 49). No es por hacer sangre, pero ¿no nos suena familiar esa actitud de los moros? En efecto, fue lo que sus correligionarios hicieron en la guerra de Marruecos (1921). Atormentados por la sed, miles de españoles sitiados se rindieron

opusieron resistencia. Había cundido la especie de que los moros eran caníbales.[17]

Solo existía un modo de hurtarse del infausto destino: entregarse al invasor sin resistencia.

Existe en la *Crónica mozárabe* un pasaje interesante que explica la pasividad de buena parte de la población invadida: «Sembrando en todos el pánico, las pocas ciudades restantes se ven obligadas a pedir la paz, e inmediatamente, complaciente y sonriendo, con cierta astucia, [Musa] concede las condiciones pedidas».[18]

¿De qué condiciones estamos hablando? La práctica, que perdurará con pocos cambios durante toda la Edad Media, establece que el que resiste por las armas pierde todo derecho, incluido el de la vida, pero el que se entrega sin resistencia conserva ciertos derechos.

En su progreso por tierras de Levante, el joven Abd al-Aziz se topó con el poderoso conde visigodo Teodomiro (Tudmir), cuyos dominios abarcaban las actuales provincias de Murcia y Alicante.

---

bajo promesa de perdonarles la vida, pero en cuanto entregaban las armas degollaban a los más afortunados y a otros los abrían en canal, los castraban o los quemaban vivos.

17. Al parecer, tras la batalla del Guadalete, el astuto Tariq ordenó a su lugarteniente: «Instala calderas a la vista del corral de los prisioneros, descuartizas unos cuantos cadáveres y hierve sus tajadas».

Cuando los liberaron, previo pago del rescate, se extendió por Spania el rumor de que los moros se alimentaban de carne humana con el consiguiente estupor de los visigodos (Levi della Vida, 1971, pp. 193-201). En el siglo XIII el *Poema de Fernán González* guarda memoria de esta estratagema moruna: *Quiero vos dezir cosa que fizo retraer: / prendien a los cristianos, mandávanlos cozer, / fazían semejante que los ivan comer / por tal que les podiessen mayor miedo meter. / Tenían otros presos, dexavan los foir / por que veien las penas a los otros sofrir, / avían por do ivan las nuevas a decir. / Dezían e afirmavan que los vieran cozer, / cozían e asavan omnes pora comer; / quantos que lo oían ivan se a perder, / non sabien, con grand miedo, adónde se asconder* (Menéndez Pidal, 1951).

18. *Crónica mozárabe de 754* (Anónimo, 1991, pp. 71-73).

Teodomiro era suficientemente poderoso como para reunir un notable ejército con el que enfrentarse a los moros. Abd al-Aziz comprendió que obrando por la fuerza iba a dejar muchos pelos en la gatera.

—Negociemos, que hablando se entiende la gente —propuso el enviado de Teodomiro.

Invasor e invadido llegaron a un acuerdo: tú te sometes al islam y yo respeto tus propiedades.

Los términos del acuerdo entre Abd al-Aziz y el conde Tudmir permiten entrever la clase de conquista «pacífica» que practicaba el islam. Al godo colaboracionista se le concede que «sus súbditos no serán asesinados ni cautivados ni separados de sus mujeres e hijos [...], sus iglesias no serán incendiadas ni despojadas de sus objetos de culto [...]. A cambio de este tratamiento, Tudmir y sus súbditos se comprometen a satisfacer un tributo anual de un dinar de oro, cuatro almudes de trigo y cuatro de cebada, cuatro medidas de mosto, cuatro de vinagre, dos de miel y dos de aceite, tasa de la que los esclavos pagarán la mitad».[19]

Muchos otros nobles godos, especialmente los witizianos culpables de la catástrofe, aceptaron someterse a la nueva gerencia a cambio de que se les respetaran propiedades y privilegios.[20] Incluso hicieron más por arrimarse al sol que más calienta: convertirse al islam. En cuanto pasaron unas pocas generaciones muchos descendientes de visigodos o de beréberes se harían pasar por árabes de pura cepa, descendientes de antiguas estirpes llegadas de Arabia con los primeros conquistadores.

En cuanto a los witizianos, para justificarse ante la historia, culparon de la pérdida de Spania al conde don Julián, gobernador de Ceuta, que había facilitado las pateras con las que los moros cruzaron el Estrecho.

19. Riu Riu, 2008, p. 20.

20. Entre ellos, en tierras de Aragón, el potentado visigodo Fortún, hijo de Casio, que incluso se convirtió al islam y sus descendientes fueron los Banu Qasi («hijos de Casio»).

¿Por qué lo hizo? Para vengarse de Rodrigo, que le había seducido o violado a su hija Florinda.[21]

En el palacio godo de Toledo, sede del nuevo poder, Musa contemplaba el fabuloso botín *(ganima)* reunido por Tariq y, en especial, el tesoro de Salomón que Alarico el Grande capturó en Roma.[22]

21. El conde don Julián (arabizado Yulyan) es una figura enigmática: solo sabemos que era cristiano. Los estudiosos Diehl, Pringle, Goubert y Levy-Provençal creen que fue el último gobernador bizantino de Ceuta (Septem), Torres López cree que era visigodo y los venerables Codero y Sánchez Albornoz lo tienen por jeque beréber de la tribu cristiana de los Gómara, que ocupaba la región de Tánger y mantuvo cierta independencia después de pactar con los invasores islámicos.

¿Por qué perpetró Julián su presunta felonía con la muchacha? Dos versiones circulan del hecho: a) el acto fue consentido; b) el rey violó a la muchacha. La versión b), heredera del folklore de varios pueblos, es la que transmite la *Crónica general* (Menéndez Pidal, 1955, vol. 1, caps. 554 a 559, pp. 307-314): «De la fuerza que fue fecha a la fija o a la muger del cuende Julian, et de como se conjuro por ende con los moros». Al parecer el monarca se había prendado de la doncella después de contemplarla desnuda mientras se bañaba (de hecho, una zona del Tajo a su paso por Toledo es conocida todavía por «el baño de Florinda»). La versión a) asegura que doncella y monarca habían intimado hasta el punto de que en los despueses del acto sexual ella extremaba los mimos hasta el punto de sacarle aradores con un alfilerito de oro. El arador es el ácaro que produce la sarna, padecimiento muy común en aquellos tiempos de precaria higiene. Alguna fuente mezcla las dos versiones: «Ella dice que hubo fuerza; él, que gusto compartido». Nada nuevo bajo el sol. «El nombre de Florinda aparece por primera vez en la obra del morisco Miguel de Luna (1592)» (Yeyo Balbás, 2022, p. 275).

22. Un poema antiguo árabe acierta a describir la emoción: *Hemos venido de las dilatadas arenas donde nace el simún / nuestros caballos se hundían en ellas como polvo de oro hasta las rodillas, / de noche, estrellas enormes como frutos, señalaban el camino. / Hemos venido de las dilatadas arenas donde nacen leones, / de día, nuestros escudos eran como soles en marcha, / de noche, nuestras lanzas despedían estrellas / a nuestros hermanos caídos los sepultamos de pie, mirando a Occidente. / Hemos venido de las dilatadas arenas donde nacieron los faraones / sin volver la cabeza hacia las pirámides, / hemos venido de las dilatadas arenas donde verdean oasis más bellos que los*

Llegó la estación de las lluvias de 713. Los caminos embarrados y las menguantes horas de luz imponían un cese de las operaciones. Instalado en el palacio de Toledo, Musa allegaba refuerzos de África para la próxima campaña mientras recibía a los nobles visigodos que después de la primera espantada lo habían repensado y bajaban de las montañas para ofrecérsele.

En la primavera de 714, Musa se puso nuevamente en marcha. Fiel a su táctica de hacerse con las grandes ciudades de la península, se encaminó a Zaragoza. Allí lo alcanzó un correo del califa:

—Preséntate ante mí y trae contigo a Tariq.

Sin excusa ni pretexto, como formulaban las conminatorias citaciones oficiales franquistas.

Probablemente, el califa sospechaba que sus oficiales le estaban escamoteando los fabulosos tesoros hallados en la remota Spania.

Damasco quedaba muy lejos. Antes de obedecer, Musa se aseguró la conquista nominal del resto de la península: León, Astorga, Asturias y Galicia.

Además de estragar la península, hacia 719 y en años sucesivos los moros atravesaron los Pirineos y conquistaron las regiones galas de la Septimania y la Narbonense, con sus importantes centros de Narbona, Arlés, Nimes, Carcasona y Aviñón, casi siempre por medio de pactos, porque el terror los precedía. Incluso llegaron a Autum (725) donde capturaron un importante tesoro.[23]

---

jardines del paraíso, / pero sus encantos no nos han retenido / hemos venido de las dilatadas arenas en las que resuena la palabra de Alá (*El jardín de las caricias,* Anónimo, 1952, pp. 20-21).

23. El califa Sulaimán, entusiasmado por los buenos resultados obtenidos en Spania, animó a Al-Samh ibn Malik al-Khawlani, quinto valí de al-Ándalus, a proseguir la conquista de Europa. El valí pasó los Pirineos en 719 y después de dos campañas asaltó Narbona donde pasó a cuchillo a los hombres y cautivó a las mujeres y niños. El terror se apoderó de la región y muchas ciudades se le rindieron. Su suerte cambió cuando intentó asaltar Tolosa, pero un ejército franco lo interceptó y derrotó el 10 de

En poco más de dos años, los moros habían ocupado el reino visigodo de Spania. Los cristianos emplearían ocho siglos en recuperar el terreno perdido.

En esos siglos tuvieron mucho tiempo para preguntarse «¿en qué hemos fallado, por qué ha permitido Dios que caigamos en manos de la secta de Mahoma?».

La respuesta la predicaba machaconamente la Iglesia barriendo *pro domo sua:*

—Hemos fallado por nuestros pecados, por apartarnos de la ley divina. Todo lo que nos ocurre es castigo de Dios.

Durante mucho tiempo, casi hasta nuestros días, las calamidades caídas sobre el pueblo español las ha achacado la Iglesia a su desobediencia de la ley de Dios.

Esa corriente, cuyas remotas raíces se remontan a la Biblia, recorre nuestra historia apoyada por notables ejemplos de intromisión divina en los asuntos del mundo. Veamos dos ejemplos.

Primero: el pecado de Rodrigo y el de los visigodos (muchos de los cuales aún coqueteaban con el arrianismo) se pagó con la invasión de España, pero poco después la Providencia se apiadó del pueblo y permitió que el virtuoso Pelayo venciera a los moros.

Segundo: Dios castigó a Alfonso VIII con la derrota de Alarcos (1195) por haber abandonado a su esposa legítima por una beldad judía que le había sorbido el seso.[24] Los nobles compren-

junio de 721. Al-Samh pereció en el combate (Yeyyo Balbás, 2022, p. 447; Manzano Moreno, 2006, p. 83).

24. *Pagóse mucho de una judía que auie nombre Fermosa, e olvidó la muger, e ençerróse con ella gran tiempo en guisa que non se podié partir d'lla por ninguna manera, nin se pagaua tanto de cosa ninguna: e estouo ençerrado con ella poco menos de siete años [...]. Entonçe ouieron su acuerdo los omes buenos d'l reino cómo pusiesen algún recado en aquel fecho tan malo e tan desaguisado [...] e con este acuerdo fuéronse para allá: e entraron al rey diziendo que queríen fabrar con él: e mientras los unos fabraron con el rey, entraron los otros donde estaua aquella judía en muy nobres estrados, e degolláronla* (Ocampo, 1541, fol. 345). Nos recuerda la historia de Inés de Castro, la noble gallega amante del infante don Pedro de Portugal, a la

dieron que era castigo de Dios y degollaron a la muchacha. Privado de tan importante estímulo, Alfonso recapacitó y regresó contrito al yugo matrimonial. Viendo que retornaba al redil y su buena voluntad y arrepentimiento al fundar el monasterio de las Huelgas y el Estudio General de Palencia, Dios le permitió golear a los almohades en el partido de vuelta, la batalla de las Navas de Tolosa (1212).[25]

Si dejamos en suspenso el asunto de la intervención divina, ¿cómo se explica la facilidad con que los moros conquistaron el reino godo?

Respuesta: seguramente la masa de la población, los campesinos paupérrimos y abrumados de impuestos de origen hispanorromano, no estaban por defender el orden establecido por la minoría goda que los explotaba.

—Peor de lo que estamos no podemos estar con nuevos amos —parece que los oímos.

Por otra parte, es evidente que los invasores pactaron no solo con la aristocracia visigoda, sino también con los obispos que ejercían el control social y se habían apropiado de las competen-

---

que los nobles degüellan con la venia del rey padre por razones de Estado. Pretende la leyenda que cuando Pedro I heredó la corona (1357), hizo desenterrar el cadáver de su amada/amante y lo sentó en el trono para que la corte le hiciera el besamanos como a una reina. También se ocupó de castigar a los ejecutores de doña Inés: a Pedro Coelho, el noble que era *mais forte que o de um touro e mais leal do que o de um cavalo* («más fuerte que un toro y más leal que un caballo»), le hizo arrancar el corazón por el pecho y a Álvaro Gonçalves, su colega, por la espalda. Cumplida la justicia se ennovió con otra gallega de humilde condición, pero de bellas prendas, Teresa Gille Lourenço, en la que concibió a su sucesor Juan I de Portugal, fruto, precisa la crónica, de «una copulación ordinaria o coito vulgar».

25. El tema de que Dios castiga al reino por las veleidades de sus reyes trasciende la Edad Media y sigue plenamente vigente en los Austrias. El doñeador Felipe IV se amargaba pensando que las desdichas de su decadente Imperio se debían a sus devaneos extramatrimoniales, una idea que fomentaba su confidente y gurú, la monja de Ágreda.

cias de los legados imperiales que Roma dejó de enviar cuando liquidó el imperio. Estos prelados colaboraron con el invasor convencidos de que el islam les respetaría su influencia y privilegios.

Después de la conquista vino el reparto del botín. Los árabes de cepa original (la oficialidad del ejército) se reservaron las ricas tierras de los valles del Guadalquivir y del Ebro, así como las ciudades (Córdoba, Sevilla, Granada, Toledo, Zaragoza...). Entiéndase que no buscaban tierras que cultivar, «sino gentes que las cultivaran por ellos».[26]

¿Y los moros norteafricanos que habían sido el grueso de la fuerza invasora y, por decirlo así, la carne de cañón?

Estos recibieron las sobras, los macizos montañosos y las zonas menos fértiles.[27]

Un abuso, sí. Un abuso que provocaría pronto una guerra civil, como veremos en otro capítulo.

En otoño de 714 Musa y Tariq emprendieron por fin el camino de Damasco para justificar su gestión ante el califa.

26. Domínguez Ortiz, 2021, p. 57. Las alquerías *(al-qarīa)* o cortijos (*muyasir* o *maysaru*) de estas zonas suelen coincidir con derivados de las antiguas *villae* romanas a las que a veces protegieron con una torre *(bury)*. Muchas de ellas se convirtieron en unidades de recaudación fiscal.

27. Es importante distinguir entre las tierras obtenidas por derecho de conquista y las conseguidas mediante pacto *(sulh)*. Las conquistadas *(anwatan)* se consideraban botín de guerra *(fay)* y, por tanto, propiedad de la comunidad musulmana *(umma)*, entiéndase el Estado, que podía repartirlas en aparcerías, pero se reservaba siempre la propiedad en nombre del pueblo. Por el contrario, en las sometidas mediante pacto se mantenían las antiguas propiedades, aunque sujetas a tributos. Esta distinción sería muy importante en el futuro y generaría una compleja legislación cuando los emires omeyas litigaron con los descendientes de los conquistadores sobre si determinadas propiedades fueron adquiridas mediante compra a los que detentaban la propiedad por haberlas conservado mediante pacto (Manzano Moreno, 2006, pp. 36-37 y 39). «Los omeyas no querían oír hablar de esos pactos con la aristocracia visigoda que les negaban el dominio eminente de todo al-Ándalus» (*ibidem* p. 41).

Quedaba al frente de Spania Abd al-Aziz, el hijo de Musa, al que podemos considerar el primer valí de la nueva provincia islámica. Imitando a Alejandro Magno y a otros grandes conquistadores de la historia, se casó con la viuda del rey Rodrigo, Egilona.

CAPÍTULO 3

Las leyendas de la conquista

Diversos autores antiguos nos transmiten interesantes leyendas relativas a la conquista.[28]

Vamos con la primera. Existía en Toledo una casa o una cueva que permanecía cerrada desde tiempo inmemorial.[29] La llamaban la Casa de los Cerrojos porque cada nuevo rey añadía un cerrojo y un candado a la puerta sin osar abrirla, porque, según la leyenda, cuando eso ocurriera fatalmente se perdería la monarquía goda.

Treinta y cuatro candados tenía la puerta, uno por cada rey godo, cuando el último de ellos, don Rodrigo, sucumbió a la curiosidad o a la codicia.

—¿No será que la casa guarda un tesoro? —se preguntaba.

Con una palanca, Rodrigo rompió los candados y abrió la puerta.

La casa no contenía nada. Una serie de estancias vacías y polvorientas. En la última, la más oscura y angosta, había un viejo y desvencijado arcón. Rodrigo lo abrió. En el fondo había un pergamino miniado cuyos dibujos representaban jinetes tocados con turbantes y armados de espadas, lanzas y arcos. Una inscrip-

28. «Una leyenda nunca está inventada en el vacío. Tiene una base que suele ser difícil de encontrar, pero si se encuentra, es enormemente reveladora» (García Gómez, 1954, p. 33).

29. Las fuentes la denominan a veces Palacio Encantado, Casa de los Reyes o Casa de Hércules.

ción en vetusto latín rezaba: «Hombres como estos están a punto de conquistar tu reino».[30]

Aterrado por la profecía, Rodrigo cerró de golpe el arcón en el preciso instante en que la primera patera invasora varaba en la soleada playa de Tarifa con un rumor de arenas aplanadas.

La segunda leyenda: había en Toledo un Palacio Encantado o Cueva de Hércules en la que Tariq encontró el tesoro sagrado de los godos.[31] Entre las joyas maravillosas que contenía destacaba

30. La versión del historiador árabe Ibn al-Qutiyya en su *Kitab Iftitah al-Ándalus* difiere un poco: «Se dice que los reyes godos tenían en Toledo una casa, donde había un arca, y en el arca los cuatro Evangelios, sobre los que prestaban juramento. Estimaban mucho aquella casa, y no la abrían. Cuando moría su rey, se escribía allí su nombre. Al alcanzar el reino Rodrigo, se llevó la corona, y los cristianos censuraron eso. Luego, abrió la casa y el cofre, después de que los cristianos le prohibieran abrirlo, y halló allí figuras de árabes, con sus arcos en bandolera y sus turbantes. En la parte inferior podía leerse: "Cuando se abra esta casa y se saquen estas figuras entrará en al-Ándalus gente con esa imagen, y la dominarán"». Existe otra versión en la *Crónica general:* «De cómo el rey Rodrigo abrió el palacio que estava cerrado en Toledo et de las pinturas de los alaraves que vio en el panno» (Menéndez Pidal, 1955, vol. 1, cap. 553, p. 307). Otra versión aparece en el libro de *Las mil y una noches* (noche 272).

31. Se creía que la misteriosa cueva estaba bajo la iglesia de San Ginés, hoy desaparecida, y que sus galerías se prolongaban fuera de la ciudad hasta tres leguas de distancia. El cardenal Martínez Silíceo (1486-1557) decidió explorarla: «A cosa de media legua toparon una mesa de piedra con una estatua de bronce [...], después prosiguieron hasta dar con un gran golpe de agua». No se atrevieron a continuar y regresaron, leemos en la crónica de Cristóbal Lozano. En 1839, nuevos exploradores se descolgaron con cuerdas hasta un osario cuya entrada cerraba una pesada losa y encontraron vestigios de construcciones antiguas, pero la probable entrada de la cueva estaba taponada de escombros. Doce años después, unos oficiales de zapadores los retiraron y descubrieron una sala subterránea, de quince por nueve metros, sostenida por tres arcos de buena sillería que sostenían fuertes bóvedas. La construcción les pareció romana. Hacia 1929, un sacerdote toledano, Ventura López, dedujo que la cueva había albergado ¡un templo asirio fenicio! Una exploración más reciente, de 1974, señala la existencia de diversas galerías, algunas quizá

una mesa de oro y piedras preciosas que había pertenecido al bíblico rey Salomón.[32]

¿Cómo había llegado a Toledo un objeto procedente del templo de Jerusalén?

Ya vimos, páginas atrás, que tras el saqueo de Jerusalén por las legiones romanas (año 70), el tesoro del templo quedó depositado en el templo de Júpiter capitolino de Roma hasta que el rey godo Alarico el Viejo asaltó la ciudad (el 24 de agosto de 410) y trasladó sus tesoros a Toulouse, o a la cercana Carcasona.[33]

Un siglo después, el año 507, Alarico II cedió Toulouse a los belicosos francos y mudó su capital a Toledo. El tesoro del templo quedó depositado en aquella casa a la que cada nuevo rey añadía un cerrojo. Como vimos más arriba, el rey Rodrigo comprobó la falsedad de la leyenda a costa de provocar el cumplimiento de la funesta profecía.[34]

---

inexploradas, que podrían ser sótanos de viviendas o el depósito terminal del acueducto romano o incluso el aljibe de una mezquita desaparecida.

32. Esta leyenda se recoge en el libro de *Las mil y una noches*; noches 202 y 203. Con ser la Mesa de Salomón de un valor material incalculable, su verdadero valor estribaba en el jeroglífico de sus trazos geométricos que ocultaba el nombre oculto de Dios, el *Shem Shemaforash*, revelado por Dios a Moisés en el Sinaí. Después de su hallazgo en Toledo se pierde la pista de la Mesa y ya no vuelven a mencionarla los historiadores. A finales del siglo XIX existió una sociedad secreta, los Doce Apóstoles, cuyo objetivo era la búsqueda de la Mesa de Salomón. Uno de sus consocios, don Fernando Ruano Prieto, barón de Velasco, rico terrateniente y diputado a Cortes por Albarracín durante el reinado de Alfonso XIII, se construyó en 1914 un panteón familiar neobizantino en la iglesia de San Juan en Arjona (Jaén) y adornó el altar con una copia en mármol del jeroglífico de la Mesa de Salomón que contiene el *Shem Shemaforash*. La lápida en cuestión se conserva hoy empotrada en un muro del patio del Ayuntamiento de Arjona (Jaén) y los entendidos que la han examinado creen que contiene un tratado cabalístico en clave geométrica, lo que comúnmente se conoce como *libro mudo*.

33. Procopio de Cesarea, 1961, p. 28.

34. El reiterado hallazgo de alijos de oro y objetos sagrados como los de Guarrazar (Toledo) y Torredonjimeno (Jaén) demuestra que los visigo-

Los invasores amasaron un importante botín en el que sin duda figuraron algunos objetos procedentes del tesoro antiguo de Israel, especialmente la denominada Mesa de Salomón que, según las fuentes árabes, «contenía tanto oro y aljófar como jamás se vio nada igual».

Tariq sospechaba que Musa se arrogaría ante el califa la captura del tesoro (ya habían tenido unas palabras y Musa le había cruzado la cara con su zurriago). ¿Cómo probar ante el califa que el mérito de capturar la Mesa de Salomón le correspondía a él? Recurrió a la astucia de arrancar a la mesa una de sus patas y la sustituyó por otra menos trabajada.[35]

Musa ibn Nusayr llegó al califa Al-Walid y le entregó la Mesa; Tariq dijo entonces: «Yo soy el que la consiguió», pero Musa lo desmintió. Tariq dijo al califa: «Haz traer la Mesa y mira si le falta algo». El califa notó que una pata difería de las otras. Tariq dijo entonces: «Pregúntale a Musa, ¡oh, príncipe de los creyentes!, y si lo que te dice te convence, él tiene la razón». El califa preguntó a Musa y este dijo: «Señor, así estaba la Mesa cuando la encontré». Entonces Tariq presentó al califa la pata que había arrancado y dijo: «Esta es la prueba, ¡oh príncipe de los creyentes!, de que yo he dicho la verdad y de que fui yo quien la consiguió». Al-Walid aceptó su palabra y lo recompensó generosamente.[36]

---

dos ocultaron sus tesoros para salvarlos de los invasores. «¡Cuántos tesoros permanecerán todavía enterrados! Eso explica que durante la Edad Media surgiera toda una literatura de tipo esotérico, con recetas y encantamientos para hallar tesoros» (Domínguez Ortiz, 2021, p. 55).

35. Ibn Abd al-Hakam, 1920, p. 207. El historiador Al-Maqqari escribe: «Ya sospechaba Tariq lo que después sucedió de la envidia de Musa, por las ventajas que había conseguido y que le habría de ordenar la entrega de todo lo que tenía por lo que discurrió arrancarle a la Mesa uno de sus pies y esconderlo en su casa y esta fue, como es sabido, una de las causas de que Tariq quedase vencedor de Musa ante el califa en la disputa que tuvieron sobre sus respectivas conquistas». Sánchez Albornoz, 1978, vol. 1, p. 66. Procede de Al-Maqqari, *Nafh al-tib* (trad. de Lafuente Alcántara, 2014, p. 190).

36. Ibn Abd al-Hakam, 1920, p. 211.

Al-Walid destituyó a Musa de sus cargos y lo apartó de la corte. Tan solo lo convocó en 716 o poco después para entregarle la cabeza de su hijo Abd al-Aziz (el valí de Spania) al que había hecho ejecutar. Poco después Musa fue asesinado mientras oraba en la mezquita de Damasco.[37]

37. Dos versiones del suceso: primera, «un tal Ziyād ben 'Udra al-Balawí le clavó una espada en la espalda mientras exclamaba: "¡Lo que te mereces, hijoputa!"». La segunda es la del polígrafo Ibn Qutayba: «El califa Sulaymān hizo ejecutar a Abd al-Azīz y a su hermano Abd Allah, gobernador de Ifriqiya, temeroso de que se sublevaran al conocer que su padre había caído en desgracia». Las cabezas de los hermanos se enviaron a Damasco como prueba. El califa Soleimán (Sulaymān) tuvo la deferencia de mostrárselas al padre.

CAPÍTULO 4

¿Conversión o conquista?

El publicista autodidacta Ignacio Olagüe (1903-1974) nos plantea en su libro *La revolución islámica en Occidente: los árabes no invadieron jamás España* (1969) una interesante hipótesis, oído al parche: «Creen los historiadores que España fue invadida por unos nómadas llegados de Arabia, sin habérseles ocurrido medir en un mapa el camino que era menester andar, ni tampoco estudiar en obras de geografía los obstáculos que era necesario vencer en tan larguísimo viaje».[38]

Entonces, ¿cómo llegó el islam a España, señor Olagüe?

—En realidad, los musulmanes no invadieron España; fueron los hispanogodos los que se convirtieron masivamente al islam persuadidos por la semejanza del arrianismo con la fe de Mahoma, frente a la corriente trinitaria predominante en el resto de la cristiandad.

Lo que Olagüe propone, y no le faltan secuaces que lo respaldan, dado que la tontería es contagiosa, es que el islam ¡es una religión autóctona surgida en la península ibérica!

Un auténtico bombazo, lo sé. Veamos cómo lo razona: después de la traumática conversión al catolicismo del rey Leovigildo

38. Olagüe, 2017, p. 32. Olagüe, hombre de curiosidad universal, se interesó por la paleontología, la historia, el ensayo, la gastronomía, el teatro, la novela, por el fascismo de Giménez Caballero y por las JONS. El islamólogo Emilio González Ferrín apoya con razonamientos más elaborados esta tesis negacionista con gran escándalo de sus colegas.

(moralmente deshecho porque había ejecutado a su hijo, san Hermenegildo), la Spania visigoda quedó dividida entre dos sectas cristianas: la oficial, que aceptaba el triunfante dogma trinitario (Dios compuesto de tres personas: Padre, Hijo, Espíritu Santo), y el derrotado arrianismo godo, que se resistía a desaparecer (el Hijo no puede ser la misma persona que el Padre).

El clero católico asociado al trono no consiguió imponerse al porfiado arrianismo del pueblo. Resultado: el Estado teocrático visigodo fracasó. A la confusión de las dos creencias contendientes se sumaron unas cuantas calamidades, sequías, malas cosechas y hambruna.

Donde no hay harina, todo es mohína, dice el sabio refranero. Creció el descontento popular y en 711 estalló un conflicto político-religioso entre los trinitarios encabezados por Rodrigo y los witizianos defensores de la doctrina arriana.

Unos y otros vinieron a las manos en las orillas fangosas del río Guadalete, donde ganaron los arrianos, como sabemos.

Después del triunfo arriano se produjo una aproximación de los witizianos al islam. ¿Por qué?

Olagüe suministra la explicación:

—Hombre, repare usted en que guardaban ciertas similitudes doctrinales: la creencia en un Dios único y la consideración de Jesucristo como simple profeta. Si a ello sumamos la más que probable predicación de misioneros musulmanes, podemos concluir que los arrianos ibéricos se acabaron convirtiendo al islam. «Hacia el siglo x florecería la cultura arábigo-andaluza, un mahometanismo de tinte liberal que alcanzaría su cénit en los siglos xi y xii, antes de entrar en decadencia por culpa del dogmatismo introducido por la invasión almorávide.»

La tesis de Olagüe y sus barandas, basada en «una crítica demoledora de las insatisfactorias versiones de la historia y el manejo audaz de unos indicios que no constituyen prueba palmaria»,[39] ha sido ampliamente rebatida por arabistas e histo-

39. Así lo rebatió, con elegancia, su amigo el diplomático Antonio Serrano de Haro en carta del 9 de enero de 1970, que acusaba recibo del libro. El disparate ha sido minuciosamente desmontado por Alejandro

riadores prestigiosos, pero hoy renace al amparo de ciertos movimientos políticos interesados en la implantación del islam en España.[40]

García Sanjuán, por lo que no vale la pena dedicarle mayor espacio. Entre las perlas contenidas por el libro de Olagüe destaca la precisión de que la mezquita de Córdoba estaba construida dos siglos antes de la pretendida invasión de 711. También está convencido de que nunca se expulsó a los moriscos y de que el descubridor de América no fue Colón, sino Juan de la Cosa.

40. La tesis y el libro de Olagüe gozan de gran predicamento entre algunos pseudohistoriadores y ciertos conversos al islam que repudian sus nombres de pila Sebastián, José, Paquita, por Abderramán, Mohamed o Aixa. Como advierte la arabista Dolors Bramon: «Se corre el riesgo de creer que el estricto monoteísmo que se impuso en Arabia por mediación de un profeta aquí surgió por obra y gracia de las luces hispanas. No es esta una buena deducción y, sobre todo, resulta peligrosa en las circunstancias con que en España se vive actualmente el islam, uno de cuyos problemas es, precisamente, el de la dificultad de encontrar una verdadera cohesión y representatividad entre las muy diversas situaciones sociales, económicas y culturales de los hombres y mujeres que constituyen la comunidad musulmana» (Bramon, 1987, p. 27).

CAPÍTULO 5

¿Se convirtieron al islam los hispanogodos?

El resultado de la conquista es que un país poblado por más de cinco millones de hispanogodos se había sometido casi sin resistencia a un ejército de menos de cuarenta mil invasores.

Penetremos ahora en el misterio de esa conversión masiva al islam. ¿Cómo se explica? ¿Por qué la mayoría de la población autóctona adoptó la religión del conquistador?

No podemos descartar que lo hicieran por instinto de conservación (como las masas se hicieron comunistas en la Unión Soviética o nazis en la Alemania de Hitler), pero quizá sea más plausible un motivo económico.

La economía, el maldito parné, ese motor que, en última instancia, mueve la historia.

No es un misterio, sino achaque de la humana naturaleza, que el apego a una aventajada posición social o a la conservación de los bienes terrenales nos induce a olvidar los beneficios espirituales de la religión.

Como vimos, buena parte de la aristocracia goda pactó con el moro a cambio de conservar sus haciendas y privilegios. No solo pactó, sino que islamizó.

Admitámoslo. Con más o menos renuencia se pasaron al bando del moro. Los últimos escrúpulos se disiparon al notar las coincidencias del islam con la herejía arriana de la que procedían.

Los nobles godos se islamizaron del mismo modo que, ocho siglos después, muchos nobles musulmanes se cristianizarían cuando cambiaron las tornas con la conquista de Granada por los Reyes Católicos.

¿Qué efectos tuvo tan sincera islamización?

La organización jurídica y eclesiástica del Estado godo se mantuvo intacta. Condes y obispos siguieron al frente de sus provincias y de sus diócesis.

¿Y el sufrido pueblo?

Se convirtió también masivamente por las mismas razones económicas.

Los musulmanes permitían que las «gentes del Libro» (*ahl al-Kitab* o *dhimmis*), como llamaban a los cristianos y a los judíos, continuaran practicando su religión, pero los gravaban con un oneroso tributo, la *dhimma,* y les limitaban los derechos.[41]

Eso explica que los invasores no se mostraran especialmente interesados en forzar las conversiones al islam: el que se pasaba a la religión de Mahoma se convertía en musulmán de pleno derecho y dejaba de tributar como *dhimmi.*[42]

41. «La versión más próxima a la verdad hubo de ser mucho menos lúdica y florida y comenzó, en lo que atañe a las relaciones entre los muslimes y los demás, en el año 7 de la Hégira (629 d. C.) con la toma del oasis de Jaybar, a 150 kilómetros de Medina: los judíos signan unas capitulaciones con Mahoma que serían modélicas en el porvenir (junto con las selladas con los cristianos de Nayrán), garantizándoles la permanencia en el lugar y el respeto a sus prácticas religiosas a cambio de la entrega de la mitad del producto de sus cultivos, lo que no estaba mal como precio de aceptar el sometimiento, si bien, más adelante, el acuerdo no fue óbice para que esos judíos terminaran igualmente expulsados. Pero sirvió de base de partida en el futuro para los pactos *(dhimma)* entre la comunidad islámica y las dominadas: una vez reconocida formalmente la superioridad y preeminencia del islam, se toleraba su presencia mediante el pago del tributo de capitación y por la aceptación de una serie de restricciones y discriminaciones jurídicas y sociales que convertían la vida cotidiana en un calvario difícil de soportar, amén de que ese estatuto se aplicaba a los *dhimmis* en tanto que miembros de la comunidad sojuzgada, no como individuos particulares» (Fanjul, 2006).

42. Aquel temprano islam toleraba a los practicantes de las religiones abrahámicas (o sea, las de la Biblia, cristianos y judíos). Mahoma aceptaba a los que procedían del tronco común. Recordemos que los musulmanes se consideran descendientes de Abraham, el patriarca bíblico que tuvo dos hijos:

Los *dhimmis* (protegidos) cristianos y judíos gozaban de un amparo similar al que disfrutan los tenderos en las zonas «protegidas» por la mafia, o sea, que tienen que pagar para que el padrino los salvaguarde ¡de él mismo!

Entonces, como ahora, Hacienda éramos todos, pero unos más que otros (también como ahora). Los musulmanes tributaban al Estado el impuesto a la producción o *usr* (entre un 5 y un 10 por ciento de los ingresos), mientras que los *dhimmis* pagaban una contribución personal, la *yizya,* y además el *jaray*, sobre la propiedad, que equivalía a la mitad de la cosecha, o sea, un 50 por ciento.[43]

En resumen: los hispanogodos habían escapado de la sartén de la abusiva fiscalidad visigoda para caer en el fuego de la confiscatoria fiscalidad islámica.[44]

He aquí el poderoso estímulo que convirtió al islam a muchos hispanogodos no especialmente observantes del catolicismo. Las cuarenta y ocho sedes episcopales de los visigodos se habían reducido a veinte en el siglo que siguió a la conquista.[45]

Cambiar de religión no era complicado. En aquel entonces las similitudes de los dos credos facilitaban el tránsito de una religión a otra. Al igual que el cristianismo, el islam cree en un Dios único y todopoderoso que rige el mundo hasta el final de los tiempos;

---

de su esposa Sara a Isaac, padre de los judíos, y de la esclava Agar, a Ismael, padre de los árabes (de ahí que, a veces, se denominen *agarenos* o *ismaelitas*).

43. Sánchez Albornoz, 1978, p. 15. El impuesto especial para no musulmanes se basa en el Corán (sura 9, aleya 29): «¡Combatid contra quienes habiendo recibido la Escritura no creen en Dios ni en el último día, ni prohíben lo que Dios y su enviado han prohibido, ni practican la religión verdadera, hasta que, humillados, paguen el tributo directamente!».

44. La nueva gerencia llegada de África los iba a explotar como las hormigas explotan a sus pulgones, porque en cuanto se asentaron en el territorio procuraron abandonar las viejas ciudades visigodas para construir cerca de ellas otras nuevas libres de las exenciones fiscales y otros privilegios acordados con los aristócratas visigodos. Ejemplos destacados son Recópolis (Guadalajara), que se abandona y sirve de cantera de materiales para construir enfrente Zorita de los Canes, o Mentesa (actual La Guardia, provincia de Jaén), que cede su importancia a la vecina Jaén (Manzano Moreno, 2006, pp. 260 y ss.).

45. Yeyo Balbás, 2022, p. 364.

cree en un Juicio Final en el que las almas resucitarán para ser juzgadas y destinadas al paraíso o al infierno, venera a Jesucristo y a san Juan Bautista como profetas precursores de Mahoma...

Advierta el escéptico lector que faltaba mucho para Trento y que el cristianismo no estaba tan sistematizado como ahora. Tampoco habían aparecido las puntillosas escuelas de derecho que conforman las actuales sectas islámicas. Cristianismo e islam eran un conjunto de confusas creencias de las que sobresalía la certeza de un Dios único y todopoderoso, absoluto y excluyente. El Dios cristiano se asemejaba al Dios del islam, con la diferencia de que este era más permisivo con los apetitos carnales de sus adeptos y no los abrumaba con las exigencias de un clero abusón.

Aún no existía este abismo abierto entre cristianismo e islam que hoy nos separa de los musulmanes tras siglos de guerras y enconadas enemistades.

La religión islámica vinculada al poder atraía poderosamente a los hispanogodos.

—A ver si va a ser que me he quedado anclado en una religión obsoleta adorando a Jesús y no me he enterado de que después de Jesús vino Mahoma —se justificaban los tibios antes de chaquetear.

Ponerse al día era fácil, especialmente si además acarreaba la ventaja de ascender a ciudadano de primera y ahorrarte el abusivo impuesto.

—¿Qué debo hacer para convertirme al islam, amigo Tariq? —imaginemos la pregunta de un hispanogodo adscrito al sentido realista de la vida.

—Nada más fácil, *paisa*. Basta con recitar ante dos testigos la *shahāda*.

—¿La qué?

—La *shahāda*, nuestra profesión de fe: «No hay más Dios que Alá y Mahoma es su profeta».

—¿Solo eso?

—Solo. Aquí no tenemos sacerdotes que hagan de intermediarios entre Alá y los fieles. Cada creyente es responsable y administra su relación con Alá directamente.

La conversión de los esquilmados por el impuesto del *jaray* fue masiva. Solo quedaron fieles a sus respectivos credos los ju-

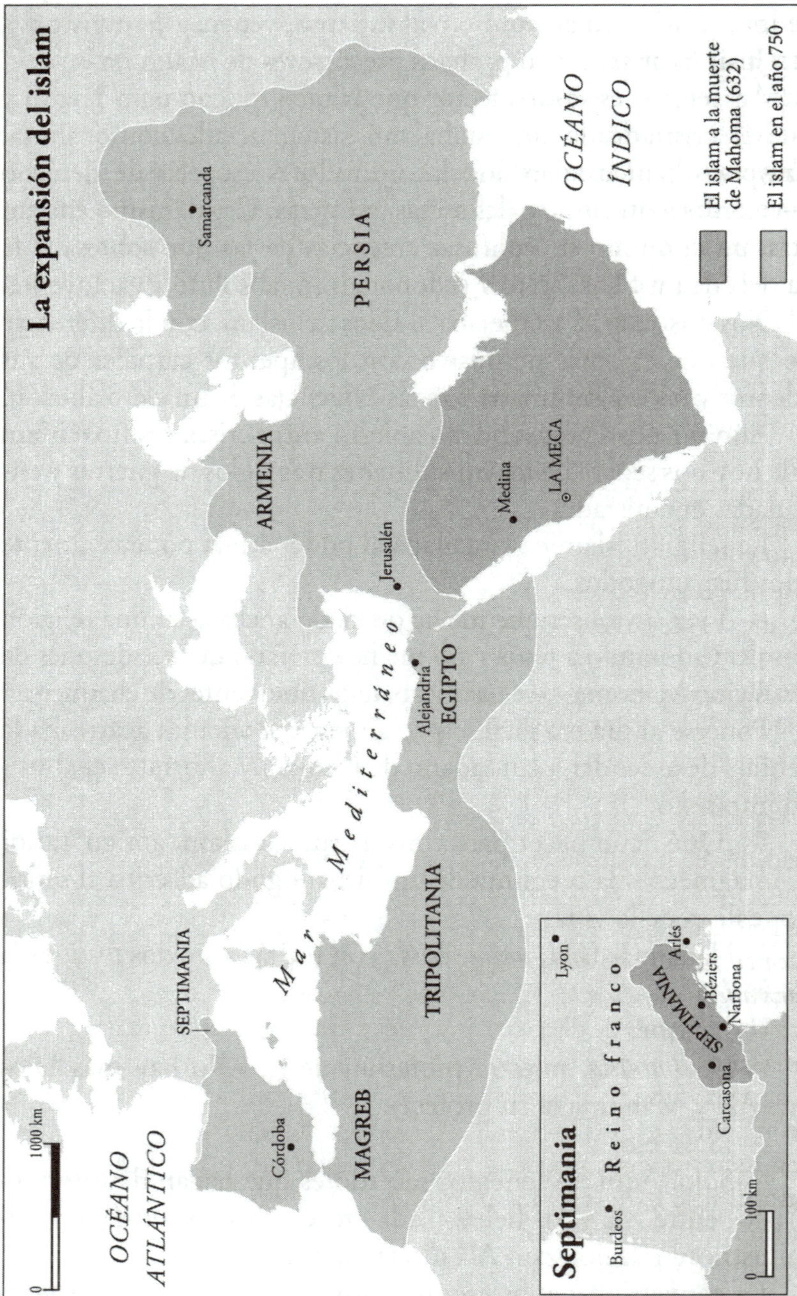
La expansión del islam
Samarcanda
PERSIA
OCÉANO ÍNDICO
El islam a la muerte de Mahoma (632)
El islam en el año 750
ARMENIA
Jerusalén
Medina
LA MECA
Alejandría
EGIPTO
Mar Mediterráneo
TRIPOLITANIA
SEPTIMANIA
MAGREB
Córdoba
OCÉANO ATLÁNTICO
0
1000 km
Septimania
Burdeos
Reino franco
Lyon
Arlés
SEPTIMANIA
Béziers
Narbona
Carcasona
0
100 km

díos, que son muy suyos, y quizá uno de cada tres cristianos, los de más firmes convicciones religiosas o aquellos que se acojonaban ante la perspectiva de cortarse el prepucio (la circuncisión que las religiones abrahámicas exigen a sus seguidores).[46]

Más complicada fue la conversión cultural. Los hispanogodos conversos (o mozárabes) adoptaron las formas de la cultura árabe —vestidos, costumbres culinarias, etcétera—, pero en Valencia y otras zonas de la península se mantuvo la lengua romance derivada del latín y coexistió con el árabe de los conquistadores.[47]

46. Esta cirugía, realizada a los pocos días de nacer, carece de importancia, pero en hombres granados el tijeretazo en salva sea la parte acongoja y hasta podía resultar peligroso en los tiempos recios en que no existía anestesia ni penicilina. Los cristianos que se mantuvieron fieles a la religión de Jesús constituían un 30 por ciento de la población (cerca de 1.800.000 individuos) frente a 4.200.000 musulmanes (en su mayoría, hispanogodos conversos). Sumemos a este censo unos 60.000 judíos (Reilly, 1992, pp. 29, 34, 44; Torres, 2004, p. 32).

47. Contra lo que suele creerse, el valenciano no fue importado de Cataluña, sino que existía antes de la conquista. «La lengua hablada en el reino de Valencia no es un fenómeno medieval, coetáneo o posterior a la reconquista por Jaime I, sino anterior [...]. No fue la conquista de Valencia una ocupación en el vacío, ya que había aquí núcleos de población de habla romance. La lengua valenciana surgió [...] sobre el caldo de cultivo del habla de los habitantes hispanogodos. Y continuada (durante la sumisión a los árabes) en el habla de aquellos habitantes sometidos» (Mourelle de Lema, 1996, p. 42). Por eso, Jaime I dispuso en 1238 que *els jutges diguen en romanç les sentencies que donaran, i donen aquelles sentencies a les parts que les demanaran.* ¿Qué se hablaba por entonces en la actual Cataluña? Un conjunto de dialectos de origen provenzal, el lemosín, que perduraría hasta principios del siglo XX. Se menciona repetidamente en el poema «La patria» (1833) de Bonaventura Aribau (diario *El Vapor,* Barcelona, 24 de junio de 1833). También Milà i Fontanals lo llama *llemosín,* en 1850. «En todos los documentos, gramáticas y diccionarios, desde el siglo VIII hasta el siglo XX (o sea, durante mil doscientos años), los notarios reales, escritores, poetas, trovadores y gramáticos de Provenza y Languedoc y de los reinos de Aragón, Mallorca, Valencia y los de los condados de Barcelona, Urgell, Ampurias, Rossellón, Montpellier, etcétera, etcétera, llaman *lemosina* o *d'oca* a la lengua en que escriben» (Bendito Saura, 2012).

CAPÍTULO 6

Infelix Spania

Regresemos al meollo de nuestro relato. La historia, como es sabido, se basa en el examen de los documentos, pero ¿qué hacer cuando los documentos faltan?

A la caída del reino godo sigue un apagón documental de siglo y medio del que solo tenemos las escasas noticias transmitidas por dos crónicas:

1. La *Crónica de 741* se limita a indicar que el califa Walid I «en las regiones de Occidente, por medio del general de su ejército Musa, invadió y sometió el poderoso reino de los godos en Hispania».[48]
2. La *Crónica mozárabe de 754* explica la invasión de la *infelix Spania* por unos nuevos bárbaros y compara lo ocurrido a un país «antaño placentero y hoy desventurado» *(quondam deliciosa et nunc misera effecta)* con otras catástrofes históricas acaecidas en Troya, Jerusalén y Babilonia.

48. *In Occidentis quoque partibus regnum Gothorum, antiqua solidiate firmatum apud Spanias, per ducem sui exercitus nomine Muza adgressus, edomuit, et regno abiecto uectigales facit.* La denominada *Crónica mozárabe de 754* abarca desde la muerte de Recaredo I (601) a la ascensión del califa Hisham ibn Abd al-Malik (724). El autor está encantado de «haber pasado a formar parte del nuevo Imperio que ha venido a substituir al romano y al que se somete el mundo entero, [un imperio que] ha venido a traer la paz y la estabilidad a un mundo decadente y corrupto» (Martín, 2006, p. 13).

> El autor retrata a los árabes como «traicioneros, crueles y aduladores» (rasgos que el imaginario popular mantiene hasta nuestros días), y dibuja con tintes sombríos la caída de Spania, «que se sentía duramente agredida no solo por la ira del enemigo extranjero, sino también por sus luchas intestinas [...] para arruinarla sin compasión alguna [...]. Después de arrasarla hasta Toledo, y azotar despiadadamente las regiones circundantes con una paz engañosa, valiéndose de Oppas, hijo del rey Egica, condena al patíbulo a algunos ancianos nobles [...]. Con la espada, el hambre y la cautividad, [Musa] la devasta».
> Nuestro autor parece desgarrarse la camisa cuando se pregunta retóricamente: «¿Quién será capaz de referir tantos peligros? ¿Quién de enumerar tan terribles desastres? Pues si todos los miembros se convirtiesen en lenguas, aun así, jamás pudiera hombre alguno publicar la ruina y los males tan grandes y sin cuento que afligieron a España».[49]

Hemos visto que, espantados por la brutalidad de los invasores, muchos hispanogodos optaron por someterse mediante pactos; otros, por el contrario, decidieron resistir en las montañas del cuadrante noroeste peninsular y durante unos años mantuvieron la ficción de un reino godo que incluso acuñó moneda.[50]

Bajo el islam, la península tornó a ser, como en los tiempos de Roma, la lejana provincia occidental de un gran Imperio con

49. *Quis enim narrare queat tanta pericula? Quis dinumerare tam inportuna naufragia? Nam si omnia membra verterentur in linguam, omnino nequaquam Spanie ruinas, vel eius tot tantaque mala dicere poterit humana natura* (*Crónica mozárabe,* Anónimo, 1991, pp. 69-73).

50. Agila II, llamado rey de los godos *(malik alqut)* en las fuentes árabes, acuñó moneda en Zaragoza, Gerona y Narbona. También los moros invertían parte del oro rapiñado en acuñar monedas de oro con el credo islámico en latín: *Non deus nisi Deus,* «No hay más Dios que Alá». Cuatro años más tarde las acuñaban bilingües, en latín y árabe, lo que muestra que el proceso de arabización de los hispanogodos comenzó muy tempranamente.

sede en Damasco que copió de sus conquistados Bizancio y Persia la eficiente máquina administrativa.[51]

Los moros llamaron al-Ándalus a la tierra que ocupaban, e Isbaniya (Hispania), a la parte cristiana no conquistada, aquel corredor en la costa Cantábrica y los Pirineos que iría creciendo a medida que al-Ándalus menguaba.

Conviene advertir que los pobladores de la cornisa cantábrica que encontraron los moros solo estaban tenuemente romanizados y cristianizados. Su romanización se acentuó precisamente por influencia de la ola migratoria que les sobrevino cuando muchos visigodos se refugiaron entre ellos huyendo del islam. A los primeros reyes asturleoneses les convino aceptar las instituciones estatales del fenecido reino visigodo («el orden de los godos») con la intensa cristianización que iba en el mismo lote.

51. El enorme Imperio islámico tenía el mismo problema que tuvo Roma: no se podía gobernar de modo efectivo desde su remota capital, Damasco. El califa nombraba gobernadores para al-Ándalus y estos, tan lejos de la metrópoli, hacían de su capa un sayo y acababan gobernando por su cuenta.

CAPÍTULO 7

Covadonga, ¿mito o realidad?

Covadonga es el mito fundacional de Asturias, y como tal digno de todo respeto, aunque lo de aquella batalla, brillante inicio de la Reconquista, tiene más visos de mito o leyenda que de realidad, me pesa admitirlo.

Cuenta la crónica de Alfonso III[52] que los moros encomendaron el gobierno de Asturias a Munuza,[53] uno de los compañeros de Tariq.[54]

Munuza, moro enamorado, se prendó de las bellas hechuras de la goda Ermesinda, hermana del noble Pelayo, antiguo espatario de los reyes Witiza y Rodrigo. Espoleado por la urgencia de cumplir su deseo, el lascivo moro alejó a Pelayo encomendándole una misión en Córdoba y aprovechó su ausencia para beneficiarse carnalmente a Ermesinda (*sororem Pelagii copulavit,* dice la crónica).

52. Estas noticias aparecen en las crónicas redactadas en el reinado de Alfonso III o sus aledaños: la *Crónica albeldense* (c. 881), la *Crónica profética* (883) y la *Crónica de Alfonso III* (c. 887) en sus dos versiones, la *Rotense* (códice hallado en la catedral de San Vicente de Roda) y la *Ad Sebastianum* (porque Alfonso III se la envió a su sobrino Sebastián, obispo de Salamanca) o *Códice ovetense,* que es una ampliación de la anterior. Texto de la *Crónica rotense* en internet: <https://www.condadodecastilla.es/cultura-sociedad/fuentes-historicas/cronica-rotense/>.

53. Nombre castellanizado del jefe beréber Utmán ben Neza.

54. ¿Dónde radicaba el gobierno de Munuza? En unos códices leemos *Legione* (¿León?); en otros *Gegione* (¿Gijón, la Gigia romana?). Cualquiera de las dos sirve, no reparemos en minucias.

—El moro se ha calzado a mi hermana. ¿Se puede consentir? —imaginamos la indignación de Pelayo cuando supo mancillado el honor familiar.

Aquel ultraje lo animó a ejecutar un plan que venía rumiando: rebelarse contra la morisma por «la salvación de la Iglesia».[55]

Barruntó el suspicaz Munuza las intenciones del godo y decidió madrugarlo.

—Prende a Pelayo y me lo apiolas —ordenó a su lugarteniente Al-Qama.

—¡Oír es obedecer!

Al-Qama tendió una emboscada a Pelayo,[56] pero el godo logró escapar a uña de caballo. Seguido de cerca por sus perseguidores llegó al río Piloña, que bajaba crecido y tumultuoso con las recientes lluvias.

«¿Qué hacer? Me ahogo o me capturan.»

Pelayo no se lo pensó mucho. «Si me cogen los moros ensayarán conmigo cuantas sevicias se les ocurran antes de darme matarile.»

—¡No me cogeréis vivo, hijos de Mahoma! —gritó a sus perseguidores. Juntando valor, se encomendó al cielo y se lanzó a las turbulentas aguas con la determinación de un clavadista de Acapulco.

¡Y consiguió ganar la orilla opuesta! Los moros lo vieron salir chorreando y satisfecho y quedaron con un palmo de narices. Y Pelayo se abstuvo de hacerles un corte de mangas porque ese feo gesto aún no se había inventado.

—¡Bah, ya caerá! —se prometió Al-Qama—. No hemos escapado de los tórridos desiertos para morir por un empacho de agua.

55. O sea, tomen nota: la perdición de España vino por el estupro del rey Rodrigo a la hija de don Julián, y la salvación de España comenzó por el estupro de Munuza en la hermana de Pelayo. Medite el discreto lector sobre los descarríos que aparejan los políticos incapaces de mantener el miembro generativo (y placentero) dentro de la bragueta. Se ven con poder y creen que todo el monte es orégano: culito que veo, culito que deseo.

56. En Brece (Bres, concejo de Piloña).

Libre de sus perseguidores, Pelayo se internó por las fragosidades del monte Auseva y predicó la rebelión por las aldeas que le salían al paso. Reunidos en la cueva en la que nace el río Enna, sus seguidores lo eligieron jefe o príncipe.

Al frente de sus montañeses, este «rey de los gallegos» (*malik alyalaliga* para los moros) plantó cara a los invasores y los derrotó en un encuentro o refriega de poca importancia (¿Covadonga?).[57]

Las crónicas escritas más de siglo y medio después exageran el hecho y aseguran que Pelayo persiguió al fugitivo Munuza, lo alcanzó y le dio muerte en el lugar llamado Clacliense.[58]

Por su parte, los textos árabes minimizan la derrota a manos del bárbaro *('ily)* Pelayo y sus «treinta asnos salvajes».[59] El *Poema de Fernán González* (c. 1255) atribuye la victoria cristiana a un milagro.

—¿Un milagro?

—Sí, un milagro, pero sustentado en firmes bases de teoría física. Me explico: estando los moros encajados en el barranco y los cristianos arriba, sus flechas caían por su peso y herían a los propios arqueros.[60]

57. La presunta batalla de Covadonga, tan exaltada como mito fundacional español por el nacional-catolicismo franquista, es hoy negada por algunos autores revisionistas como Miguel Anxo Murado y Henry Kamen (Yeyo Balbás, 2022, p. 522).

58. *In uico quoddam Claclìensem,* según la versión rotense; *in locum Olaliense,* según la *Ad Sebastianum*. Probablemente se refiera a Olali, concejo de Grado.

59. La expresión es de Al-Maqqari (Sánchez Albornoz, 1983, p. 67).

60. *Saetas e quadriellos / quantas al rey tiravan, / a el nin a sus gentes ningunas non llegavan, / tan iradas commo ivan, / tan iradas tornavan, / si non a ellos mismos / a otros non matavan. / Quando vieron los moros atan fiera fazaña, / que sus armas matavan / a su misma conpaña, / desçercaron la cueva, / salieron de montaña: / tenien que les avia /el Criador grand saña* (*Poema de Fernán González,* en Menéndez Pidal, 1951). No es el Criador, alma de cántaro, me parece oír al sensato Monómakos de nuestro relato, es la interacción gravitatoria o gravitación de Newton en virtud de la cual lo que lances al cielo vuelve al suelo. Que lo ignoraran en el siglo VIII es casi disculpable, pero es que lo siguen ignorando en el XXI, cuando en

Lo último que uno quisiera es ser aguafiestas, pero existe la posibilidad de que la historia de Pelayo sea pura leyenda inspirada en otro suceso de mayor certeza histórica, ocurrido a un Munuza distinto que gobernaba la Cerdaña, el valle pirenaico hoy a caballo entre Francia y España.

Descontento con Córdoba, porque los árabes oprimían a su pueblo beréber, este Munuza se alió en 731 con el duque *(dux)* Eudes, de la vecina Aquitania.

—¿Pactó con un cristiano?

—No te extrañes, caro lector. En este libro verás contubernios frecuentes de moros con cristianos, y viceversa. Este Munuza hizo más: se casó con la hija del socio cristiano, una mocita en flor llamada Lampagia, y para demostrar el escaso afecto que guardaba a sus antiguos socios quemó vivo al colaboracionista obispo de Urgel, Anambado, «un joven precioso y lozano» según la crónica (recordemos que muchos prelados y altos dignatarios de la Iglesia habían pactado con los invasores).

El asunto no pudo acabar peor. El valí de Córdoba, Abderramán al-Gafiqi,[61] persiguió a Munuza, lo capturó y lo ejecutó. Lampagia, la llorosa y joven viuda, terminó sus días en el harén del califa de Damasco, donde una beldad se apreciaba aunque no estuviera entera.

---

bodas y regocijos disparan al aire sus AK-47 y siempre ocurre alguna desgracia con las balas que regresan sobre los celebrantes.

61. No debemos confundirlo con el futuro Abderramán I, que en estos años era todavía un bebé lactante en Damasco.

CAPÍTULO 8

Interludio franco

Cuando se vio victorioso al otro lado de los Pirineos, Abderramán al-Gafiqi pensó aprovechar la buena racha y proseguir la campaña. Entonces, como ahora, un militar bragado podía ascender por méritos de guerra. Con esta intención remontó el Garona y saqueó Burdeos después de aniquilar a las tropas de Eudes que le salieron al paso.[62] Ensoberbecido por la nueva victoria y estimulado por la noticia de que, en la abadía de San Martín de Tours, la principal de Austrasia, se guardaba un tesoro similar al encontrado por Tariq en Toledo, avanzó hacia el norte «como una tormenta devastadora».[63]

Carlos, mayordomo de palacio o primer ministro del reino de Austrasia, «hombre belicoso desde niño y muy versado en asuntos militares», *collecto magno exercitu* («reuniendo un gran ejército»), le salió al encuentro del moro en Poitiers. Durante una semana los dos generales escaramucearon buscando el punto débil del enemigo. Al séptimo día, Carlos amagó un ataque al campamento donde los moros guardaban su botín, y cuando

62. *Solus Deus numerum morientium vel pereuntium recognoscat* («Solo Dios sabe el número de los que perecieron», dice la crónica, que añade *maximam partem exercitus suis perdidit*).

63. En el año 511, el rey franco Clodoveo I el Grande había dividido su reino entre sus dos hijos. Austrasia para Teodorico y Neustria para Clotario. Austrasia ocupaba el este de la actual Francia, el oeste de Alemania, Bélgica y los Países Bajos; Neustria abarcaba el noroeste de la actual Francia.

distrajeron fuerzas para protegerlo les entró por derecho con su gente de Austrasia, notable por la robustez de sus miembros y por su vigorosa mano de hierro, y en enconada pelea, sin dar un paso atrás, como una pared o un bloque de hielo invernal, pasaron a cuchillo a los árabes (25 de octubre de 732).[64] El propio Abderramán al-Gafiqi figuraba entre los muertos.

¿Fue la batalla de Poitiers, que las crónicas árabes denominan *calzada de los Mártires (Balat ash-Shuhada),* el desquite de la cristiandad por el desastre de Guadalete?[65] La historiografía cristiana así la ha considerado, aunque es evidente que su alcance se magnificó.[66]

Carlos Martel explotó su victoria invadiendo las tierras de la aristocracia sureña sometida a los moros. Aunque no consiguió ocupar Narbona, el islam dejó de amenazar las Galias.[67] Su nieto Carlomagno retomaría la empresa y extendería la influencia franca al otro lado de los Pirineos, pactando con los valíes de Barcelona y Gerona, enemistados con el emir de Córdoba.[68]

64. (Yeyo Balbás, 2022, p. 551). Desde entonces lo llamaron Carlos Martel (Martillo), porque «como el martillo *(martel)* quiebra y machaca el hierro y los demás metales, así quebró él y machacó a sus enemigos».

65. Una curiosidad, la *Crónica mozárabe de 754,* que relata la batalla, llama a los cristianos que derrotaron al moro *europeenses.*

66. Las victorias de Poitiers (732) y Berre (737), sumadas a la de Tolosa (721), marcaron el retroceso del gran avance omeya y consolidaron el dominio de Carlos sobre Aquitania (Yeyo Balbás, 2022, pp. 553-554).

67. La Septimania caería en poder de los francos veintisiete años después.

68. No pudo ser. Después de una expedición exitosa, cuando se retiraba por los desfiladeros *(angustus locus)* de Roncesvalles, los irreductibles vascones emboscaron a la retaguardia y al fardaje de su ejército, y le causaron elevadas pérdidas (15 de agosto de 778). ¿Dónde ocurrió la batalla? Según unos en el paso de Valcarlos —Vallis Karoli—; según otros, en la calzada romana que va de Zaragoza al Bearne. Carlomagno lamentó la muerte de su sobrino Roldán, «el de la hermosa y rubia cabellera» y de los doce pares de Francia. El personaje de Roldán/Rolando inspiró el cantar de gesta francés por excelencia, *La Chanson de Roland* (c. 1060), en el que aparece la escena dramática de Roldán herido que intenta avisar al grueso

Carlomagno aspiraba a ampliar sus dominios hasta el río Ebro, pero tuvo que contentarse con llevar la frontera hasta el humilde Llobregat. Fue la llamada Marca Hispánica, una barrera de condados que protegía su flanco pirenaico.[69]

Regresemos a Asturias.

La retirada de los moros de las montañas astures pudo deberse, aparte de a desagradables experiencias con los naturales del país, que son muy suyos, al hambre que afligió a la cornisa cantábrica y a Galicia entre los años 730 y 740. Con la despensa vacía, los beréberes establecidos incómodamente en aquellas húmedas regiones, tan distintas de su hábitat natural, pensaron «en medio de esta pobreza, lo único que tenemos seguro es el reuma», y se retiraron a regiones más secas donde esperaban ganarse mejor la vida.

Adivino la pregunta:

—¿Entonces no se retiraron por la derrota de Covadonga, en 722, como me enseñaron en la escuela?

Más bien, no, querido lector. Insisto en que la famosa batalla, caso de que se produjera, no pasó de ser una escaramuza menor que los cronistas de Alfonso III exageraron casi dos siglos después (880) para presentar a su señor como *rex magnus,* heredero legítimo del reino visigodo.[70]

---

del ejército y toca el cuerno u olifante con tanta fuerza que le revientan las venas del cuello y los sesos se le escapan por los oídos.

69. Los condados de Pallars, Urgel, Cerdaña, Barcelona, Gerona, Osona, Ampurias, Rosellón, Aragón, Sobrarbe y Ribagorza. Cuando se liberaron de la tutela de los francos, algunos se sometieron al condado de Barcelona (Osona y Gerona, en 878; Besalú, en 1111; Berga y Cerdaña, en 1117), mientras que otros se anexionaron al reino de Aragón (Rosellón, 1172; Pallars Sobirá, 1110; Ampurias, 1325).

70. El relato de la batalla se inspira directamente en la Biblia, en la rebelión de Judas Macabeo contra la opresión seléucida. El autor del relato es un providencialista convencido de la intervención divina en los asuntos humanos: Spania se perdió por los pecados de los godos y la batalla de Covadonga se gana porque la Providencia protege y legitima a la dinastía astur descendiente de la visigoda y representada por Alfonso III en el que se juntan la *potestas* (el poder coactivo basado en la fuerza) con la *auctoritas* (el poder moral basado en el prestigio).

Consolémonos. Fuera batalla campal, escaramuza, refriega, riña, pendencia o simple reyerta navajera, lo cierto es que los moros llevaron la peor parte.

A enemigo que huye, puente de plata. Los cristianos de la región aprovecharon el repliegue del moro para impulsar una balbuciente monarquía en la persona de Pelayo. El líder leonés reforzó su posición casando a su hija Ermesinda con el futuro Alfonso I, heredero de otro caudillo que había surgido en Cantabria, al otro lado del río Deva.[71] De este modo amplió sus dominios con las tierras de la antigua provincia visigoda, que se extendía hasta Saldaña y Mave.

71. *Fija de don Pelayo, dueña muy enseñada, / con señor de Cantabria oviéronla cassada; / dixeron le Alfonso, una lança dudada, / ganó muy fiera tierra, toda con su espada* (*Poema de Fernán González*, Menéndez Pidal, 1951, tirada 123).

CAPÍTULO 9

Moros a la gresca: la primera *fitna*

La antes descrita rebelión de Munuza se inscribe en el levantamiento general de los beréberes del norte de África y de la península que los historiadores llaman *fitna* o guerra civil.

¿Por qué protestaban los beréberes?

Porque Damasco los crujía a impuestos. Los gobernadores árabes asentados en Ifriqiya exigían la entrega de un número de esclavos (muchachos destinados a los ejércitos del califa y muchachas de placer —*yawati al-wat*— para sus harenes). No menor era el abuso de exigir un número de pieles de corderos no natos, que los obligaba a sacrificar buenas ovejas.[72]

Sumemos a ello que el reparto de las tierras peninsulares no había sido equitativo, como vimos páginas atrás: a los beréberes de Tariq les habían asignado las parcelas más improductivas (la Meseta, Galicia y las montañas), mientras que la aristocracia árabe, los baladíes (*baladiyyun,* «árabes del país»), llegados con Musa cuando el trabajo estaba hecho, se habían adueñado de las regiones más feraces (Levante, el valle del Guadalquivir y el Ebro).

La rebelión beréber empezó en Marruecos y se propagó a la península (741). Ningún gobernador, y se sucedieron más de veinte, lograba sofocar aquel incendio. Finalmente, el califa Hisham ibn Abd al-Malik envió desde Siria a la flor de su ejército, unos diez mil guerreros profesionales, encuadrados en tribus

72. Manzano Moreno, *La corte del califa*…, p. 127; 2006, p. 92.

(aŷnad, singular *yund),*[73] quienes fueron derrotados en el Magreb, pero en la península consiguieron pacificar a los revoltosos. Imposibilitados de regresar a Siria por la vía africana, decidieron asentarse en al-Ándalus.

—¿Cómo os vais a quedar, si estas tierras apenas dan para mantenernos a nosotros? —protestaban los baladíes, los primeros conquistadores.

—Es lo que hay. Si ni siquiera sabéis defenderlas... Además de que, aunque lloréis de vicio, lo cierto es que aquí vivís como reyes *(muluk).*[74]

Los sirios se quedaron y, en vista de que los baladíes les mostraban poco afecto, anudaron alianzas con la antigua aristocracia goda.[75] El gobernador enviado por el califa Hisham repartió a los sirios de cada *yund* según su origen.[76]

Los sirios se convirtieron en el ejército regular que mantenía el orden y percibía los impuestos (de los que dependía también su soldada). Trajeron consigo no solo la organización de su ejército en Oriente, sino incluso su arquitectura militar.[77]

73. En beneficio de la claridad, en adelante usaremos *yund* también como plural. Perdonen los arabistas.

74. Manzano Moreno, 2006, p. 79.

75. Atanagildo, *opulentissimus dominus,* sucesor y probable hijo de Teodomiro (fallecido en 743), casó a su hija con el general sirio Abd al-Yabbar, llamado Jattab, fundando el linaje de los Banu Jattab; Sara, nieta de Witiza, se casó con Said al-Lajmi, un sirio perteneciente al *yund* de Damasco y dio lugar a la estirpe de los Banu Hayyay de Sevilla.

76. A los de Damasco los instaló en Elvira (Granada); a los de Hims, en Sevilla y Niebla; a los de Jordán, en Rayyo (Archidona); a los de Quinnasrin, en Algeciras, Sidonia y Canena (Jaén); y a los de Egipto, en Beja y Tudmir (Manzano Moreno, 2006, p. 102).

77. En Linares (Jaén) construyeron un castillo que reproducía fielmente el plano de las fortalezas bizantinas y paleoislámicas de Maschatta, Qasar al-Hair (729), Ukaidir, Atsan —en el camino de Ujaidir a Kufa— (778), y del *ribat* de Susa (821), en el golfo de Gabes (Eslava Galán, *Castillo de Linares,* 1984, p. 72).

CAPÍTULO 10

Sarracina en Damasco

Mientras estos desórdenes se producían en al-Ándalus, el califato entraba en crisis y en Damasco volaban los cuchillos.

Los abasidas, mortales enemigos de los omeyas, dieron un golpe de Estado con ayuda de los chiitas y de los musulmanes no árabes (de Persia y del Jurasán). Al califa Al-Walid II (744), llamado el Disoluto, lo asesinaron mientras leía el Corán, lo destazaron y exhibieron sus cuartos en distintos lugares del Imperio, la cabeza en Damasco, donde se expuso al público hasta que los cuervos y las hormigas dejaron la calavera lironda.[78]

—Vale. Capto el mensaje: cambio de dinastía. —Nos imaginamos el comentario de algún espectador.

Estos abasidas que tan violentamente irrumpen en nuestra historia aseguraban descender directamente de Mahoma.

La lucha entre los golpistas y Marwan II, sucesor del califa omeya, se prolongó hasta 749, año en que los abasidas conquistaron Kufa y proclamaron califa a su pretendiente, Abu al-Abbas. Los omeyas fueron exterminados, niños incluidos, y sus tumbas profanadas *(damnatio memoriae)*.

Después de este baño de sangre parece natural, desde nuestra perspectiva buenista occidental, que a Abu al-Abbas le remordie-

78. Por cierto, este califa fue el que construyó y disfrutó los baños de Qusair Amra con sus bellos frescos que demuestran que todavía el islam no rechazaba la representación de figuras, claramente deudores de las civilizaciones bizantina y persa. Lástima que luego prohibiera la representación de la figura humana.

ra la conciencia. En efecto, el usurpador perdonó a los omeyas supervivientes y los invitó a un banquete de reconciliación que se celebraría en Abu Futrus, un pueblito desconocido hasta que su nombre apareció en la página de sucesos.

Se lo han imaginado: se presentaron al banquete ochenta pavos a los que el abasida hizo degollar antes de servir el primer plato. Este sangriento lance ocurrido el 25 de julio de 750 le recordará al lector la Boda Roja de la serie *Juego de tronos*.[79] No es necesario irse tan lejos. Aquí, en la misma España, tenemos el ejemplo de la famosa Jornada del Foso.[80]

Si hubiera que obtener una enseñanza de estos casos, sin duda sería que comer de balde nos pierde a los naturales de esta tierra y en esto no hago distingos entre moros y cristianos.

79. El sangriento capítulo de *Juego de tronos* «La Boda Roja» está basado en hechos reales. George R. R. Martin, el autor de la saga literaria en la que se basa la serie, se inspiró en un episodio sangriento de la historia escocesa: la Matanza de Glencoe, cuando el clan MacDonalds invitó a una cena de reconciliación a sus tradicionales enemigos, los Campbell, y al término de la cena, que abundó en libaciones, los invitados asesinaron a los anfitriones, treinta y ocho muertos en total; igualmente famosa es la llamada Cena Negra, celebrada en 1440 en el castillo de Edimburgo: el anfitrión, sir William Crichton, asesinó a sus invitados, los Douglas.

80. Disgustado por la continua rebeldía de los toledanos, el emir Alhakén I envió en 797 un nuevo gobernador, el muladí Amrus ben Yusuf, en cuyas dotes diplomáticas confiaba para pacificar la levantisca ciudad. El gobernador, hombre al parecer de talante negociador, invitó a comer a su palacio a los más notables de la ciudad. «Los verdugos —anota el cronista— se colocaron al borde del foso y los iban degollando conforme entraban, hasta que el número de ejecutados ascendió a más de cinco mil trescientos.»

La voz de alarma la dio un avispado de los que acuden adonde se celebra un banquete, aunque no puedan entrar, por si cae algo. Viendo el vapor de la sangre que ascendía por encima del muro barruntó la causa y gritó: «¡Toledanos: es la espada, voto a Dios, la que causa ese vapor y no el humo de las cocinas!». La ciudad quedó muy pacificada y tranquila durante un tiempo.

CAPÍTULO 11

El reino asturleonés

El reciente descubrimiento de fortificaciones de la época de la invasión islámica en los puertos asturianos de la Mesa y Pajares nos autoriza a creer que, tras la retirada de los moros, los astures construyeron una línea defensiva, lo que presupone cierta organización comunal bajo el mandato de un régulo de autoridad reconocida. Ese sería el germen del reino asturleonés, la primera organización política de los cristianos después de la invasión islámica.

Es muy posible que distintos caudillos de la cornisa cantábrica ejercieran el dominio de sus respectivos territorios y emparentaran entre ellos casando a sus hijos para fortalecer la unidad política del conjunto. Superada la tentación de adoptar la monarquía electiva visigoda que tan calamitosa había resultado en el pasado, se decidieron por la monarquía hereditaria en la persona de Alfonso I, yerno de Pelayo, cuyo reinado floreció gracias a que los moros estaban ocupadísimos en el dominio de la Septimania,[81] y en sus querellas raciales y familiares.

Si Alfonso I puso los cimientos del reino, su nieto Alfonso II lo levantó. Hombre más inclinado a una riña con moros que a una remonta con cristianas (por eso recibe el sobrenombre de El Casto),[82] su largo reinado (casi medio siglo) robusteció el reino

81. Recuerden: sureste de Francia, aproximadamente correspondiente a los actuales Languedoc-Rosellón.

82. Crónicas tardías le asignan una esposa llamada Berta o Bertinalda. Es posible que se casaran por poderes y nunca se encontraran ni mu-

astur aletargado por la política errática y provinciana de sus predecesores.[83]

Alfonso II extendió sus dominios a Galicia y a Álava aprovechando que los emires de Córdoba estaban ocupados en sofocar rebeliones internas.[84] Después, animado por los clérigos emigrados del sur que lo adulaban con el título de rey, reprodujo en Cangas de Onís una corte al estilo visigodo,[85] entre cuyos fieles *(fideles)* repartió los tradicionales oficios palatinos: un jefe del ejército (alférez, del árabe *al-faris,* «jinete», porque solía ser el jinete más diestro); un jefe de las caballerizas (condestable, palabra que procede de *comes stabulis,* «el conde de los establos»); un mayordomo o administrador de palacio; un tesorero, y un capellán *(primicerius).* Estos devotos funcionarios formaban en su conjunto el *officium palatinum* con una curia real para aconsejar al monarca. Con todo ese aparato cortesano es natural que los

---

cho menos se conocieran en sentido bíblico, o sea, con penetración vaginal e intercambio de fluidos: «Tomó por mujer a Berta, hermana de Carlomagno, rey de los franceses, pero porque no la vio ni incurrió en lujuria se llamó el rey Casto» (*Chronicon mundi* del obispo de Tuy, c. 1238). Por su parte, Jiménez de Rada en *De rebus Hispaniae* (1243), apunta que, «aunque tenía esposa, evitó cualquier contacto con ella, y gobernó su reino con castidad, austeridad, pureza y cariño, lo que le granjeó el amor de Dios y de los hombres». Hay otro Alfonso II el Casto en la historia de España, el rey de Aragón (1157-1196) que, aunque tuvo nueve hijos, que se sepa, puede muy bien ostentar tal sobrenombre, dado que todos los hubo dentro del matrimonio, ámbito en el que, como es sabido, es legítimo el fornicio siempre que se encamine a la procreación.

83. Los «reyes perezosos» que sucedieron a Pelayo fueron su hijo Favila, cuyo acto más notable fue dejarse devorar por un oso; Alfonso I (el cántabro casado con Ermesinda); Fruela, hijo de Alfonso I; Aurelio, primo el anterior; Silo, casado con la nieta de Pelayo, Adosinda, que mudó la capital a Pravia, y Alfonso II, hijo de Fruela, que instaló la capital en Oviedo.

84. De los beréberes, a los que se unieron los estratos humildes de la población, los esclavos *(al-enbayd),* chusma en general *(al-saffal)* y el sustrato inferior de esa chusma, la canalla *(al-ardal).*

85. Los historiadores lo denominan *neogoticismo,* es decir, la vuelta a lo godo.

reyes astures aspiraran al título de *imperator* que los distinguiera de sus colegas surgidos en otros núcleos de resistencia cristianos.

Alfonso II estableció su nueva capital en Oviedo, bien comunicada con el resto de *les Asturies* y lugar emblemático de los antiguos clanes que deliberaban en torno al roble sagrado (el carballón).

Dispuesto a asumir la grandeza que corresponde a un rey cristiano, Alfonso encomendó al arquitecto Tioda el embellecimiento de la nueva capital con palacios e iglesias (hoy en su mayoría perdidos). Además, rompió el aislamiento de sus predecesores concertando alianzas políticas y culturales con Carlomagno, el gran monarca de la cristiandad, en cuyo claro espejo se miraba.[86] Y no descuidó la defensa del reino frente a los moros.[87]

86. Prueba de la influencia cultural carolingia es el relicario conocido como Cruz de los Ángeles (808), probable obra de orfebres lombardos. Entre las inscripciones latinas de la cruz existe una maldición para el que la sustraiga o maltrate: «Que un rayo divino acabe con cualquiera que me lleve fuera del lugar donde me consagraron». En 1934 fue parcialmente destruida por los revolucionarios, cuando, sin duda impulsados por un deseo de crear mediante la violencia un mundo más feliz, volaron con dinamita la Cámara Santa de la catedral ovetense. Restaurada la cruz con discutible acierto en 1942, el propio Franco la llevó en breve y solemne peregrinación desde la plaza Porlier a la restituida Cámara Santa, un gesto de afirmación católica sobre la legitimidad de su dictadura que lo entroncaba con los caudillos de la Reconquista.

87. Sabio estratega, recorrió la cuenca del Duero reclutando a sus habitantes cristianos para repoblar sus posesiones cantábricas. La existencia de una amplia franja despoblada en el Duero —que sirvió de conveniente aislamiento entre el primer reino cristiano y al-Ándalus, tesis defendida por Sánchez Albornoz— es hoy materia de debate.

CAPÍTULO 12

Santiago nos socorre

Hacia el año 830 un ermitaño que veía luces cavó en el lugar donde más brillaban y descubrió la supuesta tumba del apóstol Santiago en Compostela (Campus Stellae, «Campo de la Estrella»).

¿Plan del astuto rey o providencia divina? Vaya usted a saber, pero si nos atenemos a los hechos, hemos de admitir que la creciente popularidad de este santuario de peregrinación ensanchó la influencia de la cristiandad carolingia en los nacientes reinos cristianos.

Corriendo el tiempo, el apóstol Santiago, en origen un humilde pescador del lago Tiberíades que dejó la barca para seguir a Cristo, se transformó en un guerrero protector de las armas cristianas y como tal recibió el explícito sobrenombre de Matamoros.[88]

La primera aparición del Santiago peleador se situaba en la batalla de Clavijo (23 de mayo del 844), un combate enteramente inventado por los cristianos en el que el antiguo pescador se puso al frente de las mesnadas y, cabalgando en su caballo blanco, espada en mano, hizo ricia entre la morisma.

Es tradición que después de esta batalla los reyes de Asturias dejaron de pagar el ominoso tributo anual de cien doncellas («perlas sin horadar») con destino al harén del califa. Por lo visto,

88. Coincide también con un apellido compuesto que dificulta a sus titulares abrazar la carrera diplomática.

fue el rey Mauregato (783) el primero que «entregó a la lascivia de los árabes doncellas nobles, libres y plebeyas».[89]

Avian en todo esto a Almançor a dar
çien donzellas fermosas que fuessen por casar;
avien las por Castiella cada una a buscar,
avien lo de cunplir, pero con grand pesar.[90]

La batalla y el tributo de las cien doncellas son pura fantasía, pero los cristianos se animaron pensando que Santiago Matamoros combatía a su lado. Por eso lo hicieron patrón primero de León, luego de España y finalmente de la caballería cristiana en general.[91]

Después de la batalla de Clavijo, el rey Ramiro pronunció solemnemente el llamado *voto de Santiago,* que comprometió a los reyes de Asturias, Galicia, León y Castilla a entregar al arzobispo de Santiago un diezmo del producto agrícola (una medida de trigo y otra de vino por cada yugada de tierra).[92]

89. Jiménez de Rada, 1989, p. 168.

90. *Poema de Fernán González* (Menéndez Pidal, 1951, tirada 104).

91. Otros santos guerreros que colaboraron con las armas cristianas fueron, para los castellanos, san Millán (interviniente en la batalla de Simancas, 939), san Isidoro (que ayudó a Alfonso VIII a ganar Baeza en 1147) y, para los aragoneses, san Jorge, que los capitaneó en la batalla de Alcoraz (1096). Estos santos se han representado a menudo atropellando moros, el suelo sembrado de cabezas con turbante. Hoy resulta políticamente incorrecto, además de peligroso, porque puede atraer atentados yihadistas, y por doquier se han retirado estas estampas belicistas y sustituido por la otra iconografía santiaguista más pacífica, que lo retrata en figura de anacrónico peregrino con la venera en el sombrero y el bordón con la calabaza.

92. Esta memorable estafa, basada en un documento falsificado por el obispo Diego Gelmírez en el siglo XII, funcionó hasta que las Cortes de Cádiz abolieron el privilegio en 1812, Fernando VII lo restauró y el Trienio Liberal lo suprimió de nuevo. Franco lo restauró simbólicamente en julio de 1937.

CAPÍTULO 13

Una trifulca eclesial

Dijimos páginas arriba que los principales pastores de la Iglesia visigoda, aristocracia ellos también, prefirieron pactar con los invasores a cambio de conservar sus privilegios. El más significado de ellos, el arzobispo de Toledo, Elipando, secundado por Félix, obispo de Urgel, intentó congraciarse con el islam renovando la antigua herejía adopcionista defensora de que Jesús no es hijo directo de Dios Padre, sino simplemente «adoptado», una idea acomodada a la condición de profeta que el islam asigna a Jesús. Además, en su calidad de arzobispo de la antigua capital visigoda, Elipando declaró herejes a los que no comulgaran con sus ruedas de molino.[93]

Cuando esta noticia alcanzó la corte asturiana, sus clérigos, comprometidos con la monarquía de Alfonso II, aprovecharon la ocasión para separarse de la Iglesia mozárabe sometida al islam. Uno de ellos, el Beato de Liébana, monje erudito representante de la rama ortodoxa, escribió una refutación del adopcionismo en la que tildaba a Elipando de «testículo del Anticristo —*adminiculus Antichristi*—, de cuyo semen se engendra la perversa prole».[94]

93. «Quien no confiese que Jesucristo es hijo adoptivo en su humanidad, y no adoptivo en su divinidad, es un hereje y debe ser suprimido» (*Apologeticum adversus Elipandum* 1, 43, pp. 929-931).

94. *Apologeticum adversus Elipandum (Apologético contra Elipando)* y *Heterii et Sancti Beati ad Elipandum epistola (Carta de Eterio y Beato a Elipando).*

Sintiéndose insultado, Elipando llamó al Beato «nefando presbítero de Asturias» —*Beati nefandi Asturiensis presbyteri*— y «oveja sarnosa» («ahora, una oveja sarnosa nos quiere dar lecciones»).[95] Ayunos de caridad cristiana, los dos clérigos arreciaron en los insultos. En una carta al monarca, Elipando afirma: «Ha llegado a conocimiento de tus siervos que aquel escrito de fétido olor del por antífrasis Beato ha inficionado con su veneno los corazones de algunos sacerdotes de poca valía [...], la lengua viperina y el hedor sulfúreo del, por antífrasis, Beato, nefando presbítero de Asturias, pseudocristo y pseudoprofeta de una doctrina pestilente...».[96] Para completar el cuadro, también reparte estopa a Eterio: «Anatematizamos al antifrástico Beato, entregado a la lascivia de la carne, y al onagro Eterio, doctor de bestias».[97]

Dado que la monarquía asturiana de Alfonso II se movía en la órbita carolingia, el asunto se debatió en los concilios de Ratisbona (792) y Fráncfort (794), este último presidido por el propio Carlomagno, que condenaron el adopcionismo como «herejía que debe ser extirpada de la Santa Iglesia». Después de Ratisbona, el obispo Félix de Urgel (sede en territorio carolingio) se retractó y pasó el resto de sus días confinado en Lyon.

Elipando quedó aislado con su herejía y no halló discípulos que continuaran su obra. En el futuro se abrió un abismo entre la Iglesia europea, romana, con la que se alineaban los nacientes reinos hispánicos, y la mozárabe andalusí, que fue declinando en la medida en que la mayoría de sus seguidores se convertían al islam.

95. Desconocemos el nombre del Beato de Liébana, tan solo sabemos que era un monje huido de Toledo o de Andalucía, y acogido al monasterio cántabro de San Martín de Turieno (después consagrado a santo Toribio), en las estribaciones de los Picos de Europa.

El Beato de Liébana escribió diversas obras de contenido teológico-patriótico entre las que destacan unos comentarios al Apocalipsis de san Juan, en que las menciones del original sobre el imperio se refieren al califato, y las de Babilonia referidas a Roma aluden a Córdoba. Además, menciona que Santiago es el evangelizador de Hispania, cuyas treinta y seis copias conservadas constituyen un precioso legado artístico por sus coloridas ilustraciones.

96. *Heterii et Sancti Beati ad Elipandum epistola,* 1.

97. Fernández Vega, 2017.

CAPÍTULO 14

Un príncipe fugitivo

El joven príncipe omeya Abderramán, nieto del califa Hisham ibn Abd al-Malik, el que salvó la vida porque faltó al banquete en el que los abasidas exterminaron a su familia, cruzó el Éufrates a nado para escapar de sus perseguidores (su hermano tuvo peor suerte y lo degollaron allí mismo).

En la orilla salva, el príncipe se preguntó:

—*¿Do fuir?*

Perseguido por sus enemigos, escapó a Egipto, siempre con la barba al hombro, disfrazado unas veces de pastor, otras de mulero y otras de clérigo. Así llegó a Ifriqiya (Túnez), donde encontró amparo en su familia materna (era hijo de una esclava beréber cristiana de la tribu Nafda).

En Ifriqiya, el joven príncipe supo que al-Ándalus estaba desgobernada debido a las querellas tribales y raciales (un guirigay entre árabes kalbíes, qaysíes, yemeníes, beréberes y sirios del *yund*).

En la región de Elvira (Granada) existía una facción de antiguos y poderosos clientes *(mawali)* de la familia omeya. Cuando supieron que un príncipe de su tribu se había refugiado en Ifriqiya, lo animaron a pasar a la península.

—La ocasión es propicia —lo urgieron—. El emir Yusuf reprime la rebelión de Zaragoza. Ha desguarnecido el sur.

Abderramán desembarcó en Almuñécar y, apoyado en un ejército de sirios, yemeníes, beréberes de cabeza rapada y guerreros esclavos *(mamalik),* entró triunfalmente en Sevilla llevando por bandera un turbante verde en la punta de una lanza y se proclamó emir (otoño de 755).

El alarmado Yusuf regresó apresuradamente y se enfrentó con el usurpador en el llano de la Rusafa, a las afueras de Córdoba.

—Señor, las tropas de Yusuf son muy superiores y se murmura que si te ves en situación apurada huirás a uña de caballo —le dijo su criado y confidente.

Abderramán cambió el caballo por una mula, animal de torpe galope, inadecuado en una fuga, lo que devolvió la confianza a las tropas.

Contra todo pronóstico venció el joven Abderramán. Dueño de la situación, «unió con la espada los trozos del reino, como el sastre une con su aguja los pedazos de tela para hacer un traje», es decir, pacificó a los grupos tribales y religiosos, y los sometió a su autoridad.

Abderramán podría haber protagonizado el diálogo entre un príncipe persa y su hijo que menciona Ian Morris: «Querido polluelo, no olvides que el reino se mantiene gracias al ejército, el ejército a través del oro de las soldadas, el oro se adquiere a través del desarrollo agrícola, y el desarrollo agrícola a través de la justicia y la ecuanimidad. Por lo tanto, sé justo y ecuánime».[98]

Se puede aplicar perfectamente a la situación en el emirato-califato: las sabias decisiones de Abderramán retardaron el deterioro del Estado islámico.

El omeya se rodeó de funcionarios eficaces, colocó un gobernador *(walí)* al frente de cada una de las seis provincias del emirato y dividió el territorio en distritos catastrales *(qura)* que agrupaban pequeñas aldeas y alquerías, a veces protegidas por castillos *(hisn)*. Los recaudadores disponían de censos de la población y aplicaban distintos baremos dependiendo de la raza y situación social del contribuyente. Inspectores del Tesoro velaban para que nadie metiera la mano en las arcas públicas. Gracias a este excelente sistema de recaudación, perfeccionado quizá por técnicos persas, Abderramán mantuvo un ejército profesional que veló

98. En su libro *Guerra, ¿para qué sirve?* (Morris, 2017).

por el orden y el cumplimiento de la ley islámica según la doctrina jurídica malikí (del tronco sunita).

Abderramán era muy consciente de la importancia de representar el poder con obras prestigiosas. En 785 construyó la primitiva mezquita de Córdoba con materiales reciclados de la basílica visigoda de San Vicente, cuyo solar ocupaba.

No todo fueron mieles. En los treinta y dos trabajosos años del reinado del primer Abderramán no faltaron rebeliones que sofocar ni disputas que acallar entre las variadas facciones de sus descontentos súbditos beréberes, y de los yemeníes y qaysíes. Estas rebeliones las alentaban los califas abasidas desde Bagdad (nueva capital del islam). A ello se sumaba que los siempre levantiscos beréberes habían abrazado una nueva corriente islámica, el jariyismo, según la cual el califa debe ser elegido libremente por la comunidad musulmana *(umma)* y hay que aceptarlo «aunque sea un esclavo negro».[99]

Con tantos problemas, a los que hay que sumar un nutrido harén al que atender,[100] Abderramán no pudo evitar que los habitantes de Narbona pasaran a cuchillo a su guarnición árabe y la Septimania (recuerden: aproximadamente correspondiente a los actuales departamentos franceses de Languedoc-Rosellón) pasara a manos de los francos.

Después del primer Abderramán, la dinastía se prolongó durante casi tres siglos en otros diez omeyas. El gobierno alcanzó cierta estabilidad, porque los altos cargos se ocupaban con personas de la propia familia o procedentes de un número limitado de familias de claro linaje árabe, aunque algunos descendían en realidad de esclavos bizantinos o persas manumitidos, sin exceptuar algún eunuco, como Nasr, que ascendió a primer ministro con Abderramán II.

99. Tomemos nota; ya tenemos tres interpretaciones políticas del islam: los sunitas, para los que el califa debe ser un miembro de la tribu Quraish; los chiitas, que piensan que debe ser un descendiente de Alí, el sobrino de Mahoma, y los juraysíes, que aceptarán al que elija el pueblo. Cada grupo arrima el ascua a su sardina.

100. No por vicio, que conste, sino porque lo exigía la representación como emir independiente (engendró más de veinte hijos).

Cada emir elegía a su sucesor entre sus hijos mediante la sencilla ceremonia de entregarle el anillo que simbolizaba el poder. Estas sucesiones dependientes no del orden biológico, sino de la voluntad del sucedido, favorecían las intrigas del harén, un grupo de presión nada despreciable.[101]

101. En el harén convivían varias generaciones de mujeres de sangre real y una cohorte de eunucos amujerados que supuestamente las custodiaban. A falta de mejor pasatiempo, eunucos y mujeres se consagraban a intrigar, porque cada esposa o concubina estaba celosa de las otras e intentaba impulsar a su retoño, ayudada por los eunucos que hubiera ganado para su causa. Apaciguarlas debió de ser tarea ardua. Otra debilidad de los gobiernos andalusíes fue que a menudo las más altas decisiones políticas se fraguaban en el harén, entre ambiciones personales, odios africanos, venganzas y pasiones desatadas.

CAPÍTULO 15

El reino de Aragón

Paralelamente a la creación del reino de Asturias surgieron otros núcleos cristianos a lo largo de las regiones cantábricas y pirenaicas:

- El cántabro, que vimos prontamente unido por matrimonio al asturiano.
- El reino de Pamplona (desde 1134 denominado de Navarra).[102]
- Los condados francos establecidos en la vertiente sur de los Pirineos para defender la frontera de eventuales ataques islámicos. Al frente de estos territorios, que quizá coincidían con circunscripciones político-administrativas visigodas, pusieron condes autóctonos o francos, según conveniencia.

Cada condado evolucionó a su manera. El de Aragón, surgido en torno al río homónimo, a la población de Jaca y los valles de Hecho y Canfranc, se apropiaría de los de Sobrarbe y Ribagorza, y se fusionaría, por matrimonio, con el reino de Pamplona.

Cuando falleció Sancho III de Pamplona (1035), el condado de Aragón se separó del reino pamplonés y se constituyó en rei-

102. Este reino resultó de la unión de los vascones en torno a los Arista (824-905) y, después, a los Jimena (905-1234), cuyo rey García Sánchez I se casó hacia el 938 con la princesa Andregoto Galíndez, hija del conde Galindo II y heredera del vecino condado de Aragón.

no tutelado (con su *regulus* supeditado al *rex* de Navarra). Más adelante, Sancho Ramírez, acogotado por sus poderosos vecinos, Navarra y la taifa de Zaragoza, se enfeudó con la Santa Sede (1068) para asegurarse la supervivencia y el título real. A poco, por uno de esos golpes de suerte que deparan los asuntos dinásticos, el rey de Pamplona Sancho Garcés IV fue asesinado por su hermano (1076), y los nobles navarros entregaron la corona vacante a su primo, el *regulus* de Aragón Sancho Ramírez, que ascendió a *rex* de Aragón y de buena parte de Navarra. De esta manera, Aragón se fortaleció y pudo ampliarse conquistando tierras a los moros.

CAPÍTULO 16

Un histórico braguetazo

Atentos ahora, porque intentaremos explicar la agregación de los condados catalanes a la Corona de Aragón, el tema que tantas ronchas levanta entre los independentistas reivindicadores de un pasado imaginario.

Dijimos páginas atrás que en el siglo IX surgieron varios condados pirenaicos: Barcelona, Gerona, Ampurias, Besalú, Cerdaña, Conflent y otros que formaban la Marca Hispánica, defensa avanzada del reino franco frente a los moros.

Andando el tiempo, algunos condados acataron el liderazgo de Barcelona bajo el «poderosísimo y respetabilísimo» Wifredo el Velloso (c. 840-897), pero a su muerte volvieron a disgregarse hasta que el conde Borrell II (c. 934-992) los reforzó, aprovechando el desconcierto que causaba en Francia el tránsito de la dinastía carolingia a la de los capetos.[103]

103. Borrell II rehusó jurar obediencia al rey capeto, lo que lo hizo independiente *de facto,* pero la independencia *de iure* solo llegaría a los condados catalanes cuando el rey Jaime I firmó el Tratado de Corbeil (1258), una de las mayores pifias que registra la historia. La Corona de Aragón cedía unos derechos contantes al norte de los Pirineos a cambio de que el rey francés renunciara al derecho de vasallaje de los antiguos condados de la Marca Hispánica sobre los que solo ejercía un dominio puramente nominal. El conde Borrell II se casó con Letgarda de Roergue, hija del conde de Tolosa (Toulouse, Francia), y tuvo de ella un hijo llamado Ramón Borrell, que, a su vez, se casó con Ermesenda de Carcasona. Con estas bodas apañadas, los condes pirenaicos extendían sus intereses por el sur de la actual Francia.

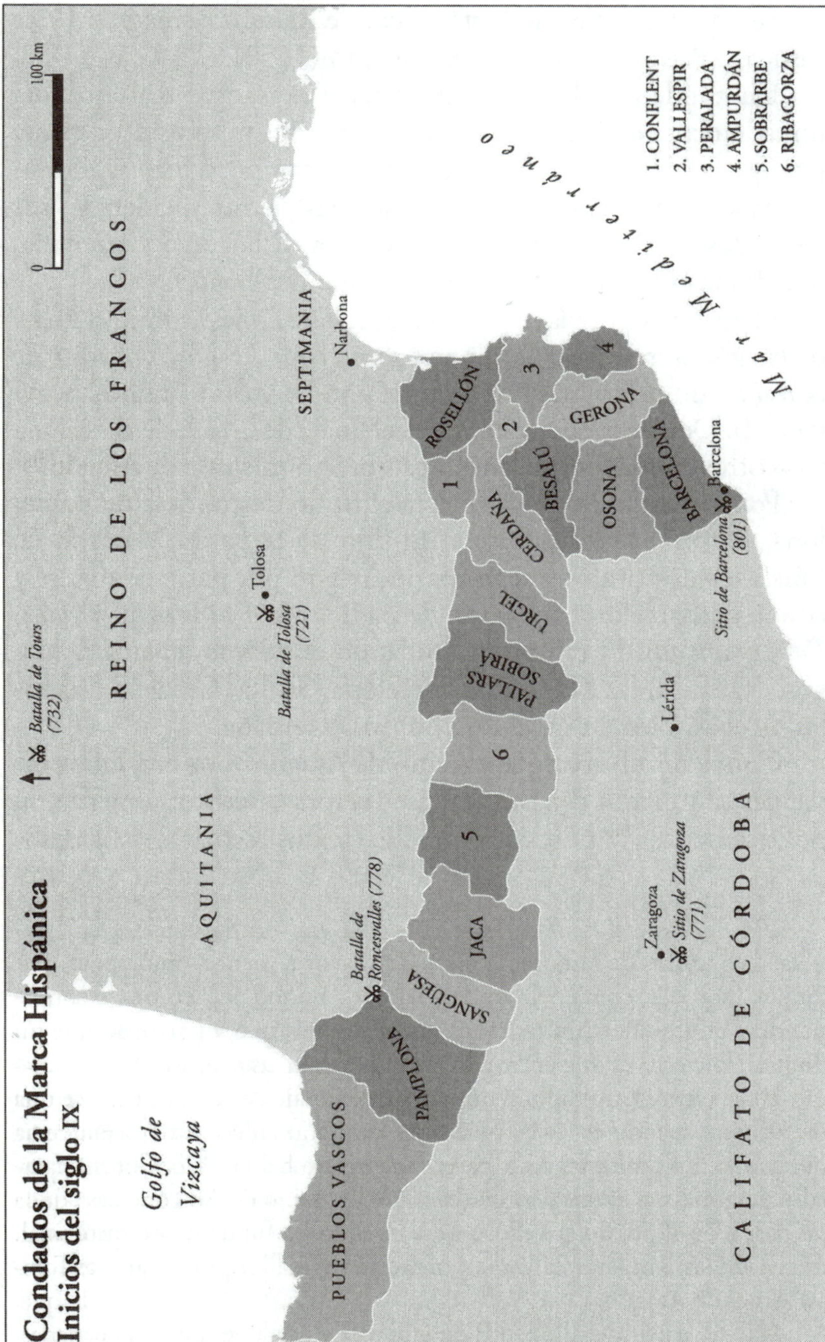
Condados de la Marca Hispánica
Inicios del siglo IX
Batalla de Tours (732)
0
100 km
Golfo de Vizcaya
AQUITANIA
REINO DE LOS FRANCOS
SEPTIMANIA
Narbona
Tolosa
Batalla de Tolosa (721)
Mar Mediterráneo
PUEBLOS VASCOS
PAMPLONA
Batalla de Roncesvalles (778)
SANGÜESA
JACA
5
6
PALLARS SOBIRA
URGEL
CERDAÑA
1
ROSELLÓN
2
3
4
BESALÚ
GERONA
OSONA
BARCELONA
Barcelona
Sitio de Barcelona (801)
Lérida
Zaragoza
Sitio de Zaragoza (771)
CALIFATO DE CÓRDOBA
1. CONFLENT
2. VALLESPIR
3. PERALADA
4. AMPURDÁN
5. SOBRARBE
6. RIBAGORZA

Seis generaciones adelante, el conde Ramón Berenguer IV se casó con Petronila, heredera de Aragón (1150).

Un conde casado con una princesa de sangre real ascendía notablemente en la nobleza,[104] al saltarse dos puestos de la escala jerárquica (marqués y duque). Petronila tampoco hizo mal casamiento, porque el conde aportaba unas tierras suculentas, sus condados de Barcelona, Gerona, Osona, Ribagorza y Cerdaña, que desde entonces se asociaron al reino de Aragón.

Al ascender por vía matrimonial, el barcelonés asumió el linaje de Aragón (o sea, pasó de conde a *princeps* de Aragón, consorte de la *regina*, un título más importante, y ya no volvió a usar el título condal). De este modo se extingue el linaje de la casa de Barcelona y los otros condados catalanes, absorbido por la casa de Aragón.[105]

Por su parte, Petronila recibía el título de condesa de Barcelona, *barchinonensis comitissa*. El hijo de la pareja, Alfonso II, uniría los dos títulos y sería *rex* de Aragón por parte de madre y conde de Barcelona por parte de padre: *rex Aragonensis et comes Barchinonensis*. El reino que, andando el tiempo, abarcará Aragón, Valencia, las Mallorcas, Barcelona, Sicilia, Cerdeña, Nápoles, Atenas, Neopatria, el Rosellón y la Cerdaña.

Conviene advertir que el reino de Aragón y los condados catalanes se unieron dinásticamente (pero NO territorialmente, ni políticamente),[106] porque en muchos textos escolares se ha desli-

104. En aquellos tiempos se concedía gran importancia a la jerarquía. Los títulos de la nobleza eran, de mayor a menor, emperador, rey, duque, marqués, conde, vizconde y barón. Aunque no siempre se correspondían en liquidez (un marqués podía ser más rico y poderoso que un duque), lo cierto es que entre ellos se respetaban las categorías.

105. Otros historiadores opinan que el linaje de la casa de Barcelona se extingue cuando en 1410 Martín el Humano fallece sin descendencia masculina. En cualquier caso, parece incorrecto hablar de la Corona catalano-aragonesa al aludir a lo que siempre fue reino de Aragón. Las famosas barras de Wilfredo el Velloso (una leyenda sin fundamento histórico), origen de las banderas catalana, valenciana y mallorquina, no eran sino las armas de Aragón.

106. A partir de Alfonso II, aragoneses y catalanes permanecen unidos durante el resto de la Edad Media, a pesar de sus diferentes caracteres

zado la espuria expresión «confederación catalano-aragonesa», introducida por algunos historiadores modernos bienintencionados o *bienremunerados,*[107] que incluso llaman a sus monarcas «condes reyes», faltando gravemente a la verdad.

---

e intereses: los unos, aristócratas terratenientes y hortelanos del Ebro, apegados a la tierra; los otros, mercaderes con sus ganancias en el Mediterráneo, que vuelve a ser la gran lonja comercial que fue en la Antigüedad. En 1285 el cronista Bernat Desclot escribe con orgullo: «No pienso que galera o bajel o barco alguno intente navegar por el mar sin salvoconducto del rey de Aragón, sino que tampoco creo que pez alguno pueda surcar las aguas marinas si no lleva en su cola un escudo con la enseña del rey de Aragón». La Corona de Aragón instituyó «una formación política que duraría 577 años y que se convertiría en una de las más firmes instituciones políticas de la historia de Europa: en algún momento de su historia comprendería, además de Aragón, la casa central por así decirlo, Cataluña, Valencia, Mallorca, Sicilia, Cerdeña, Córcega, Nápoles, Provenza, Roselló, Cerdaña, Montpellier y los antiguos ducados de Atenas y Neopatria» (Corral Lafuente, 2010, cap. 1).

107. Parte de esta empanada mental comienza con las invenciones divulgadas por el falsario Joan Gaspar Roig i Jalpí (1624-1691), un religioso de la Orden de los Mínimos, autor del *Llibre dels feyts d'armes de Catalunya,* supuesta copia de un incunable de 1420 atribuido a Bernard Boadas. En 1931 el historiador Andrés Giménez Soler demostró que era falso, un juicio refrendado por el lingüista Miquel Coll i Alentorn (1948). El juicio del filólogo Martí de Riquer es igualmente negativo: «El *Llibre dels feyts* en modo alguno puede haber sido escrito en el año 1420, ya que en él se emplean formas, construcciones y vocablos insólitos en el catalán del siglo xv […], las anormalidades lingüísticas aparecen a lo largo de todo el *Llibre,* lo que no nos permite entrever ningún núcleo primitivo que pueda haber sido redactado en el siglo xv […]. El examen lingüístico no ofrece ni la más pequeña dificultad a la tesis de los señores Giménez Soler y Coll i Alentorn, según los cuales el autor del *Llibre* fue fray Joan Gaspar Roig i Jalpí, quien lo redactó en la segunda mitad del siglo xvii» (Riquer, 1948, p. 272).

CAPÍTULO 17

Los cristianos avanzan

Abderramán I comprendió las dificultades de colonizar el norte de la península y aceptó la línea del Duero como frontera natural. Para defenderla, estableció tres marcas o provincias militares con capitales en Zaragoza, Toledo y Mérida (según la costumbre romano-bizantina que también hemos visto en la Marca Hispánica de Carlomagno). Al frente de cada una de ellas puso a un emir o gobernador de la frontera *(umara al-tagr)*. Solamente en las feraces tierras del Ebro y Cataluña existía contacto directo entre cristianos y musulmanes. En el resto de las fronteras, una amplia franja casi deshabitada dificultaba los contactos.

La institución de las marcas militares resolvía el problema de la seguridad en las fronteras, pero, a la larga, planteaba otro más grave: los gobernadores militares, «que en el siglo IX eran cabecillas indígenas que habían reemplazado a los jefes árabes»,[108] aprovechaban cualquier flaqueza de Córdoba para guardarse los tributos y crear sus propios señoríos. A veces no vacilaban en aliarse con el cristiano del que supuestamente debían defender el territorio.[109]

108. Manzano Moreno, 2006, p. 321.

109. Esto explica que el gobernador de Zaragoza llegara a un acuerdo con Carlomagno, el rey de los francos, para repartirse la región. Pero ya vimos que cuando Carlomagno intentó ocupar los pasos de los Pirineos fue rechazado en Roncesvalles por los vascos (que mantenían su in-

Durante un par de siglos no se produjeron grandes cambios. Córdoba prosperó hasta convertirse en la mayor ciudad de Occidente, con barrios de artesanos que estimulaban un activo comercio incluso internacional, con ramificaciones en la Europa cristiana y en Bizancio. La ciudad se extendió por los arrabales, especialmente el de Secunda, al otro lado del río, comunicado por el restaurado puente romano. La creciente actividad económica rendía copiosos frutos al Estado, que mantenía la presión fiscal mediante la oficina del prefecto de la ciudad *(sahib al-medina),* cuya función principal era cobrar los impuestos, motivo por el cual era el primero que linchaba el pueblo amotinado.

Córdoba no hizo esfuerzo alguno por colonizar la ancha franja existente entre Madrid y el Duero. La consideraba zona deshabitada *(māfaz)* entre la tierra del islam *(umrān al-Islam)* y la zona politeísta (*'umrāh al-širk*).[110] Este abandono lo aprovechó el asturiano Alfonso III para colonizar aquella tierra por el sistema de presuras.

—¿Presuras?

—Los colonizadores lo suficientemente valerosos como para rozar un terreno inculto y establecerse en él se convertían en sus propietarios con el título correspondiente (alodio). Algo parecido a las parcelas que se dieron en la conquista del Oeste americano. Paralelamente, surgieron explotaciones más extensas correspondientes a monasterios o a nobles poderosos que contaban con sus propios colonos.

¿Y los reinos cristianos?

Los reinos cristianos crecían lentos, a la sombra del gran Estado cordobés, que les imponía tributos (parias) y, de vez en cuando, los invadía y saqueaba.

---

dependencia desde la caída del Imperio romano). Véase *Poema de Fernán Gonazález* (Menédez Pidal, 1951, tirada 139):

> *Los poderes de Francia, todos muy bien guarnidos,*
> *por los puertos de Aspa fueron luego troçidos;*
> *¡fueran de buen acuerdo si non fueran venidos,*
> *que nunca mas tornaron a do fueron nasçidos!*

110. Manzano Moreno, 2006, p. 246.

Esto de las parias nos muestra que, a pesar de las apariencias, la naturaleza humana nunca se desprende de la ley de la selva. En cuanto un rey es más fuerte que el vecino, lo chantajea y lo obliga a satisfacer un tributo anual si quiere que respete su territorio. ¿Recuerdan el meollo de la película de Coppola *El padrino* (1972)? Lo vamos a recordar con relativa frecuencia en lo que queda de libro: unas veces los padrinos moros exprimen a los cristianos y otras veces son los cristianos los que chantajean a los moros.

CAPÍTULO 18

El nacimiento de Castilla

En el siglo IX muchos labradores impulsados por el hambre cruzaron los Picos de Europa en la frontera oriental del reino asturiano para establecerse en las tierras despobladas del llano, especialmente en el Valle de Mena (al norte de la actual provincia de Burgos).

Ese fue el comienzo de Castilla, gentes decididas y valerosas que *d'un alcaldía pobre fiziéronla condado, / tornáronla después cabeça de reinado.*[111]

Si creemos al poeta, Castilla era el paraíso en la tierra, se nota que lo ciega el amor al terruño:

> *Pero de toda España Castiella es mejor,*
> *por que fue de los otros el comienço mayor,*
> *guardando e temiendo sienpre a su señor,*
> *quiso acreçentarla assi el Criador.*[112]

El principal problema era que aquella comarca estaba en la línea de penetración de las aceifas musulmanas que partían del Alto Ebro. Los labradores tenían que andar una mano en la mancera del arado y en la otra el lanzón por si venía el moro. Eso, a la larga, imprime carácter. También explica que la región se fuera poblando de castillos, por lo que los moros la llamaron

111. *Poema de Fernán González* (Menéndez Pidal, 1951, tirada 173).
112. *Ibidem*, tirada 157.

en árabe al-Qilá, los Castillos, y los cristianos Castella, o sea, Castilla.[113]

En 850 el rey asturleonés Ordoño I instituyó en aquella zona una marca defensiva o condado a cuyo frente puso a su pariente y hombre de confianza Rodrigo.

Entonce era Castyella un pequenno rryncón
era de castellanos Montes d'Oca mojón.[114]

Los condes sucesivos ampliaron el territorio y gozaron de bastante autonomía en lo referente a recaudar tributos y administrar justicia.

Ordoño II de León culpó del desastre de Valdejunquera (920) a los castellanos que no habían acudido en su auxilio. Para castigarlos ejecutó a cuatro de los más significados, Nuño Fernández, Fernando Ansúrez y Abolmondar Albo, con su hijo Diego.

Los indignados castellanos decidieron que en adelante no obedecerían al rey leonés, su señor natural, sino que se gobernarían por sí mismos eligiendo a dos jueces, civil y militar, que emitirían sentencias *(fazañas)* según los usos de Castilla. Los dos primeros jueces fueron Nuño Rasura y Laín Calvo (842).

Fernán González (c. 905-970), el más famoso conde de Castilla (sobrino del ejecutado Nuño Fernández), amplió los territorios de Castilla hasta abarcar desde el mar Cantábrico hasta el sur del río Duero. La tradición, no avalada por documento alguno, lo ha considerado el primer conde independiente del reino de León.[115] Como era normal en la época, debido a la concepción

113. Lo que son las cosas, según cierta teoría, el topónimo *Cataluña* también podría significar «tierra de castillos», lo que la hermanaría con Castilla, Aragón por medio. En tal caso los primeros catalanes serían *castellanus,* palabra de la que derivó en el bajo latín regional *castlanus* y de ahí *castelanus* o catalanes.

114. *Poema de Fernán González* (Menéndez Pidal, 1951, tirada 171).

115. Su fama de invencible le valió un cantar de gesta, el *Poema de Fernán González* (c. 1250): *Quiso Dios al buen conde esta gracia facer, que moros nin cristianos non le podían vencer.* Es una delicia de castellano me-

patrimonial de los reinos, se casó con princesas de las casas del entorno: primero con la infanta Sancha Sánchez (c. 932), hermana del rey García Sánchez I de Pamplona,[116] y en segundas nupcias, tras enviudar, con Urraca Garcés, hija del rey García Sánchez I (o sea, sobrina de su primera mujer). Prosiguiendo la geopolítica matrimonial, después casaría a su hija Urraca Fernández (habida con Sancha Sánchez de Pamplona) con tres reyes sucesivos: Ordoño III, futuro rey de León (944); Ordoño IV de León (958); y Sancho Garcés II de Pamplona (962).

dieval si se le perdonan las expresiones políticamente incorrectas como *estos moros perros*.

116. Sancha Sánchez de Pamplona había estado casada anteriormente con Ordoño II de León (923) y con el conde Álvaro Herrameliz (c. 924), de los que enviudó para casarse con nuestro buen conde.

CAPÍTULO 19

Abderramán II, el Recaudador

Al gran Abderramán lo sucedió el anodino Hisham I, habido con una esclava visigoda, y a este el despótico Alhakén I, hijo de una esclava regalada por Carlomagno al primer Abderramán.

Algunos cronistas denominan el reinado del segundo Abderramán «la luna de miel del islam», cursilería admisible si consideramos que el emir fue un disfrutón, empedernido cazador, poeta a ratos, también aficionado a las tertulias y, en fin, amante de toda clase de placeres, especialmente del que le permitió ser padre de más de cien hijos.

¿Cien hijos?

Sí. ¿De qué se extrañan? Nuestro católico y devoto Felipe IV engendró más de cuarenta entre misa y misa.

No piensen que entregado a tan intensa actividad amatoria descuidó Abderramán el gobierno. Pasó buena parte de su reinado extinguiendo rebeliones en las marcas fronterizas de Mérida y Toledo, y en regiones del interior.[117]

Consciente de la amenaza del emirato fatimí surgido en Túnez, Abderramán II (792-852) favoreció la creación de un emporio industrial, comercial y hasta pirático en Bayyana (hoy Pechina), costa de Almería, que evolucionó hasta constituirse en una especie de república marítima, que extendía su

117. Después de sofocar una en Lorca, se prendó de Murcia, la de las buenas hortalizas, y la ascendió a cabeza de marca.

influencia por el mar de Alborán y el Mediterráneo occidental.[118]

El reinado de este notable emir está marcado por dos peliagudos problemas: el ataque de los vikingos y el brote fundamentalista mozárabe. Los trataremos en epígrafe aparte.

Abderramán II realizó algunas expediciones contra los cristianos del norte que no dejaban de violar sus fronteras, aunque no siempre las remataba bien.[119] Además, consiguió fortalecer el emirato y embellecer Córdoba, convirtiéndola en un emporio comercial que recaudaba más de un millón de dinares, lo que favoreció el florecimiento de las artes y ciencias.

118. El puerto de Pechina se especializaba en la producción de telas de lujo y mármol. Sus estelas funerarias se encuentran hasta en la curva del Níger.

119. En una ocasión tuvo un sueño lúbrico en el que copulaba con una de sus favoritas. En cuanto despertó convocó a su jefe de estado mayor y le encomendó que se hiciera cargo del mando supremo porque él tenía que regresar urgentemente a Córdoba para despachar una urgencia que no admitía aplazamiento. «Oír es obedecer», dijo el general golpeándose el pecho con el puño.

CAPÍTULO 20

Los nórdicos visitan Sevilla

En el año 844 aparecieron en las costas andalusíes unos estilizados barcos que un cronista describió como «pájaros marinos rojinegros».[120] Deseosos de contribuir a la historia europea llegaban los vikingos, unos guerreros altos y rubios procedentes de la península escandinava que, provistos de largas espadas y de afiladas hachas, sembraron el terror en el litoral europeo. Cada *drakkar* transportaba unos treinta tripulantes, que eran a la vez remeros y guerreros. Generalmente actuaban en escuadras numerosas al mando de un jefe.

Aquella *gens pagana et nimis crudelissima* practicaba golpes de mano *(strandkogg)* en las poblaciones costeras y hasta se atrevía a remontar ríos para alcanzar las del interior (París, en 845). Aunque eran paganos, se convirtieron en asiduos visitantes de monasterios cuyas despensas, bodegas y tesorerías encontraban abundantemente provistas. Ello motivó que la sensible Iglesia incluyera

120. Los vikingos habían conseguido una maravilla de diseño en sus estilizados y ágiles barcos de remo, los *drakkars,* de solo medio metro de calado, veinte de eslora y cuatro o cinco de ancho. La obra muerta del navío se reducía al mínimo. Ni siquiera necesitaban bancos para los remeros, ya que cada hombre se sentaba sobre el cofre donde transportaba sus pertenencias y su botín. Los escudos, a falta de mejor emplazamiento, colgaban en los costados del navío, adornándolo de modo característico y elevando suplementariamente la borda. No precisaban de muelles ni instalaciones donde atracar: embarrancaban sus naves en cualquier playa cercana al objetivo.

en sus rezos la plegaria *a furore normanorum libera nos Domine* («Señor, líbranos del furor de los normandos»).[121]

¿Por qué unos tíos tan apuestos, antepasados de gente tan civilizada y pacífica como los nórdicos actuales, se habían entregado al bandidaje y a la mala vida?

Porque, desde el siglo VII, aquella población de pescadores, agricultores y mercaderes había desbordado sus recursos. Sumemos a esa calamidad la presión fiscal y la escasez de mujeres.[122] En esa tesitura se veían impelidos a practicar el triste oficio del atracador: «Robo *pa* comer».

En agosto de 844, una expedición vikinga atacó Lisboa remontando el estuario del Tajo. El gobernador de la ciudad envió mensajeros a Abderramán II para informarlo de la llegada de los piratas. Poco después, los vikingos saquearon Huelva, el puerto de Niebla, la isla fluvial de Saltés y Algeciras.

Llegados a la desembocadura del Guadalquivir, donde habitaban los estupendos langostinos, los normandos se dividieron en dos escuadras: una saqueó Cádiz, y otra, de unos ochenta na-

121. ¿De dónde procedía aquella ferocidad que aterrorizaba a unos pueblos anfitriones que tampoco eran hermanitas de la caridad? El historiador sueco Samuel Ödmann pensó que antes de entrar en combate consumían alguna clase de droga: el hongo *Amanita muscaria,* frecuente en sus bosques, o cerveza contaminada con el cornezuelo del centeno o beleño negro. Quizá su furor suicida de lanzarse al combate casi desnudos se deba, después de todo, a episodios disociativos y psicóticos estimulados por su creencia en que el guerrero que muere en combate va directo al Valhalla, el paraíso de Odín, no menos interesante que el que Mahoma reserva a los «mártires» yihadistas: en el Valhalla los guerreros muertos en combate pasan el día entrenándose para la lucha y participando en banquetes de asado de jabalí y espumoso hidromiel servido en cuernas por unas rubias espléndidamente dotadas para la lactancia, de gran talla y gruesas trenzas, tipo Anna Nicole Smith o Geena Davis. Sin embargo, los guerreros que mueren de vejez o de enfermedad van al Niflheim, la helada y oscura morada de Hela.

122. ¿Escasez de mujeres? Eso parece. En una sociedad muy jerarquizada, el éxito de un hombre se calculaba por la cantidad de esposas y concubinas que podía alimentar. Ese acaparamiento de los poderosos dificultaba el acceso de los pobres a la institución matrimonial.

víos, remontó la corriente del río aprovechando la marea. En Coria del Río pasaron a cuchillo a la población, lo que provocó una ola de pánico y la evacuación de Sevilla por buena parte de sus habitantes, que se refugiaron tras las murallas de Carmona y en otros lugares serranos.

El primero de octubre los vikingos tantearon Sevilla. Las tropas del emir, muchas de ellas llegadas la víspera desde sus guarniciones del norte, les hicieron frente y les causaron unas setenta bajas.

Abderramán II había solicitado ayuda a los Banu Musa de Tudela y a Banu Qasi de Zaragoza. Ante la llegada de refuerzos, los vikingos se fortificaron en Tejada. Después de breves escaramuzas, los moros emplearon con el visitante su tradicional táctica del tornafuye *(karr wa-farr):* un destacamento fingió que huía y atrajo a sus perseguidores al lugar donde aguardaba oculto el grueso de la tropa. ¡Funcionó! Los moros rodearon a los hombres del norte y mataron a más de mil, jefe incluido, además de quemarles más de cuarenta naves. Implacable con los invasores, Abderramán II crucificó sobre las palmeras a los prisioneros y envió a sus aliados marroquíes de Arcila doscientas cabezas rubias como trofeo de la victoria.

Después de este tropiezo, los jefes vikingos entraron en razón y llegaron a un acuerdo con el moro: los que aceptaron convertirse al islam obtuvieron permiso para establecerse en la Isla Menor del Guadalquivir, donde se dedicaron a la cría de ganado y a la fabricación de quesos. Los otros regresaron al mar y después de visitar las Baleares remontaron el Ebro y los afluentes Aragón y Arga, hasta Pamplona, donde se enfrentaron a los *baskunis* y capturaron al rey García Íñiguez, por cuyo rescate obtuvieron la respetable cifra de noventa mil dinares.

Abderramán II había aprendido la lección. En previsión de futuras visitas vikingas construyó una escuadra. Una sabia decisión, porque hacia el año 858 otros noruegos al mando de Hasting tantearon las costas peninsulares. Rechazados por el astur Ordoño I, descendieron por las riberas atlánticas y pensaron remontar nuevamente el Guadalquivir, pero se toparon con una flamante escuadra andalusí equipada con catapultas que les lanzaban nafta ardiendo. Hasting se retiró prudentemente y fue a probar fortuna en aguas menos defendidas, primero Algeciras y luego Nakur, al otro lado del Estrecho, en la desembocadura del valle de Alhucemas.[123]

123. El saqueo de Nakur, entonces un lugar próspero, sugiere que los piratas conocían de antemano los mejores objetivos. Hace como cuarenta años visitamos sus melancólicas ruinas. ¿Dónde se ubicaría el surtido harén del emir con el que arramblaron los rubios después de pillar el lugar durante ocho días?

CAPÍTULO 21

Los mártires de Córdoba

En la segunda mitad del siglo IX, los dos obispos de la populosa comunidad cristiana de Córdoba, Eulogio y Álvaro, asistían consternados a la creciente islamización de sus feligreses.

—Es que visten chilaba, parlan algarabía, se envician en los baños[124] y copian costumbres no menos perniciosas de la secta de Mahoma —se quejaba Eulogio.

—Y hasta se están aficionando a la comida moruna —corroboraba Álvaro—. Ya mismo le harán ascos al chorizo y al tocino, y rezarán el Alcorán con el culo en pompa.

—Son tiempos mortíferos, hermano en Cristo.

Eulogio y Álvaro no podían consentir la islamización de su rebaño. Convocaron a sus ovejas a una tanda urgente de ejercicios espirituales y consiguieron convencer a trece de ellos para

124. Los cristianos no eran refractarios a la higiene como alguna gente piensa. De hecho, se aseaban regularmente en muchos palacios y castillos que disponían de una caldeada «sala de tablas» provista de bañera de duelas, generalmente contigua a las cocinas (para facilitar el suministro de agua caliente). También mantenían en buen uso los baños públicos de los lugares reconquistados. «El Fuero de Andújar, del siglo XIII, reglamenta la estancia en los baños de cristianos, moros y judíos. Las Ordenanzas de Alcalá la Real, del siglo XIV, reglamentan igualmente el uso de los baños» (Rodríguez Molina, 2007, p. 132). Lo que resultaba sospechoso a ojos de los cristianos porque fomentaba el afeminamiento era el uso de los baños como lugar de reunión y tertulia diaria, al estilo árabe heredado de Roma.

que comparecieran ante el cadí (la autoridad judicial islámica) e insultaran a Mahoma.

—Insultar a Mahoma está penado con la muerte —objetó uno.[125]

—Precisamente de eso se trata —intervino Álvaro—. Los moros te ejecutarán y tú serás un mártir de Dios y volarás directamente al cielo.

El plan parecía impecable. Mártires del infiel y angelitos al cielo. Los interfectos, entre ellos dos mujeres, las vírgenes Flora y María, solicitaron audiencia y pusieron al profeta a caer de un burro.

Ocurrió lo que se esperaba: el cadí dictó sentencia y los blasfemos fueron ejecutados. Al olor del martirio, el fundamentalismo cristiano creció y nuevos aspirantes a mártires dieron en insultar a Mahoma.

—No temáis, porque el martirio os lleva inmediatamente al cielo y seréis santos a la derecha del Padre —los animaban Eulogio y su cuate.

Esto nos trae a la memoria una anécdota citada por el tratadista Al-Jusani.[126]

—Desgraciado —amonestó el juez Aslam a uno de estos fanáticos mozárabes—, ¿quién te ha metido en la cabeza que pidas tu propia muerte sin haber delinquido en nada?

A lo que el cristiano respondió:

—Pero ¿cree el juez que si me mata seré yo el muerto?

—¿Quién será, pues, el muerto? —le replicó el juez.

—El muerto será una semblanza mía que se habrá metido en un cuerpo, eso es lo que matará el ejecutor. Pero yo subiré inmediatamente al cielo.

A lo que el juez replicó:

125. Aún hoy está penado con la muerte, recuerden la fetua *(fatwa)* o sentencia que pesa sobre el escritor Salman Rushdie y las violencias desatadas contra los dibujantes que se atrevieron a caricaturizar al profeta. Estas ofensas a los sentimientos religiosos chocan a menudo con la libertad de expresión supuestamente imperante en el Occidente cristiano.

126. Sánchez Albornoz, 1978, p. 211.

—Mira, hay un medio de averiguar lo que haya de cierto en eso y así saldremos de dudas los dos.

—¿Qué medio es ese? —preguntó el cristiano.

Entonces —prosigue el texto de Al-Jusani—, el juez Aslam se volvió hacia los sayones o verdugos allí presentes y les dijo:

—Traed el azote.

Ordenó luego desnudar al cristiano; lo desnudaron e inmediatamente mandó que lo atizaran.

Cuando el cristiano comenzó a gritar, el juez Aslam le preguntó:

—¿En qué espalda caen los palos?

—¡En la mía! —gritó el cristiano.

—Pues mira, hombre —replicó el juez—, lo mismo ocurriría si cayera la espada sobre tu cuello, ¿o es que piensas que podría ocurrir otra cosa?

Confrontado con la realidad, el cristiano se retiró muy desengañado de su vocación de mártir.

El movimiento martirial creaba un problema de orden público y envenenaba las relaciones entre las comunidades islámica y mozárabe. El propio Abderramán II tomó cartas en el asunto y convocó un concilio en Toledo, sede de la máxima autoridad religiosa cristiana, en el que obispos pastueños prohibieron a los fieles insultar a Mahoma.

No todos obedecieron, claro, porque los aspirantes a mártires no cesaban. Mohamed I, sucesor de Abderramán II, actuó con mano dura contra la misma raíz del problema decapitando al predicador Eulogio. Huérfano de su guía espiritual, el movimiento martirial decreció rápidamente.

—Muerto el perro, se acabó la rabia —pensaría Muhammad.

Con mártires o sin ellos, la comunidad mozárabe menguaba porque, aparte de los que se convertían al islam, muchos otros emigraban a los reinos cristianos por escapar del impuesto confiscatorio que les imponía la peculiar Agencia Tributaria islámica (la *yizya* y el *jaray*, que explicamos en el capítulo 5). En la medida en que disminuía el número de los contribuyentes cristianos, la presión fiscal aumentaba sobre los musulmanes y, con ella, el malestar de los más desfavorecidos, que finalmente estalló en una serie de revueltas.

CAPÍTULO 22

La rebelión de Ibn Hafsun

Cansados de ser ciudadanos de segunda, los muladíes (descendientes de cristianos convertidos al islam) se rebelaron contra el Estado cordobés.

Un tal Umar ibn Hafsun, musulmán de nacimiento, aunque nieto de cristiano godo, tuvo la mala fortuna de toparse con un beréber que estaba robando ovejas en el rebaño de su abuelo y, tras cambiar impresiones sobre el caso, lo mató. Huyendo de la justicia como un bandolero romántico, se acogió a la vecina serranía de Ronda, que conocía bien por haber acompañado a su padre de caza,[127] y ascendiendo por el desfiladero de los Gaitanes se instaló en el lugar de Bobastro.[128]

127. Precisamente al padre lo había devorado un oso cuando efectuaba su actividad cinegética.

128. El historiador Al-Himyari escribe: «Bobastro es un castillo inaccesible situado a ochenta millas de Córdoba [...] sobre un cerro escarpado y aislado [...]. Tiene muchas casas, iglesias y acueductos». En el lugar de las Mesas de Villaverde (Málaga) pueden verse las ruinas de su famosa basílica rupestre, uno de los conjuntos arqueológicos más interesantes y pintorescos de España (ver páginas en color). «Un bastión natural prácticamente inexpugnable, rodeado por profundos precipicios en el que destacan una basílica excavada en la roca, los conjuntos denominados Casa de la Reina Mora y Cueva de la Encantada y cinco pequeñas fortalezas (Talyayra, Mariyya, Sant Awlaliya, Burtiqat y Suhayb), además de numerosas viviendas semirrupestres» (Martínez Enamorado, 1998, p. 46). Otros sitúan Bobastro en el despoblado de Masmúllar, junto a Comares,

Una golondrina no hace verano, ya se sabe, pero aquel fugitivo tenía gran poder de convocatoria. Pactando con jefes de clanes y concertando matrimonios de conveniencia se convirtió —como dice una crónica musulmana— en «columna de los infieles, cabeza de los politeístas, tea de la guerra civil y refugio de los rebeldes».

Durante más de cuarenta años, entre 878 y 928, Ibn Hafsun y sus hijos y sucesores dominaron buena parte de la actual Andalucía, un amplio territorio entre Algeciras y Murcia que comprendía importantes ciudades (Écija, Priego, Archidona, Baeza y Úbeda).

La capital del rebelde, Bobastro, resistió los asedios de seis emires y solo sucumbió ante Abderramán III, quien recién ascendido al trono (912) se propuso terminar con el rebelde.[129] Aprovechó que la tardía conversión al cristianismo de Ibn Hafsun le enajenaba la voluntad de muchos seguidores musulmanes para conceder el perdón *(aman)* a todo rebelde que cambiara de bando y sirviera en el ejército emiral.

Muerto Ibn Hafsun (918), la resistencia rebelde se resquebrajó ante la firme voluntad del emir que movilizaba cuantos medios fueran precisos para tomarles las fortalezas.[130]

---

donde afloran, entre olivos, abundantes vestigios de loza medieval. También existe allí un notable aljibe subterráneo sostenido por arcos de herradura que descansan sobre delicadas pilastrillas, casi una mezquita soterrada.

129. A saber: Mohamed I, sucesor de Abderramán II; Al-Mundir, hijo del anterior, muerto precisamente cuando sitiaba Bobastro, en 888, y Abdalá, su hermanastro y sucesor, del que se sospecha que lo hizo asesinar (su médico lo sangró con una lanceta envenenada).

130. Llegado al inexpugnable castillo de Juviles, en la Alpujarra, como los fundíbulos normales carecieran del alcance necesario para bombardearlo, construyó una plataforma sobre la que asentó un gigantesco almajaneque, una verdadera obra de romanos. Resultado: los sitiados se rindieron a los quince días y para congraciarse con el vencedor entregaron a los cincuenta y cinco combatientes que se habían empeñado en resistir. Abderramán los hizo decapitar. Los restos del castillo, que los lugareños llaman el Fuerte, se encuentran en el término de Tímar (Granada), ver-

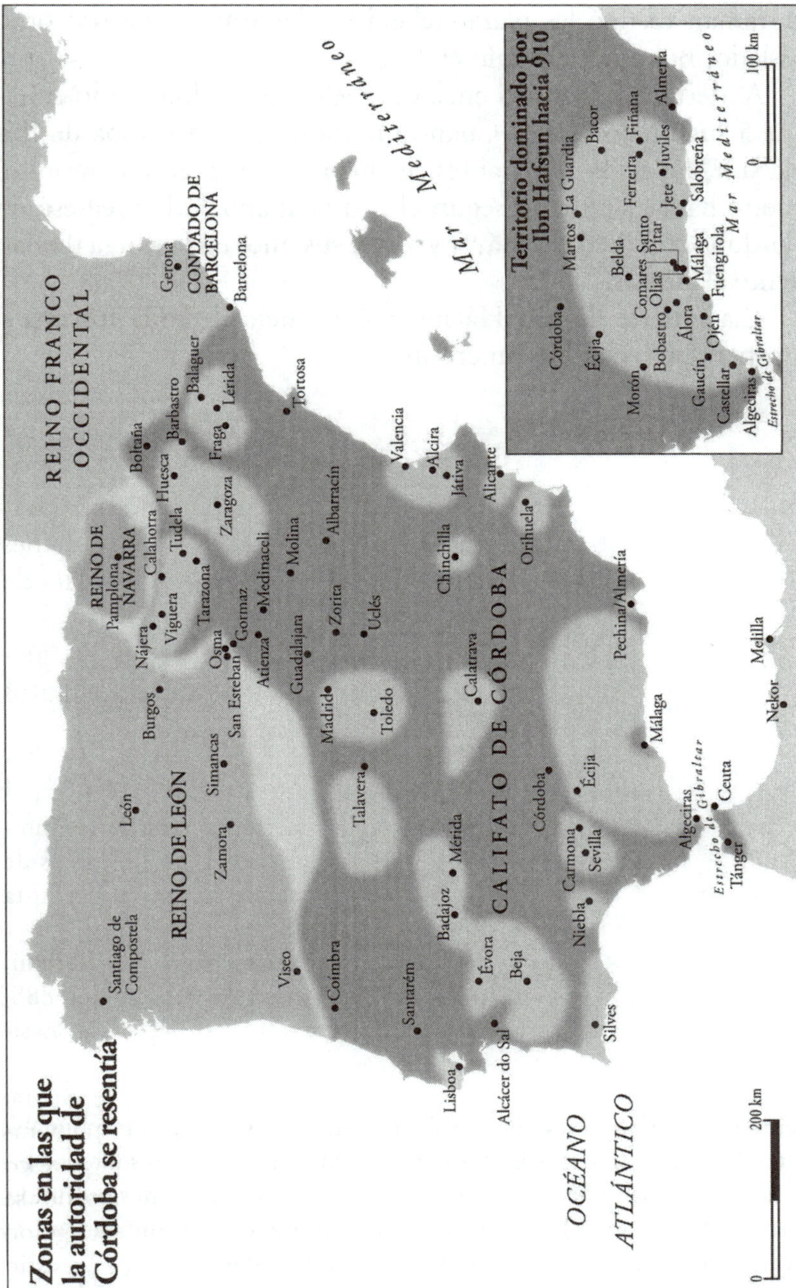
Zonas en las que la autoridad de Córdoba se resentía
REINO FRANCO OCCIDENTAL
REINO DE NAVARRA
CONDADO DE BARCELONA
REINO DE LEÓN
CALIFATO DE CÓRDOBA
OCÉANO ATLÁNTICO
Mar Mediterráneo
Santiago de Compostela
León
Zamora
Simancas
Burgos
Nájera
Pamplona
Viguera
Calahorra
Tudela
Tarazona
Huesca
Boltaña
Barbastro
Balaguer
Lérida
Fraga
Zaragoza
Gerona
Barcelona
Tortosa
Osma
San Esteban
Gormaz
Atienza
Medinaceli
Molina
Albarracín
Guadalajara
Zorita
Uclés
Madrid
Toledo
Talavera
Valencia
Alcira
Játiva
Alicante
Orihuela
Chinchilla
Calatrava
Pechina/Almería
Viseo
Coímbra
Santarém
Lisboa
Alcácer do Sal
Évora
Beja
Badajoz
Mérida
Córdoba
Écija
Carmona
Sevilla
Niebla
Silves
Málaga
Algeciras
Estrecho de Gibraltar
Ceuta
Tánger
Nekor
Melilla
0
200 km
Territorio dominado por Ibn Hafsun hacia 910
Córdoba
Écija
Morón
Martos
La Guardia
Bacor
Belda
Comares
Santo Pitar
Olías
Bobastro
Álora
Málaga
Fuengirola
Ojén
Gaucín
Castellar
Algeciras
Estrecho de Gibraltar
Ferreira
Fiñana
Jete
Juviles
Salobreña
Almería
Mar Mediterráneo
0
100 km

En sucesivas expediciones, sin dar respiro al adversario, Abderramán castigó las plazas rebeldes y las rindió una tras otra. Aislado, Bobastro capituló en 928.

Abderramán visitó el enclave rebelde que había traído en jaque a sus predecesores. Cuando le mostraron la tumba de Ibn Hafsun, fallecido años antes, lo hizo desenterrar y comprobó que se había sepultado según el rito cristiano.[131] De regreso en Córdoba crucificó el cadáver y los de sus hijos en la ribera fluvial, frente al alcázar.

«La muerte de Ibn Hafsun fue anuncio de toda fortuna y prosperidad», escribió un cronista.

---

tiente sur de Sierra Nevada. «Está construido en un lugar inexpugnable cuyos lados este y oeste son dos tajos cortados casi a plomo sobre los barrancos de Tímar y Nieles. Por el lado norte, el corte es menos profundo, pero también inaccesible, excepto por un camino de herradura angosto y escarpado» (Rodríguez Monteoliva, 2001, pp. 93-94)

131. Tendido boca arriba y las manos cruzadas sobre el pecho. Los musulmanes se sepultaban de lado, con la cabeza orientada hacia la Meca.

CAPÍTULO 23

Abderramán III (891-961)

Abderramán III, nieto de Abdalá I, heredó un emirato en trance de liquidación. La situación de Córdoba era tan complicada que nadie daba un ardite por aquel joven de veintidós años rubio y de ojos azules que se había hecho cargo del trono. La anarquía y el bandolerismo se habían apoderado de al-Ándalus y solo un escaso territorio en torno a Córdoba lo obedecía. El resto estaba en manos de caudillos beréberes, árabes o muladíes que vivían de los impuestos recaudados en sus áreas de influencia. Sin dinero para satisfacer las pagas de los mercenarios, Córdoba parecía un objetivo apetecible para sus enemigos, los fatimíes del Magreb.

Abderramán III redujo a obediencia a los rebeldes, favoreció el comercio exterior y dinamizó la economía, lo que devolvió el bienestar al pueblo y la disciplina al ejército.

Al tiempo que arreglaba los asuntos internos, Abderramán reformó profundamente el ejército que desde la *fitna* había dependido de los soldados profesionales del *yund* sirio. Para ello reclutó numerosos regulares libres *(ahrar)* entre las tribus beréberes del Magreb, especialmente tangerinos *(tanyiyyun),* a los que sumó otros cuerpos de variado origen *(abid* y *mamalik),* en total unos cinco mil mercenarios extranjeros *(saqaliba)* de origen eslavo, franco o hispano, muchos de ellos esclavos adquiridos en los mercados internacionales para hacer de ellos soldados.

¿Eran buenos soldados los esclavos? Sorprendentemente resultaban más fiables que los moros porque, al ser de distinto origen étnico, se mantenían fieles al Estado y ajenos a diferencias tribales o clánicas. Además, como vivían en cuarteles, se mantenían ajenos a la política e incluso a la vida civil.[132]

Con la incorporación de estas nuevas tropas evolucionaron las tácticas. Los magrebíes eran hábiles jinetes ligeros, capaces de manejar el arco *(qaws)* durante la cabalgada. Sin embargo, Abderramán no renunció a mantener un cuerpo de caballería pesada *(al-fursan ashab al-tayafif)* capaz de combatir con las armas y tácticas de los cristianos.

Los reinos cristianos habían aprovechado la debilidad del Estado cordobés para adelantar posiciones y establecer sus castillos en la línea del Duero. Dispuesto a cortar en seco ese avance, Abderramán III lanzó contra los cristianos cuatro grandes campañas siguiendo dos rutas principales:

1. Por Extremadura, la antigua vía romana de la plata hacia Galicia.
2. Hacia la cabecera del Duero, cruzando Sierra Morena por el puerto Calatraveño (o el alternativo Despeñaperros), y prosiguiendo por Toledo y Guadalajara hasta Medinaceli y el castillo de Gormaz.

Los ejércitos descansaban unos días en estas plazas fuertes avanzadas antes de lanzarse contra los reinos cristianos.

En 920, Abderramán invadió el reino de Pamplona y derrotó a los ejércitos combinados de Ordoño II de León y Sancho Garcés I de Pamplona, que le salieron al encuentro en Valdejunquera, cerca de Muez.

132. Al pueblo de Córdoba no le resultaban simpáticos los mercenarios extranjeros que ni siquiera intentaban aprender el idioma, motivo por el cual el pueblo los apodaba *khurs,* «silenciosos». Tradicionalmente eran de variados orígenes: esclavos europeos o africanos, beréberes del Magreb y mercenarios cristianos. Especialmente detestados eran los tangerinos *(tanyiyyun)*. En una ocasión, la población descontenta les lanzó desperdicios y alguna que otra piedra durante un desfile en la errónea creencia de que lo aguantarían disciplinadamente. Gran error. Ellos «dieron vía libre a sus malos instintos con las mujeres y violaron a gran número de ellas» (Ibn ʻIdārī, citado por Manzano Moreno, *La corte del califa*..., p. 129).

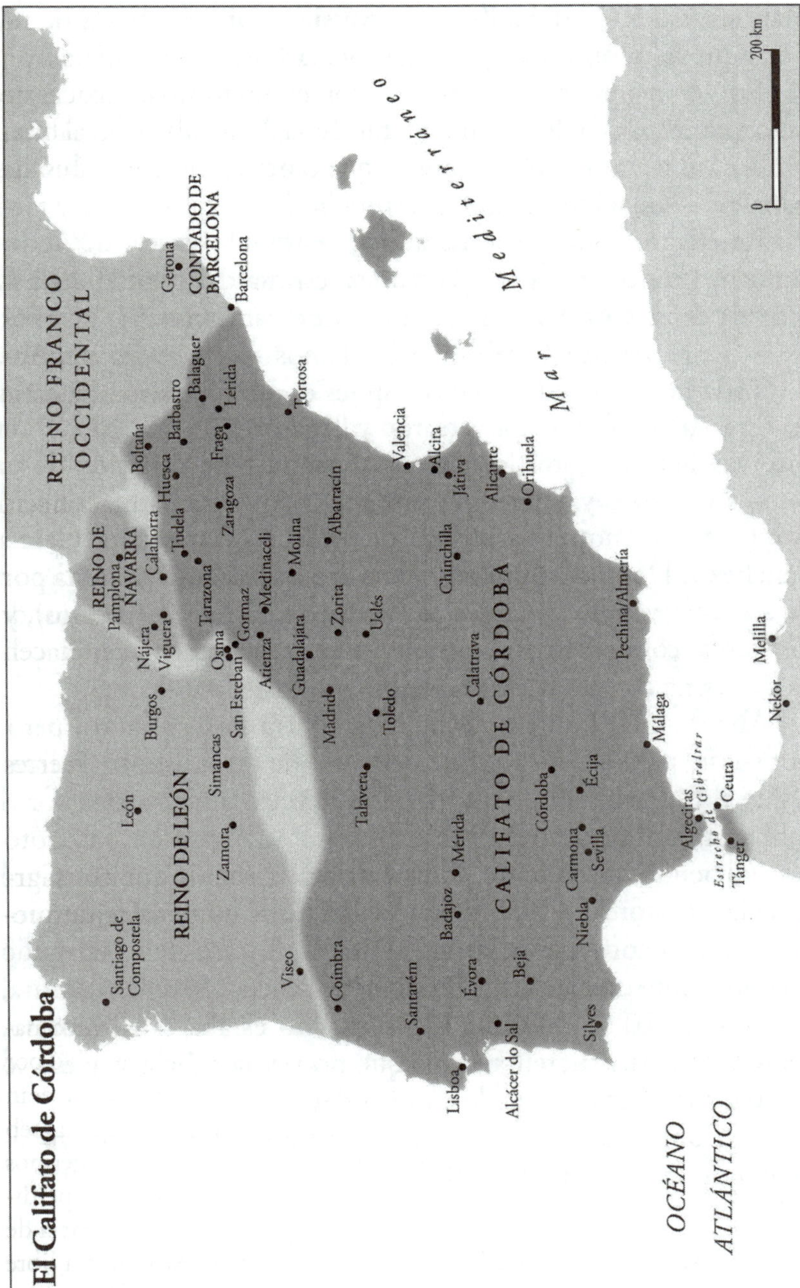

El Califato de Córdoba

Ufano y triunfante como un emperador romano, Abderramán regresó a Córdoba llevando consigo «tantas cabezas de infieles que faltaron mulas para transportarlas».

En 924 regresó sobre Pamplona con el propósito de saquearla, pero una embajada de la reina regente Toda Aznárez le salió al paso.

—¿Vas a atacar a tu tía abuela, que tantas veces te cambió los pañales? —imaginemos que le reprochó.

En efecto, Toda era su tía abuela porque la abuela de Abderramán, Onneca (o Íñiga) Fortúnez, esposa del emir Abdalá I, era hija del vascón Fortún Garcés, rey de Pamplona.[133]

—Ven a verme a Calahorra y hablamos —respondió el moro.

Toda no se hizo de rogar. Después de las cortesías y zalemas de rigor, tía y sobrino conversaron y llegaron a un acuerdo. Toda juró vasallaje al moro (lo que entrañaba la subordinación de su reino a Córdoba y el pago de tributos) y Abderramán reconoció como rey de Pamplona al hijo de Toda y primo suyo, García Sánchez I. Después, Abderramán cruzó pacíficamente las tierras de su reino vasallo y atacó a los vecinos León y Castilla, donde derrotó al conde Fernán González, que le salió al encuentro cerca de Osma con un ejército combinado castellano-leonés.

Abderramán hubiera hecho más contra los cristianos, pero, por suerte para ellos, tuvo que ocuparse de otros asuntos militares en el Magreb, donde sus intereses se veían amenazados por el califato fatimí (verano de 972).

Volviendo a la regente Toda Aznárez, diremos que consagró su vida a pastorear a la familia y a casar a sus numerosos descendientes para conseguir alianzas políticas. El caso más peliagudo que tuvo que resolver fue el de su nieto Sancho, heredero natural de Ordoño III (926-956). El muchacho estaba tan hermoso, unos doscientos cuarenta kilos, que no podía cabalgar, y eso lo incapacitaba a los ojos de los nobles del reino.

—¿Cómo vamos a tener por rey a un gordinflón que ni siquiera puede conducirnos a la batalla? —decían.

133. Me hago cargo de lo lioso que resulta todo esto. Solo quería demostrar que los parentescos eran frecuentes incluso con los moros de Córdoba, todo en función de alianzas y cálculos políticos.

Toda solicitó ayuda a su sobrino Abderramán III, confiada en que los médicos cordobeses gozaban de justa fama (ciertamente, la medicina árabe estaba mucho más adelantada que la cristiana). Abderramán puso a su disposición a su médico personal, el judío jiennense Hasday ben Shaprut, quien logró que Sancho adelgazara a base de verduritas hervidas, baños de vapor y masajes. Reciote, pero ya no obeso, Sancho regresó al norte, recuperó su trono y reinó durante siete años antes de fallecer, se sospecha que envenenado.

Adivino que les ha quedado una duda: ¿cómo pudo casarse la vascona Onneca, cristiana de pura cepa, con el moro Abdalá? Porque su padre Fortún Garcés, apodado el Tuerto (tenía un ojo huero), cayó prisionero de los moros que lo retuvieron veinte años en calidad de rehén. La jovencita Onneca acompañó a su padre en el cautiverio, y se casó con el príncipe moro Abdalá, que ascendería a emir en 888.

Es posible que la chica solo se convirtiera al islam por exigencias del guion, como también han hecho algunas reinas recientes.[134] Liberado su padre, regresó con él a Navarra (dejando atrás al marido y a los moritos con él habidos). Borrón y cuenta nueva, volvió a casarse, esta vez con su primo, el conde Aznar Sánchez de Larraún, del que también tuvo descendencia que le permitió ser abuela materna de García Sánchez I de Pamplona.

O sea, ya que no madre, abuela de reyes, tanto en la morisma como en la cristiandad.

134. No solo las cristianas que se emparejan con moros (caso de dos esposas del rey Husein de Jordania, Muna de Jordania —nacida británica como Toni Avril Gardiner— o Noor de Jordania, norteamericana de origen, nacida Elisabeth), sino nuestras sucesivas reinas Victoria, que era anglicana, y Sofía, ortodoxa, convertidas al catolicismo para casarse con Alfonso XIII y Juan Carlos I, respectivamente. Como dijo el primer Borbón, «París bien vale una misa».

CAPÍTULO 24

Tres califas al retortero

Al-Ándalus gozaba de gran dinamismo económico. Comerciaba tanto con el mundo islámico como con el cristiano europeo (con intermediación de los condes catalanes y de las ciudades mercantiles italianas). Esta saneada economía se apoyaba en una inteligente explotación agrícola y minera, y en una floreciente industria especializada en la producción de objetos pequeños y caros de fácil transporte: tejidos de seda, brocados, perfumes, marfiles, medicinas, repujados, cordobanes...

Tan próspero comercio se sintió amenazado por la expansión en el norte de África del califato fatimí implantado por los seguidores de la secta ismailita.[135]

En 921 los fatimíes se apoderaron de Siyilmasa, centro caravanero transahariano por el que llegaban a Córdoba esclavos negros y oro en barras que luego se amonedaba e introducía en la corriente comercial europea.[136] A este quebranto económi-

135. Páginas atrás dijimos que a la muerte de Mahoma el islam se había dividido en las ramas chiita y sunita (véanse notas 99 y 414). Con el tiempo surgió una escisión de los chiitas en dos corrientes, los ismaelitas, seguidores de Ismail ibn Ya'far, y los imamíes, seguidores de Musa ibn Ya'far, hermano menor de Ismail. En 909 el ismailita Abdullah al-Mahdí Billah se proclamó califa en Ifriqiya (actual Túnez) y fundó el califato fatimí (por Fátima, hija de Mahoma), que rápidamente se extendió por Egipto y el Magreb.

136. Entre los siglos IX y XIV, Siyilmasa fue el más importante *emporium* del mundo en el comercio de oro y esclavos procedentes del Sudán

co, que se prolongó durante decenios, se unía la pérdida de prestigio.

¿Podía consentir Abderramán que el rival fatimita ostentara el título de califa, mientras que él se limitaba a ser emir, es decir, gobernador provincial?

A solas con su conciencia, el cordobés se preguntó:

—¿Qué impide que yo sea califa?

Él mismo se dio la respuesta:

—Los abasidas de Bagdad son califas; los fatimíes de Ifriqiya, también. ¿Por qué razón los omeyas de Córdoba hemos de conformarnos con ser emires? ¿Acaso no descendemos de los primeros y verdaderos califas, los de Damasco?

En enero de 929 Abderramán despachó un centenar de mensajeros con una misiva bellamente caligrafiada dirigida a los gobernadores y grandes del emirato:

—Alá ha derramado sus dones sobre mi persona en tal abundancia que, interpretando su voluntad de ser su representante en la tierra, he decidido adoptar el título de califa comendador de los creyentes *(amīr al-mu'minīn)*. En adelante, todo el que use ese título se lo arroga inmerecidamente.

Era un mensaje directo al soberano fatimí. «El califato me corresponde a mí. Tú no eres más que un usurpador.»

Lo siguiente fue trasladar tropas al Magreb, tomar Ceuta (931) y sublevar contra los fatimíes a las tribus de la región, particularmente los *zanātas* y sus enemigos tradicionales, los *ṣanhāŷas*. El esfuerzo valió la pena, porque en 942 Siyilmasa volvió a la órbita de Córdoba, justo a tiempo para que su oro sirviera para financiar la construcción de la áurea ciudad de Medina Azahara. Para defensa de la ruta, el cordobés erigió plazas fuertes especialmente en los centros caravaneros de la ruta Siyilmasa-

Occidental. El dinar de Abderramán circulaba en el mundo cristiano con el prestigio que hoy tiene el dólar en los países subdesarrollados. Incluso lo falsificaban en Cataluña. Para que se vea lo que es la mudanza de los tiempos, cuatro siglos después serán los árabes granadinos los que falsifiquen la prestigiosa moneda catalana.

Ceuta por la que llegaba a al-Ándalus el oro africano a través del Sahara.[137]

Siyilmasa se mantendría, con pocos sobresaltos, en la órbita de Córdoba hasta el reinado de Almanzor.

137. «El conflicto que enfrentó a omeyas y fatimíes en la batalla por el Magreb tuvo como uno de sus objetivos estratégicos esenciales para ambos contendientes el control de las rutas que permitían acceder a las fuentes del oro en el Sudán occidental» (Villar Iglesias, 2015, p. 251).

CAPÍTULO 25

El pasmo de Occidente

Un Estado tan complejo como el cordobés precisaba de una nutrida burocracia cuyo mantenimiento generaba ingentes gastos, pero el califato vivía tiempos de gran prosperidad económica, con un comercio mediterráneo tan intenso como en los mejores tiempos del Imperio romano, lo que redundaba también en un notable desarrollo de la agricultura.

Esa prosperidad se basaba en un sistema fiscal muy desarrollado que extirpaba al contribuyente casi siete millones de dinares anuales.[138] Los más perjudicados eran los judíos y cristianos sujetos a la abusiva *yizya,* lo que determinó que su número decreciera constantemente: muchos renegaban, más atraídos por las ventajas fiscales y por el prestigio de una cultura superior que por la doctrina de Mahoma.[139]

138. «El resultado de esta eficaz política fiscal fue un continuo incremento de los ingresos del tesoro califal a lo largo de todo el siglo x, que si lo comparamos con los mejores momentos del periodo emiral, supusieron multiplicar por cinco los recursos disponibles en ese periodo. Si antes ofrecimos el cálculo de que el emir Abderramán II llegó a recaudar anualmente un millón de dinares, durante el califato de Abderramán III se habla de casi cinco millones y medio, a los que habría que sumar otros 765.000 dinares procedentes de los dominios privados del califa. Según Lombard, a la muerte de Abderramán III, en el tesoro se encontraba una suma en efectivo de cinco millones de dinares, y a la de Al-Ḥakam II alcanzaba la fabulosa cifra de 40 millones de dinares» (Villar Iglesias, 2015, p. 215).

139. Los judíos solían ser aventajados en contabilidad, por lo que tanto moros como cristianos los emplearon como agentes fiscales y recau-

Córdoba se convirtió en «ornamento del mundo y perla de Occidente», como la llamó la abadesa germana Roswitha de Gandersheim, aunque solo la conocía de oídas.

Como una pequeña Bagdad implantada en Occidente, la ciudad crecía y se hermoseaba con fastuosas mansiones, mezquitas, acueductos, fuentes, almunias de fin de semana, huertas, paseos públicos, jardines botánicos, baños, fondas, hospitales, zocos en los que se ofrecían exóticos productos llegados de todo el mundo a través del activo comercio mediterráneo y africano...[140]

El contacto con los pueblos conquistados de Persia y Bizancio había elevado el nivel cultural de los árabes de Oriente muy por encima del europeo, lo que indirectamente benefició a al-Ándalus, pues, en el mundo islámico, las personas, las ideas y las mercancías circulaban con bastante fluidez.

Los emires y califas de Córdoba imitaban a los de Bagdad que, a su vez, copiaban los usos de los emperadores bizantinos y de los monarcas sasánidas. Eso explica también que el califa se convirtiera en un autócrata inaccesible cuyos actos se adornaban con un recargado ceremonial.

El flamante califa Abderramán III, en su imitación de los grandes soberanos de Oriente, se construyó una ciudad palatina a siete kilómetros de Córdoba, la célebre Medina Azahara (la Ciudad Esplendente), calculada para albergar una corte que eclipsara no solo a las de los reinos cristianos europeos, sino incluso a las que competían con Córdoba en el islam, la abasida de

---

dadores, lo que les granjeó escasas simpatías. Si unimos a esto que también destacaron en el comercio, se explica que a veces fueran víctimas de pogromos como el de Granada en 1066, en el que cuatro mil fueron asesinados, o el de varias ciudades castellanas en 1391. En uno y otro caso, alfaquíes moros y predicadores cristianos caldearon los ánimos de la chusma homicida, los hijos de su madre.

140. No conviene exagerar como hacen los filoislámicos sobre la libertad que se disfrutaba en el islam andalusí. Al poeta andalusí Abu-l-Majsi (muerto en 796), famoso por sus sátiras políticas, le arrancaron los ojos y la lengua por criticar al gobierno. Él siguió con su oficio, ya más complaciente con la autoridad, y tomó como lazarillo a una muchacha que recitaba sus poesías y pasaba el platillo.

Bagdad y la fatimí de El Cairo. Entre residencias para los cortesanos, cuarteles, escuelas, baños, caballerizas, almacenes, mercados y calles por las que deambulaban esclavos y pajes suntuosamente ataviados, se extendían jardines recorridos por arroyuelos, huertos arbolados, estanques, lagos poblados de peces, y todo lo necesario para el funcionamiento de una pequeña ciudad administrativa habitada por más de trece mil funcionarios y unos cuatro mil servidores.

La sala del trono asombraba a los embajadores de potencias extranjeras. Los muros estaban cubiertos de un elaborado ataurique que representaba el árbol de la vida. El techo estaba forrado de láminas de oro; los suelos, de mármoles de variados colores. En el centro brillaba una fuente de mercurio que, cuando el sol penetraba por las ocho puertas de la estancia, reflejaba las luces como si la habitación se moviera y sus muros estuvieran tachonados de piedras preciosas. El pasmo de Occidente.

CAPÍTULO 26

El califa empantanado

La disputa por el Magreb con los fatimíes, que se prolongaría decenios, acarreó cierto descuido de las fronteras del norte para alivio de los cristianos, que cada día se volvían más agresivos en sus correrías fronterizas. En ese contexto hemos de considerar el ofrecimiento de vasallaje del gobernador de Zaragoza, Muhámmad ibn Háshim at-Tuyibi, a Ramiro II de León en 939, una noticia que indignó al califa.

—¡Vasallo de Ramiro! —Nos figuramos la reacción—. ¡Ese imbécil se cree que el cristiano lo protegerá de mi ira!

Abderramán no podía dejar sin escarmiento tamaña traición. Se imponía una expedición de castigo que bajara los humos al rey de León y escarmentara a los guardianes de la frontera. No sería la rutinaria razia a la que los cristianos estaban habituados, sino una acción memorable, que se recogería con letras capitales en las futuras crónicas, una acción que permitiera al flamante califa pasar a la posteridad como otro Alejandro.

—¡Será mi *gazat al-kudra*![141]

Al frente de un ejército numeroso y bien pertrechado, Abderramán invadió las tierras del rey de León. El previsor Ramiro II había conseguido auxilios de sus vecinos el rey de Pamplona y el conde de Castilla para la batalla campal que se avecinaba. También concurrieron voluntarios asturianos y gallegos.

141. «Campaña del supremo poder», esta rimbombancia, ¿no nos recuerda a la «madre de todas las batallas» cacareada por Huseín de Irak?

Los dos ejércitos se enfrentaron a orillas del Pisuerga, cerca de Simancas. A pesar de los calores de agosto, combatieron intermitentemente durante cinco días. El resultado fue indeciso, para decepción de Abderramán y alivio de Ramiro II.

—No ha sido la gran victoria que esperábamos —reconoció pesaroso el visir.

Abderramán se retiró por el valle del río Duero. ¿Iba a regresar a Córdoba con las manos vacías? Quizá pudiera sacarse la espinita saqueando San Esteban de Gormaz y Osma, donde le aguardaba un razonable botín.

Rumiando esa idea llegó a Roa (Burgos) y se internó por el valle del río Riaza.

Allí ocurrió el descalabro. Cuando sus tropas cruzaban un angosto paso cayeron en una emboscada, la batalla de Alhándega (o del Barranco), un nuevo Roncesvalles. Viendo el combate perdido, algunos caudillos cordobeses entraron en pánico y huyeron dejando a Abderramán en la estacada.

En su precipitada huida el califa estuvo a punto de caer prisionero. Logró escapar del mal paso, pero dejó en manos cristianas su tienda (símbolo de autoridad y poder), su bandera, su ajuar personal y su ejemplar del Corán, al que tenía en gran aprecio.

Humillado y escarmentado, Abderramán regresó a Córdoba e hizo levantar diez cruces (¿o fueron trescientas?) al pie de la muralla del alcázar.

—¿Qué se propone? —se preguntaban los cordobeses, especialmente los que lo habían dejado en la estacada.

Pasaron los días y las semanas, y como no ejecutó a nadie, los que temían algo se relajaron y se atrevieron a salir de sus escondrijos. «Después de todo, no es mala persona —pensaban—, ha decidido olvidar nuestra flaqueza y pelillos a la mar. Por otra parte, la grandeza de un califa se muestra en su capacidad de perdonar», etcétera.

Transcurridos unos meses llegó la fecha acostumbrada para el desfile o alarde de tropas, una ocasión de pavoneo cortesano a la que los mandos y la aristocracia concurrían con sus mejores arreos militares a la vista de toda la ciudad, congregada en la muralla para asistir al espectáculo. En el momento álgido del desfile, Abderramán hizo detener a los principales mandos que habían chaqueteado en Alhándega, los despojó de los vistosos atuendos militares que lucían para la ocasión y los hizo crucificar en cueros en las famosas diez cruces del alcázar, a la vista de todo el mundo, después de cortar la lengua a los que, en trance de morir, lo insultaban.[142]

«Fue aquel un día terrible, que espantó a la gente durante algún tiempo», comenta el historiador Ibn Hayyan.

El descalabro de Alhándega marcó la última campaña de Abderramán. En adelante el califa permaneció en Córdoba y se consagró a recibir embajadores en su rutilante ciudad palatina.

Abderramán III reinó cincuenta años y siete meses de vida afanosa y trabajada, que no obstante supo compaginar con una acusada tendencia hedonista.[143] Era puntilloso en cuestiones de protocolo. Con la edad se le fue agriando el carácter y a veces se excedía en los castigos. En una ocasión convocó al verdugo en el salón de audiencias para que ejecutara a un hijo suyo por conspirador en presencia de la corte.[144] Otros actos quizá no empañen los grandes logros de su reinado, pero resultan decepcionantes en un gran gobernante: «Estando con una de sus favoritas en los jardines de Medina Azahara intentó besarla, pero ella le hizo

142. Existen dudas sobre la cifra exacta de perjudicados: «Hizo crucificar cabeza abajo, en las orillas del Guadalquivir, a trescientos oficiales de su ejército acusados de no haberse batido heroicamente en las jornadas de Simancas y Alhándega (939)» (Sánchez Albornoz, 1978, p. 18).

143. Fue muy aficionado al vino y a las mujeres, como ese biotipo español memorablemente cantado por Manolo Escobar («Viva el vino y las mujeres»), un argumento irrebatible que desinteresadamente ofrezco a los filoislámicos empeñados en probar la españolidad de los andalusíes o el mestizaje moruno de los españoles.

144. Al lector sensible le horrorizará tanta efusión de sangre sobre las riquísimas alfombras de palacio. Pierda cuidado: el reo se arrodillaba sobre el «cuero de la sangre» *(nata-d-dam),* una amplia piel de bordes elevados y provistos de anillas por las que pasaba un cordel. Cumplida la ejecución, el verdugo recogía la piel en forma de bolsa para que la sangre vertida no manchara el suelo.

la cobra. Colérico, hizo que la sujetaran unos eunucos y ordenó a otro que le quemara el rostro con una vela para borrar su belleza».[145]

Estas ferocidades, digamos en disculpa del moro, son más producto de la época que de la persona. Tomemos como ejemplo a su contemporáneo Ramiro II de León (c. 900-951), el vencedor de Alhándega llamado por unos el Grande y por otros (tomen nota) el Demonio. Solo había heredado un reinecito comprendido entre los ríos Miño y Mondego, pero se vio repentinamente ascendido a rey de León por renuncia de su hermano Alfonso IV, que acababa de enviudar.

—Hermano, quédate tú con el reino porque yo quiero retirarme al monasterio de Sahagún y pasar el resto de mi vida en oración y penitencia.

Por eso ha pasado a la historia como Alfonso IV el Monje.

Pasaron unos meses y el rey emérito Alfonso IV había hecho ya el duelo de su viudez y se sentía con ánimos para recuperar el trono. Lo respaldaban unos cuantos leales a su causa (y desleales a la de Ramiro II), entre ellos, los tres hermanos Froilaz (Alfonso, Ordoño y Ramiro).

El obispo Oveca, delegado de Ramiro II en León, le escribió.

—Majestad, aquí tenemos de vuelta a su hermano Alfonso, que ha ahorcado los hábitos y dice que quiere recuperar su trono.

Ramiro abandonó Zamora, donde juntaba tropas para ir contra el tercer Abderramán, y regresó a León.

—¿Dónde están?

—Han huido a Oviedo —informó el obispo.

Ramiro II pasó los puertos, fue a Oviedo, derrotó a los rebeldes y los apresó. Después de un juicio sumarísimo convocó al verdugo.

—Les sacas los ojos a todos.

—¿Al rey emérito y hermano de su majestad también? —inquirió el profesional.

—A ese, el primero.

145. Vallvé Bermejo, 2003, p. 28.

El verdugo buscó en su caja de herramientas el tranchete de desojar, curvo en la punta, y ejerció su oficio con profesional destreza.

A los cuatro desojados los archivó el rey bajo vigilancia en el monasterio de San Julián, en Ruiforco de Torio, de donde ya no volvieron a salir más que con los pies por delante.

—Para lo que hay que ver —imaginamos que se consolaría Alfonso IV el Monje, vuelto a sus devociones.

En fin. Ya ven el material humano que estamos manejando. Volviendo al moro de Córdoba, digamos para terminar que, después de fallecido, los albaceas encontraron entre sus papeles una nota en la que contaba los días felices de su vida: «Solamente catorce, y no seguidos». Este detalle conmovía a Antonio Gala.

CAPÍTULO 27

La vida achuchada de los cristianos

Mientras Córdoba brillaba en mármoles y cultura, la vida material de los reinos cristianos discurría en un nivel mucho más modesto.[146] La sociedad feudal estaba rígidamente dividida en tres estamentos, los *bellatores* o guerreros, los *oratores* o clérigos y los *laboratores* o trabajadores.[147]

El feudalismo podría representarse como una pirámide que tiene en la cúspide al emperador, señor de reyes. En el nivel contiguo, el rey, señor natural de un reino. A continuación, los magnates del reino: duques, condes y marqueses (al frente de ducados, condados y marcas), que son, a su vez, señores de otros nobles de menor rango: barones, infanzones, caballeros, escuderos…

146. Un detalle refleja el diferente grado de desarrollo del norte cristiano y el sur musulmán. Unos objetos de tocador, las cajitas paneladas de marfil donde las mujeres del harén cordobés guardaban sus cremas y lubricantes vaginales, cuando llegaban a las tierras cristianas del norte ascendían a relicarios o vasos sagrados en las iglesias.

147. Esta división parte de la idea expuesta por san Agustín en su obra *Civitate Dei* (*La ciudad de Dios,* 426), exponente de una sociedad estamental perfecta en la que unos se ocupan de la protección de los cuerpos, otros de la salvación de las almas y unos terceros del mantenimiento del conjunto. Los *laboratores* o siervos, con mucho la clase más numerosa, recibía distintos nombres: *solariegos* en Castilla; *payeses de remensa* en Cataluña, y en otros lugares *mezquinos, homines, collazos, debitores, peitarii.*

En la pirámide feudal cada nivel es vasallo del superior, al que debe obediencia, y señor del inferior, que le debe obediencia.

La ceremonia de vasallaje se ritualizó de diversas maneras: en Francia, el candidato se arrodillaba y colocaba las manos entre las del señor *(inmixtio manum)* al tiempo que decía: «Yo me hago hombre tuyo». En España, el beneficiado se arrodillaba y besaba la mano de su señor mientras declaraba: «Señor don Fulano, *bésovos* la mano *e so* vuestro vasallo».[148]

Por este acto el vasallo juraba obediencia al señor y se obligaba a auxiliarlo militarmente y a favorecerlo políticamente *(auxilium et consilium)*.

Los usos feudales dependían del país. En Francia, los feudos eran hereditarios, pero en España las tenencias solían ser temporales o vitalicias y no se heredaban (al menos, no todas). Además, en Castilla, el compromiso vasallático podía anularse a petición de una de las partes. Bastaba con que el vasallo enviara al señor a alguien que se arrodillara ante él y declarara: «Señor, *bésovos* la mano por Fulano y de aquí adelante ya no es vuestro vasallo». De este modo, el vasallo quedaba desnaturado y libre para entrar al servicio de otro señor. El rey, por su parte, podía desterrar del reino al vasallo que incurriera en su *ira regis* («ira real»), como le ocurrió al Cid Campeador.

A la cabeza de los *bellatores* estaban los magnates o ricoshombres,[149] grandes señores con enormes propiedades y capacidad para mantener un pequeño ejército personal. Los que se llevaban bien con el rey eran sus consejeros y él los distinguía con honores y mercedes. Los no tan nobles, ni tan ricos, los *fijosdalgo*

148. En algún momento, el beso vasallático u *osculum* se dio en la boca (que es un intercambio de espíritus, de ahí los besos de amor). Las abadesas delegaban *propter honestatem* («por decencia») en un secretario que recibía el ósculo por ellas.

149. Desde 1390 se llamaron sencillamente *nobles*. El femenino era *ricahembra*. En las Siete Partidas de Alfonso X el Sabio leemos: *Nobles son llamados en dos maneras, o por linaje o por bondat: et como quier que linaje es noble cosa, la bondat pasa et vence todo; mas quien la ha amas a dos, este puede ser dicho en verdat ricohome, pues que es rico por linaje, et home complido por bondat* (partida II, título IX, ley VI).

(«hijos de algo»), infanzones en Castilla y mesnaderos en Aragón, eran vasallos de los grandes señores y los asistían en la guerra.

Después del siglo x, esta pequeña nobleza aumentó con la incorporación de los caballeros, es decir, con los que tenían hacienda suficiente para mantener un caballo, que entonces valía un buen dinero. Todos estos *pugnatores* estaban obligados a asistir al rey en sus campañas guerreras (fonsado). La campaña podía ser larga, de muchos días (hueste); o mera incursión saqueadora (cabalgada, razia).

Los nobles eran rentistas que administraban sus posesiones e impartían justicia en ellas. Habitaban en húmedos castillos enclavados en sus señoríos, y en su tiempo libre cazaban o practicaban deportes que sirvieran de entrenamiento militar. Solo acudían a la corte cuando los convocaba el rey para el consejo o para la guerra. Esta corte era itinerante, seguía al monarca en sus desplazamientos por las ciudades o lugares del reino.

La pieza principal del castillo, generalmente situada en la torre del homenaje, era una sala multifunción caldeada por una gran chimenea capaz para gruesos troncos. Allí se recluían en lo crudo del invierno, y se entretenían en juegos de tablas (ajedrez) o de azar, o escuchaban recitados de poemas épicos a menudo acompañados de música.

Las damas cuidaban de la casa o hacían labores de aguja. Raramente acompañaban a los hombres en las diversiones campestres.

En el seno de la Iglesia, cuyos miembros eran muy numerosos, se reproducían también las clases sociales del mundo laico: los grandes dignatarios (obispos, abades) procedían de la nobleza, generalmente hijos segundones sin otro medio de vida, porque el primogénito lo heredaba todo. Muchos entendían más de armas y caballos que de latines y gorigoris litúrgicos. Vivían como grandes señores, mantenían amantes o barraganas, y se les conocían hijos naturales a los que, a veces, dejaban en herencia episcopados y abadías.

A un nivel inferior estaban los curas de a pie, el proletariado eclesial, procedentes del pueblo y casi tan ignorantes como él, curas de misa y olla que no aspiraban a un ascenso.

Una importante institución de la Iglesia eran los monasterios, comunidades autosuficientes de monjes emplazadas en comarcas fértiles y bien regadas de ríos o manantiales. Probablemente, el abad pertenecía a la nobleza y vivía como un gran señor, pero los últimos legos de las cocinas o los que labraban el campo no estaban mucho mejor que los siervos de una casa nobiliaria. Recuerden la película *El nombre de la rosa.* Algo así.

Con el auge de las ciudades surgieron órdenes de frailes mendicantes típicamente hispánicas, franciscanos, dominicos y otras, que fundaron conventos en núcleos de población para enfado de los obispos que veían disminuir sus ingresos. Existían también conventos de las órdenes militares extranjeras (la del Temple, la del Hospital) a imitación de los voluntarios de la fe islámicos *(ribats).* Estas órdenes inspiraron otras específicamente hispanas (las de Santiago, Calatrava, Alcántara, Montesa y Avís).

La inmensa mayoría de la población pertenecía a esta clase desfavorecida de campesinos o pastores acogidos a la protección de algún gran señor, aunque los que disfrutaban de un régimen de behetría tenían derecho a escoger señor.

Las aldeas crecían al amparo de los castillos o de las iglesias, únicos edificios de cierta consistencia. Solían constar de un par de calles embarradas o polvorientas, según la estación, en las que algún cerdo comunal —el marranico de san Antón nos lo recuerda— se alimentaba de los desperdicios lanzados al arroyo central. Los siervos habitaban en chozas de una sola habitación que hacía de cocina, sala y dormitorio, y estaba presidida por un hogar en el que se cocinaba y del que se obtenía la luz y el calor. La leña era un bien preciado que a menudo escaseaba y se sustituía por granzas (la parte de la paja que por su dureza rechazan los animales) o estiércol seco y prensado.

Los siervos dormían en poyos corridos o sobre esteras, cerca del fuego. Si eran criados de casa rica se instalaban en altillos de tablas sobre los establos, por aprovechar el calor de los animales y el que despedía la fermentación del estiércol. Olía, claro, pero el olfato se acostumbra a todo, díganlo mis coetáneos que hicieron la mili pernoctando en dormitorios colectivos.

La vida de los siervos era arrastrada. Se rompían el espinazo trabajando de sol a sol tierras del señor o del monasterio. Incluso los que eran libres y podían labrar su propio pegujal apenas alcanzaban para mantenerse a un nivel de pura subsistencia después de pagar los impuestos. Además de la contribución anual, pagadera en especie (pecho o martiniega), los siervos estaban obligados a trabajar de balde ciertos días en los campos del señor (sernas), en los caminos (fazendera), en los castillos (castellaria); a hospedar a sus tropas o criados (alberga), a alimentarlos (yantar), y a llevar y traer correos (mandadería). A poco que uno se moviera por distintas jurisdicciones por todas partes encontraba sisas por los más variados conceptos (peajes, portazgos, pontazgos, montazgos).[150] A todo esto hay que sumar los impuestos eclesiásticos, los diezmos (décima parte de la producción) y las primicias (primera parva de la cosecha, primera prensada de uva, primera ternera de la vaca, etcétera).

En resumen, que los siervos estaban bien fastidiados y tenían que deslomarse para sustentar el boato y el gasto de los *oratores* y los *pugnatores*.

El siervo que deseaba mejorar de estado se ofrecía como colono para repoblar las tierras conquistadas al moro, donde los reyes fundaban pueblos libres o concejos a los que concedían fueros (ordenamientos locales) ventajosos.

Estos colonos del rey (en tierras de realengo) aceptaban la contrapartida de vivir peligrosamente. Cuando salían a labrar los campos tenían que andarse con un ojo en el surco y otro en la estaca, por si llegaba el moro, como queda dicho.

Es muy natural que el clero y la nobleza se prestaran mutuo

150. A estos impuestos se podrían sumar los llamados *malos usos,* entre otros, la prohibición de abandonar la tierra del señor como no fuera rescatándose con dinero o trabajo, la mañería (a la muerte del siervo, el señor hereda parte de las propiedades de este), las banalidades (el siervo tiene que usar el molino del señor —o cualquier infraestructura de este— y pagar la tasa, a lo mejor abusiva), el privilegio de corral (el señor se sirve de los animales del siervo a los que él mismo pone precio)...

apoyo e hicieran lo posible para mantener e incluso acrecentar sus privilegios. También es natural que estas clases improductivas justificaran sus prebendas resaltando los aspectos menos atractivos de sus respectivas ocupaciones.

A las clases sociales tradicionales habría que agregar dos apéndices importantes: los moros y los judíos. En las ciudades más importantes disponían de barrios propios, aljamas o juderías y morerías, que gozaban de cierta autonomía. Todavía la sociedad hispánica era plural. La xenofobia era una actitud más propia de la cristiandad europea. Por eso no nos sorprende que Alfonso VI se titulara emperador de las Dos Religiones o que el epitafio de Fernando III se redactara en latín, árabe y hebreo.

Poca gente sabía leer. Muchos nobles firmaban con una cruz o con un sello, y bastantes curas de aldea solo conocían de memoria unos pocos latines, los justos para atender a los sacramentos. Con todo, en la Iglesia existía una minoría ilustrada que mantenía y transmitía, censurado, el legado cultural del mundo antiguo. Era como una lamparita que apenas alcanzaba a iluminar el vasto océano de tinieblas de una mayoría analfabeta, en la que también se incluían nobles e incluso reyes.[151] En este sentido, la apertura del Camino de Santiago constituyó un propicio cauce para la cultura medieval, representada por las órdenes francesas de Cluny y del Císter, que produjeron monumentos como la catedral de León, la *pulchra leonina,* en la que el gótico se manifiesta con cristalina pureza.

La influencia ultrapirenaica fertilizó los secarrales españoles. Al amparo de los monasterios y las escuelas catedralicias, la instrucción mejoró. La cultura laica inició su vacilante andadura desde los estudios generales de Palencia, Salamanca, Burgos y Toledo, donde algunos hijos de la nobleza aprendían Teología y Artes (*Trivium* y *Quadrivium*).

En el siglo XIII crecieron las ciudades habitadas por ruanos y burgueses, una nueva clase social que ganaba lo suficiente para

151. *El que ha de aprender e usar arte de caballería non conviene despender luengo tiempo en escuela de letras,* aconseja la *Crónica de don Pero Niño* (Díez de Games, 1940, p. 64).

vivir desahogadamente. El rey alentaba a estas gentes, para restar importancia a la nobleza, y designaba entre ellos a muchos de sus sirvientes y administradores.

Con la conquista de las grandes ciudades musulmanas a partir del siglo XIII (Toledo, Lisboa, Valencia, Córdoba, Sevilla), el mundo cristiano se urbanizó y los concejos o ayuntamientos establecidos en esas ciudades se hicieron tan poderosos como muchos grandes señores. En España surgieron las Cortes, asambleas en las que los magnates y los representantes de las ciudades deliberaban sobre asuntos de Estado y aconsejaban al rey.

La administración creció en complejidad a medida que prosperaban los reinos y se reactivaba la economía. Los auxiliares próximos del rey eran:

- El *canciller* o custodio del sello, que controlaba la emergente burocracia (escribientes, cartas, archivos, correspondencia diplomática...).
- El *mayordomo,* que administraba el palacio y las finanzas reales.
- El *alférez* (más adelante, *condestable*) o jefe del ejército (*senyaler* en Cataluña).
- El rey nombraría, además, gobernadores provinciales o *merinos* (luego *adelantados*).

Con el crecimiento de las ciudades surgió también una clase social más libre, la de los artesanos y mercaderes, gentes de la industria y del comercio que contribuían poderosamente a las rentas reales. De ellos surgiría una aristocracia urbana, los caballeros ciudadanos o burgueses, que, sin ser nobles, disfrutaban de ingresos suficientes para vivir como si lo fueran y vestirse con cierto lujo. El rey los protegía y escogía entre ellos a muchos sirvientes y administradores.

En las ciudades, el riesgo de incendio era alto porque las viviendas construidas de cañas, tapial de barro y tablones (la piedra y el ladrillo eran caros) se hacinaban dentro del recinto amurallado, en callejas tan angostas que los aleros de las casas casi se tocaban. Al anochecer, las campanas tocaban cubrefuegos para que los ruanos apagaran las chimeneas antes de acostarse por prevenir descuidos e incendios.

Por el vestido y por la despensa se conocía la calidad de la persona. Los *laboratores* vestían paños oscuros y bastos tejidos en casa; los nobles, camisas hasta las rodillas (equivalente a ropa interior) y, sobre ellas, sayas, gonelas o briales, sueltos o encordados (con cinturón), sobre las que en tiempo frío se ponían el pellote (de *pellis,* piel) sin mangas y con grandes aberturas laterales que permitían lucir la riqueza de las prendas interiores. En tiempo muy frío se añadía el sobreveste, manto o capa, de paño grueso, hasta la pantorrilla o hasta los talones (talar).

Debajo de esas ropas, los hombres llevaban una prenda íntima, el taparrabos, sujeta a un cinturón con cintas. La finalidad de esta prenda era sostener el paquete y prevenir molestas orquitis. Las mujeres no usaban bragas, una prenda que lentamente se abre paso desde el siglo XVIII y solo se generaliza en el XX.

Los vestidos y los sombreros y gorras de ceremonia solían ser de hermosos colores, bermejo, verde, cárdeno, y a menudo se adornaban con perlas y joyas.

Las mujeres solteras llevaban el pelo suelto («doncellas en cabello»); las casadas lo llevaban recogido debajo de cofias o pañuelos.

Elemento importante del contraste entre la vida material de moros y cristianos eran los baños. Los moros de cierto nivel frecuentaban los baños, una herencia romana que adoptaron de muy buena gana.

En los monasterios y en las ciudades cristianas de cierta importancia existían baños colectivos. En las viviendas pudientes no faltaba un barreño de duelas que unas veces se situaba delante de la chimenea del salón y otras cerca de la cocina para surtirse de agua caliente.[152]

152. Los cristianos quizá no aprecian el baño tanto como los moros, dado que no han descubierto su aspecto relajante y se limitan al estrictamente higiénico, pero también disponen de baños en sus ciudades importantes. Solo a partir del siglo XIII empezarán a considerar el baño como un lujo propio de moros medio afeminados y sospecharán que su uso por los

En algunos castillos como el de Salses hubo incluso sala de tablas, remoto precedente del cuarto de baño.

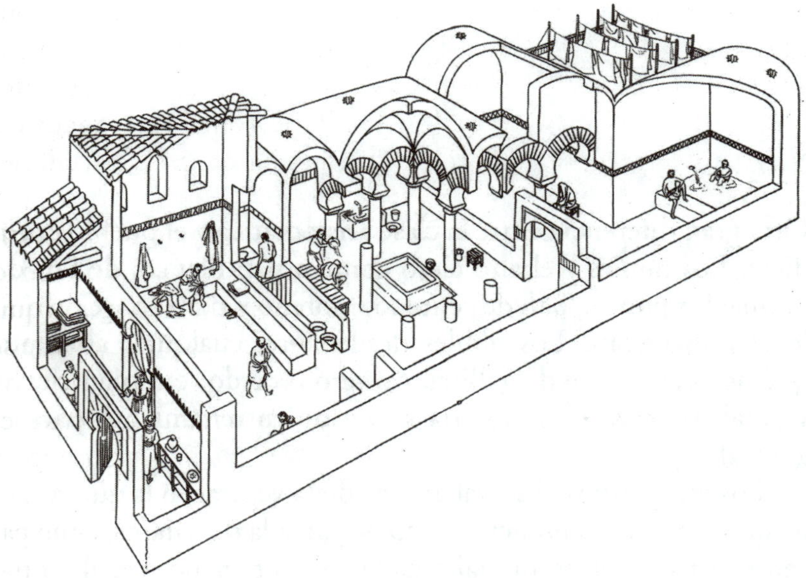

moriscos obedece a cuestiones religiosas más que higiénicas, lo que acabará por desacreditarlos. En el siglo XV un clérigo cristiano critica que los moriscos de Granada «se laven aunque sea diciembre». Interesantes los baños árabes de Jaén, casi quinientos metros cuadrados en el subsuelo del palacio de los condes de Villardompardo, de la primera mitad del siglo XI.

CAPÍTULO 28

Yantares y bazofias

Otra gran diferencia entre la clase aristocrática y el pueblo era la dieta. Los nobles y el alto clero comían pan blanco, de flor de harina; los pobres, pan de centeno, moreno y tiznado. ¿Con qué lo acompañaban? Los nobles desdeñaban cualquier alimento que no fuera carne de gallina, carnero o cerdo; también ciervo y jabalí (la caza de montería servía de entrenamiento para la guerra).

Los campesinos observaban una dieta vegetal en la que la carne brillaba por su ausencia, como no fuera la de pájaros, conejos, gatos, perros y otros animales de pequeño tamaño y fácil reproducción.

Los modales en la mesa eran peculiares desde nuestra óptica. Comían las sopas sorbiendo de tazas (y remataban con la cuchara). Los matrimonios y los amigos compartían taza y servilleta como signo de confianza. Aún no llegaba el artilugio de dos púas inventado en Bizancio, el tenedor. La carne asada o cocida la cortaba el trinchador en pequeñas porciones para que se pudiera comer cómodamente sin manchar más que tres dedos. Meter la mano entera en la fuente era cosa censurable, así como limpiarse en el mantel. Entre plato y plato pasaban pajes con aguamaniles perfumados de menta y verbena para que los comensales se limpiaran la grasa de los dedos.

¿Dónde se descomía lo comido?

Las necesidades mayores se hacían en los corrales, bajo las higueras, o en los contados retretes conectados con pozos negros propios de las casas nobles. Estos pozos se vaciaban cada cierto tiempo y el producto abonaba las huertas.

Las aguas menores se vertían en cualquier parte. A los hombres les bastaba con arrimarse a una pared. Las mujeres más recatadas lo hacían en bacinillas que los criados vaciaban luego en el corral o en el excusado, pero no faltaban desenvueltas que, en ausencia de bragas, se aliviaban en cualquier callejón, abiertas de piernas y después se enjugaban el torrezno apretando la saya contra la parte humedecida.

En las viviendas escaseaban los muebles. Las mesas solían ser tableros sobre caballetes que después del servicio se retiraban y se arrimaban a las paredes.

Los hombres se sentaban en bancos o en poyos de mampostería; las mujeres, en cojines. Los sillones y jamugas eran más propios de altos nobles, de encopetadas damas y de obispos.

En invierno, la vida se paralizaba porque el campo estaba muerto y los caminos embarrados. Cuando llegaban los fríos, los nobles encendían buenos troncos en las chimeneas para caldear la estancia principal, en la que pasaban el día, y, a la hora de acostarse, templaban las alcobas con braseros de ascuas.

Las camas nobles disponían de dosel y pesadas cortinas no tanto por preservar la intimidad de los durmientes como para resguardarlos del frío y de las corrientes de aire. En muchas camas dormían hasta tres y cuatro personas, generalmente de la misma condición, criados con criados, nobles con nobles, doncellas con dueñas (así llamaban a las señoras de respeto o viudas). Era otra manera de resguardarse del frío buscando el calor humano. En verano, por el contrario, muchos dormían al fresco, los campesinos sobre la parva, en las eras, para evitar robos; los urbanitas, en tejados y azoteas.

Aparte de la cama, el mueble característico de los dormitorios era el arcón. En los arcones se guardaban bajo llave las ropas de ceremonia, los oros de la familia, los candelabros de plata, algún libro y las especias exóticas, la pimienta, la canela, el azúcar…, esos productos caros y delicados procedentes de Oriente.

CAPÍTULO 29

Ejército mercenario versus caballería feudal

Examinemos ahora el oficio de la guerra.

Mientras el califa, escarmentado de las dudosas lealtades de los clanes y tribus, se procuraba tropas mercenarias más fiables, los cristianos, con una economía menos organizada, pero también libres de trabas raciales o tribales, optaron por un sistema feudal que a la larga daría mejores resultados.

El sistema económico piramidal que sostenía el feudalismo se basaba en la caballería pesada, una evolución típicamente medieval facilitada por la divulgación del potente caballo castellano-leonés,[153] sumado a la invención del estribo, que revolucionó

153. El castellano-leonés es la versión peninsular del destrero *(destrier)*, el corpulento caballo de guerra franco. También los moros tuvieron su caballería pesada *(al-fursan ashab al-tayafif)* capaz de combatir con las armas y tácticas de los cristianos, aunque siempre fue menos numerosa. «A juzgar por los restos óseos, en el siglo VII el caballo de guerra poseía una alzada máxima de entre catorce y quince manos (142-153 centímetros), una complexión media y unos cuatrocientos kilos de peso; unos diez centímetros, y entre cien y ciento cincuenta kilos menos que un *destrier* de la Baja Edad Media. Esta mejora fue posible gracias a que, a partir del siglo VIII, la legislación carolingia fomentó la cría caballar y facilitó la importación de ejemplares de raza árabe desde al-Ándalus. Fue a partir del XI cuando la difusión y el abaratamiento de las lorigas de malla, y el uso de una lanza más pesada sujeta bajo la axila —*la lance couchée*—, convirtieron a la caballería feudal europea en una fuerza de choque "capaz de abrir una brecha en las murallas de Babilonia"» (Yeyo Balbás, 2022, pp. 12-13).

las tácticas de combate al permitir al jinete afirmarse sobre los pies para aumentar la potencia del golpe.[154]

El guerrero a caballo o caballero resultaba muy costoso de entrenar y equipar. Además del caballo pesado, debía mantener otro ligero (palafrén o rocín) y cada uno con su silla (el pesado, una silla alta, de combate, con arzones o prolongaciones delantera y trasera que encajaban al jinete). A ello había que sumar el armamento: la cota de malla, divulgada a partir del siglo XII, la espada, el escudo y la lanza. Los cristianos solían estar mejor equipados que los moros, especialmente de armamento defensivo. Por ese motivo, una de las piezas más preciadas del botín eran las lorigas anchas cristianas. Por el contrario, los moros disponían de más arqueros.[155]

El feudalismo se basaba en la concesión de lotes de tierra (ducados, marquesados, condados, baronías, señoríos...). El receptor de uno de estos beneficios se declaraba vasallo del señor que lo otorgaba y se comprometía a servirlo con un número de combatientes a caballo y peones a pie proporcional al rendimiento económico de su concesión.[156]

Los grandes señores explotaban sus posesiones con notable autonomía, lo que incluía la facultad de administrar justicia con la potestad de condenar a muerte (señor «de horca y cuchillo»). También recaudaban impuestos por los más variados conceptos (peajes, portazgos, montazgos, etcétera), como dijimos.

Los ciudadanos también alcanzaron la obligación de concurrir a la guerra, cada cual colaborando según sus recursos: a partir de cierta renta integraban cofradías de ballesteros (con obliga-

154. El estribo, invento de los pueblos nómadas de Asia, llegó a Europa a través de Bizancio y el Imperio sasánida en los siglos VII y VIII. En la segunda mitad del siglo X se divulgaba en al-Ándalus. Fue un elemento fundamental en el crecimiento de la caballería pesada cristiana.

155. Así aparecen en el Salterio de Stuttgart (siglo IX), en el que la caballería cristiana luce lanzas y espadas y la del diablo se representa por arqueros a caballo.

156. La denominación *sistema feudal* corresponde al Imperio carolingio; en España hablamos de *sistema señorial.* No es exactamente lo mismo, pero se parece bastante.

ción de aportar ballesta y unas docenas de virotes); los que no la alcanzaban eran peones de lanza y cuchillo.

El rey o señor convocaba a sus vasallos para ir a la guerra. Generalmente, se trataba de campañas breves en las que se evitaba la batalla campal (enfrentamiento en campo abierto) porque estas confrontaciones resultaban muy costosas para las dos partes. No obstante, los caballeros y sus peones auxiliares se entrenaban para esa eventualidad.

El día señalado para la batalla, el campamento madrugaba y cada cual atendía diligentemente a su tarea. Los cirujanos afilaban sus cuchillas, serrezuelas, agujas y aparejos de extraer flechas y de sajar y de coser heridas. Los enfermeros enceraban los bramantes y acomodaban mesas de amputar, con sus ligas y mordazas. Los escuderos remendaban los gambesones (jubones acolchados con lino o algodón) y los perpuntes, y limpiaban las cotas de malla que habían de vestir los caballeros.[157] Los caballeros se confesaban con los capellanes o entre ellos, y asistían a misa y comulgaban conociendo que muchos de ellos comparecerían ese día en el tribunal del juicio celestial. Después de bendecir las espadas, cada uno acudía a su puesto en la mesnada bajo las banderas de los santos y de Santa María.

157. Para ello las metían en barriletes de arena que hacían rodar para desprender de las anillas el inevitable óxido.

CAPÍTULO 30

La olla de grillos islámica

Regresemos ahora al inquieto al-Ándalus.

¿Cuál fue la causa de esa crónica desunión que debilitaba a los moros y, a la postre, les costó la pérdida de al-Ándalus?

Tras la conquista, cuando repartieron las tierras, los invasores se agruparon por tribus de origen, un error que contribuyó a mantener la estructura tribal en detrimento de formas más evolucionadas de organización estatal.[158]

Nunca superaron sus fuertes lazos tribales, la *asabiyyah*. Habían levantado en poco tiempo el más extenso imperio conocido, pero seguían divididos en tribus y clanes. A ratos forjaron un Estado, pero nunca accedieron a la superior categoría de nación.[159]

La fuerte vinculación al clan y a la tribu se mantuvo a lo largo de los siglos y produjo estirpes vinculadas a un territorio determinado y rebeldes a Córdoba.[160]

158. «El asentamiento en la península se adaptó a patrones clánicos [...], tribus enteras mantuvieron su cohesión social» (Manzano Moreno, 2006, p. 133).

159. La nación, conjunto de ciudadanos, es el fundamento del Estado (leyes e instituciones comunes); pero el Estado casi nunca fundamenta una nación.

160. Distinta fue la evolución de los beréberes, que con el tiempo se arabizaron e islamizaron, y sin dejar de ser pastores aceptaron como oficio alternativo el de la guerra como auxiliares a sueldo de los árabes (Manzano Moreno, 2006, p. 176).

La sociedad islámica se basaba en un rígido agnatismo patrilineal que solo se transmitía a los varones. Cada tribu o grupo se consideraba ligado al grupo como heredero de la misma sangre, al descender de un antepasado común, y eso pesaba más que ninguna otra consideración.

—¿Y la progenie de la madre? ¿Es que no se tiene en cuenta? —me preguntarán.

La progenie de la madre no importa. La mujer es solamente el vientre donde el varón engendra a sus hijos. Imprescindible, desde luego, como el horno lo es para el panadero, pero no transmite linaje ni sangre.[161]

Ignorantes de las leyes genéticas, pensaban que todo el ser dependía del padre que depositaba su semilla en el vientre de la madre. Ella se limitaba a empollar el huevo, eso creían. Eso explica que muchos preeminentes musulmanes fueran hijos de esclavas o de concubinas menores.[162]

161. No obstante, en ciertos aspectos, la situación de la mujer es halagüeña. Puede heredar patrimonio y disponer libremente de sus bienes. Sorprendentemente, entre los beréberes norteafricanos la mujer gozaba de mayor consideración. Incluso hubo una reina, Dahia, apodada Al-Kahina (la Sacerdotisa) porque tenía el don de adivinar el futuro, que organizó una feroz resistencia a la conquista árabe al frente de las tribus cristianas yarawas. Esta mujer singular resistió enconadamente a los árabes, pero la víspera de su derrota, en un combate que le costaría la vida, les aconsejó a sus dos hijos que cuando ella muriera hicieran la paz con los invasores y se convirtieran al islam. Al final, habían prevalecido los sentimientos de la madre.

162. Hisham I era hijo de Halul, esclava visigoda; Alhakén I era hijo de otra; Abderramán II era hijo de la concubina Halwa, descendiente de visigodos. Mohamed I, su hijo, se casó con la vascona Ushar, que concibió al futuro Abdalá I, que se casó a su vez con la navarrica Íñiga u Onneca Fortúnez, conocida por Durr (Perla), hija de Fortún Garcés, rey de Pamplona, cedida a Córdoba en calidad de rehén. Como vimos en páginas pasadas, Abderramán III era hijo de la cautiva Muzna o Muzayna (Lluvia o Nube) y nieto de Onneca Fortúnez; Alhakén II era hijo de la vascona Maryam (que sobornó a la esposa principal para que le cediera una noche de amor con el califa, así se las gastaban en los harenes), y a su vez tuvo por favorita a otra vascona, Subh, madre de Hisham II. La vascona Abda (antes Urraca Sánchez, hija de Sancho Garcés II de Pamplona) fue esposa de Almanzor y

La segunda causa de la crónica desunión de los moros fue el sistema sucesorio. El heredero del emir o califa reinante podía ser cualquier miembro de la familia designado por él o impuesto por sus partidarios. Este sistema favoreció las intrigas y luchas entre ramas familiares, con individuos tan recalcitrantes como el príncipe Abdalá, que dio tres golpes de Estado contra tres sucesivos emires (su hermano Hisham I, su otro hermano Alhakén I, sucesor del anterior, y su sobrino Abderramán II). Tuvo suerte y ninguno de ellos lo hizo decapitar.

Los emires y califas solían disponer de bien surtidos harenes en los que producían decenas de hijos. Como el heredero del título no era necesariamente el primogénito, sino el hijo al que el padre considerara más capacitado, el sistema se prestaba a que los más ambiciosos recurrieran a trapacerías para atraerse el favor del monarca.[163] De ahí las mortales rivalidades entre esposas y concubinas por imponer a sus hijos y los frecuentes fratricidios que esmaltan la crónica islámica.[164]

---

madre de Abderramán Sanchuelo. No es extraño que todos estos personajes fueran rubios, de piel clara y ojos azules. Algunos (Abdalá) se teñían el pelo de negro. Se preguntarán: «¿Es que todos los emires cordobeses son hijos de mujeres foráneas, algunas de ellas esclavas?». Todos, no, pero bastantes, sí.

163. Incluso recurriendo al asesinato: impaciente por heredar a su padre que estaba enfermo, pero no acababa de morirse, el príncipe Hixen, primogénito y heredero de Alhakén I, se coló en el dormitorio del padre en la primavera de 822 con el propósito de ayudarlo a morir. Descubierto y apresado por la guardia, el propio Alhakén tomó el cuchillo de un centinela y degolló allí mismo al intruso. Luego hizo comparecer al futuro Abderramán II en la escena del crimen (o ejecución) y lo nombró heredero. Este Abderramán II también estuvo a punto de ser envenenado por una de sus favoritas, la antigua esclava Tarub (Embeleso, hay que joderse, el nombrecito), que a toda costa quería conseguir el trono para su hijo Sulaymán: era una corte deslumbrante y placentera, de eso no cabe duda, pero había mucho navajeo detrás de las sedas.

164. Ya vimos que, paradójicamente, la mujer es la depositaria del honor *(ird)* de la familia y de la tribu. En los tiempos antiguos, que perduran en la poesía, acompañaba al hombre a la batalla para enardecerlo con su presencia y a menudo es la que lo incita a la venganza y le impide usar la otra virtud islámica comparable al valor, la magnanimidad *(hilm)*.

CAPÍTULO 31

El rudo guerrero se civiliza

No es exacta la idea que algunos difunden de que mientras el cultivado moro componía poemas o tañía el laúd a la orilla del estanque de nenúfares, los cristianos criaban cabras y se limpiaban el trasero con guijarros. Ni tanto preciosismo de unos, ni tanta rusticidad de los otros.

Córdoba, que recibía de Bagdad intelectuales y artesanos imbuidos de las culturas persa y bizantina, se convirtió, gracias al urbanismo, a la industria, a la artesanía y al progreso del comercio, en la población más refinada de Europa, con alcantarillado, calles embaldosadas, alumbrado público…

En Córdoba existía un sistema de enseñanza semipúblico que alcanzaba a cuantos querían instruirse en gramática, matemáticas, geografía, botánica, astronomía (y astrología), medicina y ciencias de la naturaleza.

Todo eso sufrió un considerable retroceso a la llegada de Almanzor con su cortejo de intransigentes malikíes, y tampoco prosperó bajo la regla de los fanáticos almorávides y almohades, que muy pronto convertirían al-Ándalus en una mera provincia de su Imperio.

En los reinos cristianos, la gran cultura heredada de Roma se había refugiado en los monasterios y escuelas catedralicias, donde una minoría ilustrada se esforzaba por conservar y transmitir el legado cultural del mundo antiguo (aunque convenientemente expurgado de todo lo que resultara inconveniente a la Iglesia).

El Camino de Santiago, que recorría Francia y los reinos cristianos de España, constituyó un propicio cauce por el que la más alta cultura medieval, representada por las órdenes francesas de Cluny y del Císter, fertilizó los secarrales españoles y preparó el camino para las órdenes mendicantes de carácter más urbano, especialmente franciscanos y dominicos.

Los grandes centros culturales de Europa eran París para teología y Bolonia para leyes, pero Toledo mantuvo su tradición de centro de estudio de las ciencias de la naturaleza que heredaba desde la época islámica. Era una ciudad cosmopolita debido a sus nutridas comunidades de mercaderes italianos y francos (franceses, occitanos y catalanes).

CAPÍTULO 32

Almanzor, el del tambor

El hijo y sucesor de Abderramán III, el califa Alhakén II, heredó un reino saneado y próspero, con una agricultura floreciente y un comercio boyante al que se unían los tributos de los cristianos.

Antes de entregar su alma al Creador, Alhakén II había designado heredero a su hijo Hisham II, que desde que pudo cabalgar un pony lo acompañó en sus campañas porque el padre se empeñaba en darle educación militar, aunque al niño le tiraban más las letras.

—Un niño de once años no puede ser comendador de los creyentes —protestaron los guardianes de la ortodoxia.

En efecto. No existían precedentes.

—Nombremos califa al hermano de Alhakén, Al-Mugira, que es hombre piadoso y ostentará dignamente el cargo —insistían.

Pero el niño Hisham tenía mejores credenciales en una corte tan intrigante como la cordobesa. Era hijo de la concubina Subh (o Aurora), antigua esclava de origen navarro (conocida como *al-baskunsiyya,* «la vascona»), que por sus encantos y su preclara inteligencia había llegado a ser el poder en la sombra en la corte de Medina Azahara.

Empeñada en promocionar la candidatura de su retoño, Subh acudió a sus partidarios, el visir Yaáfar al-Mushafi (equivalente a un presidente de Gobierno) y el tutor del niño, un capaz funcionario llamado Mohamed ibn Abi Amir llegado de Torrox (Málaga) para labrarse una carrera en la administración.

Ahora que tanto se habla del ascensor social, conviene que sepamos que este sujeto procedente de la pequeña nobleza se labró un porvenir a base de perseverancia y esfuerzo. Empezó de simple escribiente, apreciado por su excelente caligrafía, y fue escalando puestos en el gobierno hasta alcanzar la subsecretaría de la Fábrica de Moneda y Timbre, y finalmente el Ministerio del Tesoro. Como tutor del príncipe Hisham y administrador de sus bienes, entró en el cogollo del poder y terminó de amasar su fortuna en los dos sentidos, figurado y literal.

En vista de que Al-Mugira incordiaba, el audaz Mohamed ibn Abi Amir se personó en su residencia con un destacamento de tropas fieles, lo hizo estrangular con el pañuelo de seda que llevaba al cuello y lo dejó colgando de una viga.

—Digamos que se ha suicidado —advirtió a la aterrada viuda.[165]

Ella asintió convencidísima. Pensaría: más vale no contrariarlo, no sea peor lo roto que lo descosido.

En vista de cómo se las gasta el torroxeño, desde este momento lo nombraremos por su futuro apodo, con el que ha entrado en la historia como el caudillo invencible del islam andalusí: Almanzor (Al-Manṣūr, el Victorioso), una especie de Cid moro.

Libre de competencia, el infante Hisham asumió las labores de gobierno con un consejo de regencia integrado por su madre la vascona, el visir Al-Mushafi y el tutor Almanzor. Con el roce

165. El desdichado Al-Mugira no ha pasado a la historia como califa, pero ha legado su nombre a la historia del arte, algo es algo, porque una de las piezas más bellas de arte islámico es el llamado Bote de Al-Mugira, hoy en el Museo del Louvre, desde que lo robaron las tropas de Napoleón. Se trata de un recipiente de marfil extraordinariamente labrado con cuatro medallones de ocho lóbulos ilustrados con escenas entre guirnaldas de hojas entretejidas. El primer medallón representa el ataque de unos leones a sendos toros. El segundo muestra una escena cortesana. En el tercero, dos jóvenes se encaraman en un árbol para robar dos nidos de águila. El cuarto presenta a dos jinetes que cogen dátiles de sendas palmeras. La inscripción cúfica que recorre la base de la tapa solicita bendiciones para Al-Mugira, el propietario.

vino el cariño y Almanzor alcanzó intimidad plena con Subh, la ya no tan desconsolada viuda. No sé si me explico.

Almanzor se asoció con el general Ghalib, el jefe del ejército apodado por su destreza militar *Dhu'l-Sayfayn* (Señor de las Dos Espadas). Durante un tiempo lo acompañó en sus campañas aprendiendo de él con gran aprovechamiento las tácticas y la dirección de la guerra. Tanto intimaron que Almanzor incluso se casó con Asma' bint Ghalib, la hija del general (978).

Parecía que al-Ándalus había alcanzado una fórmula de gobierno ideal, pero el triunvirato no duró mucho porque el antiguo calígrafo eliminó a sus dos socios para erigirse en dictador. Cuando desactivó al visir, enviándolo a una cómoda jubilación, el general Ghalib comprendió que su persona peligraba y decidió madrugarlo: invitó a Almanzor a una cena con el propósito de asesinarlo. Fallaron los sicarios y Almanzor pudo escapar, aunque levemente herido.

Ya estaban las cartas sobre la mesa. En abril del 981 el experimentado Ghalib derrotó a su yerno y adversario en tierras burgalesas.[166] Almanzor se le enfrentó de nuevo tres meses después en Torrevicente (actual provincia de Soria). Estaba la batalla indecisa cuando uno de los capitanes se acercó a Almanzor:

—Albricias, señor: Ghalib ha muerto.

Su caballo había tropezado y la caja torácica del jinete se aplastó contra el arzón de la silla.[167]

Almanzor se resistía a creer el inesperado golpe de fortuna. Solo se sintió aliviado cuando le trajeron la mano de Ghalib, cuyo anillo reconoció, y después, para mayor seguridad, la cabeza.

166. Ocurrió cerca de Rueda, la de los vinos, o en Roa (Burgos). Ghalib había reunido un ejército numeroso en el que figuraban tropas leonesas al mando de Ramiro III, tropas castellanas al mando del conde Garci Fernández, y tropas navarras mandadas por un hijo de Sancho Garcés II. Almanzor capitaneaba tropas beréberes y andalusíes.

167. Ghalib rondaba los ochenta años, quizá le hubiera convenido jubilarse antes.

Cuando se divulgó la noticia de que Ghalib había muerto, cesó el combate y sus tropas se pasaron al enemigo o huyeron, dependiendo del criterio de los comandantes.[168]

Dueño del campo, Almanzor contempló el cadáver de su suegro y antiguo aliado. Como Córdoba quedaba lejos y con los calores del verano los cadáveres se descomponen rápidamente, ordenó despellejarlo y enterrar los restos.

Los cordobeses, que tantas veces se habían agolpado a lo largo del arrecife fluvial para aclamar a Ghalib cuando regresaba victorioso al frente de sus tropas, asistieron al desfile de Almanzor, el invencible, con la piel del enemigo rellena de algodón y clavada en una cruz. *Sic transit gloria mundi.*[169]

Después del desfile, Almanzor tuvo la delicadeza de enviar la cabeza del general a Asma' bint Ghalib, su esposa e hija del finado. Ella lavó el rostro ensangrentado y le perfumó el cabello con almizcle antes de devolverla al remitente.[170]

Almanzor completó las reformas que Abderramán III había emprendido en el ejército. Alistó tropas beréberes de las más salvajes y combativas y las empleó a fondo contra Castilla, León, Navarra y Portugal: en veinticinco años lanzó nada menos que cincuenta y seis aceifas veraniegas.[171]

168. En aquel tiempo no era extraño que los que militaban por la paga se pasaran al enemigo: el muerto no les iba a satisfacer la soldada y el circunstancial enemigo estaría encantado con el inesperado refuerzo. Pensemos que en aquel tiempo el concepto *patria* estaba todavía agraz.

169. Aquí se demuestra que los andalusíes alcanzaron un más elevado grado de civilización que sus primos fatimíes del Magreb. Allí, en circunstancias similares, no solo desollaron al rebelde Abu Yazid (su versión de Ibn Hafsun), sino que salaron la piel para evitar que se pudriera porque luego la pasearon por todas las ciudades y lugares por las que pasaba el califa. Para su exhibición, sentaban la horrenda figura en un camello, le ponían en la cabeza un capirote de hereje y soltaban para solaz de niños y mayores a unos monos entrenados para sacudirle y tirarle de la barba. Su hijo y continuador de la rebelión, Fadl, sucumbió en 948. El califa envió a Sicilia su cabeza envuelta en la piel del padre.

170. Ibn Baskuwwal (citado en Gaspariño García, 2019, p. 298).

171. Las aceifas de Almanzor fueron: en 977, tres contra Baños de Ledesma, Cuéllar y Salamanca, respectivamente; en 978, una aceifa contra la

Mientras tanto, el joven Hisham, ya crecido y convertido en un hombrecito, tuvo la inteligencia de no interferir en las ambiciones de Almanzor, al que nombró *alhagib* («visir de visires»), y se limitó a ejercer tareas de representación, presidir los rezos en la mezquita, visitar hospitales y ofrecer recitales de poesía ante su atento harén (¡Menudo coñazo!, pensaría alguna, antes de alabarle el poema).

Como todo dictador, Almanzor aspiró a dejar perpetua memoria de su paso por este valle de lágrimas. Con ese propósito levantó un monumento imperecedero que pregonara su grandeza, un palacio rodeado de murallas al otro lado del río, Medinat al-Zahira (la Ciudad Esplendente, 987), totalmente innecesario, puesto que ya existía el reciente conjunto palaciego-administrativo de Medina Azahara. Almanzor intentó eclipsarlo acumulando en el suyo «co-

---

llanura de Barcelona y Tarragona y otra contra Ledesma; en 979, tres aceifas contra Zamora, Sepúlveda y el Magreb; en 980, una contra Medinaceli y otra contra Almunia; en 981, cinco aceifas contra Canales de la Sierra, Rota de los Maafiríes, Calatayud, Zamora y Trancoso; en 982, la aceifa de las tres naciones; y otra contra Toro y León; en 983, tres contra Simancas, Salamanca y Sacramenia; en 984, una contra Zamora y otra contra Sepúlveda; en 985, contra Barcelona y las comarcas de Panadés, Llobregat y Vallés. Algunos monjes que se resistieron a huir en los monasterios de San Cugat del Vallés, San Pablo del Campo y San Pedro de las Puellas fueron degollados; en 986, una contra Zamora, Salamanca y León, y otra contra Condeixa y Coímbra; en 987, una contra Coímbra y por segunda vez el mismo objetivo; en 988, Portillo, Zamora y Toro en una, y Astorga en otra; en 989, Osma; en 990: Toro en una, Osma y Alcubilla en otra; Montemor-o-Velho en una tercera; en 992, Castilla y Pamplona; en 993, al-Marakib en una, San Esteban de Gormaz en otra y al-Agar en una tercera; en 994, San Esteban de Gormaz nuevamente, seguido de Pamplona y Clunia en una, y Astorga y León en otra; en 995: cuatro aceifas a Castilla, Batrisa, Monasterio de San Román de Entrepeñas y Aguiar; en 996, Astorga; en 997, Santiago de Compostela, en la que destruyó la basílica, pero respetó el sepulcro del santo y al monje que lo guardaba; en 998, Magreb; en 999, Pamplona en una y Pallars en otra; en el año 1000, Cervera; en 1001, tres aceifas seguidas contra Montemor-o-Velho, Pamplona y Baños de Rioja; en 1002, la última a Canales de la Sierra y San Millán de la Cogolla (datos tomados de Echevarría Arsuaga, 2011, pp. 243-245; Molina, 1981, pp. 238-263, y 1982 y ss.).

lumnas transparentes como el agua y esbeltas como cuellos de doncellas, asientos de mármol blancos y relucientes como alcanfor perfumado y albercas con surtidores en forma de leones».[172]

Almanzor sitió Barcelona después de bloquearla por mar (985). Para ablandar la resistencia (o quizá endurecerla), los fundíbulos o almajaneques bombardeaban la ciudad con cabezas de decapitados en lugar de piedras.[173]

Más valía llevarse bien con aquella fuerza de la naturaleza. Así lo comprendió el rey de Navarra Sancho Garcés II cuando en 992 se personó en Córdoba para comprar la paz.

Arrogante en su victoria, Almanzor lo hizo pasar por todos los requilorios de protocolo califal, entre otros, besar el suelo en su presencia y besarle la mano al morito que lo acompañaba (que era su propio nieto, Sanchuelo).

Consecuencia de la visita, Almanzor tomó por esposa a la hija del navarro, Urraca Sánchez, que se convirtió al islam con el nombre de Abda (Sierva).[174] Por el mismo motivo, para sellar una alianza, Almanzor se casó también en 993 con una princesa de León, Teresa (en árabe Ṭirrimŷāba), hija de Bermudo II.[175]

172. Pita, 2018.

173. Molina, 1981, pp. 209-263. Un romance tardío asegura que la primera cabeza fue la del conde de Borrell II, que cayó a los pies de su esposa, la condesa Ludgarda. Después llovieron del cielo las del resto de los quinientos caballeros que lo acompañaban.

174. Se dice que, al entregarla, los nobles que la acompañaban le pidieron que velase por su pueblo ante Almanzor. Ella respondió muy digna: «La defensa de un pueblo no se confía a las mujeres, sino a las lanzas de los hombres».

175. Menudo chasco se llevó el moro con la infanta Teresa, si creemos la piadosa crónica: «Ella, como era cristiana, le advirtió al rey pagano: "No me toques, porque eres un pagano y si me tocas el ángel del Señor te matará". Entonces el moro se rio de ella y, tomándola, la poseyó. Al momento se sintió herido por el ángel del Señor, como ella le había advertido. Sintiéndose morir, llamó a los suyos y les ordenó que cargaran camellos con oro y plata, con piedras y vestidos preciosos, y que la devolvieran a León con todos aquellos regalos» (Estévez Sola, 1995, libro II, pp. 34 y 40; Ubieto Arteta, 1996, libro II, pp. 75 y 88).

A pesar de sus victorias, Almanzor no realizó grandes conquistas. Apenas agregó al califato un puñado de ciudades. El verdadero objetivo de sus expediciones era económico, el saqueo y el botín *(fay)*, gracias al cual mantenía al ejército entrenado y contento. A la postre, fue casi lo comido por lo servido. Como las tierras saqueadas tampoco estaban boyantes, la principal ganancia eran los cautivos. Por algunos podía pedirse un rescate, pero la gran mayoría se subastaban en los mercados de esclavos de al-Ándalus y de África.[176]

A la postre, la sobreexplotación de los recursos cristianos no compensó el gasto. Tanto esfuerzo dejó extenuada a Córdoba. Le ocurrió como a esos países que invierten en armas un porcentaje excesivo de su presupuesto y a la larga quiebran exhaustos. Otra consecuencia del ensañamiento de los moros fue que el reino de León, repetidamente asolado, decayó y cedió su preeminencia a Castilla, socialmente más preparada para vivir en pie guerra.

La más célebre expedición de Almanzor fue la que destruyó Santiago de Compostela (997), ya centro de peregrinación famoso para la cristiandad. Almanzor llevó consigo, a hombros de cautivos, las campanas de la basílica y las transformó en lámparas para la mezquita de Córdoba.[177] Tres siglos después, Fernando III conquistó Córdoba y devolvió las campanas a Santiago a hombros de moros. ¡Cómo se guardan los rencores!

Había cumplido sesenta y tres años, padecía artritis gotosa, que lo obligaba a trasladarse en litera, pero aun así proseguía las

176. Desde los inicios del islam hasta bien entrado el siglo XIX, los musulmanes han traficado con esclavos blancos capturados en las costas mediterráneas de los países cristianos e incluso en expediciones atlánticas que secuestraron a personas en las costas inglesas y francesas. El historiador Olivier Pétré-Grenouilleau, del Institut d'Études Politiques de París, calcula que la esclavitud de blancos secuestrados por el islam superó con creces a la de los negros enviados a las plantaciones de América. Ibn Ḥawqal, viajero del siglo x, señala que uno de los productos más exportados por al-Ándalus eran esclavos cristianos y que «la mayoría de los eunucos blancos del islam procedían de al-Ándalus».

177. Debemos advertir que las campanas entonces eran del tamaño de una olla mediana, por lo que usarlas como lámparas no es ninguna exageración.

campañas, pues quería morir, como Molière, en el escenario de su gloria. La parca lo alcanzó en plena campaña. Expiró plácidamente en la plaza fronteriza de Medinaceli (1002). Lo enterraron con pompa en Córdoba, las plañideras detrás del féretro, arañándose los pechos, y en su epitafio escribieron «jamás volverá a dar el mundo nadie como él».

Los cristianos nunca derrotaron a Almanzor,[178] pero había que demostrar que el moro profanador de Santiago no quedó sin castigo. Por eso, muchos años después, forjaron una conveniente leyenda: «Algo admirable ocurrió, el mismo día que Almanzor perecía en Calatañazor, cierto hombre que parecía un pescador se lamentaba ya en árabe, ya en romance exclamando: "En Calatañazor perdió Almanzor el tambor". Acudían a él los infieles de Córdoba y al acercarse la figura se desvanecía ante sus ojos para reaparecer en otro lugar repitiendo la misma salmodia. Creemos que se trataba del diablo que lloraba el desastre de los sarracenos. Almanzor, desde el día en que fue derrotado, no quiso comer ni beber, y llegando a la ciudad llamada Medinaceli murió y fue sepultado allí».[179]

Su asociación con el diablo se convirtió en la explicación plausible para consolarse de tantas derrotas y estragos como el moro les causó: «El demonio que había habitado dentro de él en vida se lo llevó a los infiernos», leemos en la *Crónica silense*.[180]

178. Para que se vea lo viscerales que son a veces los historiadores: el prestigioso arabista García Gómez, aún rechazando como fabuloso el encuentro de Calatañazor, alude a otro en Cervera donde los musulmanes pasaron momentos de apuro antes de poner en completa desbandada al ejército cristiano, y escribe: «Aun cuando sea sin victoria, la gloria del conde de Castilla crece aún más a nuestros ojos [...], en Calatañazor perdió Almanzor su alegría, aun cuando fuera sin derrota». Y se queda tan fresco.

179. Lucas de Tuy, en su *Chronicon mundi* (escrito poco después de 1236).

180. Hace muchísimos años pernocté en Calatañazor, pintoresco y bellísimo pueblecito de Soria. El cura me llevó a las ruinas del castillo y desde su altura me mostró el llano donde se riñó la batalla. Vi también la picota o rollo de justicia medieval, y la piedra llamada del Abanico, un fósil de hojas de palmera.

CAPÍTULO 33

La feble simiente de Almanzor

A Almanzor lo sucedió su hijo primogénito Abd al-Malik y, a este, su hermano Abderramán Sanchuelo (Sanŷūl), que obligó al débil califa, ya reducido a mero pelele, a abdicar en él.

No era Sanchuelo un dechado de virtudes. Si creemos al cronista Ibn Idari, «andaba siempre de almunia en almunia y de fiesta en fiesta». Un juerguista. Sin embargo, en 1008 decidió sentar la cabeza y capitaneó una aceifa contra los cristianos en la que se hizo acompañar por lo más granado de su harén, unas setenta mujeres. En ello estaba cuando un emisario le trajo la noticia de que su primo Mohamed II al-Mahdí, bisnieto de Abderramán III, había dado un golpe de Estado y estaba saqueando Medina Azahara.

Sanchuelo suspendió las operaciones y regresó a Córdoba, pero a pocas leguas de la ciudad una delegación del rebelde salió a su encuentro y lo decapitó.

Muerto el tirano, el populacho se lanzó a saquear las residencias de Córdoba sin más límite que la zona excluida expresamente por Mohamed II, «el harén, las dependencias del tesoro y los objetos privados». Mohamed se apropió del harén de su primo, despidió a las mujeres libres y retuvo a las esclavas. «Yació con la mayor parte de ellas —detalla el cronista— y regaló algunas a sus visires y partidarios.»

¿Qué estaba ocurriendo?

Existían tensiones mortales entre los caudillos beréberes alistados por Almanzor y la celosa aristocracia árabe. Por otra parte, el pueblo se resentía por la creciente presión fiscal que alimentaba tan costosa máquina militar. Sumemos a ello que los reinos y condados cristianos superaron sus diferencias y se unieron contra el enemigo común.

Con la muerte de Almanzor despertaron los conflictos larvados. La esplendorosa Córdoba quedó en manos de jefes beréberes unánimemente despreciados por la aristocracia andalusí.

La situación se tornó tan inestable que en el espacio de veinte años se sucedieron diez califas, mientras al-Ándalus se encendía en luchas banderizas entre los grupos étnicos que se disputaban el poder: árabes, beréberes y hasta los mercenarios de la guardia pretoriana eslava *(saqalibah).*

La buena sociedad de Córdoba padeció lo indecible bajo la chusma rebelde. Los amotinados beréberes torturaban a sus cautivas ricas colgándolas de los pechos para que declararan dónde habían escondido las alhajas.[181]

Medina Azahara había tardado casi medio siglo en construirse. Tanto esplendor tuvo una vida corta, apenas cincuenta años. En 1011 los amotinados mercenarios la saquearon, la despojaron de sus mármoles y de sus columnas y la incendiaron.[182]

Desde Abderramán, Córdoba había sido martillo de cristianos; bajo Almanzor fue incluso martillo pilón, pero en cuanto el poder central desapareció, el califato se transformó en yunque y los antaño acogotados reyes cristianos se crecieron y tomaron cumplida revancha.

181. Una idea que también se les ocurrió a los lansquenetes alemanes que asaltaron Roma en 1527 (el famoso *sacco di Roma*) con las tropas de nuestro Carlos V. Al protonotario apostólico, que era el jiennense González Doncel, lo colgaron de los testículos para que declarara dónde había escondido los tesoros pontificios, pero él resistió con un par (el par dolorido, precisamente) y feneció sin decir esta boca es mía.

182. Sus ruinas resultantes sirvieron durante siglos de cantera donde los cordobeses se surtieron de mármoles y columnas para sus patios, que como es sabido usan placas de mármol, y en eso se distinguen de los sevillanos, que emplean azulejos. Aún hoy, entre los removidos escombros, siguen apareciendo fragmentos de las yeserías hermosamente labradas que revestían los muros. Las ruinas de Medina Azahara están abiertas al público a cinco kilómetros de la moderna Córdoba. Armar el intrincado rompecabezas de sus restos requiere mucha paciencia y robusto presupuesto. Seguramente se tardará en restaurarlo más tiempo del que se tardó en construirlo.

CAPÍTULO 34

La revancha

Los cristianos del norte progresaban adecuadamente sin que faltaran recelos y piques entre ellos, porque los reyes de León se tenían por legítimos herederos de la monarquía visigoda y pretendían imponérselo al resto, pero los vascones hicieron rancho aparte con Pamplona y compitieron con León por la conquista del sur.

Otros que se organizaban eran los catalanes desde que, en 988, el conde de Barcelona Borrell II aprovechó la debilidad del Imperio franco para proclamarse independiente y ampliar sus dominios a otros condados.

Borrell II tenía dos razones de peso para considerarse independiente: la primera que, con ocasión del saqueo de su ciudad por Almanzor en 985, el rey francés Hugo Capeto no había movido un dedo por auxiliarla como era su obligación. La segunda, que Barcelona se había repuesto prestamente del estrago y volvía a la prosperidad de antaño retornando su tradicional actividad como mediadora comercial entre el califato de Córdoba y la Europa cristiana.

Veinticinco años después del saqueo de Barcelona, los mismos que habían sufrido en sus carnes aquel estrago aprovecharon la disolución del califato para tomar cumplido desquite.

Reforzados por tropas leonesas y aliados musulmanes, los condes catalanes se atrevieron a organizar una expedición contra Córdoba en 1010.[183] Siguiendo la tradicional vía del Calatrave-

183. Los caudillos cristianos Ramón Borrell, conde de Barcelona, Ermengol I, conde de Urgel, y Hugo I de Ampurias contaron con las

ño, que unía a Córdoba con Toledo, atravesaron Sierra Morena por el valle de los Pedroches y derrotaron al ejército musulmán, que les salió al paso desde la fortaleza de El Vacar (Akabat al-Bakr).

El saqueo de Córdoba y las ricas alquerías de su comarca se prolongó durante tres días. Solo el botín en oro fue tal que, de regreso a Barcelona, el precio del preciado metal cayó incluso en el sur de Francia.[184]

Modernos economistas cuyo consejo se escucha en la asamblea de los discretos establecen una relación directa entre el saqueo de Córdoba y la inmediata eclosión mercantil de los condados catalanes que les permitió competir con las repúblicas italianas.

---

fuerzas del gobernador de la frontera superior en la Marca Media, Wádih, un militar de origen eslavo. Esta alianza catalano-beréber prefigura la ejemplar armonía hoy reinante entre la comunidad marroquí afincada en Cataluña y la población autóctona, que incluso se extiende a la cocina fusión. Mi reconocimiento, desde estas líneas, al restaurante gerundense El Cul del Mon y a su rico alcuzcuz.

184. Una estupenda novela de Sánchez Adalid, *Las armas de la luz*, recrea con notable fidelidad este episodio.

CAPÍTULO 35

La disolución del califato

Como estamos viendo, el gran problema de al-Ándalus fue la constante tensión entre la tendencia centrípeta del poder, emires o califas que intentaban reducir a obediencia a al-Ándalus, y la tendencia centrífuga de los caudillos de clanes y tribus que guardaban las marcas fronterizas o señoreaban las grandes ciudades y solo acataban a regañadientes la autoridad omeya.[185] Esa tensión alcanzaba a la misma Córdoba, donde los mejores puestos de la administración central eran coto de una clase aristocrática sostenida por redes clientelares.

—Parece que la manta ha empezado a desflecarse —auguró un filósofo.

—¿Qué manta?

—Al-Ándalus, digo. Hablaba en metáfora, hermano.

El año 1031 una rebelión popular linchó al visir y paseó su cabeza clavada en una pica por los arrabales de Córdoba. Fue la segunda y definitiva *fitna* que acabaría con el califato.

El califa Hisham III captó la indirecta e hizo lo que suelen hacer los tiranuelos de las repúblicas bananeras: afanó lo que pudo y se exilió en la cristiana Lérida llevando consigo lo más escogido de su harén.

185. Hasta el extremo de que Eduardo Manzano Moreno emplea la expresión *frontera interior* (*La corte del califa*…, pág. 274) cuando explica las tensiones existentes entre Córdoba y la marca toledana.

Al-Ándalus no volvió a tener califa. El poder se atomizó como ocurre en los grandes imperios, y en los pequeños, cuando falla la autoridad central.

Jeques, generales beréberes y caudillos de mercenarios eslavos fundaron fugaces dinastías, las llamadas *taifas,*[186] unos cuarenta estaditos independientes, una efímera olla de grillos que se fue serenando en la medida en que las taifas más poderosas absorbían a las más débiles. A final quedó media docena.[187]

En contraste con su insignificancia política, las taifas destacaron por sus logros culturales, rédito de los marchitos esplendores del califato. Los más destacados protectores de la cultura fueron los reyes Al-Mutamid de Sevilla y Abdalá de Granada.

Al-Mutamid era un sensible poeta. Un día en que paseaba con un amigo a orillas del Guadalquivir, río que como es sabido arrastra más versos que aguas, improvisó un verso propio de un haikú japonés:

El viento teje lorigas en el agua

El reto cortesano consistía en continuar el verso con otro que le diera remate adecuado. Como el amigo tardaba en encontrar la réplica, una voz femenina se adelantó a su espalda:

186. Hoy, la palabra *taifa* designa una reunión de personas de mala vida: «Menuda taifa se junta en esa taberna», le reprochaba la señora Rosario a su marido cuando le parecía que apestaba a vino. Ignoraba ella que *taifa* significó en su origen una marca distinguida, el plural de linajes o *ta'i-fah* (singular *tawa'if*).

187. Las taifas más importantes fueron las de los Banu Hud de Zaragoza, los Banu Dil-Nun de Toledo, los abadíes de Sevilla, los hamudíes de Algeciras y Málaga; los ziríes de Granada; los aftasíes de Badajoz, y los birzalíes de Carmona. Hubo otras taifas menores en Ceuta, Almería, Murcia, Alpuente, Arcos, Denia, Huelva, Morón, Silves, Tortosa, Valencia y Albarracín. Las fronteras entre taifas eran bastante imprecisas y, por así decir, volátiles. A poco de constituirse, los eslavos de Almería y Murcia dominaron al este de la cora y los ziríes de Granada, las zonas del centro y del sur hasta Almería. El límite de la taifa de Granada coincidía, *grosso modo,* con el valle del Guadalquivir. La de Sevilla no tardó en apropiarse de las taifas de Huelva, Arcos, Algarve, Algeciras, Morón, Ronda, Carmona, Mértola, Niebla y Silves.

¡Qué coraza resultaría si se helaran!

Al-Mutamid se volvió y halló que la ocurrencia procedía de una muchacha bellísima.

—¿Cómo te llamas, mujer?

—Romaiquía, señor —respondió ella sonrojándose con un abatimiento de párpados.

Notó el moro que la belleza tenía unas pestañas sedosas y largas como varillas de paraguas.

Romaiquía (Al-Rumaikiyya) no era más que la humilde esclava de un arriero que había prosperado en el oficio. Naturalmente, Al-Mutamid la expropió abonando el justiprecio y la llevó a su palacio. Imaginemos el desamparo en que quedó el antiguo propietario.[188]

Prendado de la beldad, Al-Mutamid la convirtió en su esposa, tuvieron muchos hijos y vivieron felices. Hubiera sido otro cuento de la Cenicienta si no lo estropea Yusuf, el ogro almorávide que derrocó al reyezuelo sevillano y lo desterró a Agmat, Marruecos (como veremos cuando le toque).

Mientras las taifas andaban en esas finezas que con el tiempo han contribuido a esa leyenda edulcorada del jardín andalusí donde los labriegos componen poemas mientras aran y los califas expelen cuescos con aroma de algalia, los envalentonados cristianos observaron el panorama y se dijeron:

—Compadre, ¿cómo era ese proverbio árabe del yunque y el martillo?

188. La esclava ascendida a reina resultó «antojadiza y caprichosa», según la retrata el infante don Juan Manuel en *El conde Lucanor.* Probando a pedir imposibles, se encaprichó con que nevara en Córdoba. Al-Mutamid plantó almendros en las márgenes del río que al florecer parecieran nevados. Otra vez, Romaiquía vio a una mujer amasar barro con los pies (para hacer adobes) y quiso imitarla. Al-Mutamid acumuló en un salón cargas de azúcar, canela, espliego, clavo, almizcle, ámbar, algalia y otras aromáticas especias para que la caprichosa pudiera amasar barro con los pies. Es de suponer que a la Romaiquía se le quitó la tontería cuando los almorávides destronaron al Juan Lanas del marido y exiliaron a la familia en los aduares de Agmat.

—Cuando seas yunque, aguanta; cuando seas martillo, golpea.

Y aprovecharon la debilidad y desunión de las taifas unas veces para invadirlas y otras para ofrecérseles como tropas mercenarias, lo que fatalmente condujo a una especie de protectorado militar. Abundando en ello, los reinos cristianos advirtieron que más rentable que hacer la guerra resultaba cobrar por no hacerla, y se amoldaron a ejercer una especie de feudo mafioso. Las taifas satisfacían un tributo, las parias, para que los cristianos las dejaran vivir tranquilas.

Las parias de los moros ralentizaron la Reconquista en el siglo XI, apena reconocerlo y produce un íntimo reconcomio en la fibra patriótica. El maldito parné se impuso al espíritu cruzado.[189] Leoneses, castellanos, navarros y aragoneses se disputaban los protectorados. Bueno, quizá fuera también que los reyes cristianos andaban escasos de colonos con los que repoblar lo conquistado y optaban por ordeñar la vaca islámica.

—Es que estamos tomando impulso para rematar la Reconquista —parece que los oigo excusarse—. El viento de la historia sopla a nuestro favor. Solo es cuestión de tiempo que expulsemos a los moros de España.

Se confiaron demasiado y Dios los castigó. De pronto, cambió el viento y sopló a favor del moro enemigo.

Todo comenzó por los influyentes alfaquíes, que asistían abochornados a la relajación de las costumbres. Los libertinos hacían sus fiestas en barcas del Guadalquivir, laúd, vino y mujeres, mientras ellos se baldaban subiendo cinco veces al día las pinas escaleras del minarete para desgañitarse llamando al pueblo a la oración *(adhan).* Como todos los abstemios rigurosos, mue-

189. «No tiene otra explicación el apoyo del Cid a los reyes de Zaragoza o de Valencia [ni] los enfrentamientos entre catalanes, aragoneses, navarros y castellanos por las parias de Zaragoza, Lérida, Tortosa o Valencia, y tampoco cabe ver otro móvil en [...] el exilio a tierras norteafricanas del infante castellano Enrique o en las campañas de Sancho VII de Navarra a favor de los almohades [...], sin el dinero de las parias no se explica la proliferación de monumentos románicos ni la fortificación de las fronteras [...] [ni] la activación del Camino de Santiago» (Martín, *Historia de España 4...*, 1980, pp. 53-54).

cines y alfaquíes contemplaban con rencor que sus correligionarios se tomaran el Corán por la banda ancha.

Aquella severa clerecía había visto desvanecerse su poder e influencia a medida que la sociedad andalusí se volvía menos religiosa y se entregaba al desatado hedonismo, con músicos y poetas que cantaban al amor en festines cortesanos a la luz de la luna, en noches cálidas y propicias a la embriaguez y a la carne, noches embalsamadas por jazmines y damas de noche, mientras el bello efebo al que apenas renegrea el bozo escancia vino dulce y sonríe receptivo.

Imaginemos un encuentro de dos alfaquíes leptosomáticos y ataviados de riguroso negro en una mezquita que, aunque sea viernes, apenas alcanza media entrada:

—¿Adónde vamos a llegar, Ahmed? Mientras las madrazas y las mezquitas pierden clientela, cada día se abren nuevas tabernas.

Asiente Ahmed taciturno.

—El caso es que en el desierto del Sahara me dicen que ha surgido una secta de acendrada fe —informa Mohamed—: los almorávides, gente rigorista que aplica a rajatabla la *sharía* en su versión sunita.[190]

—Esos tenían que venir a poner orden y que estos maricas se enteraran de lo que vale un peine.

Pausa meditabunda.

—¿Y si los llamamos nosotros? —propone Ahmed.

Silencio reflexivo de Mohamed.

—Pues tampoco es mala idea —responde—. ¿Acaso no dice el sagrado Corán: «¡Vuelve a ellos! Iré con los ejércitos a los que no podrán resistir. Los expulsaremos de su país envilecidos y humillados».[191]

—Alá te inspira, hermano.

190. La palabra *almorávide* procede de *al-murābiṭūn,* «ermitaño», gentes conocidas «por su gran resistencia y su sublime valor» como los llama el historiador Ibn Idari en su obra *Kitāb al-bayān al-muġrib fī ājbār mulūk al-āndalus wa-l-maġrib* (c. 1312).

191. Corán, 27: 37.

El pecado de Rodrigo

El rey don Rodrigo corteja a Florinda (ilustración del siglo XIX).

Los baños de la Cava (postal c. 1900).

Baños de Qusair Ambra, en el desierto de Siria.

Los reyes sometidos por el califa, un chino, un turco, Cosroes, el basileo de Bizancio, el negus de Abisinia y Rodrigo.

Covadonga y Pelayo

Jinetes musulmanes en el Beato de Liébana.

Batalla de Guadalete (estampa del siglo XIX).

Tarik.

Tesoro de Guarrazar (litografía del siglo XIX).

Subterráneo de San Tirso, Toledo.

Pelayo en la batalla de Covadonga.

Covadonga.

Alfonso II.

Don Pelayo.

Alfonso III.

Cruz de los Ángeles.

Llegan los vikingos

Ruinas de Bobastro.

Drakar vikingo (cromo c. 1910).

Piratas normandos (óleo de Évariste Vital Luminais).

Fuego griego. *Codex Skylitzes Matritensis* (BNM).

Santiago cierra España

El apóstol Santiago Matamoros en la batalla de Clavijo (panel de Paolo San Leocadio).

Campana mozárabe del Abad Sansón (930).

Carlomagno, emperador de los francos y referente de los nacientes reinos cristianos (cromo del siglo XIX).

Abderramán II.

El esplendor del califato

Bote de Zamora que perteneció a la esposa de Alhakén.

Califa y sirvientes en una arqueta califal.

Maimónides.

Tratado médico de época califal.

Castillo de Gormaz.

Medina Azahara

Cervatillo califal de bronce.

Capitel califal.

Salón del trono de Medina Azahara.

El harén

Esclava danzante en un fresco de los baños de Qusair Amra.

Escena de harén en una etiqueta comercial (siglo XIX).

Casa del Harén de la Alhambra (postal c. 1912).

Tierra de castillos

Fortaleza de Baños de la Encina, el castillo más antiguo de Europa, 968.

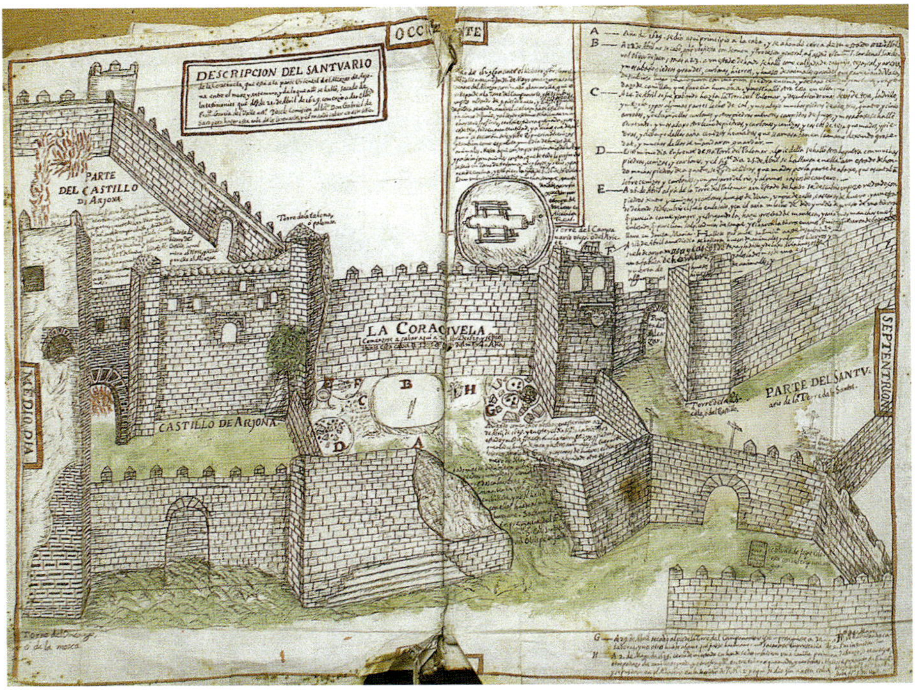

Alcázar de Arjona en un dibujo de Jimena Jurado, 1640.

Reinos cristianos

Oratores, pugnatores, laboratores en un códice medieval.

La reina Urraca de León.

Panteón Real de San Isidoro, León.

El matrimonio entre Petronila de Aragón y Ramón Berenguer que aportó a los condados catalanes la bandera de las cuatro barras.

Corona de Sancho IV (MAN).

Fernando I de Castilla.

Pedro II fecunda a María de Montpellier en presencia del arzobispo y del notario real.

El Cid

La Jura de Santa Gadea (óleo de Marcos Hiráldez Acosta, 1864, Palacio del Senado, Madrid).

Las hijas del Cid (óleo de Ignacio Pinazo, 1879).

El rey Sancho muerto por Bellido Dolfos.

Moros y cristianos

Batalla entre cristianos y moros en las *Cantigas* de Alfonso X el Sabio.

Campamento cristiano en un fresco de la Aljafería de Zaragoza.

El ejército de los negros en marcha. Obsérvese que los dos últimos individuos al cuidado del fardaje son subsaharianos (entonces moros).

La cota de malla

Fabricación de una cota de malla.

Cráneo de caballero con almófar procedente del osario de la batalla de Visby, 1361.

Cota de malla procedente de la batalla de las Navas de Tolosa (colección particular).

La ballesta

Ballesta de estribo.

Ballestero.

Ballestero, siglo XIV.

Virotes de acero.

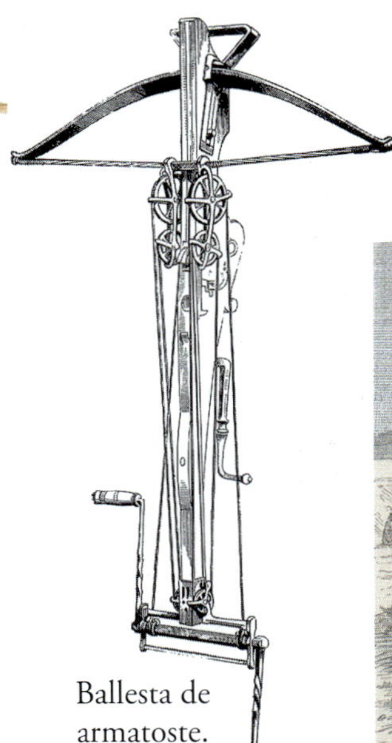

Ballesta de armatoste.

Cargador de ballesta.

Armando la ballesta con armatoste.

El arco turco

Arco turco en un sello de correos, obsérvese el complejo desarrollo del arma.

Arquero en el Beato de Liébana.

Arco turco (Museo de Estambul).

Moneda cristiana, c. 1089.

Trebuquete.

Arquero turco (Museo del Ejército, Toledo).

CAPÍTULO 36

Un viento del desierto

La chacha Milagros, un personaje de la película de Víctor Erice *El sur* (1983), le dice a la niña Estrellita: «¡Las ideas, todos los males del mundo vienen por las ideas!».

Los reyezuelos de taifas y los cristianos del norte que los explotaban hubieran suscrito el aserto de la criada: las ideas impulsaron el ardiente viento del desierto que abrasó el jardín andalusí y a punto estuvo de calcinar los reinos cristianos del norte.

Todo empezó en 1038 cuando un fanático santón llamado 'Abd Allah ibn Yasin, al que hemos de imaginar alto, desgarbado, raída chilaba, atezado, nariz aguileña, mejillas chupadas, barba rala, ojos enfebrecidos y olor a choto y a sobaquina rancia, dio en predicar la yihad y el islam más riguroso entre las tribus saharianas.

Ese fue el origen de una ola talibán *(avant la lettre)* como no se ha visto otra hasta nuestros pecadores días.

Ibn Yasin era un místico (aunque sorprendentemente se casaba y divorciaba varias veces al mes). Despreciando los oropeles del mando, ni siquiera quiso ser el jefe de lo que había levantado: nombró emir a uno de sus más fieles seguidores, el jeque Yahya ibn Umar.[192]

192. Nada nos autoriza a suponer que pensara: «Que me haga el trabajo y se coma los marrones, que yo seguiré a lo mío». Más bien hemos de pensar que era más contemplativo y teórico que hombre de acción. La clásica pareja que tanto se repite en la historia: las doctrinas de Marx he-

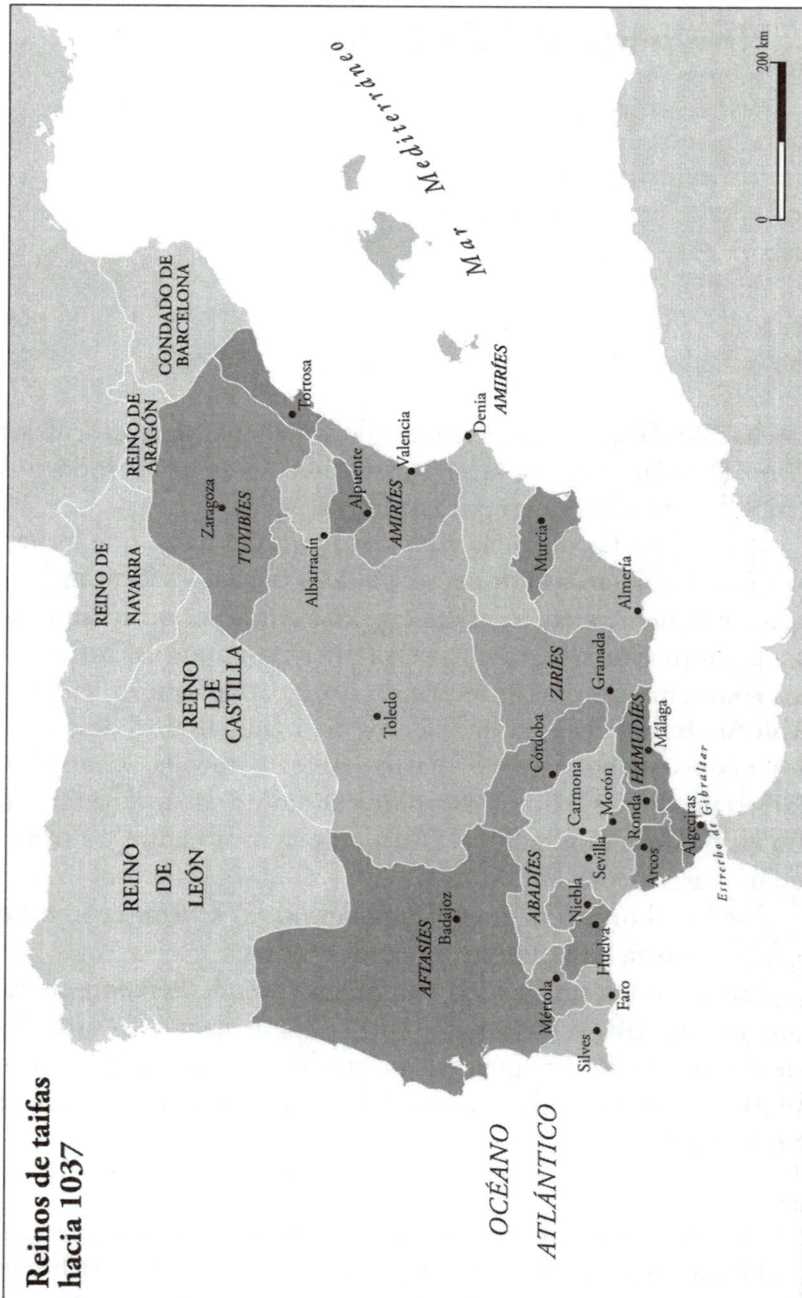
Reinos de taifas hacia 1037
OCÉANO ATLÁNTICO
Mar Mediterráneo
REINO DE LEÓN
REINO DE CASTILLA
REINO DE NAVARRA
REINO DE ARAGÓN
CONDADO DE BARCELONA
TUYIBÍES
AMIRÍES
AMIRÍES
AFTASÍES
ABADÍES
ZIRÍES
HAMUDÍES
Zaragoza
Tortosa
Valencia
Denia
Alpuente
Albarracín
Murcia
Almería
Toledo
Granada
Córdoba
Málaga
Carmona
Morón
Ronda
Sevilla
Arcos
Algeciras
Estrecho de Gibraltar
Niebla
Huelva
Badajoz
Mértola
Faro
Silves
0
200 km

Inflamados por su doctrina, los almorávides conquistaron Siyilmasa y otros centros caravaneros y controlaron el comercio de oro sudanés que surtía a Europa del preciado metal.[193]

Luego conquistaron las tierras del Magreb, muy fragmentadas en manos de jeques y caudillos, muchos de los cuales se apresuraron a quemar sus laúdes (los almorávides detestaban la música) para abrazar la causa almorávide antes de que la causa acabara con ellos.[194]

Yahya ibn Umar murió en combate contra una facción disidente (1056). Lo sucedió su hermano, Abu Bakr ibn Umar, también muerto en batalla, como es natural. Lo reemplazó su primo

---

redadas por Lenin, hombre de acción; las doctrinas de Jesús heredadas por san Pablo.

193. «Entre 1054 y 1058 el naciente movimiento almorávide controló las ciudades caravaneras de Awdagušt y de Siyilmasa, y con ellas el dominio de la principal ruta transahariana. Esta posición les permitió contar desde los inicios de sus campañas con el suministro regular de un oro de excepcional calidad» (Villar Iglesias, 2015, p. 370). No solo controlaron el oro sudanés, sino el de los nuevos yacimientos de Ghana, al sur de Sahara, descubiertos el siglo anterior. Pongámonos en situación: las caravanas que desde tiempo inmemorial atravesaban el Sahara por la «ruta de la sed y del espanto» cargaban sal en las minas de la ciudad marroquí de Siyilmasa, entonces un emporio de riqueza debido a este comercio, hoy melancólicas ruinas entre las que aúlla el chacal. Las caravanas cargadas de sal *(azalāī)* atravesaban el desierto para llevar este preciado producto a Tombuctú, donde lo cambiaban por oro casi al peso. Cargadas de oro en forma de barras o de monedas sin acuñar, y llevando consigo reatas de esclavos negros, atravesaban de nuevo el desierto y lo llevaban a Siyilmasa y a Ifriqiya, desde donde se distribuía por varios puertos mediterráneos. Europa, deficitaria de oro, necesitaba este material para sus transacciones. Hasta tal punto dependía la economía europea del oro africano que el Císter tuvo que suspender su programa de obras cuando Alfonso VI de León no pudo enviar las doscientas cuarenta libras de oro anuales que tenía prometidas, y que él obtenía directamente de las parias toledanas (Domínguez Ortiz, 2021, pp. 90-91).

194. Ya deberíamos estar acostumbrados. Es una constante en el islam que de vez en cuando brote una epidemia de fanatismo que asola una región del globo antes de disolverse en su propia inconsistencia.

Yusuf ibn Tasufin, devoto seguidor de los alfaquíes malikíes, que terminó de conquistar todo el norte de África, y fundó Marrakech (1062).

Mientras esto ocurría en África, la alegre y confiada al-Ándalus de los reinos de taifas tenía motivos para trocarse en triste y desconfiada. Los abusones reyes cristianos la oprimían con impuestos (parias). A duras penas reprimían la tentación de hacerse con las ciudades famosas del moro, con sus zocos, sus barrios artesanos, sus palacios, sus jardines, sus huertas y sus almunias.

El primero en decidirse fue Alfonso VI de Castilla, que conquistó Toledo (1085), empujó la frontera hasta el Tajo y se tituló emperador de las Dos Religiones, quizá para marcar distancias respecto al Imperio Romano Germánico que señoreaba Europa.

—¿Emperador de las Dos Religiones? —se preguntó el alfaquí de marras—. ¿No estará codiciando la entera península, Spania y al-Ándalus?

Enseguida saldría de dudas. El desencadenante del conflicto fue que Al-Mutamid, rey de la taifa de Sevilla, hizo ejecutar a un embajador de Alfonso VI que le había parecido algo insolente.

Matar a un embajador, aunque fuera judío, como era el caso, era un *casus belli* más que suficiente para que el ofendido monarca le declarara la guerra.

Ante la perspectiva de que el castellano lo borrara del mapa, Al-Mutamid pensó en solicitar ayuda a los primos fortachones de África, los almorávides, convencido de que el rey de Castilla no se mostraría tan abusón cuando tuviera que hacer frente a aquella fiereza.

Sus consejeros le advirtieron que el remedio podía ser peor que la enfermedad.

—Si llamas a esos fanáticos labrarás tu ruina y la de todos nosotros: se nos quedarán con todo.

Pero Al-Mutamid era testarudo.

—Prefiero ser camellero en África a verme de porquero en Castilla —replicó, dicen.

Y escribió a Ibn Tasufin, «defensor de la religión» *(nāṣir al-dīn)* para informar de la arrogancia cristiana:

—Nos han llegado sus rayos y truenos, y sus amenazas y exigencias de que le entreguemos los alminares y las torres, y los mihrabs y las mezquitas, para plantar en ellos las cruces e introducir a los monjes.[195]

El caudillo africano se mostró conforme y, como en un corrido mexicano, desafió al cristiano: «En lugar de escritos, hablen espadas y lanzas; en lugar de embajadores, el ejército numeroso» (versos de Al-Mutanabbī, muerto en 965).[196]

El almorávide desembarcó en Algeciras, y condescendió a que Al-Mutamid lo agasajara en la festiva Sevilla. El fiero aspecto de su tropa agradó a los refinados andalusíes. Al fin y al cabo, aquellos montaraces almorávides venían a combatir a los cristianos, no a unos juegos florales.

Conviene apuntar que buena parte del ejército almorávide estaba formado por senegaleses recientemente convertidos al islam e impacientes por alcanzar las delicias del paraíso. Los negros no eran desconocidos en la península, pues existía desde antiguo un considerable tráfico de esclavos africanos, pero acojonaba ver a tantos juntos, corpulentos y agresivos, aunque sucintamente armados con chuzos y mazas. El *Poema de Fernán González* los describe con escasa caridad cristiana:

> *Más feos que Satán con todo su convento*
> *cuando sale del infierno sucio e carboniento.*[197]

En busca del enemigo, Ibn Tasufin y su ejército, que podríamos evaluar en unos seis mil guerreros, ascendieron por la antigua Vía de la Plata, evitando la dura Meseta.

195. Estas misivas que reproducen autores muslimes antiguos probablemente sean apócrifas, pero no por ello dejan de reflejar el pensamiento de los supuestos firmantes.

196. Albarrán Iruela, 2019, p. 52.

197. Advirtamos que también los almorávides les parecían «sucios y carbonientos», porque se envolvían la cabeza con un embozo de tela negro o violeta, el *lizam*, que al desteñir por el sudor les teñía la piel (hoy lo siguen usando y de ahí les viene lo de «hombres azules»).

Alfonso VI solo pudo reunir unos dos mil guerreros, algunas tropas aragonesas y una mesnada castellana que enviaba el Cid al mando de su lugarteniente Alvar Fáñez.[198]

El encontronazo se produjo en Sagrajas o Zalaca, ocho kilómetros al noroeste de Badajoz. Antes de medirse, los ejércitos permanecieron acampados tres días, observándose, con el río Guerrero por medio. El ronco retumbar de los tambores almorávides resonaba de continuo.[199] En obediencia de la tradición islámica, Ibn Tasufin propuso a Alfonso, «rey de Ğillīqiya» (o sea, rey de Galicia), tres maneras de zanjar el asunto, dos de ellas sin daño.

—Te conviertes al islam, me pagas tributo —*yizya*— o luchas.

El leonés escogió la tercera opción.

La batalla se riñó el viernes 23 de octubre de 1086.

Los almorávides habían ideado una manera de neutralizar la mortífera carga de caballería pesada que era el arma principal de los cristianos. En las primeras filas disponían a soldados experimentados provistos de picas *(rumh)* cuya contera afirmaban en el suelo. Juntas formaban un formidable erizo contra el que se ensartaban caballos y caballeros. Detrás de los piqueros había un cuerpo más ligero de arqueros y lanzadores de jabalinas *(mizraq)* capaces de perforar las cotas de malla, y finalmente una turba de infantes armados de escudos de piel de antílope y machetes prestos a intervenir en cuanto los escuadrones cristianos se descompusieran.

La batalla fue un desastre para las armas cristianas.

Humillado, triste y herido en una pierna, Alfonso VI escapó de la degollina a uña de caballo y se refugió en Coria tras una noche de penosa cabalgada.

«Con las cabezas de los politeístas los musulmanes levantaron una pila sobre la cual el almuédano llamó a la oración duran-

198. El Cid no pudo concurrir personalmente porque en aquellos días se hallaba asediando Valencia.

199. Los tambores eran un arma psicológica hasta entonces desconocida en la península (luego, todos los ejércitos adoptarían las «cajas de guerra» hasta después de Napoleón).

te tres días.»[200] Después se enviaron cargamentos de cabezas a las principales ciudades de al-Ándalus para certificar la victoria del islam.

De buena gana, Ibn Tasufin hubiera perseverado en su conquista, a pesar de la merma de su tropa (muchos de sus senegaleses habían alcanzado el pasaporte al paraíso), pero la muerte de su hijo en Marruecos precipitó su regreso a Marrakech.

Transcurrieron dos años en los que la tormenta almorávide pareció amainar. Ya repuesto de la aporreadura, Alfonso VI retornó a la lona envalentonado, buscando el desquite. Como antaño hiciera Abderramán cuando fortificó Gormaz y Medinaceli en las mismas narices de los cristianos, él comenzó por construirse una base estratégica desde la que conquistar las taifas de Murcia, Granada y Sevilla: el castillo de Aledo, en el camino natural que comunica Granada con Levante.

Al-Mutamid venteó el peligro y solicitó nuevamente la ayuda de Ibn Tasufin. El almorávide regresó y puso cerco a Aledo, pero el castillo, encaramado en un espigón rocoso, rodeado de barrancos y con una estupenda mina de agua en su interior, era inexpugnable.

Mientras se daba de narices contra las peñas vivas del castro murciano, el emir almorávide recibía embajadas de alfaquíes deseosos de informarlo, por si no se había percatado, de que los reyezuelos de la península eran unos marrulleros, unos borrachos y unos corruptos que jugaban a dos barajas: lo halagaban con regalos mientras andaban en tratos secretos con los cristianos. Le ponían una vela a Alá y otra al diablo.

—Y además los muy cabrones se han excusado en lugar de venir a ayudarme en lo de la expugnación de Aledo —rumiaba el moro.

El sitio de Aledo había manifestado la gran debilidad de las armas almorávides: en la batalla campal eran temibles, pero flaqueaban cuando se trataba de sitiar una ciudad.

A pesar de todo, Ibn Tasufin aceptó la invitación. Los alfaquíes le garantizaban su apoyo y su influencia sobre el pueblo si

200. Al-Kardabūs, 1986.

decidía incorporar al-Ándalus a su imperio. En 1090 desembarcó en al-Ándalus por tercera vez y fue contra Granada, cuyo reyezuelo Abdalá ('Abd Allah, irónicamente titulado Al-Muzaffar, el Victorioso) era tributario de Alfonso VI.

Abdalá es autor de unas sustanciosas memorias en las que cuenta que sus carceleros no se anduvieron con cortesanías ni remilgos: lo desnudaron, así como a su anciana madre, para asegurarse de que no ocultaban piedras preciosas y lo desterraron a Marruecos.[201]

En vista de la suerte de su colega y vecino, el rey de Sevilla Al-Mutamid solicitó ayuda a Alfonso VI, un inútil y tardío gesto. Los almorávides conquistaron Sevilla y lo deportaron a Marruecos como habían hecho con su colega y vecino.

Un poeta andalusí glosó su destierro:

> Todo lo olvidaré menos aquella madrugada junto al Guadalquivir, cuando estaban las naves como los muertos en sus fosas. Las gentes se agolpaban en las dos orillas, mirando cómo flotaban las perlas en las espumas del río. Caían los velos porque las muchachas no cuidaban de cubrirse, y se desgarraban los rostros como otras veces los mantos. Cuando llegó el momento de la partida, ¡qué tumulto de adioses, qué clamor de doncellas y galanes!

201. Abdalá se justifica: «También busqué a veces diversiones frívolas y me entregué a esas distracciones que suelen tomarse a hurtadillas, al acabar el trabajo, para cobrar ánimos y consolarse de las dificultades que nos rodean, pero lo hice sin afrentar al reino ni menoscabo de mi dignidad. Los sabios sostienen, en efecto, que prescindir en absoluto de los placeres es causa de indigestiones, de enfermedades de la piel y otras perniciosas dolencias [...]. Solo te queda que digas: "El rey de Granada no deseaba más que acumular riquezas, amar a las bellas mujeres y convidar [a] efebos". Pero si tal haces, demostrarás no haber reflexionado sobre las cosas. ¿Es que no sabes, ignorante, que un rey no utiliza el dinero más que para liberarse de los fardos que sobre él pesan? [...]. En cuanto a que yo invitara [a] efebos a mis fiestas, dado que se hacía un uso moderado del vino —cosa de la que ya Dios me habrá perdonado—, ¿por qué tienes que ocuparte de mis libaciones y de mis convidados? Aquello no eran consejos de ministros» ('Abd Allah, 1980, p. 330).

Al-Mutamid y la Romaiquía vivieron el resto de sus vidas en Agmat, la ciudad designada por los almorávides para albergue de desterrados, a media hora de Marrakech.[202]

Después de conquistar la taifa de Sevilla, los almorávides se apoderaron del resto de al-Ándalus. En menos de dos años (1090-1091) dominaron todas las ciudades y derrotaron repetidamente a los cristianos. Solo se les resistieron Zaragoza y los territorios del Tajo y del Ebro.

Ibn Tasufin falleció en 1106 cargado de años y de victorias. Le sucedió su hijo Alí ibn Yusuf, de veintitrés años, ceutí, hijo de una esclava cristiana renombrada *Faid al-Husn* (Belleza Esplendente).

El nuevo califa era más contemplativo que activo, y gran rezador y limosnero, pero se esforzó en continuar la obra de su padre y aplastó a los cristianos en la batalla de Uclés (1108). La pirámide de cabezas cortadas sobre la que el almuédano llamó a la oración aquel día fue incluso mayor que la de Zalaca. Entre los castellanos muertos en la sangrienta jornada se contaba el heredero de Alfonso VI, el infante don Sancho Alfónsez, de catorce años.[203]

202. El morabito que albergaba la supuesta tumba estaba arruinado y en trance de desaparecer cuando el 15 de septiembre de 1924 la visitó Blas Infante, el denominado *padre de la patria andaluza,* devoto exaltador de lo moruno y probable converso al islam. En 1970, las avispadas autoridades regionales construyeron un pastiche hollywoodiense que albergara las tumbas de Al-Mutamid, la Romaiquía y un hijo de ambos. Un guarda que asevera descender de la pareja lo enseña por una propina.

203. La batalla se riñó a siete kilómetros del castillo de Uclés, en el lugar hoy llamado Sicuentes, derivado del medieval Siete Condes, réplica cristiana a la denominación que le dieron los moros: Siete Puercos. La crónica del arzobispo Jiménez de Rada cuenta la muerte del infante: «Descabalgó su tutor el conde García Ordóñez y colocó entre su cuerpo y el escudo al infante, mientras la muerte se cebaba por todas partes. El conde, como era muy buen caballero, defendió al infante matando a cuantos moros podía; pero al fin le cortaron el pie y al no poder tenerse, se dejó caer sobre el niño porque muriese él antes que el niño». Este García Ordóñez es el mismo que el Cid derrotó en la batalla de Cabra, como

Durante medio siglo, al-Ándalus quedó incorporada a un Imperio almorávide que abarcaba desde Zaragoza hasta el río Níger y desde Lisboa hasta los arenales de Libia.

Los rigurosos guerreros del velo contaban con la simpatía del clero musulmán, los mentados alfaquíes, a los que el nuevo régimen restituía el poder y la preeminencia social perdidos. También el pueblo bajo aplaudió la llegada de los almorávides, encantado de ver humillada a la opulenta y regalada aristocracia andalusí.[204]

Con la cooperación del clero, los almorávides impusieron las costumbres islámicas en toda su pureza, aunque al final ocurrió lo de siempre: los más fanáticos se relajaron al percatarse de que en la vida hay otros placeres aparte de los cinco rezos diarios mirando a La Meca y dejarse matar por imponer al prójimo una creencia religiosa. Los feroces guerreros del desierto sucumbieron a la vida amable y regalada que les brindaban las mansiones

---

se relata en otra parte de este libro. El infantito era hijo de la mora Zaida (¿esposa o solamente concubina real?). Esta mujer, bautizada con el nombre de Isabel (o Helysabeth), nunca renunció a sus hábitos cordobeses. Antes había sido esposa del gobernador de Córdoba Fath al-Mamún (hijo de Al-Mutamid de Sevilla), pero cuando los almorávides pasearon la cabeza de su marido en el extremo de una pica huyó a tierras cristianas y se refugió en Toledo. Allí fue objeto de la atención del ya maduro Alfonso VI, que después de tres matrimonios no había tenido el hijo que ansiaba. Con el roce vino el cariño, y Zaida dio a luz al infante Sancho Alfónsez, al que el rey inmediatamente nombró su sucesor. Adivino lo que está pensando el lector. ¿Qué enredo es este: emires y califas que tienen hijos de cristianas; reyes cristianos que tienen hijos de moras? Eso es lo que hay. Es evidente que lo exótico siempre atrae. La bella Zaida murió de sobreparto antes de cumplir los treinta y fue sepultada con todos los honores en el panteón real de León, bajo una lápida que dice *«H. R. REGINA ELISABETH, UXOR REGIS ADEFONSI, FILIA BENAUET REGIS SIVILIAE, QUAE PRIUS ZAIDA FUIT VOCATA»* («Reina Isabel, esposa del rey Alfonso, hija de Benebet, rey de Sevilla, que primero se llamó Zaida»).

204. Como es sabido, a causa de ese hispánico cáncer de la envidia, el pueblo apoya a cualquier gobierno que jorobe al pudiente, aunque a él no le reporte ventaja alguna: se da por bien remunerado con la venganza social.

arrebatadas a la aristocracia andalusí, descubrieron el placer de los baños, dejaron de oler a cabra y se aficionaron a los paseos por los jardines perfumados de mirto y azahar, a las rumorosas siestas bajo el emparrado arrullados por el chorrito de agua de la fuente, a los blandos lechos, al cordero asado con miel y piñones, a los masajes con aceite de romero aplicados por complacientes *popozudas*.

Al propio tiempo, la España cristiana no había dejado de fortalecerse. Llegó un momento en que la balanza militar se inclinó, otra vez, del lado de la cruz.

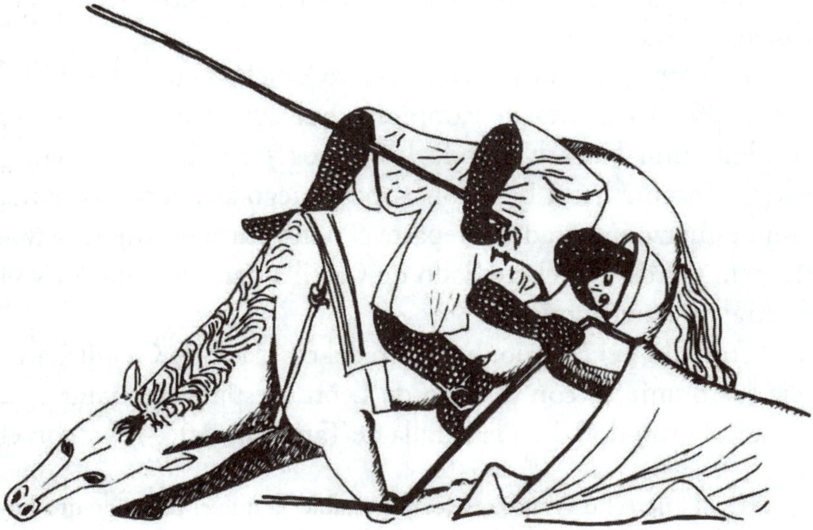

CAPÍTULO 37

No eran Estados, eran fincas reales

En el campo cristiano, los reinos se consideraban patrimonio personal de los monarcas. Algunos los dividían entre sus herederos en el testamento.[205]

Tomemos como ejemplo al navarro Sancho Garcés III el Mayor (c. 990-1035), rey de Pamplona, que con alianzas familiares consigue unir bajo su mando los reinos y condados cristianos «desde Zamora hasta Barcelona», pero luego arroja por la borda tanto esfuerzo integrador y reparte el reino entre sus hijos: Navarra para García III; el condado de Castilla para Fernando I y el de Aragón para Ramiro I.

Fernando I el Magno, heredero del condado de Castilla, amplía sus dominios con el reino de León (después de matar a su cuñado Bermudo III en la batalla de Tamarón, 1037)[206] y con el

205. El derecho visigodo y leonés establecía que el primogénito heredaba el reino, pero otros códigos jurídicos (el navarro entre ellos) consideraban el reino patrimonio familiar.

206. El conde Fernando I estaba casado con Sancha, hermana del rey de León. Los dos cuñados se enfrentaron en la batalla de Tamarón (1037), en la que el leonés, que montaba su caballo Pelayuelo, famoso por su ligereza, se adelantó tanto que dejó muy atrás la escolta. Cuando los apurados caballeros llegaron a su altura lo encontraron cosido a lanzadas (dieciséis, concretamente), y Pelayuelo pastando tan campante, ajeno a la ruina que le había buscado al amo. El trono de León lo heredó Sancha, que lo cedió *iure uxoris* a su esposo Fernando.

de Navarra (después de matar a su hermano García III en la batalla de Atapuerca, 1054).[207]

También derrotó a los moros e impuso tributos a los reyezuelos taifas de Toledo, Sevilla y Badajoz.

Después de tanto esfuerzo integrador, lo de siempre. En su testamento, Fernando I dividió los reinos entre sus cinco hijos: Castilla para Sancho I;[208] León y el título de emperador para Alfonso VI; Galicia (que nunca antes había sido reino) para García; la ciudad de Zamora para Urraca y la de Toro para Elvira, también con títulos reales, y las rentas de todos los monasterios del territorio para las dos hermanas (aunque condicionadas a no contraer matrimonio).

Las chicas y García se conformaron con sus lotes, pero Sancho y Alfonso aspiraban a toda la herencia. No en vano se apodaron, respectivamente, el Fuerte y el Bravo. Al débil García lo destronaron prontamente y pasó el resto de su vida cautivo, primero de Sancho y después de Alfonso.[209]

Neutralizado el benjamín, Sancho derrotó a Alfonso VI y se proclamó rey de León como Sancho II, con lo que volvía a unir las tierras que el testamento de su padre había desperdigado. El

207. Según los *Anales compostelanos*: «En la era MLXXXII, el primer día de septiembre, fue muerto el rey García, luchando con su hermano el rey Fernando en Atapuerca, por un caballero suyo, llamado Sancho Fortún, a quien había injuriado con su mujer». La leyenda sostiene que el conde Sancho Fortún perpetró el regicidio en venganza porque García había seducido a su joven esposa Velasquita. Sintiéndose morir, el monarca se retiró del campo y expiró cerca del pueblo de Ages de los Navarros, en el lugar tradicionalmente conocido como Fin de Rey, donde se levanta un antiguo menhir sobre el que se ha labrado la inscripción: «Fin del Rey (don García de Navarra). Batalla de Atapuerca, 1054». Una leyenda asevera que Velasquita se suicidó con un puñal al conocer la muerte de su real amante.

208. Sancho fue rey de Castilla como Sancho I (1038-1072) y de León como Sancho II (1065-1072).

209. Por cierto, que poco antes de morir, cuando estaba ya muy enfermo, Alfonso quiso hacerle la merced de aliviarle las cadenas, pero él se negó muy dignamente y dispuso que lo enterraran con ellas.

derrotado Alfonso se refugió en Toledo, bajo la protección del moro Al-Mamún, su antiguo vasallo.

Sancho aspiraba también a las ciudades asignadas a sus hermanas. Cercó Zamora, propiedad de Urraca, dispuesto a rendirla por hambre. Después de seis meses de asedio («no se ganó Zamora en una hora»), el 6 de octubre de 1072 «se le antojó al rey descender a la ribera del Duero a andar por allí solazándose; y llevaba en la mano un pequeño venablo dorado como solían hacer los reyes entonces y se lo entregó a Bellido Dolfos, que se lo tuviese mientras él se apartaba para hacer aquello que la naturaleza pide y que el hombre no puede evitar. Y Bellido Dolfos, cuando lo vio en postura, le lanzó el venablo, que le entró por la espalda y le salió por el pecho».[210]

210. Menéndez Pidal, 1955, p. 511. El original dice: *Ovo el rey sabor de descender en la ribera del Duero a andar por y assolazándosse; e traýe en la mano un venablo pequenno dorado como lo avíen estonces por costumbre los reyes e diol a Vellid Adolfo que ge lo toviesse, et el rey apartosse a fazer aquello que la natura pide et que ell omne non lo puede excusar. Et Vellid Adolffo allegosse allá con él, et quandol vio estar d'aquella guissa, lançol aquel venablo, et diol por las espaldas et saliól a la otra parte por los pechos.* Perpetrado el regicidio, Dolfos se refugió en la ciudad entrando por un postigo desde entonces llamado de la Traición, hasta que el excelentísimo Ayuntamiento reinterpretó la historia recientemente y le cambió el nombre a postigo de la Lealtad. La mudanza debe contemplarse como parte de la revisión de la historia que hacen las autonomías, en este caso la de León frente a la supuestamente abusona Castilla. Citemos el texto de un patriota leonés que glosa el episodio: «Vellido Dolfos salió de Zamora hacia el campamento castellano y concertó una entrevista a solas con Sancho, con la excusa de que iba a desertar del bando de doña Urraca y le mostraría una puerta de acceso a la ciudad. En un descuido, Dolfos atravesó "las espaldas" de Sancho con el venablo dorado del propio monarca. Una eficaz y audaz acción de guerra que hoy en día sería objeto de una medalla al mérito militar, sin embargo, los romanceros castellanos denigran a este héroe leonés (parece ser que era de la zona de Sahagún), que ha pasado a la historia como un traidor y asesino. Mal que les pese, el tema está claro, ejecuta al rey castellano que intenta usurpar la ciudad de Zamora a su hermana Urraca delante de las barbas del gran mito castellano, el Cid, que se muestra incapaz de defender y garantizar la seguridad de su rey.

O sea, se agachó para cagar y Dolfos lo asesinó en tan desairada postura.

¿Qué impulso soberano movió la mano del traidor Dolfos?, ¿el despojado Alfonso o la artera Urraca (llamada por Menéndez Pidal «la infanta de alma cruel»)?

Nunca se ha sabido.

Cui prodest? La muerte de Sancho favorecía a Alfonso, que recuperaba sus posesiones y heredaba las del muerto. Los súbditos del difunto, castellanos secos y altivos, entre ellos el Cid, sospechaban que el regicida era agente del taimado Alfonso. Por eso, antes de aceptarlo como rey, lo obligaron a jurar solemnemente, en Santa Gadea de Burgos, la iglesia juradera *do juran los fijosdalgo,* que no había participado en el magnicidio. *Las juras eran tan recias que al buen rey ponen espanto.* Asistamos sobrecogidos a la escena, cuando el Cid pone la mano del rey sobre el altar y le espeta mirándolo con ojos centelleantes:

Si vos mentira yurades, plega a Dios que vos mate un traidor que sea vuestro vasallo, así como Bellido Dolfos del rey don Sancho.[211]

Alfonso se tragó su ira y, mortalmente pálido, musitó «amén».

Este episodio, aunque literario y resultón, es enteramente falso. Que se sepa, Rodrigo transitó de un rey a otro sin pestañear.

Reino de León, 1-Castilla, 0. Y eso no debió de sentar bien. Y se inventaron la jura de Santa Gadea y la mitificación del Cid».

211. *Primera Crónica General,* cap. 845.

CAPÍTULO 38

El Cid Campeador

¿Quién era este Cid cuya fama mundial ha trascendido la historia para penetrar en la Comédie Française (Racine, *Le Cid,* 1636), y en Hollywood (*El Cid,* Anthony Mann, 1961)?

Rodrigo Díaz de Vivar era un noble castellano de la estirpe de los Flaínez. Consumado guerrero a la par que táctico, destacó primero en la milicia como alférez real, después como mercenario a sueldo de los moros y finalmente como independiente señor de la guerra. Los moros lo apodaron con el respetuoso título de Cid (*sidi,* «señor»), aunque cuando los perjudicaba le dedicaban calificativos menos honorables: *tagiya* («traidor»), *la'in* («maldito») o *kalb ala'du* («perro enemigo»).

Lo de Campeador quiere decir que ejerce con soltura en el campo de batalla, o sea, que domina el oficio de la guerra.

El Cid empezó su carrera como paje del infante Sancho II, del que andando el tiempo fue *armiger regis,* «armígero real», y alférez o jefe de las tropas. Es posible que, en 1068, a los veintipocos años, participara como campeón de Castilla en un duelo judicial o riepto contra un caballero navarro al que dio muerte.[212]

212. El oponente era Jimeno Garcés, un guerrero experimentado que representaba los derechos del rey navarro y había matado a más de treinta adversarios en este tipo de duelos: *Pues conbatió Rodic Diaz por su seynor el rey don Alfonso con Xemen Garceys de Turrillas, qui era muyt buen cavalleyro, et matolo,* leemos en *Linaje del Cid Campeador* (c. 1195). En la

Incorporado a la hueste de su señor, combatió en la guerra que Sancho sostuvo contra sus hermanos Alfonso VI, rey de León, y García, rey de Galicia. A la muerte de Sancho, ante los muros de Zamora (apiolado por Bellido Dolfos, según vimos) pasó al servicio de Alfonso VI.

El nuevo señor depositó su confianza en Rodrigo y lo envió a Sevilla a cobrar las parias del rey Al-Mutamid, al tiempo que enviaba a otro noble castellano, García Ordóñez, a cobrar las del rey de Granada (1079). Quiso la casualidad que estando el Cid en Sevilla los moros de Granada hicieran una espolonada por tierras sevillanas. Rodrigo se creyó en la obligación de poner su mesnada a las órdenes de Al-Mutamid para rechazar el ataque (había que justificar la «protección» remunerada que le dispensaba el rey de Castilla).

Las dos fuerzas se enfrentaron cerca de Cabra en batalla campal que terminó con la victoria de Al-Mutamid. Entre los prisioneros figuraba, vean qué fatalidad, el noble García Ordóñez, que se había sentido obligado a acompañar al rey de Granada en la aventura.

El asunto se arregló felizmente y los dos cobradores, Rodrigo y García, regresaron a Castilla con sus respectivas cuotas, solo que García llevaba también el resquemor de haber sido derrotado por el joven Rodrigo.[213]

Un año después, Rodrigo tuvo que atajar una algarada musulmana que había entrado en Soria. Probablemente se excedió en su celo cuando en su persecución saqueó ciertas propiedades de Al-Qadir, rey taifa de Toledo protegido por Alfonso VI.

---

película de Anthony Mann se reproduce este duelo, pueden buscarlo en internet. Los duelos judiciales pertenecen a la categoría de juicios de Dios u ordalías, por las que la Providencia demostraba la inocencia o culpabilidad de un acusado o la licitud de una parte en conflicto.

213. Algún autor cree que García Ordóñez y sus hombres no fueron a cobrar tributos, sino que estaban desnaturados de Castilla y refugiados en la corte de Abdalá de Granada. «Ciertamente no es muy aventurado pensar en una pasajera ruptura entre Alfonso VI y su alférez real, desaparecido de la corte entre 1074 y 1080» (Reilly, 1989, p. 153).

—Alfonso, ¿qué estropicio es este? —se quejó el moro—. ¿No te pago buenos dineros para que me guardes? ¿Va a quedar sin castigo ese asno salvaje, Rodrigo de Vivar, que ha entrado en mis tierras como elefante en cacharrería?

Alfonso VI se vio en la obligación de castigar ejemplarmente al abusón y desterró al Cid. Quizá lo hizo insidiosamente aconsejado por parientes de García Ordóñez, el humillado en Cabra.

Sin otro patrimonio que su mesnada, Rodrigo Díaz se convirtió en uno de los *ifrany* («francos», como llamaban los moros a los mercenarios cristianos que alquilaban sus fuerzas), y como tal se puso al servicio de los sucesivos reyes moros de Zaragoza (Al-Muqtadir, Al-Mutamán y Al-Mustain II).[214]

Alfonso VI, empeñado en ampliar sus dominios, conquistó la taifa de Toledo (1085), la antigua capital del reino godo, y se tituló *imperator totius Hispaniae*.[215]

Los reyezuelos de taifas se alarmaron. «¿Qué pretende el rey de Castilla, arrebatarnos la tierra y expulsarnos a África?»

Las sospechas parecían confirmarse, porque a continuación Alfonso intentó apoderarse de Zaragoza, defendida por el Cid. Algunos autores creen que fue el momento en que el rey de Castilla se reconcilió con su antiguo vasallo.[216]

214. En este empleo derrotó y apresó al conde de Barcelona Ramón Berenguer II (batalla de Almenar, 1082) y a Sancho Ramírez de Aragón (batalla de Morella, 1084).

215. Una curiosidad que al propio tiempo nos ilustra sobre el origen de la nobleza: Alfonso VI riñó con los moros en la Sagra antes de conquistar Toledo. En pleno combate se vio cercado de moros que lo habían reconocido por el manto que llevaba a la espalda. Viéndolo en apuros, uno de sus hombres, llamado Rodrigo González, le arrebató el manto y se lo puso atrayendo sobre él a los que intentaban matar al rey cristiano. Después de la batalla, Rodrigo le devolvió al rey su manto desgarrado en girones por los sablazos recibidos. El agradecido Alfonso le concedió nobleza con tres girones como armas y le cambió el apellido a Girón, que con el tiempo sería una de las estirpes nobiliarias más importantes de Castilla.

216. El *Cantar de Mio Cid* (versos 2021 y ss.), leemos: *Los hinojos e las manos en tierra los fincó, / las yerbas del campo a dientes las tomó / llorando de los ojos, tanto habie el gozo mayor; / assí sabe dar homildanza a Alfon-*

Lo de Zaragoza no pudo ser. Alfonso VI abandonó precipitadamente el cerco para atajar a un ejército almorávide que había desembarcado en Algeciras e invadía sus tierras. Como hemos visto, el ejército castellano resultó aniquilado en Zalaca o Sagrajas (1086).

Después de esta derrota, el Cid se reconcilió con Alfonso VI, que estaba muy necesitado de buenos caudillos para su quebrantado ejército, pero nuevamente se distanciaron cuando Alfonso VI se tomó a mal que el Cid no acudiera con la presteza requerida a la defensa del castillo de Aledo (1088). Esta vez no solo lo desterró, sino que le confiscó sus bienes.

El Cid se consideró desligado de toda fidelidad hacia su monarca y en adelante obró en provecho propio. Como señor de la guerra combatió por el botín en las ricas tierras levantinas, que bien conocía del tiempo en que sirvió a sus anteriores patronos. El *Cantar de Mio Cid,* esa joya de nuestra literatura medieval, acierta a contarnos que el Cid batalla por la pasta (*rictad,* «riqueza»; *averes monedados*). Nada que objetar. Cada cual se gana la vida como puede: *Si vençieremos la batalla, creçeremos en ristad* (verso 688) y *En el aver monedado XXX mil marcos le caen* (verso 1213).

Buscándose la vida, y jugándosela, el señor de la guerra castellano amplió sus conquistas en torno a Valencia hasta imponer su autoridad a una serie de lugares que le rindieron parias.[217]

En este tiempo, los almorávides sitiaron Valencia. El Cid los madrugó (literalmente, llevando el grueso de su ejército de noche a las inmediaciones del campamento musulmán) y los puso en fuga después de causarles una gran mortandad (batalla de Cuarte, 1094).

Más Campeador que nunca, derrotó y capturó nuevamente al conde de Barcelona, Berenguer Ramón II. Convencido de la inutilidad de sus esfuerzos, el catalán renunció en adelante a sus pretensiones sobre las tierras levantinas.[218]

---

so so señor («Arrodilladlo ante el rey, con las manos y la cabeza en tierra, llorando de alegría; así sabe humillarse ante Alfonso, su señor»).

217. Entre ellas Albarracín, Alpuente, Almenara, Jérica, Lérida, Tortosa, Denia, Sagunto y Segorbe.

218. Interesante personaje este Berenguer Ramón II. Al principio cogobernó Barcelona con su hermano gemelo Ramón Berenguer II (ob-

Finalmente entroncó con estirpes poderosas al casar a su hija Cristina con Ramiro Sánchez de Pamplona y a su hija María con Ramón Berenguer III, hijo y heredero del conde de Barcelona (lo de la boda de sus hijas doña Elvira y doña Sol con los fementidos infantes de Carrión pertenece a la literatura o a la leyenda).[219]

Valencia se mantuvo como un bastión inexpugnable en vida del Cid, pero los almorávides la recuperaron a su muerte (1099).

La figura del Cid, tan simpática a los cristianos, es aborrecida por los moros, como decíamos al principio. Una crónica musulmana nos lo retrata ejecutando al cadí Ibn Yahhaf de modo francamente sádico: «Lo enterraron hasta la cintura y luego lo rodearon de tizones encendidos a una prudente distancia para tostarlo. Cuando el fuego le abrasaba el rostro, exclamó: "¡En el nombre de Alá, el clemente, el misericordioso!", y él mismo arrimó los leños para abreviar su suplicio, de modo que su cuerpo ardió hasta quedar carbonizado».[220]

---

serven el intercambio especular de los nombres), pero como el buey solo bien se lame, decidió romper la yunta asesinando al hermano y cogobernador. Acusado de fratricida por la nobleza se sometió a un riepto (recuerden, un duelo judicial, un juicio de Dios) presidido por Alfonso VI de León…, ¡y lo perdió! Ya certificado de fratricida, buscó el perdón divino y se apuntó a la Primera Cruzada. No volvió a saberse de él. Se especula si moriría en la toma de Jerusalén (1099).

219. Según la tradición (sin ninguna base histórica, que conste), el Cid poseyó dos espadas, la Tizona y la Colada. El *Cantar de Mio Cid* (c. 1210) menciona «la Tizón» (del latín *titio,* «ascua») como botín de guerra que el Cid ganó en Valencia al rey moro Búcar. Después la entregó a uno de sus yernos, uno de los infantes de Carrión, pero tras la afrenta del robledal de Corpes (donde los dos desalmados infantes, envidiosos de la gloria del suegro, azotaron a las hijas del Cid, sus esposas, y las abandonaron en medio del bosque), el Cid recuperó la Tizona para entregársela a su sobrino, Pedro Bermúdez. Era tal la fama de la espada que cuando el sobrino del Cid la desenvainó para batirse en duelo con el infante Ferrán González, este prefirió declararse vencido. Así lo cuenta el *Cantar: Él dexó la lança, e mano al espada metió; / cuando lo vio Ferrán Gonçález, conuvo* [reconoció] *a Tizón, / antes qu'el colpe esperasse dixo: —¡Vençudo só!* (*Cantar de Mio Cid,* versos 3642-3645, Montaner Frutos, 2011, pp. 213-214).

220. Ibn Alqama, *Elocuencia de la gran calamidad.* Véase Menéndez Pidal, 1969, pp. 3-4.

Volviendo al tema de las ordalías o juicios de Dios, conviene aclarar que una variante empleada en la Europa medieval consistió en caminar descalzo sobre un lecho de ascuas. La prueba pudo inspirarse en las propias Sagradas Escrituras, tan a menudo dañinas para la especie humana, cuando proponen: «¿Puede un hombre caminar sobre carbones encendidos sin que sus pies se quemen?» (Proverbios 6: 28).

Los que hemos presenciado la ceremonia del «paso del fuego» la Noche de San Juan en el bello pueblecito soriano de San Pedro de Manrique sabemos que la fe auxiliada por la industria obra aparentes milagros. Damas ilustres que tranquilizaron a sus esposos caminando indemnes sobre el fuego fueron Cunegunda de Luxemburgo, esposa del emperador Enrique II, acusada de adulterio por malas lenguas que desconfiaban de su vida de santidad y continencia.[221]

La ordalía cruda evolucionaría hasta el duelo judicial o torneo que hemos visto en el *Cid* y que creció en popularidad en la época tardomedieval (recuerden a la bella Rebeca de *Ivanhoe,* redimida en un juicio de Dios). No obstante, se mantuvieron las ordalías a la vieja usanza, con hierro candente o agua hirviendo. A la muerte de Sancho, hermano del rey Fernando IV, doña Juana, la viuda, recurrió a la ordalía para que le reconocieran un hijo que había engendrado el difunto:

221. Siendo ella y su egregio esposo a cual más beato, «convinieron recíprocamente el primer día de la boda en guardar perpetua castidad, consagrando a Dios su pureza»; o sea, un matrimonio blanco, y aunque dormían juntos nunca consumaron. Un caso parecido es el de la reina Emma de Normandía, madre de Eduardo el Confesor de Inglaterra, a la que, según cuenta la leyenda, pregonaron de amante de Aelfwine, obispo de Winchester. El calumniador, un arzobispo envidioso, no se privaba de aderezar su embuste con detalles tan sabrosos como que la reina, cuando entraba en harina, perdía la cabeza hasta el punto de llamar «Cristo el Señor» al cilindrín de su amante, lo que añadía blasfemia al adulterio. Ella se proclamó inocente y según la leyenda caminó sobre nueve rejas de arado al rojo vivo sin quemarse, lo que dejó muy corrido al arzobispo acusador y muy edificada a la corte que presenció el prodigio.

E dijéronle a ella que si quería facer salva, que tomase un fierro caliente que aquel mozo que era fijo de don Sancho, e que si non se quemase, que el rey dejaría la heredad al Mozo, e que le faría mucho bien así commo era derecho. E ella respondió que quería tomar el fierro caliente que el mozo que era fijo de don Sancho e suyo della, mas que lo quería tomar en Valladolid ante la reina doña María su madre.[222]

En el caso que comentamos, lo que prometía un interesante espectáculo para los aburridos cortesanos se malogró a última hora porque a doña Juana le faltó valor, *e desque llegó dijo que non quería tomar el fierro e vino a conoscer en público ante todos [...] que aquel mozo non era su fijo nin de don Sancho.*[223]

Después de la Edad Media, las ordalías cayeron en desuso, excepto entre los calvinistas, secta fanática que todavía tentaba a Dios, bien entrado el siglo XVII, en pruebas de brujería. Entre los hijos de Calvino se solía sostener un hierro al rojo o se zambullía a la presunta bruja atada de pies y manos en una alberca, para comprobar si flotaba. Los jueces, cuando notaron que se les ahogaban todas, debieron de pensar que tenían muy buen ojo en la detección de brujas.[224]

222. *Crónicas de los reyes de Castilla, Crónica de don Alonso el Onceno,* capítulo tercero.

223. Quizá doña Juana se hubiera atrevido a sostener el hierro al rojo en su delicada mano de haber vivido en los tiempos en que Pinetti prescribió, en sus *Divertimenti fisici* (1784), la siguiente receta para poder hacerlo sin riesgo de quemadura: se unta la piel previamente con una friega compuesta de vinagre blanco, cola de pescado y alumbre, todo ello hervido junto. Conviene añadirle una buena friega de jabón verde. No aclara Pinetti si habla solo de oídas o si ha experimentado el salutífero ungüento en sus empíricas carnes.

224. En otros lugares, la prueba era justamente lo contrario: a la sospechosa se la arrojaba al agua y, si se hundía, era inocente. La explicación científica del hecho nos la da el rey Jacobo I de Inglaterra: «Así parece que Dios ha decretado, como signo de la impiedad de las brujas, que el agua rehusara recibirlas en su seno por haber arrojado ellas de sí la sagrada agua del bautismo y haber rechazado voluntariamente sus beneficios». El bárbaro procedimiento debía constituir muy mal trago para la desdichada, porque la inmersión se repetía preceptivamente hasta tres veces.

CAPÍTULO 39

Marañas dinásticas

Los cruces matrimoniales entre las dinastías medievales constituyen una maraña apenas inteligible cuando hemos de deducirlos a partir de escasos y no siempre fiables documentos de época.

Examinemos, por vía de ejemplo, el caso de Alfonso VI de León, famoso conquistador de Toledo (1085). Este rey tuvo cinco esposas (sucesivas, naturalmente) y dos concubinas.[225]

La primera esposa, Inés de Aquitania, resultó estéril después de cuatro años de matrimonio, por lo que Alfonso la repudió *(relictam Hildefonsi senioris)*. Tampoco podemos descartar que la francesa falleciera prematuramente apenas rebasada la adolescencia. El caso es que el rey se vio solo a los veintiocho años, la edad en que un joven bien alimentado siente una pulsión libidinosa difícil de atemperar. Es excusable que buscara desahogo en una concubina *nobilissima,* Jimena Muñoz, a la sazón de dieciocho abriles, de la que concibió dos hijas, Elvira y Teresa Alfónsez.[226]

225. Las esposas fueron Inés, Constanza, Berta, Isabel y Beatriz, y las concubinas Jimena Muñoz y Zaida. Antes de Inés, estuvo prometido con una princesa normanda, hija de Guillermo el Conquistador: «Águeda, que era virgen, en el curso del viaje deseó morir, se lo pidió a Dios y fue escuchada. La comitiva volvió sobre sus pasos y llevó el cadáver de la joven a sepultarlo en la iglesia de Bayeux. Como se ve, esto no llegó a ser matrimonio, se redujo a un simple esponsalicio» (Canal Sánchez-Pagín, 1991, p. 13).

226. *Alfonsi vidui regis amica fui,* reza su epitafio en el monasterio de San Andrés de Espinareda, hoy en el Museo de León.

De la segunda esposa del monarca, Constanza de Borgoña, nacieron seis hijos, de los que cinco fallecieron en la infancia y solo sobrevivió una hija, Urraca de León.

De la segunda concubina, la mora Zaida, nuera de Al-Mutamid de Sevilla, y ya viuda cuando entró en relaciones con el leonés, tuvo a Sancho Alfónsez.

La tercera esposa, Berta de Saboya, falleció sin descendencia.

La cuarta esposa, Isabel, es de origen incierto, quizá borgoñón, aunque algunos historiadores creen que se trata de la concubina Zaida antes citada que tomó este nombre después de hacerse cristiana y casarse con el rey. De ella tuvo el rey dos hijas: Sancha Alfónsez y Elvira Alfónsez.

La quinta y última esposa fue Beatriz de Aquitania, que no tuvo hijos y después de enviudar del rey regresó a su tierra, donde contrajo nuevo matrimonio.

En resumen, cinco esposas y dos concubinas, pero solo un hijo varón, el Sancho Alfónsez habido con la concubina Zaida. Lo designó heredero, pero apenas rebasada la infancia murió en la batalla de Uclés (1108). Así fue como la sucesión recayó sobre Urraca, la hija de la segunda esposa que transmitiría el reino a su hijo Alfonso VII.

A esta Urraca la casaron dos veces, las dos por razón de Estado. Del primer marido, Raimundo de Borgoña, tuvo dos hijos, Sancha y el futuro Alfonso VII. Cuando enviudó, se buscó un enamorado a su gusto, el conde Gómez González, pero el rey Alfonso la volvió a casar con su viejo enemigo el rey de Aragón, Alfonso I el Batallador. ¿Por qué? Porque de este modo se unirían los dos reinos en la común empresa de sofocar el incendio almorávide. Esta fue la primera unión dinástica, frustrada, entre Aragón, Navarra, Castilla y León.[227]

Las de Urraca y el aragonés fueron las bodas del año (1109), pero cuando llegaron a los términos del himeneo, resultó que los regios esposos eran incompatibles: ella tenía genio (por algo la

227. Después de ampliar sus dominios con los de su mujer, Alfonso el Batallador se hizo llamar emperador de León y rey de toda España o emperador de todas las Españas.

llamaban la Temeraria)[228] y el aragonés sentía una «clara inclinación natural que lo apartaba del trato con mujeres». ¿Era homosexual o simplemente misógino cuartelero?

Viendo Urraca que el Batallador no la satisfacía matrimonialmente, «se ocupó de otras cosas indignas de referirse».[229]

El matrimonio entre el Batallador y la Temeraria entró en barrena. Para colmo, al aragonés se le escapaba alguna bofetada cuando acusaba a su esposa de putear (así lo anota el cronista), es decir, de serle infiel.[230]

En fin, los esposos eran tan incompatibles que el matrimonio tuvo que anularse alegando que eran parientes.[231]

228. *Reinó tiránica y mujerilmente,* dice el *Cronicón compostelano; criminal víbora cargada de pestífero veneno,* la apostrofa Diego Gelmírez, obispo de Santiago (Gelmírez, 1765).

229. *Crónica latina de los reyes de Castilla* (Charlo Brea, 1984, p. 4). Un cronista árabe lo retrata: «Ningún príncipe cristiano había tenido más valor que él, ni más ardor en combatir a los musulmanes, ni más fuerza de resistencia. Dormía con su coraza y sin colchones, y como un día le preguntaron por qué no se acostaba con las hijas de los jefes islamitas que había hecho prisioneras, respondió: "Un verdadero soldado no debe vivir sino con los hombres y no con las mujeres"» (Ben al-Athir, citado por Sánchez Albornoz, 1978, vol., II, pp. 236-237).

230. Los sopapos del Batallador debieron de ser potentes, a juzgar por las conclusiones de los forenses de la Universidad de Zaragoza que han encontrado en sus restos «un importante desarrollo muscular en la clavícula y brazo derecho por el uso continuado de la espada» (García Osuna, 2020). Del mismo análisis se desprende que no medía más de 1,62 metros. Pequeñito, pero peleón. «Era supersticioso, misógino y gran sufridor de trabajos en la guerra», dice su biógrafo. A Urraca le acarreó «deshonras, dolores y tormentos múltiples». «Toda persona noble ha de lamentar que mi rostro haya sido manchado por sus sucias manos y que yo haya sido golpeada por su pie», se queja la reina en la *Historia compostelana* (Gelmírez, 1765).

231. Curioso y repetido expediente que muestra hasta qué punto la Iglesia conchabada con el poder usa de una doble moral: concede dispensa para que los parientes próximos se casen, pero, por este mismo motivo de consanguinidad, anula sus matrimonios cuando es menester por razones de Estado.

Después de la separación, Urraca mantuvo diversos amigos con derecho a roce. Murió de sobreparto a los cuarenta y siete años en el castillo de Saldaña, propiedad de su último amante, el conde Pedro González de Lara. Hoy la reivindican las feministas como ejemplo de mujer maltratada que logra independizarse del maltratador.

El Batallador ganó veintinueve batallas y solo perdió una cuando fracasó en el intento de asaltar el castillo almorávide de Fraga (Huesca). Falleció a los veinte días a causa de las heridas. Con él murieron tres obispos y dos abades, gente de cruz y espuela.

Cuando se abrió el testamento resultó que había legado sus Estados a las órdenes militares (templarios, hospitalarios y caballeros del Santo Sepulcro). Como es natural, los magnates rechazaron el codicilo y eligieron un nuevo rey.

En cuanto a las dos infantas de Alfonso VI de León habidas con la concubina Jimena Muñoz, Elvira y Teresa Alfónsez, diremos que se casaron con dos príncipes de Borgoña, Raimundo y Enrique.

Teresa Alfónsez y Enrique de Borgoña tuvieron un hijo, Alfonso Enríquez, al que su primo Alfonso VII de León reconoció como rey de Portugal en 1143. Sus hijos fundarían las dinastías de León y Portugal.[232]

232. Portugal (del latín Portus Cale, un puerto romano cercano al actual Oporto) era, en 868, uno de los condados del reino de Asturias y desde 925 perteneció al reino de León.

CAPÍTULO 40

Los almorávides se desinflan

El Imperio almorávide subsistió un siglo, entre 1053 (toma de Siyilmasa) y 1147 (conquista de Marrakech por los almohades).

Los estertores del Imperio fueron calamitosos, cuando tuvieron que contratar mercenarios cristianos para reprimir rebeliones e incluso para defender sus ciudades contra los propios cristianos.

En los reinos del norte, los Alfonsos afilaban la cuchilla para repartirse la tarta musulmana.[233] En 1118, el Alfonso aragonés había conquistado Zaragoza y llegó en sus correrías hasta Granada (donde hizo una leva de colonos mozárabes con los que repobló las tierras conquistadas). Por su parte, Alfonso VII, rey de León y Castilla, se apoderó del emporio comercial de Almería,[234] así como de Baeza, Úbeda, Andújar, Santa Eufemia y Pedroche, en el Alto Guadalquivir (1147), aunque fracasó en sus repetidos intentos de tomar Jaén (1151, 1152 y 1153), la plaza fuerte imprescindible para afianzar aquellas conquistas que al poco tiempo volvieron a manos musulmanas.

233. Los musulmanes de la época llamaron genéricamente *alfonsos* a los cristianos por la coincidencia del nombre que se dio en distintos reyes: en Aragón, Alfonso el Batallador; en Castilla y León, Alfonso VII; en Portugal, Alfonso I Enriquez.

234. A esta empresa, declarada Cruzada por el papa, concurrieron el rey de Navarra, el príncipe de Aragón, caballeros franceses y las flotas de Pisa y Génova.

Alfonso I de Portugal conquistó Lisboa (1147) con ayuda de contingentes francos, flamencos, ingleses y alemanes que se dirigían por mar a Palestina para tomar parte en la Segunda Cruzada, predicada por el papa Eugenio III.

Los condes catalanes tomaron Lérida y llegaron al Ebro.

El Imperio almorávide se desmoronaba. Señores locales se alzaban con el poder en el Algarve, en Niebla, en Santarém, en Jerez, en Cádiz, en Badajoz, en Córdoba, en Málaga, en Valencia..., los nuevos reinos de taifas que pagaban parias a los cristianos.[235]

A Marrakech no le quedaba fuerza ni para mantener su autoridad en su propia casa, el norte de África.

235. El rey de Sevilla, por ejemplo, se comprometió a entregar el cuerpo de santa Justa, pero como no se pudo hallar, los obispos enviados a recogerlo regresaron a León con los huesos de san Isidoro. Ganaban en el cambio. Los restos del sabio varón fueron sepultados con toda pompa en León, en la basílica que ahora lleva su nombre, la de la hermosa cripta decorada con pinturas románicas que aparece en los cuadernos de fotos de este libro.

CAPÍTULO 41

Los devotos del Mahdí (1086-1121)

La historia volvía a repetirse: un asceta harapiento y descalzo llamado Ibn Tumart predicaba por zocos y plazas de Marrakech. El verbo encendido de aquel poseído de Alá clamaba contra el lujo y la corrupción de la corte almorávide, que había perdido la pureza de costumbres y se alejaba de los preceptos islámicos.

Desterrado de la ciudad, Ibn Tumart prosiguió sus predicaciones entre los rudos montañeses de la tribu de Harga y se los ganó de tal manera que a poco lo seguía una muchedumbre fanatizada. Los muyahidines de nuevo dispuestos a poner el mundo bocabajo.

Los nuevos testigos del islam, los almohades (*al-muwaidun,* los unitarios), procedían principalmente de las montañas del Alto Atlas (recordemos que los almorávides salieron del desierto). Siguiendo el clásico esquema de un intelectual que crea doctrina y un hombre de acción que la aplica, Ibn Tumart designó a un jefe militar para dirigir a sus seguidores, un tal Al-Mumin, el fundador de la nueva dinastía.[236]

236. Es curioso esto de que los grandes líderes religiosos deleguen siempre en un hombre de acción la parte ejecutiva para reservarse ellos la meramente especulativa y doctrinal. Como vimos, esto se repite a través de la historia con cierta regularidad en todas las religiones: el ejemplo más notable es san Pablo, que modela y difunde el cristianismo. Lo mismo cabe decir del comunismo. Marx, el creador, no se caracteriza por su sentido práctico. Es Lenin, el hombre de acción, el que sistematiza y difunde la nueva religión.

Al-Mumin conquistó buena parte del debilitado Imperio almorávide: Tremecén, Fez, Agamat, Ceuta, Tánger y finalmente Marrakech, la capital. La puntilla fue la conquista de Siyilmasa, que le procuró el control del oro sudanés.[237] Decapitado el último emir, el resto de las provincias africanas, territorios de las actuales Argelia, Túnez y Libia, se entregó a los almohades.

Al-Mumin había reservado para el final la recuperación de al-Ándalus, la joya de su Imperio que los reinos cristianos despedazaban. Primero recuperó Almería y las ciudades del Alto Guadalquivir recientemente conquistadas por Alfonso VII de Castilla y León; después, Málaga y Granada.[238]

La imagen viva del fracaso de Alfonso VII es su muerte, agotado y enfermo, un tórrido día de agosto de 1157, bajo una encina del puerto de Fresneda, a las puertas de Castilla, cuando regresaba de la expedición que había intentado, sin éxito, socorrer Almería.[239]

Recuperado el terreno perdido en al-Ándalus, el tercer sultán almohade, Abu Yusuf Yaqub al-Mansur, se prodigó en obras suntuarias que expresaran el poder de la dinastía, entre ellas, el alminar de la mezquita de Sevilla que conocemos como Giralda.[240]

237. Villar Iglesias, 2015, p. 296.

238. En 1154 degollaron a todos los mozárabes de Niebla y cautivaron a las mujeres y a los niños. Solo escapó el obispo que se puso a salvo en Toledo, junto con sus colegas de Écija y Sidonia. Con media conferencia episcopal a la fuga, el arzobispo de Sevilla emigró a Talavera.

239. *E tornóse el emperador para Baeça con grande onrra e dexó ý a su fijo, el ynfante don Sancho, por guarda de su tierra. E pasado el puerto del Muradal, desque començo a allanar, de como ome viene de contra Castiella, e llegó a un logar que dizen las Fresnedas, fallaron una enzina muy grand et de muy grandes ramas et muy foluda. E ferióle ý el mal de la muerte, e morió ý so la enzina. E leuáronlo a Toledo e enterráronlo aý muy honradamente.* Debe ser el paraje conocido como Fuente del Emperador, en el Viso del Marqués (Ciudad Real) (Ocampo, 1543, p. 329).

240. Que tiene, por cierto, otras dos hermanas africanas igualmente bellas, la Torre Kutubía de Marrakech y la de Hassan en Rabat. Almohades son también la Torre del Oro de Sevilla y la sinagoga de Santa María la Blanca de Toledo. Y el hermoso tapiz denominado *Bandera de las Navas,* que se custodia en el Monasterio de las Huelgas, en Burgos.

El Imperio almohade parecía destinado a perdurar, pero, como todos los grandes imperios de la antigüedad, tenía una debilidad en su propia extensión y en la diversidad de pueblos que encerraba.[241]

241. Algunas mentes preclaras lo vieron así. Un bufón de la corte de Ahmed el Dorado, emir marroquí del siglo XVI, requerido por su señor para que opinara sobre el palacio el-Badi el día de su consagración, dirigió una mirada apreciativa a aquel edificio incomparable, la Alhambra de Marrakech, construido con lujo asiático, mármoles de Italia, mosaicos de Turquía, estucos, ónices, bronces y maderas finas, y se limitó a observar proféticamente: «Cuando lo arrasen quedará un buen montón de tierra, ¿eh?».

CAPÍTULO 42

El impulso de Castilla y Aragón

Después de tanto batallar, los almohades más fanáticos alcanzaron el martirio y fueron a poblar el paraíso de las huríes. Por una especie de selección natural, los que quedaban, menos fervorosos, se fueron adaptando como antes los almorávides, a las comodidades de las ciudades y alquerías conquistadas y comenzaron a apreciar las ventajas de la cultura y de la buena vida. Mientras tanto, los envalentonados cristianos se planteaban conquistar el resto de al-Ándalus. Con esa idea, Alfonso VIII de Castilla y Alfonso II de Aragón delimitaron sus futuras conquistas en tierras de los moros (Tratado de Cazola, 1179). Castilla se quedaba con Andalucía; y Aragón, con Levante. De este modo, conociendo cada cual lo que le correspondía, podían administrar mejor sus fuerzas.

A la muerte del segundo califa almohade Abu Yaqub Yusuf, en 1184 (de las heridas cobradas en el asedio de Santarém), heredó el trono su hijo Abu Yusuf Yaqub, un joven de veinticuatro años, cabezón, chaparrete y renegrido de tez (aunque era hijo de una concubina cristiana).

—Los reyes cristianos se han habituado a saquear al-Ándalus con periodicidad veraniega, como el que acude a recoger la cosecha —se quejaba el anciano alfaquí que lo dirigía espiritualmente.

El acoso cristiano agotó la paciencia del califa. Dispuesto a retomar las riendas del imperio, desembarcó en Algeciras con un gran ejército, avanzó por Sevilla y Córdoba, cruzó Despeñaperros y desfiló a la vista de la fortaleza cristiana de Salvatierra, ya en tierra de Castilla.

El enfrentamiento se produjo el 19 de julio de 1195 en Alarcos, a unos diez kilómetros de Ciudad Real.

Alfonso VIII estaba fortificando el lugar cuando llegó el almohade.

—Señor, mejor aplazamos la batalla y nos replegamos a mejores posiciones en espera de refuerzos —aconsejaron sus magnates.

—No pienso consentir que huellen suelo castellano ni un día más —respondió Alfonso.

La batalla de Alarcos resultó desastrosa para las armas cristianas. A los errores tácticos se añadieron los devastadores efectos de una nueva y mortífera arma almohade: un cuerpo de arqueros turcos o kurdos *(guzz)* llegados de Oriente que flechaban con impresionante potencia, puntería y cadencia desde la grupa de sus diminutos caballos lanzados a galope (una táctica idéntica a la de los antiguos partos que derrotaron a griegos y romanos).

Los cristianos disponían de un arma novedosa, la ballesta, pero no en número tan abundante que pudiera contrarrestar a los arqueros turcos.[242]

242. El historiador Ibn Huday (siglo XIV) llama a la ballesta *arco cristiano* o *afranŷī,* y describe sus partes: cureña, alamud *(ʽamūd),* verga *(qaḍīb);* nuez *(ŷawza)* y llave *(miftāḥ).* La ballesta evolucionó a lo largo de los siglos XII y XVI cuando su uso decayó al perfeccionarse las espingardas. Se diferenciaban las ballestas por el modo de cargarlas, y de ello dependía también la potencia. Las primitivas son las de estribo, que el ballestero retenía en el suelo introduciendo el pie para con ambas manos retraer la cuerda; después se introdujo la palanca, llamada *pata de cabra,* y finalmente las de armatoste o garrucha, que usaban unas poleas y cuerdas; las más avanzadas eran las de carniquí, un mecanismo de trinquete. Estas últimas tenían el arco de acero y eran las más potentes. Esos tipos coexistieron, como muestra el inventario de los bienes del maestre de Calatrava don Rodrigo Téllez Girón existentes en el castillo de Porcuna: *Treynta e cinco vallestas de azero de pie, la una quebrada. Diez vallestas de azero de garrucha, la una quebrada. Una vallesta de cuerno con un carniqui. Siete vallestas de palo, la una quebrada. Veynte e siete garruchas e martinetes. Veynte e cinco poleas con doze cintos* (legajo 6104 de Órdenes Militares, Calatrava, Archivo Histórico Nacional).

Para alivio de Castilla, una oportuna revuelta en Marrakech obligó al califa a regresar a África.

A Abu Yusuf Yaqub, ahora conocido como *al-Mansur* (el Victorioso), lo sucedió su hijo Mohamed al-Nasir (llamado Miramamolín por las crónicas cristianas),[243] un individuo tartamudo, vacilante y algo gafe, habido de una de las esclavas cristianas de su harén, la bella Zahar (Flor).

Mientras Al-Nasir se ocupaba de pacificar los focos de rebelión de sus posesiones africanas, Alfonso VIII rumiaba el desquite de Alarcos, del que hizo la principal empresa de su vida. En 1209, considerándose suficientemente preparado, quebrantó las treguas y reanudó las hostilidades.

Al-Nasir aceptó el desafío y reunió un gran ejército que trasladó a al-Ándalus. Tenía la secreta ambición de emular la gloria de su padre, el vencedor de Alarcos.

Para enfrentarse a la amenaza africana, se reunieron en Toledo los ejércitos de Alfonso VIII de Castilla, Sancho VII de Navarra, Pedro II de Aragón, algunas tropas portuguesas enviadas por Alfonso II y, a título particular, caballeros de León (cuyo rey Alfonso IX no concurría por estar enemistado con Alfonso VIII). También asistieron algunos contingentes de caballeros europeos, que se retirarían antes de la batalla disconformes porque el rey de Castilla respetaba las juderías y las morerías de los pueblos que encontraban en su marcha hacia el sur.

La madre de todas las batallas se riñó el 16 de julio de 1212 en las Navas de Tolosa, un terreno despejado entre los montes de Sierra Morena.[244]

243. *Miramamolín* es la pronunciación castellana del título árabe *amir al-mu'minin* o príncipe de los creyentes.

244. En el propio campo de batalla, que apenas dista un centenar de metros de la autovía de Andalucía a su paso por la localidad jiennense de Santa Elena, se ha levantado un Centro de Interpretación de la Batalla de las Navas. Aún hoy afloran restos de armas, particularmente puntas de flecha almohades, a pesar de que los campesinos de la comarca las han recogido durante siglos para fabricar con ellas sus aperos de labranza. En este punto comienza la recomendable Ruta de los Castillos y las Batallas que recorre diversos lugares históricos.

CAPÍTULO 43

Arnaldo en las Navas

El campo de batalla de las Navas se localiza a las afueras del pueblo de Santa Elena, en Despeñaperros. Hoy se encuentra repoblado de pinos, pero en 1212 era una nava, o sea, un llano alto despejado de arboleda, aunque salpicado de carrascas y alcornoques.

Alguna vez hemos imaginado, sentados en un banco de la ermita de Santa Elena, donde los cristianos instalaron su hospital de sangre, que uno de los testigos nos contaba la batalla.

—Me llamo don Arnaldo el Inglés, y soy médico en la corte del rey de Castilla. Habéis de saber que en estas tierras que llamamos España hay cinco reinos cristianos (Castilla, León, Portugal, Navarra y Aragón), cuyos reyes están emparentados y por eso suelen andar a la gresca por herencias y lindes. Es bastante frecuente que dos se concierten para despojar a un tercero. Lo mismo puede decirse de los magnates del reino: siempre de trifulca entre ellos. Esto los distrae de la empresa común que es, o debería ser, recuperar las tierras que los moros arrebataron a sus abuelos.

»Hace un mes acompañé a las tropas que aplastaron el poder de los moros en la batalla de las Navas de Tolosa. El rey Alfonso y su alférez don Diego López de Haro solo tenían el pensamiento de vengar la derrota de Alarcos, diecisiete años atrás. A instancias del rey de Castilla, el papa había declarado cruzada a la expedición, lo que asegura la salvación de las almas de los que en ella mueran. Cuando andábamos en mayor apuro, en lo más fragoroso de Sierra Morena, con los pasos tomados por los moros, un pastor le indicó al rey un camino alternativo que nos condujo a un cerro desde el que se dominaban unas navas abiertas entre dos arroyos.

—El cerro del Rey y el llano de las Américas —apunté.

—Esos son los nombres que les dais ahora. Entonces no había nombres. En el cerro frontero, a una legua del nuestro, el sultán de Marruecos había levantado su tienda bermeja, inmensa, rodeada de un palenque defendido por negros provistos de picas y por muyahidines encadenados no por fuerza, sino por propia voluntad, porque estaban deseosos de ingresar en el paraíso.[245]

»Antes de combatir descansamos un par de días para reponer fuerzas. Cuando se va a batalla es costumbre sobrealimentar a los caballos para que críen sangre. Viérais el campamento madrugar la mañana de la batalla, cada cual atendiendo a su oficio.

»Viendo nuestra disposición, los moros formaron en su lado del campo con mucho estruendo de tambores. Ellos eran más de veinte mil; nosotros, apenas quince mil, pero don Diego y el rey,

245. Las cadenas de la enseña Navarra (expuestas en Roncesvalles como reliquia) no son, como suele creerse, un recuerdo de las que el rey Sancho rompió o saltó en la batalla de las Navas de Tolosa, donde supuestamente defendían la tienda del califa almohade. El símbolo de las cadenas es anterior a la batalla: aparece en las llamadas Biblias de Pamplona (1197), en la iglesia de San Miguel de Estella (siglo XII); en la catedral de Chartres (1164) y en el monasterio de Monreale, Sicilia (1183). Es posible que derive de primitivas representaciones de un escudo con ocho barras de refuerzo que confluyen en el centro (carbunclo o bloca) que ya usaba Sancho VI (1133-1194) en sus sellos. Su sucesor, Sancho VII el Fuerte, cambió de señal y tomó la de su linaje, el águila negra *(arrano beltza),* que figuraba en sus sellos desde su proclamación en 1194 y que fue la que llevó a la batalla de las Navas. Sin embargo, el rey siguiente, Teobaldo I de Navarra, perteneciente a un linaje distinto, recuperó como señal el escudo de Sancho VI del que, con el tiempo, evolucionarían las cadenas actuales y la propia leyenda de su obtención en las Navas de Tolosa. La primera mención de la rotura de las cadenas del moro por el rey navarro data de 1276, más de medio siglo después de la célebre batalla, y aparece en el poema occitano *La guerra de Navarra* del trovador Guilhem de Anelier.

escarmentados de lo de Alarcos, dividieron esta vez la tropa en tres líneas sucesivas, entre arroyo y arroyo, sin dejar hueco, para estorbar los tornafuyes de los moros. Habéis de saber que los moros son muy arteros y gustan de atacar con arqueros montados que te aparecen por los flancos, te flechan y huyen para que rompas la línea y los persigas. Cuando la caballería se rompe en pos de ellos, los fugitivos se revuelven como la bicha, acometen y matan a los más delanteros para nuevamente huir y ponerse a salvo (sus caballos, más ligeros, son más veloces que los nuestros, pesadamente cargados con sus gualdrapas y nuestras cotas de malla). Así, con sucesivos tornafuyes, enturbian nuestras líneas y nos agotan. Pero en las Navas no les valieron argucias: los arroyos abarrancados que nos guardaban los flancos los estorbaban y los reyes dejaron ordenado, bajo graves penas, que nadie atendiera a las provocaciones hasta fijar las fuerzas en la loma del cerro donde el moro no pudiera hurtarse de nuestra acometida.

»La batalla fue muy reñida. Nosotros atacábamos cuesta arriba y ellos resistían con una muchedumbre de piqueros. Se combatió desde media mañana hasta media tarde. Padecimos mucha mortandad, pero nuestra victoria fue completa. Entre el campo y el posterior alcance (así llamamos a la persecución de los que huyen), que se prolongó cuatro leguas, murieron casi todos ellos.

»De nuestro bando también perecieron muchos preclaros caballeros a pesar de que los médicos, sangradores y cirujanos hicimos un buen trabajo curando y cosiendo llagas, entablillando huesos, extrayendo flechas.

Se ha dicho que la batalla de las Navas de Tolosa fue el hito fundamental de la Reconquista y que, de haberla perdido, los actuales pobladores de la península tendríamos que rezar cinco veces al día mirando a La Meca. Es una afirmación exagerada. En realidad, los moros volvían a invadir territorio cristiano antes de que pasara un año, pero ya la frontera había descendido hasta Vilches, un castillo al sur de Despeñaperros.

La derrota de las Navas de Tolosa aceleró la descomposición del Imperio almohade. Atemperado el fanatismo religioso que las unía, las tribus se disgregaron y cada cual se fue por su lado, el mismo fenómeno que dio al traste con el Imperio almorávide.

El desventurado Al-Nasir murió un año después de su derrota, envenenado por una de sus concubinas. Tenía treinta y dos años.

Lo sucedió su hijo Yusuf II al-Mustansir, un muchacho tranquilo e indolente, hijo de la cristiana Qamar (Luna), que para evitarse peligros no salió en su vida de Marrakech. Allí murió corneado en el corazón por una vaca brava. ¡Nadie puede hurtarse a su destino!

Lo sucedió su hermano Abd ul-Wáhid I, que solo reinó ocho meses porque lo obligaron a abdicar los mismos cortesanos que lo habían encumbrado (otro pretendiente pagaba más). Tres días después lo estrangularon.

El nuevo califa (e instigador del magnicidio) no era otro que su sobrino, Abdalá al-Ádil, gobernador de Murcia, hijo, por cierto, de una cristiana portuguesa cautivada en Santarém, Mansada Syr al-Hassan (es decir, Beldad Perfecta).

Se sucedieron en Marrakech algunos otros califas almohades, todos tendentes a morir en sospechosas circunstancias, pero para entonces los gobernadores de provincias habían dejado de obedecerlos y el gran Imperio se fragmentaba en nuevas taifas.

Al último califa almohade, Abu-l-Ula Idris, descendiente del legendario Al-Mumin, que competía con un sobrino por el trono, lo asesinaron y enviaron su cabeza en un odre de salmuera al poderoso jeque de los meriníes (o benimerines), un nuevo poder que ocupaba Marrakech para hacerse cargo de las cenizas del Imperio almohade.[246]

Los reinos cristianos aprovecharon para hacer su agosto. Los aragoneses conquistaron Mallorca y el Levante, Valencia incluida; los leoneses, Mérida y Badajoz. Y los castellanos se alzaron con la gran tajada, más de media Andalucía y Murcia.

246. Los califas almohades fueron: Abd al-Mumin (1130-1163), Abu Yaqub Yusuf I (1163-1184), Abu Yusuf Yaqub al-Mansur (1184-1199), Mohamed al-Nasir (1199-1213), Abu Yaqub Yusuf al-Mustansir (1213-1224), Muhammad Abd ul-Wáhid al-Majlu (1224), Abu Muhammad al-Ádil (1224-1227), Yahya al-Mutasim (1227-1229), Idris al-Mamún (1229-1232), Abd ul-Wáhid II (1232-1241), Abu al-Hasan as-Said al-Mutadid (1242-1248), Abu Hafs Umar al-Murtada (1248-1266), Abu-l-Ula Idris (1266-1269).

CAPÍTULO 44

La ambición de Fernando

En 1223, cuando el gobernador de Murcia Al-Ádil se dirigió a Marrakech para proclamarse califa, un tal Abu Mohamed al-Bayyasi, biznieto de Abd al-Mumin, aprovechó su ausencia para alzarse en armas contra algunas ciudades y castillos del Alto Guadalquivir.

—Parece que los moros andan a la gresca —nos imaginamos el comentario en la Cancillería castellana.

La coyuntura parecía propicia. Ocupada en problemas dinásticos a la muerte de Alfonso VIII, Castilla no había guerreado contra los moros desde 1214. Diez años después, el joven rey Fernando III decidió proseguir la Reconquista por las feraces tierras del Guadalquivir.[247]

La descomposición crónica de al-Ándalus facilitaba su conquista, pero exigía de Castilla un esfuerzo bélico continuado difícil de sostener por su escasez demográfica y el enflaquecimiento de su economía.

247. Fernando III era hijo del rey de León, Alfonso IX, y de Berenguela de Castilla. Este matrimonio fue disuelto por la Iglesia, y ello determinó que la infancia de Fernando III transcurriera en León, junto a su padre. A la muerte del rey de Castilla, una facción nobiliaria lo reconoció como sucesor, pero otra capitaneada por los Lara se opuso con las armas e incluso consiguió ayuda de Alfonso IX para combatir a los partidarios de su hijo. Sabiamente aconsejado por su madre, el joven rey se impuso unas veces por las armas y otras sobornando a personajes relevantes del bando contrario. Pacificada Castilla, emprendió la conquista de la actual Andalucía, que sería la obra de su vida.

La conquista de al-Ándalus, ya reducido a las actuales Andalucía y Murcia, requería el dominio de los puertos de Almería y Algeciras, desembarcaderos tradicionales de las invasiones africanas (Tariq, los almorávides, los almohades...). Tal empresa entrañaba un descenso simultáneo por dos vías naturales:

1. El Guadalquivir, arteria esencial de Andalucía, que conducía a Córdoba, Sevilla y al mar.
2. La vía que remonta el curso del Guadiana Menor, cruza la Hoya de Baza y conduce al importante puerto de Almería, como un siglo antes hiciera Alfonso VII.[248]

De este modo una poderosa tenaza penetraría en dos direcciones por la tierra de los moros y, llegados al mar, podría cerrarse a lo largo de la costa, privando a al-Ándalus de todo contacto con el norte de África.

Consciente de que no disponía de las fuerzas necesarias para progresar simultáneamente en las dos direcciones, Fernando delegó el avance por el Guadiana Menor en un militar de prestigio,

248. En realidad, hay razones hidrográficas para pensar que el Guadiana Menor sea, en realidad, el curso alto del Guadalquivir que nace en la Sierra Seca (Huéscar, Granada).

—¿Entonces por qué decimos que nace en Cazorla, «un borbollón de agua clara debajo de un pino verde», que dijo Antonio Machado?

—Por una cuestión de prestigio, porque tenía que nacer en tierras cristianas y no donde la morisma, pero el arzobispo de Toledo, dueño de esta región (el Adelantamiento de Cazorla), decidió que el acreditado Guadalquivir naciera en sus tierras. Ni siquiera consintió que se considerara a los vecinos ríos Aguamulas y Borosa, que aportan al curso alto más aguas que el cazorleño, ya que los dos nacían en la vecina Sierra de Segura, perteneciente a la Orden de Santiago, su competidora natural. No es por enredar, pero en la sierra de Segura sitúa nuestro admirado Francisco de Quevedo, frecuentador de estas tierras, el nacimiento del Guadalquivir. Uno de sus sonetos a Lisi empieza: *Aquí, en las altas sierras de Segura, / que se mezclan zafir con el del cielo, / en cuna naces, líquida, de yelo, / y bien con majestad en tanta altura. // Naces, Guadalquivir, de fuente pura, / donde de tus cristales, leve el vuelo, / se retuerce corriente por el suelo, / después que se arrojó por peña dura.*

héroe de las Navas de Tolosa, el arzobispo de Toledo Rodrigo Jiménez de Rada, tan rico en recursos y tropas como el propio rey.

—¿Y qué ocurrió?

—Fernando III cumplió su parte conquistando el valle del Guadalquivir en veinticinco años (1224-1256), pero Jiménez de Rada no consiguió pasar de Quesada, en el Alto Guadalquivir. Esta circunstancia favorecería la supervivencia de un reino musulmán en Granada, nominal vasallo de Castilla, pero defendido por la Penibética y abierto a los auxilios africanos, una contrariedad que retardaría la Reconquista otros dos siglos y medio.

Para emprender la conquista de Andalucía, el ejército castellano necesitaba una cabeza de puente segura al otro lado de Despeñaperros; es decir, dominar el reino de Jaén.[249]

En 1224 Fernando III consiguió que el rebelde Al-Bayyasi, alzado contra el califa Al-Ádil, le rindiera vasallaje y le entregara las estratégicas plazas de Martos, Andújar y Jaén.[250]

Con la ayuda de Fernando, Al-Bayyasi derrotó a Al-Ádil y se instaló en los alcázares de Córdoba. Se las prometía felices a la sombra del poderoso padrino, pero en 1226 una sublevación popular alentada por los alfaquíes lo obligó a huir para refugiarse en el castillo de Almodóvar. En la cuesta de acceso a la fortaleza, su visir Ibn Yaburak le asestó una lanzada, lo decapitó y corrió a Sevilla a presentar la cabeza al valí Abu-l-Ula, hermano de Al-Ádil.

—Aquí tienes la cabeza del rebelde —le dijo—. Ahora págame lo prometido.

—Has traicionado a tu emir —le espetó Abu-l-Ula—. La traición se paga con la muerte. Que venga el verdugo.

249. Este reino, correspondiente aproximadamente a lo que ahora es la provincia del mismo nombre, ha sido históricamente, por su situación de paso obligado entre Andalucía y la Meseta, una tierra de gran valor estratégico en manos de cuantos se han disputado el dominio de la península. Las batallas de Baecula (208 a. C.), Navas de Tolosa (1212) y Bailén (1808) dan fe de la perenne importancia estratégica de la región.

250. Como Jaén estaba rebelada, Al-Bayyasi permitió que una guarnición castellana ocupara su capital, Baeza, hasta que pudiera entregar la plaza.

Compareció el verdugo con el sable de su oficio y decapitó al traidor.

Cuando Al-Ádil recibió la cabeza de su rival creyó que sus problemas en la difícil provincia andaluza habían terminado, pero, en medio de la efervescencia política agravada por hambres y malas cosechas, solo los proyectos de los conquistadores castellanos parecían encontrar cauce seguro.

Al-Ádil fue asesinado al año siguiente, mientras que al-Ándalus reconocía a su hermano Abu-l-Ula, nuevo optante al trono. Aprovechando el desconcierto y la confusión del campo musulmán, Fernando III proseguía sus conquistas ocupando los lugares fuertes de la loma de Úbeda que domina el primer curso del Guadalquivir.

Tampoco el califato de Abu-l-Ula iba a ser tranquilo. En Murcia se sublevó un caudillo popular, Ibn Hud; en Arjona, otro, Alhamar ben Nasir; y en Ifriqiya, Yahia ben Ganiya.

Agobiado por el rebrote de tanta mala hierba, Abu-l-Ula solicitó a Fernando una tregua de un año. El cristiano aceptó a cambio de trescientos mil maravedíes.

Fue solo un leve respiro para el califa. Cumplido el plazo, arreciaron los ataques cristianos por Extremadura, al tiempo que al-Ándalus se debatía entre banderías acaudilladas por Abu-l-Ula, Ibn Hud y Alhamar de Arjona.

En 1230 murió el rey de León Alfonso IX, padre de Fernando.[251] El finado había nombrado sucesoras a sus hijas Sancha y Dulce, pero Fernando III consiguió la renuncia de las infantas a cambio de una renta de treinta mil maravedíes anuales. En ade-

251. No hemos dicho mucho de este rey por falta de espacio, pero antes de despedirlo recordaremos que, en 1188, bajo su corona, se reunieron en el claustro de la basílica de San Isidoro unas Cortes que se consideran la cuna del parlamentarismo. Así lo reconoció la Unesco en 2013 al considerarlas Patrimonio de la Humanidad. Otros historiadores opinan que ese honor correspondería a las Cortes de Castilla reunidas en Burgo de Osma por Alfonso VIII. El que esto escribe no opina, tan solo refiere, y tanto le da Castilla como León, perteneciendo ambas a las Españas. Naturalmente, los ingleses opinan que el parlamentarismo lo inauguraron ellos cuando Juan Sin Tierra otorgó la Carta Magna en 1215.

lante contaría con la fuerza combinada de los dos reinos, Castilla y León.

El rey Fernando aprovechó la guerra civil de al-Ándalus para extender sus conquistas hasta Córdoba, que cayó en sus manos por un golpe de suerte.[252] ¡La rica y prestigiosa capital del antiguo califato en manos de los cristianos! El bombazo resonó en todo el islam.

Córdoba arrastró en su caída a todos los pueblos de su fértil región, que se entregaron a Fernando III mediante pactos. Al recibirlos, el rey castellano daba muestras de gran sagacidad política: respetaba las leyes y costumbres musulmanas y, de este modo, se aseguraba la pacífica colaboración de la población sometida y una saneada fuente de ingresos.[253]

252. Los fronteros cristianos supieron por sus espías que la muralla del arrabal oriental de la ciudad, la Axarquía, estaba deficientemente guardada.

—Córdoba está descuidada. La ocasión la pintan calva. —Imaginamos el diálogo.

—¿No será demasiado?

—*Audaces fortuna iuvat* —interviene el capellán—. Y contáis con la bendición de Dios. Esto es una cruzada.

Al final organizaron un golpe de mano y ocuparon los muros cordobeses antes de que los sorprendidos moros reaccionaran. Fernando III acudió con refuerzos a la ciudad que tan providencialmente se le ofrecía. Ibn Hud, atacado al mismo tiempo por los aragoneses en el Levante, no acudió a tiempo en auxilio de Córdoba. La antaño esplendente joya del islam andalusí se rindió a los cristianos (29 de junio de 1236).

253. De otro modo, la empresa de la conquista de Andalucía se habría revelado demasiado ambiciosa para las fuerzas de Castilla. La hacienda real castellana apenas podía asumir los gastos de la guerra. Por esta razón vemos a Fernando III deseoso de pactar treguas que entrañen la entrega de parias. Por otra parte, la escasa densidad de población de Castilla dificultaba la repoblación de los territorios ocupados. Únicamente en ciudades y plazas fuertes militarmente significativas y tomadas por fuerza de armas se sustituyó a la población musulmana por repobladores cristianos.

CAPÍTULO 45

El Pacto de Jaén

Ocupada Córdoba, Fernando III veía abrirse ante él los llanos ubérrimos del valle del Guadalquivir que le llevarían a Sevilla y al mar. Sin embargo, lo preocupaba dejar a su espalda Jaén, una plaza fuerte que ya había sitiado dos veces infructuosamente.[254]

—Esta vez no levantaremos el asedio hasta que se entregue —decidió.

La guerra solía hacerse en verano. Pasar el crudo invierno sin levantar el cerco exigía una importante logística y voluntad de sacrificio.

El cerco de Jaén en 1245 se prolongó durante todo el invierno y causó gran número de bajas e infinitas penalidades a sitiados y sitiadores.

Alhamar de Arjona comprendió que la plaza tendría que rendirse por hambre.

—Entreguémosla al cristiano en las condiciones más ventajosas —pensó.

254. En palabras de la *Crónica general*, Jaén era *villa real y de gran población y bien fortalecida y bien encastillada, de muy fuerte y tendida cerca y bien asentada y de muchas y muy fuertes torres y de muchas y muy buenas aguas y muy frías dentro de la villa, y abundada de todos los abundamientos que a noble y rica villa conviene tener. Y fue siempre villa de muy gran guerra y muy recelada y de donde venía siempre mucho daño a los cristianos* (Menéndez Pidal, 1955).

Los dos reyes acordaron el Pacto de Jaén (1246), por el que Alhamar se sometía a vasallaje, entregaba la ciudad y se comprometía a pagar unas parias de ciento cincuenta mil maravedíes anuales.

Fue una jugada maestra de Alhamar: Fernando tendría que respetar su reino e incluso defenderlo frente a enemigos externos. Por su parte, Alhamar se obligaba a asistirlo militarmente y acatar su política *(auxilium et consilium)*.

Con Jaén en su poder, Fernando pudo centrarse en la conquista del valle del Guadalquivir. Aquel mismo año las cabalgadas castellanas alcanzaron Carmona, Alcalá de Guadaira, el Aljarafe y la campiña de Jerez como preparación para el asedio de Sevilla.

El asedio de Sevilla duró dieciséis meses y fue tan arduo como el de Jaén. Fernando III, cuya trabajada salud se resentía, llegó a temer que moriría antes de conquistar la bella ciudad andaluza. El 23 de noviembre de 1248 cayó Sevilla, y con ella se apagaron las últimas esperanzas de los musulmanes de al-Ándalus.

Otros dos años de campaña liquidaron los centros de resistencia restantes. Jerez, Medina Sidonia, Alcalá de los Gazules y otras ciudades importantes le rindieron vasallaje. Fernando III había visto coronada su ambición: el fértil Guadalquivir desde su nacimiento hasta el mar. Poco después falleció cuando proyectaba la conquista del Magreb.[255]

Cuando Fernando III ascendió al trono en 1217, su reino apenas rebasaba los ciento cincuenta mil kilómetros cuadrados. En 1230 heredó el reino de León, lo que sumó otros cien mil a sus posesiones. En veinticinco años arrebató a los musulmanes otros cien mil kilómetros cuadrados de fértiles tierras y las ciudades regadas por el Guadalquivir. Un cronista asegura que en su reinado no se conoció año malo.[256]

255. Fernando III el Santo subió a los altares en 1671. Su cuerpo momificado se venera en un cofre en la catedral de Sevilla.

256. Los reyes castellanos aspiraban a continuar la Reconquista por el Magreb. *Dicen que aquel rey ha de pasar la mar e destruir toda la morisma* (Díez de Games, 1940, p. 68). Así resume el historiador Gabriel Jackson lo

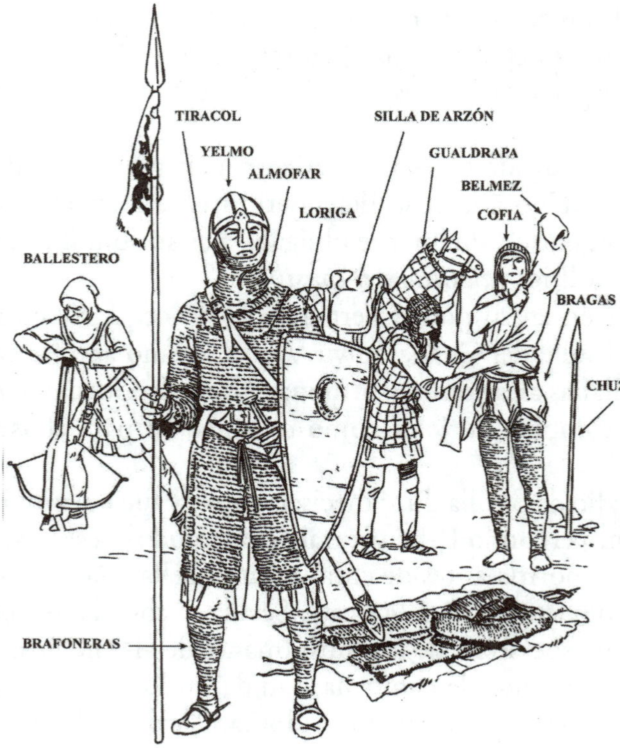

---

que supuso para al-Ándalus la conquista castellana: «La rápida ocupación militar de Andalucía, llevada a cabo en solo treinta años, planteó a los conquistadores tremendos problemas políticos y económicos. Habían conquistado unos territorios densamente poblados, con un complejo sistema económico, tanto rural como urbano. Carecían completamente de una artesanía de metales, pieles y tejidos, así como de los conocimientos de botánica y sistemas de irrigación necesarios para mantener el funcionamiento de esta economía. Su mentalidad de soldados los llevaba a esperar la recompensa a sus hechos de armas, y muchos consideraban su vida como una emigración permanente del duro clima de la Meseta castellana. En los primeros tiempos tras la conquista, las prósperas explotaciones agrícolas musulmanas pasaron a manos de propietarios cristianos, que esperaban poder vivir de sus beneficios sin tener que desplazar a la población que las trabajaba. De las ciudades, en cambio, se expulsó a los habitantes musulmanes en parte como medida de seguridad militar y en parte para conceder bienes raíces a los soldados conquistadores [...], lo que provocó una terrible decadencia de toda la economía urbana de la España del sur» (Jackson, 2015).

CAPÍTULO 46

Jaime I el Conquistador

Veamos ahora qué hacía Aragón mientras Castilla conquistaba el Guadalquivir.

Pedro II el Católico (el aragonés que combatió en las Navas de Tolosa) era, según su hijo, un dechado de virtudes, un caballero perfecto: «El Rey más leal que hubo nunca en España, el más cortés y amable, tan dadivoso que sus rentas y sus tierras no le producían nada, y tan buen caballero que no lo hubo mejor en el mundo». Solo un defecto le ponía: era *hom home molt donat a fembres,* o sea, un mujeriego de cuidado.[257]

Otro retrato, quizá más creíble, nos lo pinta huraño y malhumorado. Se había casado con la heredera de Montpellier, por codicia del ducado que su esposa aportaría como dote, pero nuevas conveniencias lo inclinaron a repudiarla para casarse con otra. Como la legítima no favorecía el tránsito y además se negaba a firmar la cesión de su dote,[258] se vengaba de ella desertando del

257. Jaime I señala que en vísperas de la batalla de Muret *yació tanto con una mujer que nos mismo oímos decir después a su repostero, que se llamaba Gil [...] y a otros que lo vieron con sus ojos, que durante el Evangelio no pudo estar de pie, de modo que se sentó en su silla mientras se decía* (Jaime I, 1991, cap. 9).

258. *Viendo y considerando que estos acuerdos se hacen en gran detrimento mío, no he querido aprobarlos ni confirmarlos* —escribe María de Montpellier—. *Por lo cual, por parte del propio rey, mi marido, he sido objeto de muchas amenazas indignas y he sido crucificada, y a pesar de ello no he querido aprobar lo que había hecho; digo más, le dije: «No lo aprobaré*

lecho conyugal, o sea, no se allegaba a la reina como varón, no consumaba.

—Si esta pájara quiere tener un hijo que herede mi reino de Aragón, está lista —pensaba.

María de Montpellier tampoco es que fuera una mosquita muerta. Había pasado ya por dos matrimonios (enviudando del primero, repudiada del segundo) y estaba firmemente decidida a tener descendencia del aragonés.

Fue al mayordomo de palacio y le dijo:

—Cuando venga el rey a refocilarse con su nueva amante, le dices que tiene que ser a oscuras porque es muy tímida y me lo metes en la cama.

Una cita a ciegas. Excitante, puede pensar algún lector o lectora, pero a veces las citas a ciegas deparan sorpresas desagradables.

De acuerdo con el plan, María se introdujo en el lecho del picadero real y aguardó a oscuras la llegada del marido. Llegó Pedro encalabrinado como un verraco y, metiéndose en el lecho, buscó a tientas y dio primero con un tobillo delgadito y gentil, luego con la torneada pierna y la rodilla, luego con lo carnoso del muslo y, finalmente, con el vellocino, que encontró suave como de marta cibelina. Llegado a ese punto, no preguntó quién eres

---

jamás». El rey Pedro, mi marido, viendo que de esta forma no quería aprobarlo, me dijo que, si no lo consentía, no prestaría ninguna ayuda a la ciudad de Montpellier y sus dependencias, sino que la abandonaría para siempre, porque no quería tener una tierra, un señorío o una esposa, o cualquier otra cosa, de la que no pudiera disponer a su voluntad. Y yo, entonces, elevando mi voz, se lo dije varias veces: «¿Por qué queréis defraudarme?». Él, encolerizado, me respondió que quería que aprobara estos acuerdos, porque se había comprometido a que yo lo haría, y que, si yo no lo hacía, le causaría un gran perjuicio. Y dichas estas palabras, el dicho rey, airado, se retiró. Y yo, privada de mis amigos y mis consejeros, me quedé en la mayor angustia y sin saber lo que debía hacer […]. Por lo cual, como no podía hacer otra cosa y porque temía que el rey, a causa de las amenazas antes mencionadas y lo que yo le había dicho, me abandonase a mí y a todo lo que es mío […], diciendo «apruebo todo esto coaccionada», lo aprobé y, coaccionada con gran violencia, lo juré (Alvira, 2019, p. 35).

ni se demoró en cortejos, sino que, «confundiendo a la legítima con la amante, la embistió con tal reiteración que, a la mañana siguiente, cuando abandonó la cámara, le flaqueaban las rodillas y le temblaban los pulsos, baste decir que el mayordomo anduvo diligente en restaurárselos con un ponche de cinco huevos, leche batida a punto de manteca, miel y moscatel viejo».[259]

—¿Se consumó el real acoplamiento? —adivino la duda del lector poco iniciado en estos arcanos.

Bueno, si creemos al cronista Muntaner, no solo se consumó, sino que faltó poco para que la corte hiciera de acto tan íntimo una romería con feria y cohetes: en cuanto el rey entró en la alcoba, en el salón contiguo se congregó una silenciosa muchedumbre de cortesanos ansiosos por asistir al histórico momento.

Presenciemos la encerrona en palabras del cronista:

> *Así que él esté acostado y se hayan retirado los de su corte, vendréis todos aquí al Consulado de Montpellier, y estaremos allí los doce cónsules, y entre caballeros y otros ciudadanos tendremos otros diez de los mejores de Montpellier y de su baronía, y estará allí la reina D.ª María, con doce dueñas* [señoras] *de las más honradas de Montpellier y con doce doncellas; e irá con nosotros ante el dicho señor Rey y vendrán con nosotros dos notarios, los mejores de Montpellier, y el oficial del Obispo, y dos canónigos, y cuatro buenos religiosos; y cada hombre y cada dueña o doncella traerá en la mano un cirio […]. Y a la puerta de la dicha cámara estarán todos juntos hasta que rayare el alba; entonces vos abriréis la cámara y abierta que sea entraremos todos juntos cada uno con un cirio en la mano. Al vernos quedará el rey maravillado y entonces le explicaremos todo el hecho, manifestándole que la persona que tiene cerca es la dicha señora doña María reina de Aragón y que tenemos fe en Dios y en Nuestra Señora Santa María que aquella noche hubieron de engendrar tal fruto el cual Dios y todo el mundo ha de quedar satisfecho al paso que su reino quedará provisto si Dios así lo quiere.*[260]

259. Pi i Bofarull, 2018, p. 65.

260. Muntaner (en Borafull, 1860, cap. 3, «Cómo los prohombres y cónsules de Montpellier estuvieron vigilantes siempre para apartar el daño que pudiera acontecer a aquella ciudad, y cómo el nacimiento del señor rey D. Jayme fue por milagro, y señaladamente por obra de Dios»,

Eso hicieron, y durante aquella noche durmió poca gente en la ciudad, una noche toledana, los súbditos en las iglesias haciendo rogativas públicas y los miembros de la corte en la antesala del himeneo con los cirios de arder preparados.

Ajeno a cuanto ocurría a las puertas de la alcoba, Pedro anduvo toda la noche dale que te pego, convencido de que la dama en la que bregaba era la enamorada por la que bebía los vientos. Cuando, ya con las banderas del día, empezó a clarear, se abrieron de golpe las puertas e invadió la alcoba la multitud cortesana que había velado en la antecámara rezando devotamente y reprimiendo toses. El rey, aunque debilitado por la brega, debió de creer que las turbas venían a ultimarlo porque *de un salto se puso en pie sobre la cama empuñando la espada.*

Comprobó con alivio que solo eran devotos cortesanos deseosos de servirlo. Deslechado, ojeroso y exhausto, no le quedaron arrestos para cabrearse por la encerrona, mucho menos cuando vio que magnates y obispos se arrodillaban y con lágrimas en los ojos le decían:

—Señor, sírvase su alteza ver quién es la persona que a su lado yace.

Miró, y al descubrir a la legítima esposa sudorosa, despeinada y plena, comprendió el sentido de la trampa y se resignó. Sea lo que Dios quiera, vino a decir, pero en cuanto desayunó y repuso fuerzas, reclamó su caballo y se largó.

Los cortesanos cumplieron la segunda parte del plan. Un grupo numeroso de ellos, sus esposas y los dos notarios pasaron los nueve meses de embarazo sin separarse de la reina para mantener la cadena de custodia y disipar cualquier sospecha sobre la paternidad de la criatura que llevaba en su seno, dado que, en efecto, como dice el maestro Cunqueiro, lo cumplido a un hombre cabal es preñar a la esposa en la misma noche de bodas.

A los nueve meses justos, *según ley de naturaleza, la reina dio a luz un bello y gracioso infante que heredaría el condado de Barcelona y la Corona de Aragón.*

---

p. 9). Disculpen si me regodeo en el episodio. Es que ya estoy un poco harto de batallas y decapitaciones.

¿Cómo le ponemos? El padre se había despreocupado del asunto, así que la madre recurrió a un juicio de Dios. Que decida la Providencia. Encendió doce cirios de la misma longitud, cada uno con el nombre de un apóstol, y el último que se consumió, con un leve chisporroteo, fue el de Santiago.

El niño se llamará Santiago, o sea, Jaime.

Jaime el Conquistador, según el favorecedor retrato que nos ha legado el cronista Desclot, era *el más hermoso del mundo: más alto que todos los demás de un palmo, y muy bien formado en todos sus miembros; tenía el rostro grande, de buen color y fresco; la nariz larga y muy recta; boca grande y bien dibujada; dientes blancos y muy grandes, que parecían perlas; ojos negros, cabellos rubios, que parecían hilos de oro; hombros anchos, el cuerpo largo y esbelto, los brazos gruesos y bien hechos, y manos hermosas y dedos largos, y los muslos gruesos y bien hechos, y las piernas largas y rectas y gruesas para su medida, y los pies largos y bien hechos y muy bien calzados.*[261]

Ese hombrón solo tuvo un objetivo en la vida: conquistarle tierras al moro, *car nos ho fem, la primera cosa per Deu, la segona per saluar Espanya* («pues nosotros actuamos, la primera cosa por Dios, la segunda por salvar España»).[262] Lo cumplió arrebatando a los moros, además de Mallorca, todo el Levante, Valencia incluida, hasta Murcia.

Aparte de las conquistas, Jaime sacó tiempo para atender a numerosas amantes, muchas de las cuales parieron a los obispos de Huesca y Lérida y a una docena de bastardos reales de los que descienden ilustres linajes de Aragón y Valencia.

No quisiera desviarme del tema de la Reconquista, pero por asociación de ideas me viene a la cabeza el caso de Alfonso XI de Castilla, otro que desaira a la *fermosíssima* esposa legítima para irse con la amante, como veremos en la nota 270. Esta tacha se reprodujo luego en su hijo y heredero Pedro el Cruel, el que *dormía poco e amó a muchas mujeres,* cuando aborreció a su legítima,

261. Desclot, 1616, cap. XII.
262. *Llibre dels feits del rei en Jaume,* ms. 10121, BNE, f. 163.

Blanca de Borbón, para darse a la amante María de Padilla, *pequeña de cuerpo, pero preciosa.*[263]

En Valencia, conquistadores y conquistados se entendieron con relativa facilidad porque la población autóctona hablaba una lengua romance emparentada con las parlas de los conquistadores.[264]

263. Tampoco fue constante con la amante. En 1354, estando en Segovia, se sintió prendado de Juana la Fermosa y aunque se esforzó en rendir su virtud por todos los medios, la avisada dama porfiaba en reservar su virginidad para el caballero que se casara con ella. En esta tesitura, el porfiado monarca conminó a los arzobispos de Ávila y Salamanca para que anularan su matrimonio. Cuando lo consiguió, contrajo matrimonio con la hermosa y ambiciosa Juana y pasó la noche con ella, noche sin duda agitada y fecunda, puesto que la dejó embarazada. A la mañana siguiente, abandonó el palacio sin despedirse y ya no volvió a ocuparse de ella. Quizá el lector sospeche que este hombre no estaba en sus cabales. Es posible: don Pedro arrastraba taras genéticas resultantes de repetidos matrimonios entre primos. Tengamos en cuenta que los peligros de la consanguinidad han sido desconocidos prácticamente hasta nuestros días; esto explica que tres sucesivas dinastías españolas (Trastámara, Austrias y Borbones) hayan padecido taras derivadas de ella. Y en esas manos, dilecto lector, ha estado el pandero de nuestra historia.

264. Principalmente, el castellano hablado en Castilla y el lemosín hablado por los catalanes, como vimos atrás. Añadamos el juicio de Menéndez Pidal: «La lengua valenciana es la primera lengua romance literaria de Europa, de cuyos clásicos no solo aprendieron catalanes, sino incluso castellanos». Esta circunstancia explica que el rey dispusiera que *els jutges diguen en romanç les sentencies que donaran, i donen aquelles sentencies a les parts que les demanaran.* Del mismo modo, *metges así fisichs com cirurgian les receptes que ditaran ajen a dictar en romanç declarant lo nom de les herbes en lur nom comu, e vulgar.* La lengua hablada por los catalanes hasta comienzos del siglo XX se denominó *lemosín.* Así la nombran Milá i Fontanals y Bonaventura Aribau (en cuyo famoso poema «A la patria» [1833] se menciona cinco veces). Esta lengua carecía de proyección literaria: la investigadora Josefina Font señala que «muy pocos pergaminos reales conservados en el Archivo de la Corona de Aragón fueron escritos en catalán», «y de las cartas reales diplomáticas solo dieciocho de 187 fueron escritas total o parcialmente en catalán» (Branchadell, 2006, p. 61; citado por Láinz, 2006, p. 45). La lengua romance hablada en el siglo XII

Encalabrinado, el rey Jaime evitó la acumulación de riqueza entre los inobedientes magnates. Con este objetivo, repartió los bienes inmuebles y rústicos del país conquistado entre el pueblo llano y modestos infanzones, en su mayoría procedentes de Castilla o Aragón.[265]

Jaime fue, según la común opinión, mejor soldado que tratante. Conquistó Murcia, taifa rebelada contra Castilla, y la cedió graciosamente a su yerno Alfonso X el Sabio (el hijo de Fernando III casado con su hija Violante), con lo que renunció a una conveniente frontera con los moros que le hubiera permitido proseguir las conquistas y ampliar el reino de Aragón.

---

en Valencia se robusteció durante el dominio cristiano hasta dar el valenciano del siglo XV, una lengua adulta y normalizada, con autonomía léxica, fonética, morfosintáctica y semántica, con sus gramáticas, sus diccionarios y su brillante literatura.

265. Las cifras de la conquista y la repoblación refutan que Valencia se poblara con catalanes, un error basado en las falsedades del archivero Próspero de Bofarull, que reescribió hacia 1847 el *Llibre del repartiment del regne de València* suprimiendo los apellidos aragoneses, castellanos y navarros (que eran mayoría) para que la gesta de la conquista de Valencia correspondiera tan solo a los catalanes. La procedencia de los repobladores se deduce de la comparación del *Llibre del repartiment* con los *llibres de avehinaments* (avecinamientos). Para el siglo XIV, las cifras eran: valencianos autóctonos, 36 por ciento; castellanos, 30 por ciento; turolenses, 28 por ciento; catalanes, 1,2 por ciento; zaragozanos, 1,2 por ciento; resto de la península, 2,4 por ciento; extranjeros, 1,2 por ciento. En el siglo XV el porcentaje de catalanes es del 4,23 por ciento. En el siglo XVI desciende al 2,5 por ciento» (Puerto Ferré, 2016, p. 1). Además, el taimado Bofarull escamoteó el testamento de Jaime I (contenido en el legajo 758 de la antigua numeración), en el que Cataluña figuraba como un modesto condado feudal, *la plus honrada terra d'Espanya* (*Crònica de Jaume I,* Coll i Alentorn, 1949, p. 60), integrado en el reino de Aragón, como demuestra la copia del testamento contenida en los *Anales de la Corona de Aragón* de Jerónimo Zurita. Finalmente, un sobrino del archivero mendaz Antoni de Bofarull i Brocá, autor del libro *La confederación catalano-aragonesa* (1872), acuñó la espuria expresión «Corona catalano-aragonesa» que eleva al condado de Barcelona a la categoría del reino de Aragón.

Otra decisión errónea fue la de firmar el Tratado de Corbeil con el rey de Francia (1258), un intercambio de cromos en el que se dejó estafar como un incauto.

Hasta entonces los condados catalanes pertenecían teóricamente a Francia (como parte de la antigua y ya casi olvidada Marca Hispánica de Carlomagno).

—Yo te cedo mis posesiones al sur de los Pirineos —propuso el francés—, y tú me cedes tus posesiones al norte de los Pirineos.

¡Y el ingenuo Jaime de Aragón accedió! Con ello renunciaba a unas suculentas posesiones al norte de los Pirineos a cambio de unos condados catalanes sobre los que Francia no tenía más dominio que el lejano recuerdo de los tiempos carolingios.

CAPÍTULO 47

La conquista de Murcia

En agosto de 1264, muerto ya Fernando III, los musulmanes de Jerez y su comarca, molestos por la política castellana de reubicación que les asignaba las tierras más improductivas, se rebelaron con ayuda del rey de Granada, que al propio tiempo declaraba nulo su vasallaje con Castilla (el pacto de Jaén). La taifa de Murcia, vasalla de Castilla, se sumó a la rebelión.

Apurado ante la perspectiva de luchar en varios frentes, Alfonso X el Sabio solicitó ayuda a su suegro Jaime I de Aragón (con cuya hija Violante estaba casado). Jaime rindió Murcia (3 de febrero de 1266), se la entregó a su yerno y se retiró caballerosamente a sus tierras valencianas.

Los moros rebeldes se sometieron. Por el Tratado de Alcalá de Benzaide (1265), la taifa de Murcia se incorporó definitivamente a Castilla (de la que hasta entonces solo había sido vasalla) y Castilla reconocía las fronteras del reino de Granada.[266]

Durante dos siglos y medio los reyes nazaríes impugnaron repetidamente su vasallaje, aunque al propio tiempo se resignaron a satisfacer parias a Castilla, excepto en los periodos en que las dos potencias se hacían guerra abierta, casi siempre con pérdida de plazas granadinas (Tarifa, 1292; Algeciras, 1344; y Anteque-

266. «La consolidación del reino de Granada [fue] fruto de la habilidad de Alhamar de Arjona y la falta de perspicacia política de Alfonso X» (Torres Fontes, 2004, p. 20).

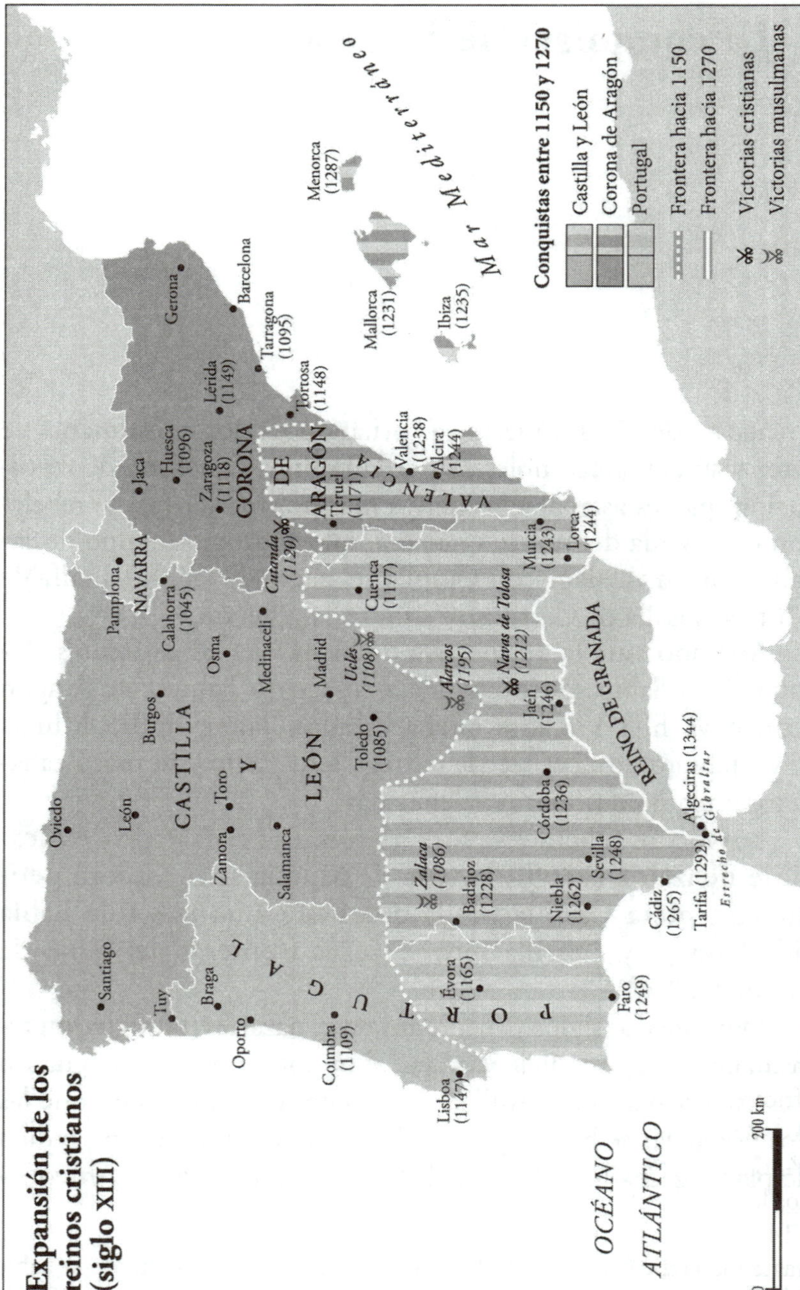
Expansión de los reinos cristianos (siglo XIII)
OCÉANO ATLÁNTICO
Mar Mediterráneo
CASTILLA Y LEÓN
CORONA DE ARAGÓN
NAVARRA
PORTUGAL
VALENCIA
REINO DE GRANADA
Santiago
Oviedo
León
Tuy
Braga
Oporto
Coímbra (1109)
Lisboa (1147)
Évora (1165)
Faro (1249)
Zamora
Toro
Salamanca
Burgos
Pamplona
Calahorra (1045)
Osma
Jaca
Huesca (1096)
Zaragoza (1118)
Lérida (1149)
Gerona
Barcelona
Tarragona (1095)
Tortosa (1148)
Teruel (1171)
Valencia (1238)
Alcira (1244)
Medinaceli
Cutanda (1120)
Madrid
Uclés (1108)
Toledo (1085)
Cuenca (1177)
Alarcos (1195)
Navas de Tolosa (1212)
Murcia (1243)
Lorca (1244)
Jaén (1246)
Córdoba (1236)
Zalaca (1086)
Badajoz (1228)
Niebla (1262)
Sevilla (1248)
Cádiz (1265)
Tarifa (1292)
Algeciras (1344)
Estrecho de Gibraltar
Mallorca (1231)
Menorca (1287)
Ibiza (1235)
Conquistas entre 1150 y 1270
Castilla y León
Corona de Aragón
Portugal
Frontera hacia 1150
Frontera hacia 1270
Victorias cristianas
Victorias musulmanas
0
200 km

ra, 1410), aunque Castilla también cosechó sonadas derrotas (Moclín, 1280; la Vega de Granada, 1319; y Guadix, 1362).[267]

En cualquier caso, incluso en los periodos de paz, la frontera se mantenía caliente con frecuentes incursiones y conflictos de los dos lados. Lo detallaremos en páginas venideras.

267. Torres Fontes (*ibidem,* p. 23) distingue varios periodos: el primero, de 1266 a 1350, caracterizado por la lucha contra el benimerín africano y la exigencia de parias a Granada; el segundo, de 1350 a 1430, de treguas continuadas, con la conquista de Antequera; el tercero, de 1430 a 1454, en el que la ofensiva general castellana gana terreno en todos los frentes para perderlo luego entre 1445 y 1447. El cuarto, de 1454 a 1482, corresponde a la ofensiva militar de Enrique IV, seguida del contraataque granadino aprovechando la guerra civil castellana. Por último, el quinto, de 1482 a 1492, con la conquista de Granada por los Reyes Católicos.

CAPÍTULO 48

Conversando con el rey Sabio

Aquel día llegué demasiado pronto a la Biblioteca Nacional y me la encontré cerrada. Tomé asiento en la escalinata de acceso, al pie del pedestal que sostiene la estatua sedente de Alfonso X el Sabio. El rey, serio en la piedra y agraciado de rasgos, sostiene en su regazo un gran pergamino, seguramente un mapa del Magreb, el siguiente objetivo de sus conquistas cuando era joven.

—Pues no, señor —me contradijo Alfonso—. Lo que el escultor me puso en las manos fueron las Siete Partidas. ¿Te interesa lo jurídico?

—Ahora mismamente, no, majestad —reconocí—. Estoy escribiendo un libro sobre la Reconquista.

Asiente don Alfonso considerando la gravedad del tema.

—A mí me conocen como el Sabio por mis obras culturales, las *Cantigas,* la *General estoria,* las Partidas, el *Lapidario* y hasta un *Libro de los juegos* que me reputa como ajedrecista, pero también puse mi granito de arena en la Reconquista.

—Ignoraba que vuestra majestad hubiera sido hombre de armas —reconocí.

Entornó los ojos y alzó una mano, como excusando mi ignorancia.

—Desde mi adolescencia acompañé a mi padre en sus empresas guerreras y cuando él faltó proseguí su obra. Con más voluntad que fortuna, he de reconocer.

—¿Y eso?

—Conquisté la Andalucía Baja hasta donde vierte aguas el Guadalquivir[268] y planeé el *fecho de allende.*

—¿*El fecho de allende?*

—Sí, proseguir las conquistas *ad partes africanas* como hice con el puerto de Salé.[269] Para este *fecho* fundé una nueva orden militar eminentemente naval, la de Santa María de España (Murcia, 1272), con bases en La Coruña, Cartagena y el Puerto de Santa María. A fin de construir la potente escuadra necesaria para dominar las aguas del Estrecho levanté las mayores atarazanas del mundo en Sevilla.

—Notable empresa —comenté admirado.

—Luego las cosas se torcieron. —Hizo un gesto de resignación—. Intenté conquistar Algeciras (1278), el portillo por el que entraban las invasiones africanas (almorávides, almohades, benimerines), pero la empresa no resultó. Al final no fue posible el dominio del Estrecho.

—Eso quedó para el biznieto de su majestad, el rey Alfonso XI.

—¿Mi biznieto? —preguntó vivamente interesado.

—Sí, su biznieto derrotó a los moros de Marruecos y a los de Granada en la batalla del Salado (1340), cerca de Tarifa, una victoria tan completa y sonada como la de las Navas de Tolosa. Y después de eso ya cesó el peligro de las invasiones musulmanas por espacio de seis siglos hasta la hora presente en que vivo

268. Tejada, Lebrija, Arcos de la Frontera y Jerez de la Frontera (1253); el reino taifa de Niebla (donde algunos autores aseveran que tronó por vez primera el cañón), Vejer de la Frontera, Alcalá de los Gazules, Medina Sidonia, Conil, Rota, Chipiona, Sanlúcar de Barrameda y Cádiz (1262). Y fundó la base naval de Santa María del Puerto (hoy Puerto de Santa María).

269. Los reyes cristianos siempre pensaron que la Reconquista continuaría por tierras africanas (posesiones del Imperio romano, la Mauretania Tingitana y la Caesariensis, y plazas visigodas). Sancho IV incluso se repartió el norte de África con Jaime II de Aragón en el Tratado de Monteagudo (1291), que designó como frontera el río Muluya, cerca de la frontera argelina. El territorio oriental correspondería a Aragón y el occidental a Castilla.

y escribo, cuando nuevamente nos invaden, aunque pacíficamente.[270]

—Me alegro de saber que mi biznieto alcanzó lo que yo no pude —reflexiona el rey—. Desgraciadamente, mis súbditos eran bastante inobedientes. Muchos nobles descontentos se desnaturalizaron y buscaron refugio en Granada. Tampoco me fue mejor con las órdenes militares. Encomendé la defensa de la frontera murciana a la de Santiago y la defensa de la andaluza a la de Calatrava, otorgando a cada una de ellas villas y castillos, y las animé para que avanzaran sus conventos principales para implicarlas más en la Reconquista,[271] pero anduvieron remisas. Se

270. Alfonso XI derrotó a los moros con ayuda de su suegro Alfonso IV de Portugal, que le puso como condición, antes de prestarle tropas, que se destetara de su amante y tornara al lecho conyugal. La esposa portuguesa de Alfonso, María, era, al decir del cronista, *fermosíssima,* pero el rey desertó de su lecho para caldear el de su amante sevillana, Leonor de Guzmán, *dueña muy rica y muy fijadalgo que era en fermosura la más apuesta muger que avía en el Reyno (Crónica de Alfonso XI).* Alfonso XI, al que los moros apodaban el Baboso, se casó dos veces y, a pesar de las severas amonestaciones del papa, tuvo cuatro amantes fijas. Nueve de sus dieciocho hijos nacieron de Leonor de Guzmán, la concubina, y solo uno de la reina, el indispensable heredero del trono, Pedro el Cruel. Muerto Alfonso, la despechada reina hizo decapitar a la amante, pero la estirpe de la concubina se tomaría cumplida venganza: uno de sus bastardos, Enrique de Trastámara, asesinaría a Pedro el Cruel y lo sucedería en el trono inaugurando la dinastía del mismo nombre. Esto de las sucesiones previo asesinato del rey se produce también por la misma época en el reino de Granada. Al emir Ismail I un primo suyo le seccionó la carótida con una daga *(janyar)* en el acto de abrazarlo (6 de junio de 1325). Su hijo y sucesor, Yusuf I (tras el breve reinado de su hermano Mohamed IV), murió también apuñalado por un loco cuando celebraba la ruptura del ayuno en la mezquita (19 de octubre de 1354).

271. A la Orden de Calatrava la invitó a mudar su convento mayor a Osuna, *pora seruicio de Dios e de la Virgen Santa María, su madre, e de nos, e acrecentamiento de nuestros regnos e a destroymiento de los enemigos de nuestra fee*, pero los freires prefirieron mantenerse en el campo de Calatrava, donde tenían sus tierras. Algo parecido ocurrió con la Orden de Alcántara, a la que entregó las villas y los castillos de Morón y Cote, con la obligación de instalar en Morón el convento mayor de la orden.

habían convertido en grandes propietarias rústicas, habían emparentado con los grandes linajes nobiliarios y andaban más pendientes de administrar y acrecentar sus riquezas que de servirme.

—En descargo de su alteza puedo decir que el dominio del Estrecho era una empresa superior a las fuerzas de Castilla. La pugna por esas aguas se prolongó hasta 1350. En unas fases, Granada se unía a Marruecos contra Castilla; en otras, Castilla se unía a Marruecos contra Granada; y en otras se unía a Granada contra Marruecos. Las plazas en disputa eran Algeciras, Tarifa y Gibraltar.

—Demasiados frentes a los que acudir —reflexionó don Alfonso—. Y luego el peligro dentro de casa, cuando los súbditos moros se rebelaron. Mi padre, el rey Fernando, había cuidado de no repetir el error de Alfonso VII, que dejó a la población moruna en las ciudades que conquistaba y al final lo perdió todo. Fernando se curó en salud y vaciaba de moros las ciudades importantes, las muradas, pero falto de repobladores cristianos permitió a los moros permanecer en las alquerías y en las aldeas. A la postre fue un error confiar en que los moros coexistirían pacíficamente con los cristianos. En 1264 se sublevaron y pusieron en peligro buena parte de lo que con tanto esfuerzo habíamos conquistado.

—La revuelta mudéjar, así se conoce en la historia —señalé.

—Los alzados contaron con la ayuda de Alhamar de Granada, que había sido devoto vasallo de mi padre mientras este vivió, pero a su muerte pensó que podía desprenderse de la tutela de Castilla y recuperar lo perdido.

—Y ahorrarse las suculentas parias que pagaba a Castilla —apunté.

—Pues eso. Al principio los rebeldes tomaron Jerez, Lebrija, Arcos de la Frontera, Medina Sidonia y algunos lugares de Murcia, pero finalmente pude derrotarlos y los expulsé del reino. Sin contemplaciones. Unos pasaron a Granada y otros a África. En cuanto a Alhamar, le di a probar su propia medicina ayudando a los gobernadores de Málaga y Guadix, los Banu Asquilula, que se habían alzado contra él y se declaraban súbditos de Castilla.

—Pero finalmente su alteza abandonó a estos rebeldes a su suerte.

—Así es la política. Muerto Alhamar (de una caída del caballo en 1273), pacté las paces con su hijo y sucesor Mohamed II a cambio de doscientos cincuenta mil maravedíes que necesitaba perentoriamente para el *fecho de imperio.*[272] A pesar de todo, Mohamed cedió Tarifa a los benimerines y ellos cruzaron el Estrecho y vinieron contra Castilla con todo su poder. Mi adelantado mayor de la frontera, Nuño González de Lara, el Bueno, les salió al paso en Écija, pero lo derrotaron y enviaron su cabeza a la Alhambra en 1275.[273]

—Un descalabro considerable —comento.

—No fue el único. —Alfonso hace un gesto de fastidio—. En 1280 fuimos contra Granada y los moros emboscaron a nuestras tropas cerca de Moclín. Nos mataron a casi tres mil hombres, entre caballeros y peones, entre ellos el maestre de Santiago y casi todos los freires de su orden. Ante la magnitud del desastre disolví la Orden de Santa María de España y transferí sus caballeros a la Orden de Santiago.

—No tenía noticia de ese desastre —reconozco.

—Bueno, al año siguiente lo vengamos talando la vega de Granada e incendiando todo lo que ardía.

Prosiguiendo la parla venimos a hablar de don Pedro el Cruel, su tataranieto.

—Algunos lo llaman el Justiciero, otros el Cruel. Era un hombre de carácter, me imagino, tan aficionado a las justicias rá-

272. Doscientos cincuenta mil maravedíes *para la ida al imperio en plata lo que pudiese y en doblas, contada la dobla a siete maravedíes,* reza el documento (*Crónica de Alfonso X,* cap. LIX).

273. *Et desque don Nunno fue muerto e los christianos fuydos del campo, Abén Yuçaf fue ver qué gentes de los christianos murieran en aquella pelea, et fallaron a don Nunno muerto en el campo e yazían aderredor dél muertos muchos caualleros e quatroçientos escuderos de pie quel guardauan e otras muchas gentes de christianos e de moros que murieron allí, dice la crónica de Alfonso X* (González Jiménez, 2004, p. 300). Por cierto, este Lara el Bueno fue el que sitió Arjona en 1234 con su cuñado Rodrigo Fernández de Castro, en espera de la llegada del rey Fernando.

pidas que llevaba en su séquito algunos ballesteros de maza con los que ultimaba a las personas indeseables. *E luego dixo el rey a unos ballesteros de maza, que ay estaban: «Ballesteros, matad al Maestre de Santiago». E aún los ballesteros non lo osaban facer. E un ome de la cámara del rey [...] dixo a grandes voces a los ballesteros: «Traydores, ¿qué facedes? ¿Non vedes que vos manda el Rey que matedes al Maestre?». E los ballesteros entonces comenzaron a alzar las mazas para ferir al Maestre don Fadrique [...]. E Nuño Fernández de Roa [...] llegó al Maestre e diole un golpe de maza en la cabeza, en guisa que cayó en tierra; e entonces llegaron los otros ballesteros, e feriéronle todos.*[274]

—Una justicia fulminante —comenta el rey Sabio.

—Quince días después, uno de los ballesteros implicados, un tal Juan Diente, ejecutó de un mazazo en la cabeza al infante don Juan, en Bilbao (por cierto, que el cadáver del infortunado lo exhibieron en Burgos antes de arrojarlo al río *en guisa que nunca más paresció*).[275]

Han abierto las puertas de la Biblioteca Nacional. La gorra en la mano con la urbanidad debida, me despido del rey Sabio que por andar mucho en las nubes descuidó las cosas de la tierra, como han dicho de él.

274. *Crónica de don Pedro López de Ayala*, 1779, pp. 240.

275. Aún se menciona en una tercera ejecución del mismo verdugo: *E estando comiendo Pero Álvarez Osorio, llegaron por mandado del Rey dos ballesteros de maza, al uno decían Juan Diente, e otro Garci Díaz de Albarracín [...], e a la mesa donde estaba el dicho Pero Álvarez Osorio comiendo, le mataron e luego le cortaron la cabeza.*

CAPÍTULO 49

La frontera ardiente: un Far West (más bien Far South) español

Después de las conquistas de Fernando III y la firma del Pacto de Jaén (1246) por el que Alhamar entregaba aquella plaza fuerte y se declaraba vasallo de Castilla, el territorio de al-Ándalus quedó reducido al reino de Granada, de unos treinta mil kilómetros cuadrados, trescientos veinticinco kilómetros de largo por ciento cinco de ancho.

Este territorio, que comprendía gran parte de las actuales provincias de Granada, Málaga y Almería, y alguna comarca de las de Cádiz, Jaén y Murcia, se hallaba protegido por las excelentes defensas naturales de la cordillera Subbética. El estrecho de Gibraltar lo separaba de sus montaraces primos africanos, pero también lo comunicaba con ellos por si había que solicitarles ayuda.

Después de la entrega de Murcia a Castilla, Aragón había dejado de ser fronteriza con el moro y por lo tanto dejó de competir con Castilla por la conquista de al-Ándalus. En lo sucesivo, libre de competencia, Castilla se tomó con calma la tarea de conquistar el resto de al-Ándalus.

El reino de Granada se las arregló para sobrevivir durante dos siglos y medio a la sombra inclemente de Castilla. Tal milagro se basaba en dos razones, una estratégica y otra económica.

La estratégica: la diplomacia granadina hilaba fino y era eficacísima. Siempre amenazados entre la hoz castellana y la coz marroquí, los soberanos granadinos aprendieron la lección de las antiguas taifas y supieron mantenerse en equilibrio, aplacar a

Castilla con sobornos y tributos, aceptar solamente pequeños contingentes de tropas de Marruecos y aprovechar las debilidades y rencillas internas de tan poderosos vecinos.

La económica: su pujante economía basada en medio millón de laboriosos súbditos, en un racional aprovechamiento de los recursos agrícolas y en un activo comercio con países mediterráneos, tanto cristianos como musulmanes, que impulsó notablemente la industria y la artesanía del reino. Europa apreciaba productos granadinos como la seda y el papel, sus arquitectos y albañiles eran contratados tanto por los reyes de Castilla como por los de Marruecos...[276]

Por otra parte, Europa estaba en plena expansión comercial y necesitaba oro amonedado para las transacciones. Castilla tenía asegurado un suministro constante en las veinte mil doblas anuales que Granada le entregaba en concepto de parias.[277]

276. El visir Ibn al-Jatib, en su obra *Ihata,* pinta un cuadro idílico de la Granada nazarí: «La moneda granadina, labrada en plata y oro purísimo, se distingue por su cuño primoroso. Los ciudadanos aplicados a sus labores se alejan del ruido cortesano en la estación de las cosechas y pasan el estío en sus granjas deleitosas. Otros, inducidos de un ardor belicoso, viven en las fronteras, para acosar al cristiano con incursiones audaces, y servir de presidio y antemural a sus conciudadanos».

277. «La cantidad tributada por Granada en concepto de parias fue muy variable y, si en un principio se había fijado en la mitad de las rentas del emir, [...] luego la cantidad descendió mucho: en el siglo xv era corriente una cifra entre once mil y trece mil doblas de oro» (Ladero Quesada, «La frontera de Granada, 1265-1481», 2002, pp. 49, ss. y 54). Desde 1252 hasta 1482, en que comenzó la ofensiva final sobre Granada, se ha calculado que los nazaríes pagaron a Castilla doce mil doblas anuales de media en concepto de parias, o sea, una transferencia de unos 12.696 kilos de oro en esos doscientos treinta años (Villar Iglesias, 2015, p. 357). «Las parias se transformaron en un importante medio de presión por parte de Castilla [...], oscilaron entre las 11.000 doblas de oro anuales hasta las 13.000 de 1421; pasando por las 12.000 de las concordias de 1456 y 1457, o las 24.000, a pagar en un plazo de tres años a partir de 1439; o, por último, las 32.000 a entregar en cuatro años desde 1443 [...], esas cantidades suponían nada menos que la cuarta o la quinta parte de los ingresos fiscales que podía generar Granada» (Pérez Castañeda, 1984, II, p. 674).

—¿De dónde sacaba Granada tanto oro?

—Del Sudán, mercadeando con sus correligionarios del Magreb, que dominaban las rutas saharianas.[278]

278. El flujo de oro decreció drásticamente en el siglo xv, cuando Portugal intervino en África y lo desvió en parte hacia Lisboa y las repúblicas italianas abrieron otras vías de acceso. Castilla, siempre escasa de liquidez, comenzó a pensar en las riquezas de Granada, en la Alhambra, en la seda que exportaban sus industrias, en sus fértiles vegas, en sus huertos poblados de aromáticos frutales, en sus almunias, en sus puertos…

CAPÍTULO 50

Donde este autor conoce al alfaqueque Simón Abrabanel

La amenaza de la guerra abierta nunca desaparecía del todo en la frontera de Granada.[279] Cada pocos años, fuera por iniciativa estatal o privada, una u otra parte lanzaba en territorio enemigo una expedición de saqueo y castigo (algara o cabalgada) para *correr la tierra e robar lo que hi fallaren.*[280]

En la frontera existían algunos pasos naturales que comunicaban el territorio musulmán con el cristiano. Uno de ellos fue la cuenca del Jandulilla. A lo largo de este riachuelo, la carretera 325 sigue hoy aproximadamente el trazado del camino medieval por el que moros y cristianos se comunicaban y comerciaban.

279. «En la frontera de Granada, la paz y la guerra no eran esas cosas rotundas de siempre y de todas partes, ni la paz era paz, ni la guerra era guerra, en el pleno sentido de cada concepto [...], ni aún las treguas eran tales treguas; todo lo más, un estado de guerra atenuado» (Carriazo Arroquia, 2002, pp. 215-216).

280. Las Partidas diferencian dos clases de cabalgada: la *concejera* es multitudinaria y pública, acampa sus tiendas, enciende fuegos de campamento, etcétera; la segunda es encubierta *quando los que van en cabalgada son poca compaña e han hecho tal fecho de fazer que non quieren ser descubiertos mientras en la tierra los enemigos fuessen e han de caualgar apriessa. E non deuen llevar las cosas que les embargue, para yr ayna a fazer su fecho* (Torres Fontes, 2004, p. 173). El precedente remoto de la cabalgada está en la razia *(gazawa)* o aceifa, la expedición de pillaje veraniega con la que los jóvenes árabes demostraban su hombría *(muruwwa)* e ingresaban en el estado adulto.

Vigilando este portillo abierto en la muralla común se alzaban por el lado musulmán el castillo de Belmez y por el lado cristiano los de Bedmar y Jódar.

Entre estos castillos dotados de guarnición fija mediaban dieciocho kilómetros de prudencial separación. No existía un frente bélico en el moderno sentido del término, sino lo que podríamos definir como una frontera caliente.

El territorio fértil entre estos dieciocho kilómetros y, particularmente, las vegas y regadíos del estrecho valle del Jandulilla estaba jurídicamente asignado a musulmanes y cristianos, y tenía su precisa frontera, no más importante en tiempos de paz que la de dos términos municipales actuales. Existía una tradición de buena vecindad entre los musulmanes y los cristianos, asegurada por las frecuentes treguas e instituciones comunes, aunque empañada por ocasionales estallidos de actividad bélica. En tales casos, parte de la población se veía obligada a retirarse a zonas próximas a los castillos y aguardar a que pasara la tormenta.

Esta tierra intermedia se presentaba jalonada por castillos rurales, pequeñas posiciones defensivas, fortificaciones sin guarnición o albacaras (refugios de fortuna en los cerros capaces tan solo de resistir por breve tiempo).[281]

Un buen día caminaba por la vía del Jandulilla cuando, pasado el arroyo del Ronco, avisté a un anciano barbado que descansaba a la sombra de una higuera.

Me llamó la atención que vistiera a la moruna, aljuba parda hasta las rodillas y botas de tafilete rojo. Su mula, que pacía la hierba de la ribera, lucía una lujosa albarda con zalea de carnero y un petral adornado con cintas coloradas. Como era agosto lo supuse figurante de las fiestas de moros y cristianos que celebran los pueblos comarcanos.

—A la paz de Dios —lo saludé al estilo rústico aprendido en mi crianza rural.

—Dios os guarde —respondió con una zalema, la diestra sobre el corazón.

—Muy en su papel —pensé.

281. Eslava Galán, *Poliorcética y fortificación…*, 1984.

Me observó con interés y tras un momento de duda me invitó a compartir la fresca sombra del arbusto caducifolio bajo el que sesteaba.

Tomé asiento y acepté una rodaja de pan de higo con nueces que me ofrecía. La había cortado con un cachicuerno corto, antiguo.

—Qué bien ataviado va usted —alabé su disfraz.

—Y usted, qué raro —retrucó señalándome los pantalones—. Esos incómodos zaragüelles tan constreñidos que sin duda le oprimirán las partes pudendas. ¿De dónde son?

—Son unos pantalones vaqueros —le dije extrañado de su extrañeza.

—Nunca vi cosa igual —declaró—. Y eso que estoy muy viajado por tierras de moros y de cristianos, y hasta de la Berbería.

—Pues ¿en qué tiempo vive usted? —le dije sospechándome víctima de una trapacería de la relatividad esa que curva el espacio-tiempo.

—En el siglo xiv, naturalmente. ¿Cuándo si no? —me confirmó el moro.

Advertí con cierto estupor que el que estaba fuera de su tiempo era yo. En efecto, había caído en uno de esos agujeros de gusano en los que según las teorías de Einstein y Rosen es posible viajar en el tiempo. También mi interlocutor debió de comprenderlo, porque al notar mi turbación me dijo:

—No tema y confíe en el Todopoderoso que le ha traído a nuestros días. En verdad nadie sino Él sabe lo que le deparará el mañana ni en qué tierra morirá (Corán 31:34). Siempre pensé que los viajes en el tiempo, que cuentan coincidentes el sagrado Corán de los moros y las Santas Escrituras de los cristianos, solo ocurrían antiguamente, pero compruebo que también son cosa de ahora.[282] ¿Puede decirme qué andaba haciendo para merecer este prodigio?

—Exploraba los castillos que en tiempos de los moros guardaban este puerto seco, la vía del Jandulilla.

282. Se conoce que el alfaqueque está familiarizado con los viajes en el tiempo que se mencionan tanto en el Corán (sura de la cueva, 18:9-25, y sura de la vaca, 2:259) como en la Biblia (Jeremías 38:7).

—Pues se conoce que ha despertado al genio del lugar y le ha mudado de siglo. Aquí Simón Abrabanel, alfaqueque, para servirle —se presentó llevándose la mano al pecho, gesto que me apresuré a imitar.

—¿Alfaqueque? —inquirí—. ¿Qué oficio es ese?

—Los alfaqueques tenemos licencia del rey de Castilla y del sultán de Granada para pasar la frontera con carta de seguro o pasaporte —hurgó en el zurrón que tenía al costado y me mostró un pergamino carmesí escrito en arábigo—. Esta es la del sultán. También le dan carta de seguro a ciertos mercaderes y almaiales, como llamamos a los que transportan rebaños.[283]

—¿Y en qué consiste su trabajo? —pregunté.

—Somos una especie de agentes comerciales que mediamos entre moros y cristianos en tratos de mercaderías o en los más delicados de la restitución de los cautivos o bienes capturados cuando los de un lado roban a los de otro.

—¿Y eso cómo se hace? —inquirí.

283. La carta de seguro la entregaba al mercader el concejo fronterizo de la zona donde pretendía comerciar con el enemigo: *A yntercesión de Juan de Benauides e del arcediano de Vbeda mandaron dar carta de seguro a micer Lucía e micer Bartolomé, ginoveses, que vengan a esta cibdad a dar orden sobre la deliberacion de vna fija de Juan de Benavides que está en Granada, e asimismo aseguraron a los onbres e criados que con ellos vinieren, e sus mercaderías, de venida e estada: en quanto esta cibdad e sus términos e juredición* (Carriazo Arroquia, 1955, «Los moros de Granada…», p. 88). En otra leemos: *Muy honrrado, esforçado, fidalgo e presçiado, virtuoso e noble caballero el alcayde Abulcaçin Venegas, alguasil mayor del Señor Rey de Granada e del su Consejo: el conçejo etc. Nos vos encomendamos con voluntad muy presta de facer las cosas que ordenares e mandares: Lorenço de Sella, genoués, morador de esta çibdad, va con nuestro seguro a esa çibdad del Reyno de Granada negociar e librar çciertas cosas de sus mercaderías. Por ende, mucho vos pedimos, asy porquel va con nuestro seguro como por nuestra contemplación, sea bien tratado e honrrado en esa çibdad e Reyno, en todas las cosas que ouiere menester, e no le sea fecho enojo ni daño alguno. E en esto, allende de […] nuestro rruego nos rremaneçerremos en obligación para en las cosas que mandáredes las facer como propias nuestras. Nuestro Señor conserve vuestra virtuosa persona como […] deseáis. De Jahén, XXXVI de nouiembre de LXXXIX años* (Carriazo Arroquia, 2002, p. 303).

—Cada caso es distinto, pero para empezar hablo con mis colegas del otro lado, los alfaqueques moros, localizo el paradero de lo robado, me informo de cuánto piden por el rescate y, si hay acuerdo de compensación, escolto al que va a pagarlo en su viaje de ida y luego en el de regreso con lo rescatado. También acompaño a viajeros con licencia para pasar al moro y a los frailes que acuden a rescatar cautivos.[284]

—¿Y si fracasan las negociaciones? —me atreví a preguntar.

Abrabanel hizo un gesto de resignación.

—Entonces puede ocurrir que la parte perjudicada contrate almogávares para que cautiven enemigos con los que forzar un trueque.[285]

—Parece un trabajo interesante, y desde luego humanitario —comenté.

—Pero no es fácil. Hay que andarse con muchas cautelas para no enojar a nadie. Algunas veces sospechan que también somos espías y nos retiran el permiso. En esto llevan razón, me temo. Algún caso se ha dado de alfaqueque que aprovechaba sus viajes para espiar y percibía tres sueldos: de Castilla, de Aragón y de Granada.

284. *Agora queremos decir de los alfaqueques, que son trujamanes e fieles para pleytear* [los cautivos] *e sacarlos de captiuo. E mostraremos qué quiere dezir alfaqueque. E qué cosas deue auer en sí aquel que escogieren para este oficio. E cómo deue ser escogido e fecho. E quién lo puede fazer. E qué cosas deuen fazer e guardar los alfaqueques. E qué gualarxlón deuen auer quando bien fizieren su oficito. E qué pena, quando mal [...] deuen auer en si seys cosas. La vna, que sean verdaderos, onde lleuan el nome. La segunda, sin cobdicia. La tercera, que sean sabidores también del lenguaje de aquella tierra a que van como del de la suya. La quarta, que no sean malquerientes. La quinta, que sean esforzados. La sexta, que ayan algo de lo suyo.* (Partida II, título XXX, leyes 1-3).

285. En el Archivo del Ayuntamiento de Jaén se conserva una carta escrita en un castellano vacilante (que nos recuerda cómo hablan los indios en las películas del Oeste) con la que el alcaide moro de Cambil se dirige a los regidores de Jaén, en octubre de 1480, sobre uno de estos casos. Leemos: *Mucho honrados y esforçados cavalleros: vuestra carta recebí de esta verdad que tomaron mis moros esos dos christianos por el moro que allá me tenéis. Si enviar moro, luego enviar a los christianos. Saludar al conçejo.*

—¡Caramba! —exclamé.

—Por eso a veces desconfían de nosotros y por culpa de los pecadores pagamos los justos. En fin, eso entra en el oficio. También mediamos entre mercaderes moros y cristianos.

—¿Mercaderes? —me extrañé—. ¿Es que los cristianos comercian con los moros?

Abrabanel asintió como si fuera lo más natural del mundo.

—Así es, amigo. No siempre están en guerra moros y cristianos. Los periodos de guerra son solamente la excepción que enturbia los largos periodos de paz en tranquila coexistencia o, más raramente, en cordial convivencia, cuando las relaciones de vecindad se anudan entre poblaciones limítrofes a uno y otro lado de la frontera. Los moros de Granada son muchos y viven apretados, como cañas en cañaveral. Necesitan productos de los cristianos: trigo, aceite, vacas, y los cristianos necesitan productos de los moros: pescado, frutos secos, azúcar, seda y tejidos suntuosos, a veces bordados en oro o plata, que las iglesias usan en casullas y vestidos de lujo o en paramentos litúrgicos.[286] Casos se dan en que los alcaides de un lado asisten a las bodas de los alcaides del otro, como refleja la *Crónica del condestable Iranzo,* con la que le supongo familiarizado.

—Lo estoy —reconocí, no sin cierta vanidad.

—Pues por ella sabrá que esta cordialidad no obstaculiza que unos meses después se enfrenten a muerte en el campo de batalla.

Recordé haber leído que los periodos de paz eran mucho más largos que los de guerra, aunque los cronistas suelen cargar la mano en la guerra, dado que la paz no es noticia.[287]

—¿Y eso lo sabe el rey de Castilla? —pregunté.

286. López de Coca, 1982, p. 375.

287. «Durante el siglo XIV la duración de las treguas y paces se aproxima a ochenta y cinco años, mientras que las guerras se distribuirían en un conjunto de quince años, repartidos a lo largo de toda la centuria [...]. Durante el siglo XV las guerras fueron breves, mientras que las paces y treguas se sucedieron casi anualmente y solo se dieron, como era costumbre, las correspondientes cabalgadas» (Rodríguez Molina, 2007, pp. 104 y 108).

—¿No ha de saberlo? Buenos dineros saca de ello. Él designa los puertos secos por donde se puede mercadear lícitamente con el moro. También los pueblos de la frontera de uno y otro lado llegan a acuerdos con el vecino para el aprovechamiento de los pastos en la banda morisca.

—¿Banda morisca?

—Es como decir la tierra de nadie, entre un cuarto y dos leguas de ancho por toda la frontera,[288] es una especie de «zona neutral», cuyos pastos o entredichos aprovechan tanto moros como cristianos. Y no solo se pasta en la tierra de nadie. Los moros arriendan a veces pastizales en la parte cristiana y viceversa. A veces designan puntos intermedios para intercambios comerciales o de noticias.[289]

—Me sorprende —reconocí—. Creía que moros y cristianos de la frontera vivían en continuo peligro, tan cerca del enemigo.

—Y lo están —repuso el alfaqueque—. Que haya paces no quita que exista el peligro. La frontera atrae a muchos bandidos, renegados moros o cristianos, fugitivos y aventureros. Es un lugar inseguro. La tierra de nadie fronteriza es también «campo desierto y solitario donde reinan el miedo y el asombro, solo a propósito para sufrir daño del enemigo y para huir de ella».[290]

—Nunca pensara que hubiera tantos tratos con el enemigo —reconocí.

—Porque los cronistas escriben para congraciarse con los reyes y con los obispos —dijo Abrabanel—. Y así dan a entender que todo es blanco o negro, y que la cruz es enemiga jurada de la media luna.

288. Según Torres Fontes (2004, p. 20), «en ocasiones esta franja fronteriza alcanzaba más de cincuenta kilómetros, deshabitada, sin cultivos, pero camino abierto al tránsito pacífico o bélico en una u otra dirección». Un documento de 1473 calcula que desde Xiquena a Caravaca median *nueve leguas de tierra despoblada, a todo peligro de muerte* (*ibidem*, p. 137).

289. Así, la Fuente de la Higuera, en Murcia, a veintiséis kilómetros de la cristiana Lorca y a veinticinco de la musulmana Vera.

290. Torres Fontes, 2004, p. 27.

—¿Y no lo es?

—Puede que lo sea, pero la dureza de la vida ablanda las convicciones y disipa los fanatismos. Aquí, cuando conviene, el moro reniega y se hace cristiano y el cristiano se hace moro.

—Conversiones insinceras —apunté.

—O no, amigo mío. ¿Quién penetrará en el corazón de un hombre? No sé si ha oído hablar del adalid Ruy Díaz, un antiguo moro capitán del rey Juan II, el que planeó la conquista de Huéscar. Él dio ejemplo subiendo por la escala el primero, al amparo de la noche, y oyó que dos centinelas hablando en arábigo se decían «si escapamos de esta noche ya no habrá nada que temer».

—¿Y qué ocurrió?

—Sigiloso como un gato, Ruy Díaz saltó al paso de ronda, degolló a los centinelas, sus antiguos correligionarios, y detrás de él subieron otros, ganaron las puertas, las abrieron, entró el grueso de la tropa y tomaron la plaza. Está en los romances.

Todavía conversamos largo rato en espera de que pasara el calor. Después acompañé al alfaqueque a Bedmar, término de su viaje, donde se había ofrecido a presentarme a conocidos suyos que podrían ilustrarme sobre la vida en la frontera.

—Conmigo viene más o menos seguro —me decía—. ¿Ve el pendoncillo que llevo en lo alto de la lanza? Son los colores de Bedmar, el concejo del que dependo. Así el que me ve de lejos sabe que llevo licencia de los reyes.

CAPÍTULO 51

El almogávar[291]

Anochecía cuando llegamos a Bedmar, el primer poblado cristiano de la vía del Jandulilla. La muralla formaba un ángulo recto que se apoyaba en un crestón de la sierra. Pasando las puertas, salimos a un altozano rodeado de media docena de casas dispuestas en torno a una principal, cuya entrada se adornaba con un sarmiento seco.

—La fonda —informó Abrabanel.

En un poyo de la puerta aguardaba un muchacho que, descargado el hato, se hizo cargo de las bestias para llevarlas al abrevadero. Pasado el portón, un patio cubierto de verde emparrado albergaba una fuente con caño de bronce y las letrinas. Al fondo, otra puerta conducía a la cocina comunal. A la escasa luz de unas lámparas de sebo distinguí hasta una docena de personas que conversaban animadamente arrimadas a los poyos o sentadas en taburetes. Una gran chimenea de amplia campana ocupaba el testero del fondo. Como era verano, su lar estaba ocupado por unas narrias que sostenían pellejos de vino.

Acudió el posadero a saludar a Abrabanel. Alzando la voz para que los circunstantes se dieran por enterados, el alfaqueque me presentó como juglar o bululú, lo que justificaría mi extravagante atuendo. A la orden del posadero una criadita nos armó una mesa y nos sirvió el asado del día, unas cabezas de carnero

291. *Almogávar,* del árabe المغاور, *al-mugavir,* «el salteador que algara o incursiona en territorio enemigo».

que despiezamos sobre platos de madera con tajadera central, y acompañamos con una hogaza de pan caliente y una jarra de vino puesta a enfriar en el pozo. Terminada la cena y levantadas las tablas, Abrabanel solicitó otra jarra de vino y le llenó el jarrillo a uno de los huéspedes, un anciano vigoroso al que faltaba un brazo.

—Este es Gutierre el Manco —me lo presentó—, uno de los mejores adalides de esta frontera, hombre hazañoso que muchos años ejerció la almogavería hasta que tuvo el percance. Él os pondrá al tanto de ese oficio.

Yo tenía noticia de los adalides y almogávares por diversos testimonios, pero me interesó especialmente el reconocimiento que aquel hombre hizo de la habilidad guerrera de sus colegas, los almogávares moros.

—*El moro es astuto en la guerra y diligente en ella. También belicoso, engañoso y cruel. Conosce a qué tiempo y en qué lugar se ha de poner la guarda, do conviene el escucha, a dónde es necesario el atalaya, a qué parte el escusaña; por do se fará el atajo más seguro e que más descubra. Conosce el espía; sabrala ser. Tiene conoscimiento de los polvos, si son de gente de a pie, e quál de a caballo, o de ganado, e quál es toruellino. Y quál humo de carboneros y quál ahumada; y la diferencia que ay de almenara a la candela de los ganaderos. Tiene conoscimiento de los padrones de la tierra, y a qué parte los toma, y a qué mano los dexa. Sabe poner la celada, y do irán los corredores, e ceuallos sy le es menester. Tiene conoscimiento del rebato fechizo* [falso] *y quál es verdadero. Da avisos. Su pensar continuo es ardides, engaños e guardarse de aquéllos. Sabe tomar rastro, y conosce de qué gente, y cuál seguir. Tentará pasos e vados, e dañallos o adoballos según fuere menester. Y guía la hueste. Busca pastos y aguas para ella, y montañas o llanos para aposentallos. Conoxe la disposición de asentar más seguro el real* [campamento]; *tentará el de los enemigos. Irá a traer e buscar lengua dellos* [informes], *que es muy necesaria.*[292]

292. Carta de Hernán Pérez del Pulgar a Pedro Navarro fechada en El Salar a 6 de abril de 1509, vísperas de la expedición a Orán (Marqués de Lidal y Miguel Salvá, 1854, folio 252).

»El infante don Juan Manuel[293] es más explícito cuando escribe: *Ca la guerra guerreada ácenla los moros muy maestramente, ca ellos andan mucho e pasan con muy poca vianda, et nunca llevan consigo gente de pie ni acémilas, sinon cada uno va con su caballo, también los señores como cualquier de las otras gentes, que no llevan otra vianda sinon muy poco pan e figos o pasas o alguna fruta, e non traen armadura ninguna sino adaragas de cuerpo, e las sus armas son azagayas que lanzan, espadas con que fieren, et porque se tienen tan ligeramente pueden andar mucho. Et cuando en cabalgada andan caminan cuanto pueden de noche et de dia fasta que son lo más dentro que pueden entrar de la tierra que pueden correr* [saquear]. *Et a la entrada entran muy encobiertamente et muy apriesa; et de que comienzan a correr, corren et roban tanta tierra et sábenlo tan bien facer que es grant maravilla, que más tierra correrán et mayor daño farán et mayor cabalgada ayuntarán doscientos homes de caballo moros que seiscientos christianos...*[294]

»Reparen en los números: doscientos moros le sacan más provecho a la cabalgada que seiscientos cristianos

—¿Por qué? —me atreví a preguntar.

—Porque los moros van ligeros, sin impedimenta, cada jinete lleva consigo lo que va a necesitar y son muy frugales en sus talegas. Luego está su pericia en la guerra. *Cuando han de combatir algunt logar, comienzanlo muy fuerte et muy espantosamente; et cuando son combatidos, comienzanse a defender muy bien et a grant*

293. El infante don Juan Manuel (1282-1348), sobrino de Alfonso X el Sabio, conocía bien la manera de pelear de los moros porque fue adelantado o capitán general de la frontera con el emirato de Granada e incluso derrotó a los moros en la batalla de Guadalhorce (29 de agosto de 1326) y participó en la del Salado (1340) y en la conquista de Algeciras (1344).

294. El infante distingue entre dos tipos de guerra: la *guerra lidiada*, la que libra batallas campales, aniquiladoras, siempre en verano, y la *guerra guerreada, de escaramuzas y golpes de mano, sin arriesgar mucho, incluso en ivierno.* En esta se debe *guisar quel destruya todos los lugares onde entiende que puede aver vianda, et bedarle que non pueda senbrar nin labrar las viñas [...]. Et en los otros lugares debe guisar de los estragar et de les talar los panes et las viñas* (Don Juan Manuel, 1991, cap. LXXI).

maravilla. Cuando vienen a la lid vienen tan recios et tan espantosamente, que son pocos los que no han ende muy grant recelo [...]. Et si por ventura ven que la primera espolonada non pueden los moros revolver ni espantar los christianos, después pártense a tropeles, en guisa que si los christianos quisiesen pueden hacer espolonadas con los unos que los fieran por delante e los otros en las espaldas et de travieso.

O sea, cuando huyen lo hacen en grupos dispersos en distintas direcciones, lo que desconcierta a los perseguidores cristianos y les posibilita aplicar con éxito la táctica del tornafuye, atacando desde distintas direcciones a los perseguidores. Más menudamente explicado: *Et ponen celadas porque si los christianos aguijaren sin recabdo que los de las celadas recudan, en guisa que los pueden desbaratar [...]. Et sabed que non catan nin tienen que les parece mal el foir por dos maneras: la una, por meter a los christianos a peoría, porque vayan en pos dellos descabelladamente; et la otra es por guarescer quando veen que más non pueden facer. Mas al tiempo del mundo que más fuyen et parece que van más vencidos, si ven su tiempo que los cristianos no van con buen recabdo, o que los meten en tal lugar que los pueden hacer danno, creed que tornan entonces tan fuerte et tan bravamente como si nunca hubiesen comenzado a foir*[295] *[...]. Porque no andan armados nin encabalgados en guisa que puedan sofrir heridas como caballeros, nin venir a las manos,*[296] *que si por estas dos cosas non fuese, que yo diría que en el mundo no ha tan buenos hombres de armas ni tan sabidores de guerra ni tan aparejados para tantas conquistas.*[297]

295. Es la táctica denominada *tornafuye:* fingir que se huye para arrastrar a los perseguidores a una celada o trampa donde aguardan ocultos otros, y entonces los que huían se vuelven y toman a sus perseguidores entre dos fuegos. Por eso el infante don Juan Manuel dice que cuando los moros llegan con peones *se les puede hacer la guerra con más seguridad que cuando solo vienen a caballo, lo que parece aparejado para el tornafuye (Ibidem).*

296. Es decir, la debilidad de los moros es que carecen de caballería pesada y de armaduras capaces de oponerse a las de los cristianos.

297. Don Juan Manuel, 1991, cap. LXXV. El infante reconoce que si los moros dispusieran de la caballería pesada, bien protegida de armaduras, que usan los cristianos, serían poco menos que invencibles.

Don Juan Manuel los había visto combatir. Tenía razones para admirarlos y para temerlos. Debían de ser dignos de ver aquellos moros montados a la jineta, con el estribo corto y las piernas flexionadas, blandiendo lanzas arrojadizas, con sus adargas de cuero en forma arriñonada adornadas con borlas, y sus corazas de cuero o acolchadas.

Diversos testimonios coinciden en que el moro es tan astuto en la guerra como alevoso y traidor en la paz. Uno de los cristianos sitiados en Priego en 1409 escribe: *Los moros son tales que no vos ternán cosa de lo que vos prometieren, e moriremos aquí todos o seremos captivos.*[298]

—¡Treinta y dos años! —se ufanó Fulano tras apurar el cubilete que Abrabanel le había servido—. Si yo contara lo mío, no te cabría en un romance, muchacho. Empecé de porquero de un señor de Jimena, pero como esa vida me venía estrecha y no me faltaba bravura para escoger otra más peligrosa, me junté con unos almogávares y cambié de oficio. No sé cuántas veces crucé la frontera, unas veces para robar ganados y cautivar moros, y otras veces para escoltar pastores o mercaderes y guardarlos de los almogávares moros.

—Entiendo que ustedes son una especie de bandidos legales —me atreví a decir.

—Se puede decir que lo somos —convino—. Pero como robamos a los moros, metidos en su tierra, donde no rigen las leyes propias, la autoridad nos tolera siempre que no quebrantemos demasiado las treguas y que de lo robado demos al rey la parte que le corresponde, el quinto de la ganancia.

—No entiendo eso de no quebrantar demasiado las treguas: o las quebrantas o no las quebrantas, creo yo. No se pueden quebrantar solo un poquito.

—Un poco duro de mollera te encuentro —me dijo tocándose la sien con el dedo índice—. ¡Claro que se pueden quebrantar un poquito! Para eso están las algaras o cabalgadas.

—¿Las algaras?

—Sí, hombre, entradas a saquear y castigar territorio enemigo. Algunas veces por iniciativa de los alcaides o de una cuadrilla

298. *Crónicas de los reyes de Castilla,* 1875, II, p. 312.

de hombres de la frontera algareamos en tierra de moro. La algarada es guerra «a hurto», o sea, de baja intensidad, y no comporta ruptura de treguas.[299]

—Los alfaqueques negociamos después la devolución de cautivos o bienes capturados —interviene Abrabanel.

Me explicó después que tanto moros como cristianos disponen a lo largo de la frontera de una red de comunicaciones presta a alertar a la población para que se ponga a salvo en caso de peligro. Como dice el romance: *Las adargas avisaron / a las mudas atalayas; / atalayas, a los fuegos; / los fuegos, a las campanas.*[300]

Las adargas, escudos de cuero bruñido que usaban los moros, destellaban al sol y delataban su proximidad a los vigilantes o atalayas, que daban «rebato» (alarma) quemando leña húmeda para avisar con señales de humo o encendiendo fuego si era de noche. A la vista de la señal, las campanas repicaban a rebato para que la población dispersa por el campo recogiera a sus animales y se pusiera a salvo tras la muralla del pueblo más cercano o en una albacara (refugio de fortuna, un corral con chozas). Algo parecido hacían los moros cuando se trataba de cristianos entrando en sus tierras, con la salvedad de que, por carecer de campanas, no podían tocar a rebato.

—La algarada suele practicarse en primavera u otoño, con unas docenas de hombres de armas —prosigue nuestro informante—. Solamente saqueamos un poblado o las alquerías de una comarca, y luego nos ponemos a salvo con el botín antes de que el enemigo reaccione, nos ataje con fuerzas superiores y nos arrebate lo robado.

299. El cronista Alonso de Palencia, en sus *Anales de la guerra de Granada,* la define así: «A moros y cristianos de esta región, por inveteradas leyes de guerra, les es permitido tomar represalias de cualquier violencia cometida por el contrario, siempre que los adalides no ostenten insignias bélicas (estandartes y banderas), que no se convoque a la hueste a son de trompeta y que no se armen tiendas, sino que todo se haga tumultuaria y repentinamente» (De Palencia, 1909).

300. Luis de Góngora, romance *Servía en Orán al rey.*

—Y cuando eso ocurre, ¿qué pasa?

—O te enfrentas o huyes abandonando la presa. Algunas veces defender la negra honra te puede costar la vida, como acaeció al famoso Abenzada el Bizco.

—¿Qué le ocurrió?

—«Fue en 1483, en la guerra de Granada. Doce almogávares moros a pie apresaron a un vecino de Lorca. Dada la alarma, salieron hombres a caballo en su busca. Hallaron el rastro en el llano de Aguaderas, casi al pie de la sierra, y los alcanzaron antes de que se refugiaran en ella. *E nunca los moros se quisieron dar* [entregar], *salvo que se abrazaron e se besaron los unos a los otros, e pelearon con los cristianos. En la qual pelea murieron cuatro moros e un cristiano. El uno de los cuatro moros era Abençada el Vizco, el mejor adalid e ome más osado que avie en toda la frontera, que segund su gran saber desta tierra ha valido más la muerte suya que si murieran cien moros.* No se puede hacer mayor elogio de un enemigo muerto, temido y admirado».[301]

—Recuperar la presa en territorio enemigo es más arriesgado que si lo haces en el tuyo, por eso trae más ganancia a los atajadores —añade Abrabanel.[302]

El recuerdo de las algaradas moras dejó su impronta en el romancero:

Caballeros de Moclín
peones de Colomera,
entrado habían en acuerdo,
en su consejada negra,
a los campos de Alcalá
donde irían a hacer presa.
Allá la van a hacer
a esos molinos de Huelma...[303]

301. Torres Fontes, 2004, pp. 48 y 131.

302. *Se lo quitamos en tierra de moros [...] ca de razón segund el estilo de guerra, todo era de los caualgadores* (Torres Fontes, 2001, p.162).

303. «Caballeros de Moclín...», *Romancero viejo,* Biblioteca Virtual Miguel de Cervantes, <https://www.cervantesvirtual.com/obra-visor/romancero-viejo--0/html/fedb667c-82b1-11df-acc7-002185ce6064_2.html>.

Los cristianos algareaban igualmente, como atestigua el romance:

Día era de San Antón,
ese santo señalado,
cuando salen de Jaén
cuatrocientos hijosdalgo,
y de Úbeda y Baeza
se salían otros tantos,
mozos deseosos de honra
y los más enamorados
en brazos de sus amigas
van todos juramentados
de no volver a Jaén
sin dar moro en aguinaldo.[304]

O sea, han jurado a sus novias que regresarán con algún moro cautivo. En la *Crónica del condestable Iranzo* encontramos algún caso de cristianos que regresan con cabezas de moros. Después de pavonearse con ellas, las abandonan a los pilluelos de la calle y finalmente alimentan a los perros.[305]

Apuró Gutierre el Manco su cubilete antes de proseguir.

—Un cumplido almogávar, como yo lo era, sabe hablar la lengua del enemigo, la algarabía que parlan los moros o el romance en el que se entienden los cristianos. Como vivimos en el campo, conocemos el terreno, los caminos, las sendas y los vados de los ríos, así como los pasos de las montañas por donde entrar en la

304. Romance del obispo don Gonzalo. Texto disponible en <https://www.cervantesvirtual.com/obra-visor/romancero-viejo--0/html/fedb667c-82b1-11df-acc7-002185ce6064_2.html>.

305. *Vinieron a Jahén ese día con los dichos moros atados y con las cabeças de los moros muertos. Y como llegaron, el alguacil mayor las enbió al Condestable con un escudero suyo. E como las vido supo la nueva, ovo placer e mandólas poner en sendas lanças enfiestas, e así las metieron por Andújar. Do todos los mochachos de aquella çibdad las troxieron arrastrando por las calles della, y después las dexaron comer a los perros* (*Crónica del condestable Iranzo*, 1940, pp. 417-418). Cuando las cabezas eran demasiadas (caso de las batallas campales), se conformaban con hacer ristras de orejas que testimoniaban igualmente la victoria.

tierra contraria sin ser descubiertos por los atalayas. Sabemos todo lo necesario para la pelea y con igual destreza manejamos la espada, el cuchillo, la lanza o luchamos a cuerpo limpio. Sabemos tender celadas y ballestear, y emponzoñar flechas,[306] sabemos dónde hay que apostar las velas, guardas y escuchas para vigilar el territorio. Muchas veces entramos en tierra enemiga para secuestrar

306. Sobre las flechas envenenadas, Diego Hurtado de Mendoza, en su *Guerra de Granada* (1627), ofrece unos datos muy precisos: *Don Alonso, herido de dos saetadas con yerba, peleó hasta caer trabado del veneno [...], diré algo de su naturaleza. Hay dos maneras, una que se hace en Castilla en las montañas de Béjar y Guadarrama (a este monte llaman los antiguos Orospeda, y al otro Idubeda), cociendo el zumo de vedegambre, a que en lengua romana y griega dicen eléboro negro, hasta que hace correa, y curándolo al sol, lo espesan y dan fuerza; su olor agudo no sin suavidad, su color escuro, que tira a rubio. Otra se hace en las montañas nevadas de Granada de la misma manera; pero de la yerba que los moros dicen rejalgar, nosotros yerbas, los romanos y griegos acónito, y porque mata los lobos, licoctonos; color negro, olor grave, prende más presto, daña mucha carne; los accidentes en ambas los mismos, frío, torpeza, privación de vista, revolvimiento de estómago, arcadas, espumajos, desflaquecimiento de fuerzas hasta caer. Envuélvese la ponzoña con la sangre donde quier que la halla, y aunque toque la yerba a la que corre fuera de la herida, se retira con ella y la lleva consigo por las venas al corazón, donde ya no tiene remedio; mas antes que llegue hay todos los generales: chúpanla para tirarla afuera, aunque con peligro; psy los llaman en lengua de Egipto a los hombres que tenían este oficio [...]. El particular remedio es zumo de membrillo, fruta tan enemiga de esta yerba, que donde quier que la alcanza el olor le quita la fuerza; zumo de retama, cuyas hojas machacadas he yo visto lanzarse de suyo por la herida cuanto pueden, buscando el veneno hasta topallo y tiralle afuera: tal es la manera desta ponzoña, con cuyo zumo untan las saetas, envueltas en lino, porque se detenga. La simplicidad de nuestros pasados, que no conocieron manera de matar personas sino a hierro, puso a todo género de veneno nombre de yerbas, usose en tiempos antiguos en las montañas de Abruzzo, en las de Candia, en las de Persia; en los nuestros, en los Alpes que llaman Monsenis hay cierta yerba poco diferente, dicha tora, con que matan la caza, y otra que dicen antora, a manera de dictamno, que la cura.* El eléboro negro *(Helleborus niger)* o rosa de Navidad se conocía también como *yerba ballestera,* porque con él se envenenaban los virotes de las ballestas. Contiene glucósidos que ejercen un efecto paralizante del corazón. En cuanto al acónito, su veneno es la aconitina.

personas por encargo a fin de provocar un intercambio de cautivos en aplicación del derecho de represalia. Suponte que unos *collorados* moros, zegríes o tagríes (como llamamos a los almogávares de la otra parte), han entrado en los términos de Bejid, aquí cerca, y se han llevado cautivos a dos pastorcillos y robado las treinta vacas que guardaban.[307] Dada la alarma, el alcalde del pueblo perjudicado convoca a sus fieles del rastro para que sigan el de lo robado. Y cuando se averigua el destino, si los que tienen el botín no se avienen a negociar, nos contratan para secuestrar a alguno de ellos y luego intercambiarlo por su cautivo.[308]

»Con todo eso, nuestras vidas están continuamente en juego cuando el enemigo te conoce por tu nombre y fama, como acaeció al almocatén perseguido que se refugió entre los mudéjares de Aledo y ellos lo entregaron por evitarse problemas.

—¿Pues qué le pasó? —pregunto.

—Llevado a cerro de Monteagudo, fuera de Murcia, lo degollaron en presencia de notario y arrojaron el cadáver a una sima muy honda.[309]

307. «Las partidas de almogávares moros alistaban entre seis y diez individuos, de modo extraordinario entre veinte y treinta, en una ocasión puede que llegasen a un centenar» (Rodríguez Molina, 2007, p. 51).

308. El concejo de Murcia pide a Alonso Fajardo que libere a algunos moros que su vasallo Juan Mellado ha apresado, pues existen treguas con el rey de Granada. Fajardo replica: *Ciertos escuderos e criados e omes míos fueron tomados en la villa de Molina por el Rey Chico y omes de Granada [...]. Yo fago aquestas prendas fasta tanto que los dichos mis escuderos e criados e omes me sean dados, los quales fueron tomados durante la paz que el rey nuestro señor tiene con el dicho rey de Granada* (Torres Fontes, 2001, p. 176). En otra ocasión, Alonso Fajardo avisa al concejo de Murcia sobre la conveniencia de liberar un lote apresado: *Viniendo de Cartagena para Alcaraz, Fernando Castellar, un labrador mancebo vecino de Lorca, salieron a él Aluaro, criado de Juan de Torres, que vive con donna Maria, e otros dos ombres a pie, e robáronle una azemila y catorce arrobas de pescado salado, e trecientos maravedís, e una manta e un costal e quisieronle matar, e fuyó a las Alguaças, e Juan de Alburquerque corrió a cabello en pos de él. E no viue conmigo, ni es mío salvo vecino de Lorca; en esto tener manera de que luego se le torne todo sino forçado será cobrarlo de quien no aura culpa* (*ibidem*, p. 190).

309. Torres Fontes, 2004, pp. 198 y 302-303.

CAPÍTULO 52

El fiel del rastro

—¿Fieles del rastro?

—Los rastreadores, una especie de policía rural de la frontera. No sirve cualquier persona. Se necesita mucha experiencia para adquirir la pericia de seguir sobre el terreno las pisadas de cuatreros y reses. Los fieles del rastro lo siguen hasta las lindes del pueblo vecino, y allí se lo traspasan a los rastreadores del lugar, que lo siguen hasta la linde del concejo siguiente. Así se va siguiendo el rastro, de pueblo en pueblo, hasta que atraviesa la frontera y se adentra en tierra de moros. Entonces, el alcalde de moros y cristianos nuestro convoca al alcalde moro vecino y le traspasa el rastro, si necesario fuera por escrito, para lo que existe un escribano del rastro, a fin de que de todo quede constancia en caso de conflicto venidero. Los moros también tienen sus rastreadores, que siguen la huella de lo robado hasta localizarlo y averiguar a quién se le vendió. Entonces, un alfaqueque moro media para que los cristianos perjudicados rescaten la presa pagando la correspondiente indemnización, lo que no siempre ocurre, claro, pero al menos se intenta. Los rastreadores cobran una respetable cantidad por cada rastro seguido y además tienen ventajas por serlo, como exención en el pago de tributos reales y concejiles, y cuando llega la guerra ganan buenos gajes por guiar a la hueste en tierra enemiga.

Poco después conocí al fiel del rastro que servía a los alcaides del lugar. Era ya anciano y le estaba enseñando el oficio a un nieto.

—Nuestra ciencia es compleja y consiste en combinar los cinco sentidos, pero luego cada cual la ensancha con la experiencia. Yo ahora le enseño a este rapaz cómo, estudiando las huellas de los que entran en cabalgada, se puede decir cuántos son, hacia dónde van y si lo hacen con prisa o sin ella. Hasta se puede averiguar el peso de las cabalgaduras por las huellas que dejan.

—¿Y eso, qué utilidad tiene? —me atreví a preguntar.

—Mucha. Por el peso se averigua si los caballos van cargados de botín y hasta si sospechan que son seguidos.

Sonrió al ver mi gesto de extrañeza.

—Una vez me quisieron despistar cambiando las herraduras de hierro por otras de esparto que son bien silenciosas. Otra, caminando de espaldas, pero los delató la impronta profunda del tacón y lo irregular de la planta. Toda pisada arrastra pequeños residuos en la dirección del movimiento, eso es inevitable. Observando la huella de un pie calzado sabemos la velocidad del sujeto (si se mueve deprisa, deja huellas profundas y muy separadas); el tiempo transcurrido (las pisadas recientes en terreno blando no tienen residuos en su interior, pero a medida que pasa el tiempo se secan los bordes y dejan caer tierra en la parte aplanada). También distinguimos si son pisadas de mujer (suelen ser más pequeñas y leves y ligeramente vueltas hacia dentro). Cuando se corre, la pisada es muy honda en la punta y superficial en el tacón. Por la hierba pisada sabemos la dirección de la marcha, porque la hierba se inclina hacia ella. También recogemos indicios del barro de las suelas que queda sobre las piedras, los roces en los árboles, las telarañas rotas…

—¿Y si el terreno es pedregoso? —pregunté.

—Entonces conocemos la dirección de la marcha por las piedras removidas que presentan al aire la cara más oscura, o por las hojas caídas o vueltas que exponen su envés oscuro. También obtenemos información de los restos de las hogueras, de los cagajones de los caballos y hasta de las heces humanas. Eso nos sugiere cuánto hace que la tropa enemiga descansó en ese lugar. Incluso cuando hay rastros de sangre podemos deducir la clase de herida que sufre un fugitivo: si la sangre es rosada o espumosa procede de los pulmones; si hiede, procede del vientre. Luego está el olfato. Procuramos observar el campo con el viento de cara, porque con el viento de espalda, mis olores y mis sonidos van al rastreador enemigo.

CAPÍTULO 53

El alcalde de moros y cristianos

—Me llamo Alfonso Fernández de Córdoba y soy alcalde de moros y cristianos. Mi trabajo consiste en administrar justicia, hacer las paces con los alcaldes moros del otro lado, guardar las lindes, fijar los mojones de común acuerdo con la parte contraria, repartir los pastos y la leña de la tierra de nadie, devolver a su dueño los ganados extraviados y, en general, cuidar que haya paz y que nadie lastime a nadie, lo que no siempre es fácil, porque en la frontera vive gente muy airada y de armas tomar, como ese famoso Miguel de Jamilena. Quizá hayáis leído que este es un oficio desprestigiado, pero os digo que no lo será cuando tanto señor de casa noble se lo disputa. Nada diré de los gajes, ganancias y ventajas que acarrea, porque los que padecéis a los políticos corruptos en el siglo XXI ya os podéis imaginar que no hay nada nuevo bajo el sol, que todo está inventado.[310]

310. La institución del alcalde de moros y cristianos, o juez de frontera, se desarrolló espontáneamente en la segunda mitad del siglo XIV. Las prerrogativas y obligaciones del cargo eran las siguientes: «1. Oír las quejas, querellas y agravios de moros y cristianos, juzgándolas conforme a derecho; 2. todos los habitantes estaban obligados a acudir a sus emplazamientos y a entregarle cualquier persona que hubiese quebrantado la tregua; 3. tenía la facultad para conceder autorización para hacer prendas en territorio granadino como represalia; 4. todos los habitantes del reino estaban obligados a prestarle su ayuda y cumplir sus órdenes en el transcurso del ejercicio de sus funciones; 5. tenía autoridad para ordenar y hacer cuantas cosas considerara convenientes para la seguridad de la fron-

A veces, la empatía existente entre las partes se manifiesta en menudas anécdotas. Conocemos el caso de un pastor Pedro, cautivo en Colomera, cristiano que ha renegado, se ha convertido al islam y se resiste a volver con su familia. El concejo moro de Colomera trata el asunto en una carta que envía al concejo de Jaén en 1480.

> *Señores: recibimos los dos moros que vosotros nos enviastes, e luego vos enviamos los tres christianos vuestros. E sabed, honrado concejo e caballeros, que el un mozo se tornó moro, e nosotros ovimos mucho pesar de ello, e le diximos que fuese con sus compañeros, e no quiso. Mandad que venga su madre e parientes aquí a Colomera e travajen con el mozo para que se vaya con ellos, y nosotros lo dexaremos yr. Y vengan los que vernan seguros.*

Más adelante, en uno de sus viajes a Granada, el mensajero cristiano insiste en su reclamación, y los de Colomera contestan: *Este mozo fué entregado al jurado Martín de Espinosa, e a su padre, e a otros muchos cristianos, y lo tuvieron apartadamente y fablaron con él sin estar los moros presentes; y todavía dixo que era moro,* o sea, insistía en que su conversión era sincera y no forzada.[311]

Algunos documentos expresan reclamaciones que hace el alcaide de un castillo moro fronterizo, Cambil, al concejo de Jaén por personas y propiedades que los de Jaén les toman en tiempo de treguas.

> *Primeramente, el moro gasí que fué tomado en Dayfonte, que está en Priego, con su despojo* [es decir, con sus pertenencias].
>
> *Otrosí las borricas de Abrahene, que mataron en Dayfonte; e más el asémila que llevaron que costó siete mill mrs., que está en Priego; e más setenta codos de lienzo.*
>
> *Otrosí las vacas que tomaron en la cañada de Talauera e salieron por el término de Iahén; e vn cauallo e dos montones de lino que quemaron.*

---

tera. Había a lo largo de la frontera cuatro alcaldes mayores entre moros y cristianos, en los obispados de Cádiz, Sevilla, Córdoba-Jaén y Murcia» (González Jiménez, 1987, p. 58).

311. Carriazo Arroquia, 2002, p. 246.

> *Otrosí demandan el despojo de vn moro que fué leuado a Alcalá, e Jahén lo eubió a Canbil, e quedó el despojo en Alcalá; lo qual es vna vallesta de asero e vna aljaba e vn cinto […] e vn capote e vn puñal.*
>
> *Otrosí el despojo deste moro que fizo salir Fernando de Torres que se levó agora; que es vna lanza e vn capote e vn par de zapatos e vna gomía, que pide por ella CCCC* [o sea, valorada en cuatrocientos maravedíes] *e vn azadón e vna rreja* [la pieza metálica del arado de palo] *e vna cavesada e vna cinta e vna navaja.*
>
> *Otrosí el despojo del moro que se soltó en la Torre del Moral, que lo leuaron ladrones e lo enbió a Canbil el alcayde de La Guardia.*

Hasta aquí bien, al moro capturado por ladrones para venderlo como esclavo o exigir rescate lo redimió el alcalde de La Guardia y lo devolvió a Cambil, de donde era, pero faltan las pertenencias que llevaba encima que es lo que reclaman: *vna lanza e vn capote e vn par de zapatos e vn cinto e vn puñal e vnas tiserás de desquitar* —o sea, tijeras de esquilar, un oficio entonces más propio de moros que luego heredarían los gitanos.[312]

Otras veces el moro yerra el camino y va a parar a tierra cristiana donde lo cautivan, o viceversa. Veamos el caso:

> *Otrosí que venía vn moro gasí de Granada a Canbil e viniendo que erró el camino de aquel cabo de la Torre el Gatín, e dexó el camino e echó por vna senda: pensando que venía a Canbil, e aportó a Huelma, e lo tiene de magnifiesto el alcayde de Huelma. E quel alcayde de Canbil Mahomad Lentín le ha escripto sobre ello al alcayde de Huelma que lo de el dicho moro, e que nunca le ha rrespondido. E porque muchas veces xistianos vienen de Huelma e yerran el camino e se van a Canbil, e los alcaydes de Canbil dan moros que les muestren el camino de Huelma e no los torna por perdidos, que asi avrán de faser los de Huelma!* [o sea, pide reciprocidad, que los que yerran el camino se devuelvan] *e el alcayde si erró el camino el moro se lo deviera mostrar, que para esto es la vesindad.*[313]

«Que para esto es la vecindad», dice, o sea, para ayudarnos como buenos vecinos.

312. Carriazo Arroquia, 1955, «Los moros de Granada…», p. 88.
313. *Ibidem.*

Otras veces el asunto se complica, como el del joven cristiano al que unos moros capturan cuando se resguardaba de una nevada debajo de una encina *con vn cavallo castaño claro ensillado e enfrenado.* Los captores venden el caballo por setenta mizcales (que son setenta reales) al alcaide del castillo de Arenas, pero con la condición de que si el caballo tiene que volver a tierra cristiana (porque lo reclamen y sepan su paradero), entonces los vendedores restituirían su precio al comprador.

¿Y el muchacho?

Al muchacho lo llevaron al cercano castillo de Arenas (Campillo de Arenas) y lo encadenaron en una mazmorra. El chico intentó huir, pero lo volvieron a capturar antes de que alcanzara tierra cristiana. Nuevamente devuelto al calabozo *se cortó su natura e dixo que era moro.*

A veces encontramos historias de amor entre personajes de bandos distintos:

> *Vna xristiana que tyene Muley Nazar, que yua por el camino desde Jaén a Huelma e fue tomada por los de Canbil, e se tornó mora, y es xristiana: Respóndese que esta que dice ser xistiana [...] vino de su buena voluntad, como es notorio e verdad, e después de estar en esta cibdad de Granada e ser mora, en este medio tienpo vino Martín de Lara, alhaqueque, e habló con ella departadamente y ella quedó por mora, como lo era. Y después ella fué casada e estouo grand tienpo por mano e mandado del alcalde mayor de los moros; la qual huyó de casa de su marido con vn enamorado mudéjar que tenía, y fué tomada y presa. E mirando lo susodicho ser asy como es verdad y pasó, ya veys sy es rrasón demandar la tal muger como esta.*[314]

Se deduce que la chica es enamoradiza y más vale dejarla a su aire.

314. Carriazo Arroquia, 1955, «Relaciones fronterizas...», p. 31.

CAPÍTULO 54

El caballero

Regresaba sudoroso de cazar perdices con azor y perros, el común ejercicio de los caballeros, junto con montear el oso, el puerco y el ciervo. Acertó a remojarse cabeza y nuca en la fuente del abrevadero y saludado por el alfaqueque Simón Abrabanel se presentó.

—Soy el caballero don Pedro Machuca. Procedo de un limpio linaje ennoblecido por el rey. Un antepasado mío, don Vargas Machuca, se distinguió en el cerco de Jerez (1231) porque se le rompió la espada durante la batalla, pero él siguió matando moros con una rama que desgajó de un olivo. El rey lo vio y lo animaba diciéndole: «¡Machuca, Vargas, machuca!», y de ahí nos vino el apellido y la nobleza.[315]

»Sabrás que hay varias clases de caballeros. La más alta es la de los nobles, pero después viene la de los hidalgos linajudos que tenemos patrimonio suficiente para no trabajar con las manos, aunque bastante trabajo da entrenarse para defender la frontera de moro y mantener caballo de guerra y armas; luego están los

315. Cervantes lo cuenta en *El Quijote* (cap. 8): «Yo me acuerdo haber leído que un caballero español llamado Diego Pérez de Vargas, habiéndosele en una batalla roto la espada, desgajó de una encina un pesado ramo o tronco, y con él hizo tales cosas aquel día y machacó tantos moros, que le quedó por sobrenombre Machuca, y así él como sus descendientes se llamaron desde aquel día en adelante Vargas y Machuca».

caballeros de cuantía o premia, como llamamos a los villanos que ascienden de estado a cambio de comprometerse a costear el caballo y las armas necesarias. Incluso hay algunos caballeros que se han *encabalgado* simplemente matando a un moro, arrebatándole la montura y aceptando la vida y las obligaciones de la caballería.

—¿Y qué ventajas tenéis por asumir el gasto de mantener caballo de guerra y armas y poner la vida en peligro saliendo al moro?

—¿Aparte de la honra y de la posibilidad de cobrar fama por alguna hazaña memorable?[316]

—Sí, aparte de todo eso.

—Bueno, estamos exentos de impuestos y se nos reservan los empleos ciudadanos, las alcaldías y los concejos. Eso sí: la disposición hay que demostrarla, por eso dos veces al año, por marzo y septiembre, hacemos alarde.

—¿Qué es alarde?

—Consiste en salir fuera de las murallas con nuestros caballos y armados como para la guerra a fin de que los veedores comprueben que todo el que disfruta de exenciones de caballero o ballestero está convenientemente equipado. Es para evitar que algunos se presenten con los caballos y los equipos de otros, con manifiesto engaño.[317]

316. Tampoco hay que exagerar lo de la busca de la honra por parte de los caballeros. Un cronista reprocha a un caballero que mata a un moro sin esperar ganancia material alguna: «A vista de todos, echole la lanza, con la cual pasado y atravesado el cuerpo, el moro cayó muerto en tierra. ¡Qué hecho bien hermoso! Aunque no sacó de él más provecho que el precio de la honra ante los cristianos y moros que lo vieron» (Rodríguez Molina, 2007, p. 59).

317. En un documento de la época se ordena que *los vezinos desta cibdad que son quantiosos de treinta mil maravedís ayuso fasta quince mil* [o sea, con esa renta anual] *tengan cada uno una ballesta con su cinto e aljaba con tres dozenas de viratones e casquete e espada e coraças,* porque la autoridad perseguirá a *muchas personas que son asaz abonadas para tener ballestas e no las tienen* (Torres Fontes, 2004, p. 56).

»En cuanto a las virtudes que deben adornar al caballero, la principal es la vergüenza y el seso o sentido común.[318] Después conviene que sea sufrido y paciente, porque *los caballeros de la guerra comen el pan con dolor; los vicios* [deleites] *della son dolores e sudores; un buen día entre muchos malos. Pónense a todos los trabajos, tragan muchos miedos, pasan por muchos peligros; aventuran sus vidas a morir o vivir. Pan mohoso, o bizcocho; viandas mal adobadas; a horas tienen, a horas, non nada; poco vino o ninguno; agua de charcos o de odres; malas posadas, la casa de trapos o de hojarascas; malas camas, mal sueño. Las cotas vestidas, cargados de fierro. Los enemigos al ojo. "¡Guarda allá! ¿Quién anda ahí? ¡Armas, armas!" Al primer sueño, rebato; al alba, trompetas... Tal es su oficio: vida de gran trabajo; alongados de todos vicios* [privados de toda comodidad]. *¿Pues los de la mar? Non hay igual de su mal; non acabaría en un día su lacería e gran trabajo. Que mucha es la honra que los cavalleros meresçen e grandes mercedes de los reyes, por las cosas que dicho he.*[319]

318. La vergüenza *es la cosa por que omne dexa de fazer todas las cosas que non deve fazer, et le faze fazer todo lo que deve. Et por ende, la madre et la cabeça de todas las vondades es la vergüenza.* El sentido común le indicará *cómmo deve guerrear quando oviere el mayor poder que su contrario, o su contrario lo oviere mayor que él. Et commo deve fazer quando cercare el lugar muy fuerte, o non tanto, o cómmo se deve defender si fuere cercado; et cómmo deve parar* [disponer] *hueste si oviere de lidiar* [batallar] *o con más o con mejores que los suyos; et cómmo, si los suyos fueren más o mejores. Et otrosí el seso le mostrará cómmo deve llevar la gente por el camino et non tener las cosas en poco* [sin descuidarse]*; et otrosí cómmo deve posar* [acampar] *la hueste, et cómmo la deve aguardar de que fuer posada; et cómmo deve andar en la hueste alegre, et esto a qué tiene pro. Et otrosí el seso le mostrará cómmo deve mostrar que la guarda que faze, que la faze por seso, mas non por miedo; et cómmo deve guardar la hueste de pelea et cómmo la deve escarmentar, si acaesiere. Et otrosí el seso le dirá commo se deve mostrar por sennor a los suyos, et cómmo les deve seer buen companno, et cómmo deve fazer en el tiempo de la guerra o de la paz, si fuere muy rico o ahondado, et cómo quando lo non fuesse tanto, o quando obiesse desto alguna mengua. Et otrosí el seso le mostrará cómmo deve fazer quando oviere buena andanza, et quando el contrario, et cómmo deve partir las ganancias que Dios le diere* (Don Juan Manuel, 2005).

319. Carriazo Arroquia, 1940, pp. 42-43.

El relato del caballero refrendó lo que ya sabía por haberlo leído en la *Crónica de don Pero Niño,* que describe su vida dura y difícil en estos términos: *Los de los oficios comunes comen el pan folgando, visten ropas delicadas, manjares bien adovados, camas blancas, safumadas; héchanse seguros, levantándose sin miedo, fuelgan en buenas posadas con sus mugeres e sus hijos, e servidos a su voluntad engordan grandes cerviçes, fazen grandes barrigas, quiérense bien por hazerse bien e tenerse biçiosos.*

—En un estado intermedio entre el caballero y el peón está el ballestero, un menestral con rentas suficientes para costearse una ballesta. Las cofradías de ballesteros hacen concursos con premio al que mejor y más acierte. Cuando les toca alarde, aprovechan para hacer fiesta, y las hermandades de los santos de cada barrio o parroquia sacan viandas y vino, matan carneros y gorrinos, y hacen juegos de cañas. A veces se sueltan osos para montearlos a la vista de la gente. También se corre la sortija.

—¿Qué es correr la sortija?

—El caballero tiene que galopar y acertar a enhebrar la lanza por una arandela que pende de una cinta. Si lo consigue tiene premio, si falla se castiga él mismo quebrando su lanza contra la muralla. Otra fiesta famosa la hacemos el día de San Juan y el domingo de carnaval, por lo menos en Jaén, donde es costumbre que unos pocos cofrades de las hermandades se vistan de moros con barbas postizas, la cara tiznada de hollín y turbantes en la cabeza, y hagan torneos burlescos acometiéndose entre ellos con calabazas secas con gran regocijo de los mirantes. Finalmente acaba el convite en que se comen muchas gallinas y cabritos y quesos, y quesadillas y frutas, y al que va vestido de Mahoma, con un Alcorán en la mano, lo echamos en el pilar de la Magdalena, de cuyas aguas sale muy bautizado y arrepentido de los extravíos de su secta. Sean estas fiestas o las de los alardes, lo más esperado son los torneos de cañas y exhibiciones de monta a la guisa o a la jineta.

—No entiendo eso.

—A la guisa es firme sobre los estribos, las piernas y muslos derechos, alanceando duro, que es el modo cristiano; a la jineta es con estribos cortos, las piernas dobladas y tirando azagayas, como hacen los moros.[320] Aquí en las Andalucías funcionamos mejor a la jineta.

—Ya noto que lo de guerrear es más complejo de lo que parece —deduzco.

—Lo que nos nivela a todos los caballeros es la muerte, nuestra constante compañía. Hay que estar dispuesto a darla y a recibirla con ánimo sereno. Un pariente mío, Pero Afán de Ribera, le comunicó al rey la muerte de su hijo Rodrigo o Ruy, en el cerco de Setenil, el año 1407, con estas palabras: *Señor, a esto somos acá todos venidos, a morir por serviçio de Dios, e del rey e vuestro. E la fruta de la guerra es morir en ella los fidalgos. E Rodrigo, si murió, murió bien en servicio de Dios e del rey mi señor e vuestro. E pues él avía de morir, no podía él mejor morir que aquí.*[321]

»La honra de ser buen caballero y hazañoso nos lleva a imitar a los grandes que por sus proezas salen en los libros. Conozco muchos, pero por ejemplo os hablaré de uno de mi tiempo, uno de los más famosos caballeros de la guerra de Granada, Hernán Pérez del Pulgar y García Osorio (1451-1531), que mereció el apodo del de las Hazañas. No debemos confundirlo con el historiador Hernando del Pulgar. Su primera hazaña, todavía adoles-

320. A fin de que los caballos fuesen asequibles, se dictaron leyes que prohibían cruzar yeguas con asnos (para producir mulos), así como exportar caballos a tierra de moros (Rodríguez Molina, 2007, p. 26).

321. Carriazo Arroquia, 1982, cap. 77, p. 173. Otro hijo de Pero Afán, el adelantado mayor Diego Gómez de Ribera, murió de un flechazo en la boca en el sitio de Álora (Málaga) en 1434 (en su tumba en la Cartuja de Sevilla aparece con el agujero en la boca donde en su tiempo hubo una flecha de hierro, en memoria de su insólita muerte, véanse páginas en color). El hecho se comenta en el famoso romance «Álora, la bien cercada»: *Allá detrás de una almena / quedádose había un morico / con una ballesta armada / y en ella puesto un cuadrillo. / En altas voces diciendo / que del real le han oído: / «¡Tregua, tregua, adelantado, / por tuyo se da el castillo!». / Alza la visera arriba / por ver el que tal le dijo: / asestárale a la frente / salídole al colodrillo. / Sácole Pablo de riendas / y de mano Jacobillo, / estos dos que había criado / en su casa desde chicos. / Lleváronle a los maestros / por ver si será guarido. / A las primeras palabras / el testamento les dijo* (Menéndez Pidal, 2010).

M. Seguí, editor.

TRAJES. ARMAS Y ENSERES DEL SIGLO XIII

M. Seguí, editor

TRAJES, ARMAS Y JOYAS DE LOS MUSULMANES ESPAÑOLES.

Los almohades

Torre del Oro de Sevilla.

Los sucesivos aspectos de la Giralda, según Alejandro Guichot.

Cerámica almohade.

Aljibe almohade en el alcázar de Arjona.

Tipos judíos en una litografía del siglo XIX.

Alarcos

Parque Arqueológico de Alarcos.

Calatrava la Vieja. En primer término, el castillo.

Restos de la batalla de Alarcos.

Esqueleto de un guerrero aplastado por un desplome de la muralla de Alarcos.

La batalla de las Navas

Batalla de las Navas, dibujo de Ana Miralles.

Tapiz de las Navas de Tolosa en el monasterio de las Huelgas (Burgos).

Detalle del monumento a la batalla de las Navas.

Monumento a la batalla de las Navas (Jaén).

Pendón de San Isidoro.

Monasterio de las Huelgas (Burgos).

Tumba de Sancho VII el Fuerte (Colegiata de Roncesvalles, foto de Pedro Díez).

Caballero cristiano (Museo del Ejército, Toledo).

Escudo del siglo XIII (Museo del Ejército, Toledo).

Fernando III

Espada cristiana, siglo XIII.

Fernando III de Castilla, representado en el *Tumbo* o *Índice de los privilegios reales* de Santiago de Compostela.

Momia de Fernando III y objetos que le pertenecieron. Catedral de Sevilla (postal c. 1920).

Atarazanas de Sevilla.

Astrolabio.

Embarcaciones de los siglos XIII y XIV.

Los nazaríes

Busto idealizado del rey Alhamar, fundador de la dinastía nazarí (monumento en su ciudad natal, Arjona, Jaén). Foto: Antonio García Fernández.

La Alhambra, por Roberts.

Castillo de Santa Catalina (Jaén).

ARMAS, ADORNOS Y VASIJAS ÁRABES

1, 2, 4, 6, 7 y 9. – Aretes y pendientes. – 3. Estribo de hierro. – 5. Escudo de cuero reforzado con un marco de hierro. – 8. Fuente de metal. – 10 á 19. Objetos de metal y de alfarería. El n.° 17 es el conocido con el nombre de Jarro de la Alhambra

Reyes y caudillos moros retratados en una sala de la Alhambra.

Torre nazarí de Romilla (Granada).

Espada nazarí, llamada de Boabdil (Real Armería, Madrid).

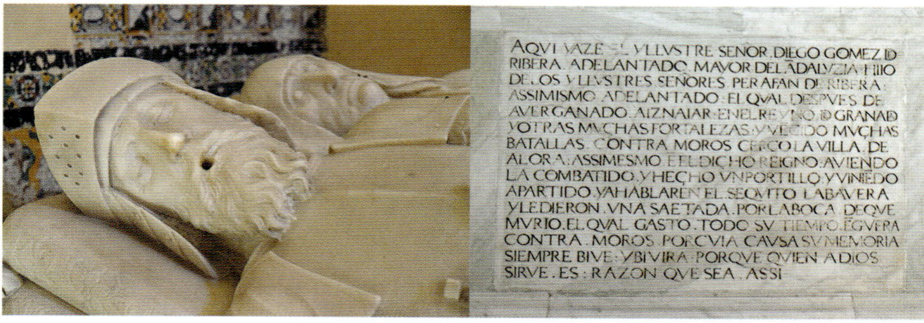

Sepulcro de Ruy López de Ribera alcanzado por una flecha en la boca (fotos de Luis Serrano).

Bombarda.

Adarga nazarí.

Castillo de Moclín (Granada).

Alcalá la Real (Jaén).

Rescate de cautivos en el norte de África.

Espingarda (Museo del Ejército, Toledo).

Espingardero.

Supuesto casco de Boabdil (Museo del Ejército, Toledo).

Capacete español (Armería Real, Madrid).

La guerra de Granada en el coro de la catedral de Toledo

Boabdil entrega las llaves de la ciudad (grabado de la catedral de Granada).

Boabdil, último rey musulmán de Granada.

Isabel y Fernando (óleo sobre tabla, anónimo inglés).

La rendición de Granada (óleo de Francisco Pradilla y Ortiz).

Resurrección de Cristo. Un morisco burlón ha escrito en árabe *pagando se alcanza el cielo* (Museo de Daroca).

Moriscos (dibujo de Franz Hogenberg).

Nave berberisca (óleo de Andries van Eertvelt).

Matanza de cristianos por los moriscos (grabado del siglo xix).

Embarque de los moriscos en el puerto de Denia (óleo de Vicent Mestre).

cente, consistió en enfrentarse en solitario contra seis camorristas que lo habían llamado chungo y culipardo por ser de Ciudad Real. En la reyerta mató a uno de ellos e hirió a otros dos. Poco después participó en las guerras civiles de parte de doña Juana la Beltraneja y finalmente en la guerra de Granada, del lado de Isabel. En 1482, sitiado por los moros en Alhama de Granada atravesó el cerco para buscar refuerzos en Antequera, lo que impidió que los moros reconquistaran la plaza. Prosiguiendo la guerra conquistó el castillo de Salar, entre Loja y Granada, con menos de cien hombres, y destacó en los asedios y conquistas de Vélez-Málaga y Baza (en esta última mató personalmente al famoso alcaide Aben-Zaid). Los Reyes Católicos le concedieron por armas un león orlado de once castillos (que representaban a los once alcaides derrotados hasta entonces) y el lema "Tal debe el hombre ser, como quiere parecer", una remodelación más cortesana de su lema personal: "Quebrar y no doblar". Lo demostró en el sitio de Salobreña, cuando arrojó desde las murallas el último cántaro de agua que les quedaba para que los moros comprendieran que no pensaba rendirse.

»Su hazaña más famosa, y probablemente legendaria, es el golpe de mano en compañía de un grupo de adalides de Jaén: penetraron de noche en la ciudad por el cauce del río Darro y consiguieron llegar inadvertidos hasta la mezquita mayor de Granada. El plan era incendiarla, pero resultó que habían olvidado los arreos de hacer fuego (temprano y conmovedor ejemplo de la ancestral chapuza hispánica), motivo por el cual don Hernán hubo de contentarse con clavar en la puerta del templo un documento que decía: "Ave María. Sed testigos de la toma de posesión que realizo en nombre de los reyes y del compromiso que contraigo de venir a rescatar a la Virgen María, a quien dejó prisionera entre los infieles".

»Murió en Granada a los ochenta años de edad y lo sepultaron en la catedral que había sustituido a la mezquita que intentó incendiar, la única hazaña que no pudo cumplir por falta de mechero.

CAPÍTULO 55

El recaudador

—Me llamo Abraham Senneor. Judío, sí. Soy recaudador del diezmo y medio diezmo de lo morisco en este distrito de la frontera que visitáis. En los otros tengo a otros colegas, porque la frontera está muy dividida y cada tramo tiene sus propios cargos. La contabilidad no es negocio fácil porque aquí tratamos con gente bragada y violenta que no contribuye fácilmente a las arcas reales. Más hacedero reputo abrirle la mano al arcángel san Rafael con una palanca de hierro que quitar la bolsa de un prójimo en estas tierras. Después de percibido el impuesto tengo que descontar de las tercias reales[322] las pagas y levas que se deben para avituallamiento de los vecinos y los alcaides o jefes militares que mantienen los castillos y sus guarniciones.[323]

322. Como la Iglesia se lucraba de la décima parte de los ingresos de sus fieles, los monarcas consiguieron que al menos dos novenos del tercio de fábrica (tercera parte del diezmo), destinado por la Iglesia a la reparación y cuidado de los templos, se destinaran a las arcas reales de las que salía el contante necesario para mantener la defensa de la frontera. Esas eran las llamadas *tercias reales* o *tercias decimales*.

323. Una guarnición de plaza fuerte fronteriza como Alcalá la Real puede consistir en cincuenta jinetes y ciento cincuenta peones. En un castillo de menor importancia, como Alcaudete, bastaba una guarnición de treinta hombres. A cada jinete se destinaban cinco fanegas de cebada para el caballo y dos fanegas de trigo para el caballero (medio kilo de harina diario). La misma cantidad recibían los lanceros y ballesteros (Rodríguez Molina, 2007, p. 44).

»En dos siglos y medio, la frontera entre Granada y Castilla ha conocido más paz que guerras. En este ambiente florece un activo comercio que produce pingües beneficios al Estado, los llamados en Castilla *diezmos de lo morisco,* en especial el *diezmo y medio,* equivalente al 15 por ciento de valor del producto. También los pagos por rescate de cautivos generan sus impuestos, la ejea, la meaja, la correduría y la algarfa de lo morisco.

»Los moros de Granada también tienen su impuesto, el magrán, equivalente al 10 por ciento de todo artículo que salga o entre en sus términos.

—¿Qué artículos pagan impuestos?

—Todos, naturalmente. Todo es gravado: *[...] lo morisco de todos los moros e moras, esclavos o esclavas, blancos o prietos, e ganados, e otras qualesquier mercadurías que entran destos nuestros regnos para tierra de moros e salen de tierra de moros para estos nuestros regnos, así por mar como por tierra.*[324]

324. Porras Arboledas, 1984, p. 248.

CAPÍTULO 56

El adalid

—Me llamo Miguel de Pegalajar y soy adalid de la frontera. Este oficio se gana por la experiencia, después de haber participado como caballero o peón en muchas entradas.

»Las cualidades del adalid son "sabiduría, esfuerzo, sensatez, valor, audacia, precaución y frialdad".[325] Ser adalid entraña conocer los pasos y los lugares donde se ha de recoger ganancia con poco riesgo.

»Los adalides podemos ser reales, concejiles o señoriales según la autoridad de la que dependamos. Nuestra tarea consiste en guiar a la hueste en apellido,[326] para atajar moros intrusos, o en cabalgada cuando somos nosotros los que entramos en tierra enemiga.

»El apellido se hace a toque de campana, juntándose en los sitios convenidos los atajadores. Por el contrario, la cabalgada exige una cuidadosa preparación para que sea provechosa y no dañosa.

—¿Puedes explicarme eso?

—El tiempo debe ser conveniente, siempre *cuando la luna está en la mayor fuerça de su crecimiento*. También importa el ca-

325. Rodríguez Molina, 2007, p.47; Torres Fontes, 2004, p. 141.

326. Quinta acepción de la RAE: «Hueste reunida por un apellido o llamamiento de guerra». Según Alfonso X, *quiere tanto decir como boz de llamamiento que fazen los omes para ayuntarse e defender lo suyo, quando resciben daño o fuerça* (Torres Fontes, 2004, p. 174).

mino, por dónde ir, y finalmente el objetivo, qué lugares saquear y cuáles respetar. Asimismo, es importante cuándo regresar y por dónde, ya que el enemigo habrá salido a atajarnos. Luego importa el mantenimiento de la disciplina. Como puedes imaginar, manejas gente violenta en circunstancias de mucha tensión. En caso de reyerta entre la tropa soy juez inapelable. Por último, está la evaluación de las pérdidas y el reparto de los beneficios. Puesta la tropa a salvo, dispongo de nueve días para indemnizar a los que han sufrido daños o pérdidas y repartir el resto del botín, después de reservar el quinto que pertenece al rey.

»En el apellido también dispongo de lo recuperado. Como la ganancia debe ser proporcional al peligro, el Fuero de las Cabalgadas señala que si la captura de la presa se produce dentro de los mojones de la villa, los participantes no tienen derecho a nada, salvo indemnizaciones por pérdidas, pero si los moros habían cruzado ya la frontera, tenemos derecho a ganancia.[327]

»Si eres buen adalid, prudente y capaz para el mando, todo el mundo se enrola en tus cabalgadas, pero si eres dudoso, a duras penas encontrarás a algún desesperado que te siga.

»Por la frontera corren romances con las historias de adalides que llevaron a sus hombres a la muerte. Benito de Jaén entró en tierra de moros con cuarenta hombres, pero los moros lo supieron y Abulhasán, arráez de Andárax, le preparó una celada con tres docenas de jinetes y cuatrocientos peones. Sabiéndose perdidos, los de Jaén lucharon como buenos. Murieron treinta y uno, y los moros cautivaron a los nueve restantes. En el cautiverio de Granada, Benito de Jaén amistó con otro cautivo, Domingo Pérez de Sigüenza, y puestos de acuerdo, se fugaron con otros trece y consiguieron llegar al castillo de Alcaudete.

»En lo que concierne a nuestro trabajo de atajar a moros intrusos, seguramente conocéis la serranilla sexta del marqués de Santillana, que fue frontero en estas tierras entre 1437 y 1439 y tan diestro en letras como en armas.

327. Torres Fontes, 2004, pp. 174-175.

—No la conozco —mentí por halagarlo—. Y me placería oírla.

—*Entre Torres y Canena, / acerca des'Allozar, / fallé moza de Bedmar, / sant Julián en buen estrena. // Pellote negro vestía, / e lienzos blancos tocaba, / a fuer del Andalucía, / e de alcorques se calzaba. / Si mi voluntad ajena / non fuera en mejor logar, / non me pudiera escusar / de ser preso en su cadena. // Preguntele dó venía, / después que la hobe saluado, / o cuál camino facía. / Díjome que d'un ganado / quel'guardaban en Recena, / e pasaba al olivar / por coger e varear / las olivas de Ximena. // Dije: «Non vades señera, / señora, qu'esta mañana / han corrido la ribera, / aquende de Guadïana, / moros de Val de Purchena / de la guarda de Abdilbar; / ca de vervos mal pasar / me sería grave pena». // Respondiome: «Non curedes, / señor, de mi compañía; / pero gracias e mercedes / a vuestra grand cortesía; / ca Miguel de Jamilena / con los de Pegalajar / son pasados atajar. /Vos, tornad en hora buena».*[328]

»O sea, el marqués pone sobre aviso a la beldad serrana de que hay moros en el campo, quizá buscando ocasión de requebrarla, pero ella, discreta y mejor informada, le dice que no hay nada que temer porque el famoso adalid Miguel de Jamilena y los atajadores de Pegalajar han salido al paso de los intrusos.

El contexto de la serranilla apenas declara que la vida de la mujer en la frontera era incluso más azarosa que la del hombre.

—Puestos a escoger, si se pudiera, resultaba más ventajoso nacer hombre que mujer —asegura el clérigo Melgarejo—. El varón es juicioso y prudente por naturaleza, no así la mujer, que tiene estatuto jurídico de *imbecillitas seu fragilitas sexus.*[329]

328. Marqués de Santillana, «Serranilla VI», <https://www.cervantesvirtual.com/obra-visor/serranillas--0/html/001ff002-82b2-11df-acc7-002185ce6064_2.html>.

329. «La incapacidad jurídica de la mujer se justificó en la *imbecillitas* (debilidad), la *infirmitas sexus* (incapacidad por sexo), la *levitas animi* (inestabilidad, volubilidad), la *ignorantia iuris* (desconocimiento del de-

—Suerte tiene el mosén de no vivir el empoderamiento de la mujer dentro de unos siglos —le comento—. En cuanto disfruten de nuestras mismas oportunidades nos superarán.

recho) o la *fragilitas* (delicadeza), las romanas se afanaron en conservar un mundo de hombres, llegando a veces al heroísmo más desgarrador» (Cantarella, 2011, p. 79).

CAPÍTULO 57

La mujer

La novela histórica nos acerca a mujeres admirables que cumplieron un destino singular con sabiduría y constancia, mujeres que supieron imponerse en un mundo de hombres. Pensemos en Leonor de Aquitania o en Berenguela de Castilla o en Teresa de Portugal.

A lo largo de este libro hemos conocido a algunas mujeres admirables, como María de Molina, que dirigió la política de su tiempo primero en su calidad de esposa de Sancho IV, después como madre del menor Fernando IV y, finalmente, como regente con su nieto Alfonso XI.

¿Y qué me dicen de María de Montpellier, la mañosa que concibió y alumbró a Jaime I contra la voluntad de un esposo desaprensivo que la repudiaba?

O María de Portugal, la esposa de Alfonso XI, que sobrepuso su sentido del deber a su sentimiento de mujer humillada, cuando convenció a su padre, el rey luso, para que auxiliara a Castilla invadida por los benimerines.

Mujeres como doña Beatriz de Bobadilla y Ossorio, *mujer varonil [...], averiada doncella,* como la definieron sus enemigos, que desterrada a las Canarias tuvo la constancia de un hombre sañudo para defender lo suyo contra cortesanos y rebeldes.

Mujeres, en fin, como la infanta doña Urraca, hija de Fernando I, que en el lecho de muerte de su padre lo obliga a revocar el testamento que favorecía a los hijos varones y despreciaba a las hembras (o eso quiere el romance):

Mandastes las vuestras tierras
a quien se vos antojara:
diste a don Sancho a Castilla,
Castilla la bien nombrada,
a don Alfonso a León
con Asturias y Sanabria,
a don García a Galicia
con Portugal la preciada
¡y a mí, porque soy mujer,
dejaisme desheredada![330]

Y amenaza con meterse a puta, según la tradición de santa Nefija, que a los cristianos se daba de balde y a los moros por dinero. Véase:

Irme he yo de tierra en tierra
como una mujer errada;
mi lindo cuerpo daría
a quien bien se me antojara,
a los moros por dinero
y a los cristianos de gracia;
de lo que ganar pudiere,
haré bien por vuestra alma.

O sea, advierte: «Padre desaprensivo y desheredador, las ganancias del follisque las voy a aplicar en misas por tu alma. Y a ver cómo las recibe Dios que todo lo juzga y ve». ¿Cabe mayor venganza?

El moribundo se lo piensa mejor y cede:

Allá en tierra leonesa
un rincón se me olvidaba,
Zamora tiene por nombre,
Zamora la bien cercada,
de un lado la cerca el Duero,
del otro peña tajada.
¡Quien vos la quitare, hija,

330. Estos versos y ss., «Romance XI» (anónimo, 2017, p. 30).

la mi maldición le caiga!
Todos dicen: «Amén, amén»,
sino don Sancho que calla.

Es evidente que las esposas y las concubinas de los reyes y magnates nunca fueron meros vientres que aseguraban la prolongación del linaje, como algunas veces se afirma, sino que a menudo influyeron en decisiones trascendentales para el gobierno de los pueblos o el futuro de las dinastías. Mujeres admirables actuaron como consejeras, otras veces como mediadoras en dificultosos tratos y, en general, desarrollaron eficaces labores políticas en la sombra. De eso quedan más indicios en los romanceros compuestos por el pueblo que en las crónicas hechas a la satisfacción machista de los reyes.

Miremos a Leonor de Guzmán, la amante de Alfonso XI y madre de Enrique II.

E Dios, por su piedad,
le dio muy noble fegura,
e conpliola de bondad
e de muy gran hermosura.
E diole seso es sabencia
e de razón la conplió,
de gracia e de parencia,
flor de quantas omne vio;
señora de gran nobleza,
contra Dios muy omildosa,
quita de mal e vileza,
apurada como rosa.[331]

Señaladas estas notables excepciones, casi todas referidas a los estratos superiores de la sociedad, hemos de admitir que la mujer medieval era víctima de la tradición misógina que hunde sus raíces en la Biblia.

La mujer era una perpetua menor de edad sometida a padres, esposos, hermanos o hijos. Graves autores suministraban una ex-

331. Victorio, 1992, pp. 115-116.

plicación científica a este sometimiento. Se suponía a la mujer inferior al hombre como resultado de un coito defectuoso, quizá realizado en uno de los días que prohibía la Iglesia, unos doscientos al año.[332] También, como «sexo débil», se le suponía cierta innata propensión a la lujuria, al fingimiento y a la ingratitud. Ello justifica que un claro ingenio como el del humanista Jiménez Patón escriba: *Dize el Espíritu Santo que es mejor la maldad del varón que la mujer cuando haze el bien.*[333] La misógina tradición bíblica alienta en los textos medievales con renovada potencia.[334]

A las mujeres les estaban prohibidos los oficios relacionados con la justicia, como abogado y procurador, porque, como expresan las Partidas, *quando las mugeres pierden la vergüença, es fuerte cosa el oyrlas, e el contender con ellas.*[335]

332. Rodríguez Molina, 2007, p. 71.

333. *Ibidem.*

334. Alude a la cita bíblica «Vale más maldad de hombre que bondad de mujer, la mujer cubre de vergüenza y oprobio» (Eclesiástico, 42:14); pero los ejemplos podrían multiplicarse: «La mujer es más amarga que la muerte, tiende trampas con el corazón y aprisiona con los brazos. El que agrada a Dios escapará de ella» (Eclesiastés 7, 26); «Por más que busqué no encontré; entre mil se puede encontrar un hombre cabal, pero mujer cabal, ni una entre todas» (Eclesiastés, 7:28); «Que las mujeres guarden silencio en las reuniones; no les está, pues, permitido hablar, sino que deben mostrarse recatadas, como manda la ley. Y si quieren aprender algo, que pregunten en casa a sus maridos, pues no es decoroso que la mujer hable en la asamblea» (1 Corintios, 14:34).

335. Partida tercera, título 6, ley 3: *Ninguna muger, quanto quier que sea sabidora, non puede ser abogado enjuyzio por otri. E esto por dos razones. La primera, porque non es guisada, nin honesta cosa, que la muger tome officio de varón, estando públicamente embuelta con los omes, para razonar por otri. La segunda, porque antiguamente lo defendieron los sabios, por una muger que dezían Calfurnia, que era sabidora: porque era tan desvergonçada, que enojava a los jueces con sus bozes, que non podían conella. Onde ellos, catando la primera razón que diximos en esta ley, e otrossi veyendo que quando lasmugeres pierden la vergüença, es fuerte cosa el oyrlas, e el contender con ellas; e tomado escarmiento, del mal que sufrieron de las bozes de Calfurnia, defendieron que ninguna muger non pudiesse razonar por otri.* Todavía a principios del siglo XIX un ilustrado como Juan Antonio Llorente justifi-

Este menosprecio de la mujer justifica que a las solteras se las vigilara estrechamente para que llegaran vírgenes al matrimonio y a las casadas para impedir que concibieran hijos adulterinos. Se aconsejaba a muchos nobles encerrar a sus hijas en conventos, en espera de una coyuntura favorable que les permitiera casarlas con algún prohombre que, a cambio de la indispensable dote, les reportara alguna ganancia, generalmente una alianza política o económica. Este encierro, del que a menudo solo salían para casarse con un desconocido, garantizaba también que llegarían vírgenes al matrimonio, una condición indispensable. Era costumbre, cuando importaba certificar que el matrimonio se había consumado, mostrar ante testigos y un escribano que diera fe la sábana pregonera de la noche de bodas convenientemente manchada de sangre. A pesar de estas cautelas, como la vida es complicada, la novia no siempre llegaba virgen al matrimonio. [336]

Descendiendo en la escala social hasta los estratos más humildes de la población, la que deja escaso testimonio histórico, bien pudiéramos concluir que la mujer medieval fue mucho más importante de lo que parece. Como todavía advertimos en sociedades poco desarrolladas de nuestro mundo actual, la mujer de las clases humildes era una magnífica gestora de la escasez. No

---

caba las limitaciones impuestas a las mujeres en sede procesal: «Porque las mujeres son volubles, mentirosas, fraudulentas, engañadoras, superficiales y corruptibles, como múltiples autores han demostrado, su testimonio no se admite en los tribunales a no ser que se trate de un crimen gravísimo» (Llorente, 1870, p. 22).

336. La falta de virginidad podía provocar repudios o venganzas. Un caso: don Diego Dávalos, hijo del famoso condestable de Castilla, se casó en 1405 con doña Beatriz de Castro, de la poderosa estirpe de los Enríquez Trastámara. «La noche de bodas no halló a su mujer cual debía y procuró saber las causas, enterándose de que el causante de su deshonor era don Fadrique Enríquez, hermano de la novia, que había mantenido «criminal amancebamiento con ella». Ello le motivó a planear su venganza: enterado de que poco después venía de Galicia doña Aldonza de Mendoza, esposa de su cuñado don Fadrique, salió a esperarla al camino entre León y Astorga, y, sin arredrarle la servidumbre que la acompañaba, abusó de ella». (Morales Talero, 1964, p. 30).

solo cargaba con la crianza de los hijos, sino a menudo con el sustento de la familia, padre incluido.

Tener hijas se consideró a menudo una desgracia. Como consecuencia del reiterado infanticidio practicado en las neonatas (hasta la segunda mitad del siglo xv en que la costumbre decrece), había muchos más hombres que mujeres, lo que favorecía la prostitución y el acoso sexual.

La escasez de mujeres y la necesidad de proteger a las decentes de las acechanzas de los hombres justificaban la prostitución, una actividad aprobada e incluso fomentada por la Iglesia como mal menor.

Existían varias clases de prostitutas. La superior era la de las amancebadas, mantenidas por caballeros o burgueses adinerados. A un nivel inferior estaban las pupilas de las mancebías, casas de lenocinio, explotadas por concesión de la autoridad, unas veces por nobles, incluso eclesiásticos, y otras veces por cofradías piadosas.[337]

Hacia el final de la Edad Media, el dorado otoño glosado por Huizinga, la sociedad caballeresca alumbró formas de dignificación de la mujer que conviene no ignorar, aunque solo afectaran a una minoría de las clases superiores.[338] En la trovadoresca Provenza surgió el amor cortés, con evidentes ramificaciones que afectan a nuestra península.

337. El obispo de Jaén don Alonso Suárez de la Fuente del Sauce era dueño de la mancebía de Andújar, que dejó en herencia testamentaria a uno de sus herederos. (Rodríguez Molina, 2007, p. 75). Queridos comprovincianos, ya veis que el establecimiento de Misangre tiene ilustres antecesores. Que nadie se me escandalice: en los siglos xv y xvi las casas del berreadero sevillano, quizá el mayor de Europa (localizado en el Compás de la Laguna, barrio portuario del Arenal), pertenecían a respetables cofradías piadosas, al cabildo catedralicio y a hospitales.

338. En este movimiento podríamos inscribir obras como el *Tratado en defensa de las mujeres* (1444) de Diego de Valera, el *Tratado de las virtuosas e claras mujeres* (1446) de don Álvaro de Luna y el *Duodenarium* o *Libro de las mujeres ilustres* de Alonso de Cartagena (1442), todos ellos defensores de la mujer frente a la misoginia de otros autores de la época, como Alfonso Martínez de Toledo, que las zahiere en el *Corbacho* (1438).

El amor cortés establecía una condición de vasallaje del caballero hacia la dama. En términos modernos, y salvadas las distancias, podría equivaler a la del sumiso planchabragas (una denominación que, aun reconociendo su acierto semántico, personalmente repruebo).[339]

Paralelamente, en Italia surge la consideración de la *donna angelicata,* en la que se funden belleza física y espiritual (con nula predisposición al coito), lo que reduce al cortejador a la mera contemplación con arrobo galán no exento de tonos masoquistas. En los execrables términos modernos (que una vez más repudiamos) podríamos traducir esta actitud en la del actual pagafantas.[340] En este vasallaje cortesano se distinguían las cuatro fases del cortejo: *visus* («contemplación»), *alloquium* («conversación»), *contactus* («caricias») y *basia* («besos»), etapa esta que, aunque no se detalle, comprende, para el buen entendedor, las consabidas monta, conexión coital, sacudidas pélvicas, eyaculación, retracción y desmonta.

Entre los árabes la situación de la mujer era incluso más penosa. Por una parte se la considera de natural lujurioso y desleal, por lo que conviene vigilarla y desconfiar de ella.[341] Por otra par-

339. Como ejemplo de planchabragas pongamos al ilustre Jorge Manrique cuando le escribe a una dama: *Acordaos por Dios, señora, / quánto ha que comencé / vuestro servicio, / cómo un día ni una hora / nunca dexo ni dexé / de tal officio. // Acordaos de mis dolores, / acordaos de mis tormentos / qu'e sentido, / acordaos de los temores / y males y pensamientos / qu'e sufrido. // Acordaos cómo en presencia, / me hallaste siempre firme / y muy leal, / acordaos cómo en ausencia / nunca pude arrepentirme / de mi mal. // Acordaos cómo soy vuestro / sin jamás haber pensado / ser ajeno, / acordaos cómo no muestro / el medio mal qu'e pasado / por ser bueno* (<http://jorgemanrique.alinome.net/poemas/acordaos.php>).

340. Para ejemplo de pagafantas tardomedieval me vale cierto prior de la Merced encaprichado con la menor de las hermanas Fonseca (putas de oficio, excuso decir) *que en tanto grado la quiere que las paredes del monasterio desuella para dalle,* según leemos en la anónima *Carajicomedia,* o *Cancionero de obras de burlas provocantes a risa* impreso en Valencia por Juan de Viñao en 1519.

341. Ibn Hazm escribe: *El espíritu de las mujeres está vacío de toda idea que no sea la unión sexual […] de ninguna otra cosa se preocupan ni*

te la necesidad de sexo accesible impulsa al hombre al matrimonio, una calamidad de la que tarde o temprano se arrepiente.[342]

Por esa desconfianza y porque el honor del linaje se depositaba en la decencia de sus mujeres, la familia que puede permitírselo mantiene a las suyas encerradas en el gineceo doméstico. Una musulmana decente *(hurra)* solo podía salir de casa por uno de estos tres motivos: *para casarse (el día de la boda); por la muerte de sus padres, y cuando la conducen a su propia tumba.*[343]

En la sociedad islámica ancestral, tan reivindicada por los moros andalusíes hijos de conversos que fingían descender de los linajes árabes originales, las mujeres eran un «código de honor ambulante»[344] como depositarias de la honra del clan. Por este

---

para otra cosa han sido creadas (Ibn Hazm, *Tauq*, citado por Sánchez, 1979, p. 72). Leemos en Al-Maqqari: *Las mujeres son realmente como las sillas de montar, / la silla de montar es tuya mientras no te bajes de ella. / Y cuando bajas, otra persona ocupa ese lugar, / haciendo lo mismo que tú hiciste ./ Son como la posada del caminante, que al alejarse / de ella, viene otro para habitarla. / O como los frutos que brindan las ramas, / que se inclinan hacia el primero que pasa, y se lo come.* (Safi, 2012, p. 585). *Nunca he visto, en ninguna parte, a una mujer que al darse cuenta de que un hombre la mira o escucha no haga meneos superfluos, que antes le eran ajenos, o diga palabras de más, que antes no juzgaba precisas.* (Ibn Hazm, 1979, p. 271).

342. *Necesitaba la muerte de mi esposa / pero mi mala mujer ha permanecido longeva,* leemos en Ibn Abd Rabbihi; mientras que Ibn Sara al Santarini ya ha conseguido desprenderse de la suya, que era una manirrota: *El tiempo se ha apiadado liberándome de una mujer que con la espada de sus gastos derramaba mi sangre impunemente. Una negruzca loba en su guarida y una mortal serpiente en sus abrazos* (Safi, 2012, pp. 584-585). En el mismo sentido abundan las alabanzas a la soltería: *Soy un poeta que me encanta vivir sin / esposa para poder pensar libremente. / Si yo hubiera estado casado hubiera vivido lastimosamente / encargado a menudo de su subsistencia. / Dejadme ir muy lejos con mi pensamiento / cuando vuelva, tomaré una decisión.* (Safi, 2012, p. 586).

343. Ibn al-Hajj, *Almakhal*, citado por Alma Rivas, 2016.

344. Así las denomina el arabista e historiador Manzano Moreno (2006, p. 144). Eso explica la tendencia endogámica a casar a las hijas dentro de la tribu (era frecuente el matrimonio entre primos, el muchacho con la hija del tío paterno, *bint al-ʿamm*). En la misma línea de pen-

motivo, una tribu o familia poderosa jamás cedía sus hijas a otra de menos relieve. Más bien procuraba hacerse con las mujeres de la tribu rival en el juego de enlaces de contenido político o incluso robándolas si se presentaba la ocasión.[345]

El filósofo y humanista Averroes denuncia el embrutecimiento que provocaba en la mujer patricia su confinamiento entre las cuatro paredes del celoso hogar: «Nuestro estado social no deja de ver lo que de sí pueden dar las mujeres. Parecen destinadas exclusivamente a parir y amamantar a los hijos, y ese estado de servidumbre ha destruido en ellas todo pensamiento elevado. He aquí por qué no se ve entre nosotros mujer alguna dotada de virtudes morales: su vida transcurre como la de las plantas, al cuidado de sus maridos. De aquí proviene la miseria que devora nuestras ciudades, porque el número de mujeres es doble que el de hombres y no pueden procurarse lo necesario para vivir por medio del trabajo».[346]

---

samiento, se procura casar a los hijos varones con mujeres pertenecientes a tribus o clanes rivales (Manzano Moreno, 2006, p. 139). «La generalización del velo y del enclaustramiento fueron la respuesta a los peligros que representaban para el honor femenino y del clan las condiciones de mayor contacto y proximidad imperantes en las sociedades urbanas. De ello se derivaba también la total eliminación de la mujer de la vida pública» (Martín, 1980, p. 78; Sánchez Saus, 2016).

345. Robar mujeres era una práctica común en la Arabia tradicional, lo que causaba sangrientos conflictos intertribales porque la mujer se consideraba depositaria del honor *(ird)* de la familia y de la tribu. El robo de la mujer es un hábito que exaltan los poetas. Véase: *Alábame por lo que de mí sabes, / que soy de amable trato, cuando no se me hace injusticia, / y si se me hace, mi réplica es acerba, / amarga de sabor, como el gusto de la tuera.* [...] / *¡Cuántas veces a marido de beldad dejé por tierra, / silbando sus miembros, cual comisura de labio hendido! / Mis manos se adelantaron con rápida cuchillada / y el surtidor de un tajo del color del drago.* («Mu ʻallaqat ʻAntara ibnu Saddad», *Las diez mu ʻallaqat*, Hiperión, Madrid, 2005, p. 151, citado por Mami, 2008).

346. Ribera, 1928, T. I, p. 348, citado por Alma Rivas, 2016. Al hilo del mismo pensamiento, podríamos reflexionar que en los países donde la mujer se considera ciudadano de segunda, generalmente pertenecientes al tercer mundo, la sociedad se estanca y no progresa.

Las esclavas llevaban una vida mucho más libre que sus señoras, dado que estaban excusadas del deber de ser decentes y de la carga del honor familiar. Por el contrario, si eran agraciadas, debían aceptar su condición de objetos sexuales, lo que determinaba que alcanzaran altos precios si además de físico atrayente cantaban o tañían armoniosamente.[347] El inconveniente era que se devaluaban en la medida en que se marchitaban sus encantos, pero, si tenían suerte y parían un niño del amo, este podría considerarlas *umm walad* («madre de un varón») y con un poco de suerte se verían asistidas en su vejez.[348]

El moro era lujurioso por crianza y convicción. Una oportuna leyenda aseguraba que cuando Dios creó el mundo repartió diez medidas de deseo —decían—: nueve cayeron en los países árabes y la restante se repartió por el resto del mundo. El que podía permitírselo se proveía de un número proporcional a su posición social o riqueza.[349]

347. Existía un equivalente musulmán de la geisha en la mujer *(yawari)* entrenada para el canto, la música, la conversación refinada y finalmente, para remate, el sexo. Los potentados árabes se pirraban por las mujeres cristianas (*rumiyya* o romanas) rubias de ojos azules y tez clara procedentes del norte, pero tampoco les hacían ascos a las orientales. Se apreciaba que fueran vírgenes o *jarida* («perla sin abrir»), dado que ignoraban, en su rusticidad (y sus descendientes culturales aún ignoran), que lo importante no es abrir la almeja, sino saborearla. Disculpen la metáfora que empleo por si el libro cae en manos de los niños. En los mercados de esclavas tenían fama las medinesas, unas beldades morenas dueñas de un árabe melodioso y hábiles cantoras de las que se decía que no conocían los celos. Abderramán II, famoso lancero, comparecía públicamente en compañía de sus tres medinesas Alam, Qalam y Fadl, la favorita.

348. Echevarría, 2011, p. 272. Abu-l-Baqa de Ronda (1204-1285) determina las cualidades de la esclava perfecta: «blanca como la plata, que llene el corazón y la vista, una tierna flor en un arriate lleno de hermosura». Se apreciaban «las cristianas, de blancura diáfana, pechos pendulones, cuerpos delgados, grasas equilibradas, carnes soberbias en edificios estrechos de brocados, cuerpos y espaldas embellecidas con hermosas alhajas y abalorios preciosos que varían por la rareza de lo extranjero y engatusan con la consideración extraordinaria de la nostalgia» (Boloix, 2014, p. 49).

349. Algunos emires y califas mantuvieron harenes con cientos de

La misoginia islámica se acentúa cuando atañe a la mujer cristiana que «en los textos árabes aparecen asociadas de forma invariable a la inmoralidad sexual, ya que al no estar circuncidadas el acto sexual les resulta placentero y por tanto son más propensas a la fornicación *(zina)*».[350]

Naturalmente, en esos ocho siglos de islam andalusí también florecieron mujeres excepcionales, como Lubna de Córdoba, nacida esclava, pero aupada por sus prendas tanto físicas como intelectuales a secretaria y escriba de Alhakén II, que la puso al frente de su espléndida biblioteca.

Volviendo a las rarezas, antes de despedir este capítulo, mencionemos una variante del amor cortés islámica, quizá en su origen inspiradora del provenzal (¡tantas vueltas da la vida!): el amor udrí, así denominado por la mítica tribu árabe del siglo x,

---

esclavas, no porque fueran especialmente lascivos (a menudo el ejercicio del poder agota tanto que resulta anafrodisiaco), sino más bien porque el harén se había convertido en símbolo de estatus y poder. Podemos imaginar el gasto que suponía mantener semejante institución, especialmente cuando avanzando en edad y sabiduría se percataban de que el coito recreativo estaba sobrevalorado, que la contemplación serena de un crepúsculo o de un estanque apacible con flotantes nenúfares es más placentera que la fatigosa cabalgada venérea en la que, como dice Chesterton, «El placer es efímero, la posición, ridícula y el dispendio, reprobable». Tome nota el lector.

350. Ciertas culturas adolecen de esa contradicción que deja en entredicho la tan exaltada virilidad de sus hombres: padecen unos celos enfermizos y sospechan que la mujer es lujuriosa por naturaleza. Por lo tanto, para proteger el honor del marido, es mejor que la mujer no conozca el orgasmo, lo que se consigue mediante la ablación del clítoris (*jafd* o *jifad*), una práctica considerada *makruma* u «honorable» por las escuelas de jurisprudencia Malikí, Hanafi y Hanbali, mientras que para la Safi'i resulta obligatoria (Yeyo Balbás, 2022, pp. 296-297). Por la misma razón, que no estaba circuncidada, se consideraba que la mujer cristiana propendía al puterío y a la fornicación *(zina),* un desprecio que en ciertos ambientes muslimes todavía perdura, especialmente si visten un atuendo que consideren provocador. La ablación es todavía ampliamente practicada en África, Oriente Medio y Asia y, más concretamente, en Egipto, Sudán, Eritrea, Yibuti, Etiopía o Somalia.

los Banu Udra, en la que se practicaba una mística del erotismo consistente en una «morbosa perpetuación del deseo» (en palabras del arabista García Gómez). El placer de estas criaturas consistía en aplazar el placer hasta extremos morbosos y del todo extraños a la sensualidad árabe dominante.[351]

351. Un ejemplo en el poema del jiennense Ahmed ibn Farach en su *Kitab al-Hada'iq* (*Libro de los Huertos,* 976) que reza: *Aunque estaba pronta a entregarse, me abstuve de ella, / y no obedecí la tentación que me ofrecía Satán. / Apareció sin velo en la noche, y las tinieblas nocturnas, / iluminadas por su rostro, también levantaron aquella vez sus velos. / No había mirada suya en la que no hubiera incentivos / que revolucionaban los corazones. / Mas di fuerzas al precepto divino que condena / la lujuria sobre las arrancadas caprichosas del corcel de mi pasión, para que mi instinto no se rebelase / contra la castidad. / Y así, pasé con ella la noche como el pequeño camello sediento / al que el bozal impide mamar. / Tal, un vergel donde para uno como yo no hay / otro provecho que el ver y el oler. / Que no soy yo como las bestias abandonadas / que toman los jardines como pasto. / Toda la noche yací a su lado recorriendo sus cerros y cañadas, / pero me abstuve de ella, pues no soy asno que se revuelca en el sembrado.* O sea, *heavy petting* o magreo, pero nada de consumar.

CAPÍTULO 58

El cautivo

—Me llamo Alonso Lapena. Salí a buscar espárragos cerca de Los Villares y en mala hora lo hice, porque me cautivaron los moros. De eso hará cinco años. Como «cautivo en buena guerra» (así se dice)[352] me vendieron en el mercado y desde entonces sirvo a un moro (también hay moros cautivos de cristianos, pero es flaco consuelo).

»Los cristianos cautivos en Granada somos varios miles. Algunos pertenecemos al Estado y otros a particulares que nos explotan como bestias de carga o se sirven de nosotros para sus vicios.[353]

»Habéis de saber que desde tiempo inmemorial ha existido la costumbre de obtener rescate por los prisioneros de guerra. De ese uso en el fondo piadoso, puesto que permitía al prisionero noble conservar la vida y regresar con su familia, han hecho los

352. O sea, cautivado en tiempo de guerra, si lo hubieran cautivado en tiempo de treguas sería ilegal y debía ser devuelto conforme a derecho, aunque obviamente no siempre ocurría si había caído en manos de almogávares que vivieran al margen de la ley.

353. Fuentes cristianas comentan a veces sacrificios humanos practicados por los moros en fechas señaladas. El granadino Aboaçan compró al cautivo Domingo Pérez de Jódar para matarlo y decapitarlo el día de sus bodas. ¿Sacrificio propiciatorio o mero espectáculo para la distinguida concurrencia? Otro moro llamado Omar adquirió un par de cautivos cristianos para llevarlos a Tánger y decapitarlos sobre la fosa de su padre. (González Jiménez y Molina Molina, 2008, p. 40).

moros una industria basada en el secuestro de cristianos.[354] Si perteneces a una familia pudiente te maltratarán para que te rescaten pronto. Si eres pobre, solo puedes esperar a que te rescaten los frailes de la Merced con las limosnas que recogen en misas y colectas.

»¿Cómo vivimos nuestra cautividad? Ya lo podéis imaginar, pero os quedaréis cortos. Las cautivas, si son jóvenes, pasan de mano en mano de moros verriondos hasta que pierden la lozanía y entonces las ponen a trabajar en el campo o en las faenas domésticas.[355]

354. Desde el siglo XVI, los piratas berberiscos con bases en las costas de las actuales Libia, Túnez, Argelia y Marruecos desarrollaron, bajo protección otomana, un floreciente comercio basado en la piratería y en el comercio de esclavos blancos capturados en las costas de España e Italia, aunque también se atrevieron con Portugal, Inglaterra, Holanda y hasta Islandia, donde los corsarios de Salé, con la colaboración de piratas ingleses, capturaban mujeres rubias tan apreciadas en los harenes turcos. Se calcula que en el periodo comprendido entre 1530 y 1780 los esclavistas berberiscos subastaron en sus mercados a más de un millón de europeos. En 1785 Thomas Jefferson y John Adams, embajadores de Estados Unidos en Londres, preguntaron al embajador de Trípoli, Hadj Abderramán, con qué derecho asaltaba sus naves y esclavizaba a sus tripulantes y pasajeros. El moro respondió que está escrito en el sagrado Corán que las naciones que no responden a la llamada del islam son pecadoras y, por tanto, el derecho y el deber de los musulmanes es hacerles la guerra y esclavizar a sus prisioneros. Desarmadas ante la sutileza de esos razonamientos, las potencias cristianas de Europa y Estados Unidos se resignaron durante un tiempo a pagar tributo a los berberiscos para evitar que atacaran sus naves, pero ante el abusivo incremento de los precios decidieron que salía más barato enviarles navíos de guerra. Persuadido por los cañoneros occidentales, el reino de Marruecos renunció a la piratería en 1776; Argelia lo hizo en 1804, conquistada por Francia, y el resto de la Berbería cuando Estados Unidos atacó las bases piráticas en Argelia, Túnez y Trípoli (guerras berberiscas, entre 1801 y 1815).

355. Es el caso de la cordobesa Mari Apariçio, capturada por el moro Gifre cuando escardaba el campo en compañía de otras dos mujeres. Vendidas en el mercado de esclavos de Málaga, a Mari Apariçio la adquirió el moro Hazán por catorce doblas, la mantuvo consigo tres semanas, pode-

»A los hombres, durante el día, nos hacen trabajar de sol a sol en el campo, en las minas, en las tenerías o en los molinos. Los cautivos más desgraciados son los de Ronda: todo el día subiendo pellejos de agua por una escalera interminable de pinos peldaños. Peor que remar en galeras. Por eso existe una maldición que dice: "Así te mueras en Ronda, acarreando zaques".

»Los cautivos trabajamos hasta deslomarnos siempre bajo la amenaza del látigo o del tormento a cambio de escasas raciones de un pan abominable de panizo. De noche nos aherrojan en el cepo o con grilletes en los pies y la pasamos en mazmorras subterráneas a las que se entra por un agujero practicado en el techo, siempre vigilados por moros crueles y por perros carniceros.[356] A veces nuestro dueño nos vende a otro moro que tiene un familiar cautivo en tierra cristiana para que nos pueda intercambiar.

»Por lo general, vale más un cautivo cristiano que uno moro, dependiendo de los padrinos que tenga. El caudillo Fajardo el Bravo liberó treinta y dos cautivos moros para rescatar a un criado suyo, Diego Mellado.[357]

---

mos imaginar con qué propósito, y finalmente la traspasó a su colega Mahomed por diecinueve doblas. Aún permaneció en cautiverio diez meses hasta que finalmente santo Domingo se apiadó de ella y permitió que escapara y llegara a Estepa después de caminar doce leguas (González Jiménez y Molina Molina, 2008, pp. 109-110).

356. El viajero alemán Münzer, que visitó Granada en 1494, nos deja una descripción de lo que fue el cautiverio en los últimos tiempos del reino nazarí: «Era la ciudad cárcel horrenda de más de veinte mil cristianos, que en ella padecían durísimo cautiverio arrastrando grillos y cadenas, forzados como bestias a arar la tierra y compelidos a ejecutar los más sórdidos y denigrades menesteres». ¿A qué se referirá el germano? ¿Los obligaban a vaciar los bacines? «Existen allí catorce profundas y enormes mazmorras abiertas en la misma roca a las que se accede por estrechísimo portillo, con capacidad cada una de ellas para cien o doscientos prisioneros» (Torres Fontes, 2004, p. 212). Servidor de ustedes ha examinado una de esas ergástulas islámicas, la mazmorra Grande del Secano, consistente en un agujero de dos metros de diámetro por el que descolgaban a los prisioneros hasta una caverna de nueve metros de profundidad y otros tantos de anchura. Un lugar espantoso.

357. Torres Fontes, 2001, p. 40.

Se preguntará el lector cómo se procuró los cautivos moros:

—Para un hombre de sus redaños era fácil: entró en tierra de moros, los capturó y se los llevó atraillados.

»Otra manera de obtener la libertad es, si tienes suerte, que los moros acuerden un tratado de paz entre cuyas cláusulas se incluya la liberación de un número de cautivos. Ellos suelen resistirse porque pierden entonces el dinero de los rescates.

—Pero algunos escapáis y lográis llegar a tierras cristianas.

—Hombre, se han dado casos, pero esa es la excepción. Muchos nos encomendamos al santo patrón de los cautivos, que es santo Domingo de Silos. Cuando llega el milagro lo notas porque hay un resplandor que te acompaña mientras, libre de cepos, vas pasando las puertas de la prisión sin ser notado por tus carceleros, o al menos eso dicen. Luego, es costumbre peregrinar a Silos y dejar allí en testimonio tus grilletes para que los monjes los cuelguen del muro sobre la tumba del santo.

—Y los que no cuentan con santo Domingo, ¿cómo se liberan?

—De tres modos: haciéndose moros, pagando su rescate o huyendo a tierra de cristianos. Los que se pasan a la secta de Mahoma, los *elches*, son objeto de desprecio. Estas conversiones abundan más entre las mujeres, aunque una vez rescatadas regresan a la religión de Cristo con la misma facilidad con que salieron de ella. Así hizo Isabel de Solís, también conocida como la Rumiyya, primero concubina y después esposa del sultán Abu-l-Hasan.[358]

358. Isabel de Solís fue capturada el día de San Miguel de 1471, en una incursión de Abu-l-Hasan (Muley Hacén). El emir se prendó de ella, la hizo su concubina y la instaló en un palacete del Albaicín, la Doralcotola. Doce años después, el sultán la desposó, ya conversa al islam como Zoraya (Lucero del Alba). Tuvieron dos hijos, Sair y Nair, príncipes reales. Después de la conquista de Granada, Zoraya, ya viuda, tornó a la religión de Cristo bajo el nombre de Isabel de Granada y sus hijos habidos con el moro fueron bautizados como Fernando y Juan, actuando como padrinos los Reyes Católicos. Menos famoso es el caso de la vendimiadora Catalina de Linares, que los moros cautivaron en el campo el 1 de septiembre de 1280 y pasó directamente al harén de Mohamed Abel

»Los cautivos que escapan suelen hacerlo de día, aunque luego se oculten en algún escondite en espera de la noche. Para orientar a estos fugitivos es costumbre mantener encendido un farón en la torre más alta de los castillos y lugares de la frontera.[359]

—¿Casos de cautivos huidos?

—Normalmente lo hacen aprovechando descuidos de amos, pero otras veces matan al guardián inspirados por santo Domingo, que no duda en suspender la caridad cristiana para sugerirles que recurran a la violencia. Os contaré un par de casos. Tres vecinos de Jaén, Pascual Pérez, Fernán Pérez y Juan Pérez, estaban trabajando en la vendimia, cerca de Granada. El moro que los vigilaba era un antiguo cristiano renegado, que no ahorraba en golpes con el zurriago. Un día lo agarraron y Pascual le dijo: «Come fabas hasta que te hartes» y lo degolló con su propio cuchillo. Luego huyeron caminantes de noche y escondidos de día, y en tres jornadas consiguieron alcanzar Lorca.[360]

»Otro caso parecido es el de Yuánnez Domingo, un almocadén de Baeza que, yendo con otros doce de espolonada por la sierra de Baza, cayó en manos del famoso almocadén moro Ochalviello, que había salido a atajarlos con cuarenta de los suyos. Aunque eran menos, plantaron cara como bravos, murieron seis y otros seis cayeron cautivos. De los moros murieron tres.

»A los otros cinco los vendieron en el mercado de Almería, pero a Yuánnez Domingo, como era famoso, lo cargaron con las cabezas de sus compadres muertos y lo llevaron a Gergal, donde lo pusieron a moler trigo, alheña y panizo. De noche lo metían aherrojado en un pozo hondo. También lo maltrataban para que

---

Mercal, hermano del sultán granadino, el cual *pagose de ella, et metiola en una casa apartada: así que ovo a pasar a ella e tóuola quatro annos, e fizo en ella dos fijos*. La cautiva logró escapar de su jaula de oro y se presentó en Cabra del Santo Cristo, castillo cristiano. Poco después cumplió la promesa de peregrinar a Santo Domingo de Silos (Torres Fontes, 2004, p. 265; González Jiménez y Molina Molina, 2008, pp. 31-32).

359. El farón más famoso era el de Alcalá la Real, el más cercano a Granada. En 1383 se le adjudicaba una asignación de siete mil quinientos maravedíes anuales para su mantenimiento.

360. Torres Fontes, 2004, p. 256.

pidiera rescate a sus deudos, aunque él protestaba que era pobre y no tenía con qué rescatarse. Finalmente, un tal Hamet, purchení, que lo puso a labrar sus campos y en otras pesadas labores. Un sábado del mes de abril de 1285 estaban labrando cebollas cuando Hamet lo llamó y como no compareciera al instante porque no había oído las voces, fuese a él y lo increpó: "¡Perro, hijo de perra, la próxima vez que te llame vienes! Para que lo recuerdes te voy a dar cuarenta azotes en cuanto volvamos del campo".

»Mientras lo amenazaba el moro, Yuánnez Domingo escuchó en su cabeza la voz de santo Domingo que le decía: *Con esa açada que llevas mata a aquel tu sennor, e vete a tierra de christianos.*

»El moro lo insultó y amenazó otro poco y luego se volvió a sus cebollas.

»Otra vez escuchó el indeciso cautivo la voz del santo dentro de su cabeza: *Yuánnez Domingo, ¿qué estas? Faz lo que te dixe que yo so santo Domingo. Non dubdes nin ayas miedo, que yo so santo Domingo y seré contigo.*

»Levantó Yuánnez la azada y la descargó sobre la cabeza del moro dando con él en tierra. El hijo del moro, un mancebico llamado Aludo, empezó a dar gritos de que mataban a su padre y Yuánnez Domingo lo silenció descalabrándolo con la azada. Luego volvió al padre y le propinó catorce azadonazos en la cabeza, dejándolo por bien muerto, los sesos desparramados, tras de lo cual escondió los cadáveres y se fugó a tierra de cristianos. Después de dos días y dos noches de camino por lugares poco transitados, comiendo solo yerbas, llegó al castillo de Maraçola (Moratalla), donde lo socorrieron los templarios, y de allí a Alcaraz.[361]

»Otro caso de mucha enseñanza es el de Domingo Munnoz de Jaén, que yendo al lugar de Cárchel fue capturado por el almocadén moro Brahén, arráez de Guadix, que corría el campo con otros quince del turbante. Sacado a subasta en Guadix, lo adquirió el moro Giber por cuatro doblas y media y lo puso a

361. Torres Fontes, 2004, p. 262; González Jiménez y Molina Molina, 2008, pp. 132-133.

trabajar más que mulo alquilado, con poco sustento. Viéndose en tan grande apuro, el cautivo se encomendó a Santa María y a santo Domingo, y el santo acudió en su ayuda en forma de esa voz interior que le sugería cómo liberarse.

»Domingo Munnoz lo puso en práctica: *Llegose a su señor que sacaua agua de una noria e tiró un pico de fierro que tenía e diol al moro gran golpe en la cabeça e matolo e dio con el dentro de la noria.* Después huyó con un colega de cautiverio y caminaron trece días con sus noches hasta Níjar, de allí a Teba y finalmente a Lorca.[362]

»Otro cautivo, Domingo Mínguez, y dos compañeros *tomaron a Mahomat, el moro que los guardaba e façialos labrar e cavar en unas viñas e echaron en un poço* [pozo] y luego escaparon sin que los moros que los vieron los tomaran por fugitivos y así pudieron ponerse a salvo en Jaén.[363]

»Un caso interesante, que muestra la voluntad de supervivencia de la mujer en un medio hostil es el de María la Baldera, cautiva de Quesada a la que el arráez de Guadix tenía por concubina en 1278. Ella se apiadó del cautivo Miguel Pérez de Úbeda, que era de su tierra, y *faciale algunos placeres a furto*, o sea, se le entregaba sexualmente sin conocimiento del moro, lo que debía ser doblemente consolador, aunque peligroso. Andando el tiempo, le pasó dos limas dentro de sendos panes con los que Miguel limó sus cepos y en 1285, la vigilia de Todos los Santos, pudo escapar y tras una caminata de cinco leguas alcanzó el lugar cristiano de Larva y desde allí, Quesada.[364]

362. González Jiménez y Molina Molina, 2008, pp. 137-138.
363. *Ibidem,* pp. 164-165.
364. *Ibid.,* p. 106.

CAPÍTULO 59

Otros fronterizos

—Me llamo Mohamed Jalufo, renegado, sí, por la fuerza de mis infortunios. A los que me repudiáis quisiera veros en mi pellejo. Hubo un tiempo en que fui cristiano y me conocían por Juan de Úbeda. ¿Por qué me hice moro y me pasé al otro bando? No por religión, desde luego, porque yo no creo en Dios alguno. Lo hice por despecho, porque el alcaide Nuño me hizo azotar a cuenta de una falta que cometieron otros. Entre los cristianos era adalid, y no malo, y ahora lo sigo siendo, pero de los moros, que me tienen en gran aprecio porque conozco mejor que nadie la comarca donde nací y me crie, al otro lado de la frontera, y cuando entramos en tierra de cristianos sé guiarlos bien por vericuetos que no sean notados por escuchas ni atalayas. Mis antiguos paisanos me tienen la cabeza pregonada, y si alguna vez me cogieran no se contentarían con ahorcarme, sino que probablemente me quemaran vivo. Creo que algunos cazadores de cabezas me buscan por la recompensa. Llegado el caso, moriré con las armas en la mano, eso lo tengo claro, aunque si me ofrecen seguridades para volver y hacerme cristiano sin castigo, me lo pensaré.[365]

—¿Tanto vale la cabeza de un renegado? —me atrevo a preguntar.

365. Debió pensárselo, en efecto, porque regresó al bando cristiano «repescado por el adelantado lorquino Pedro Fajardo que puso en ello dinero, interés e influencia» (Torres Fontes, 2004, p. 62).

—Depende del mal que hayas hecho y del empeño que tengan en cazarte. A un semejante mío que llamaban Palomares el Barbudo lo mataron en Orihuela con otros cuatro moros, en un encuentro. Cuando identificaron su cabeza y la de otro colega que había sido criado del obispo, el concejo les concedió a los matadores cien florines y una carta de recomendación para Elche y Alicante.[366]

—Yo soy Manuel Zorrita de Villamanrique, homiciano según aparece en vuestros papeles. Le propiné tres navajazos a un vecino que miraba más de la cuenta a mi mujer, y alegué que lo hice en un pronto, ofuscado. Eso me valió delante de la justicia, porque si me hubieran declarado aleve (o sea, asesino con premeditación) no me hubiera podido acoger al derecho de asilo. Como homiciano me dieron a escoger entre ahorcarme o purgar mi pecado sirviendo al rey en la frontera por espacio de un año.[367] No me quejo. Un año pasa pronto y si los moros no me rebanan antes el gañote saldré con bien y volveré con mi mujer, que la tengo recluida en un beaterio para evitar que putee en mi ausencia.

»¿En qué nos emplean a los homicianos que penamos condena en la raya de los moros? Pues servimos para todo. Hacemos las rondas en los castillos, velamos en las atalayas, recogemos leña, monteamos carne, arreglamos los caminos o los puentes. Lo más peligroso es ser atalaya, escucha o escusaña, porque pasas las horas acechando si vienen moros para dar rebato con una

366. Torres Fontes, 2004, p.198.

367. «El riesgo continuo y la gratuidad del servicio justificaban el perdón y, una vez cumplido su tiempo, el criminal era libre de los cargos que contra él pesaban mediante carta real expedida a la vista de la que el alcaide de la fortaleza le había dado para probar su buen cumplimiento» (Ladero Quesada, 1967, p. 216). En tiempos de los Reyes Católicos gozaron de privilegio de homicianos las plazas fronterizas de Jimena, Antequera, Teba, Ardales, Alhama de Granada, Xiquena, Benamaurel, Archidona, Tarifa, Alcalá la Real, Lorca, Níjar, Olvera, La Malahá, Íllora, Alhendín, Salobreña y Santa Fe..., prácticamente toda la banda morisca. De ese privilegio procede el dicho entonces popular «mata a un hombre y vete a Olvera».

ahumada si es de día o una almenara (hoguera) si es de noche, antes de huir y ponerte a salvo.[368]

—Y de noche, ¿cómo se distingue la almenara de otros fuegos que puedan encender pastores o trajinantes?

—Porque en la torre atalaya se levanta una ladronera o forado de piedras de forma que solo permite dirigir la vista hacia el punto exacto donde puede encenderse la almenara.[369]

368. Recordemos el romance morisco de Góngora «Servía en Orán al rey», donde el encadenamiento de términos sugiere la secuencia de la alarma en la frontera: un atalaya ve brillar a la luz de la luna las adargas de los invasores, enciende la hoguera de alarma, y, a la vista de la hoguera, otros atalayas hacen fuegos que vistos desde los pueblos hacen sonar las campanas para que la gente se retraiga a seguro. El poema nos presenta a un bizarro soldado español que está atendiendo solícito a su mora enamorada cuando dan rebato y duda un momento entre acudir al deber o rematar la faena amorosa que traía entre piernas. Naturalmente prevalece el deber, como no podía ser menos, a pesar de las súplicas de la enamorada, que intenta retenerlo para que remate la faena: *Servía en Orán al rey / un español con dos lanzas, / y con el alma y la vida / a una gallarda africana, // tan noble como hermosa, / tan amante como amada, / con quien estaba una noche / cuando tocaron alarma. // Trescientos cenetes eran / de este rebato la causa, / que los rayos de la luna / descubrieron las adargas; // las adargas avisaron / a las mudas atalayas, / las atalayas los fuegos, / los fuegos a las campanas; // y ellas al enamorado, / que en los brazos de su dama / oyó el militar estruendo / de las tropas y las cajas* [tambores]. // *Espuelas de honor le pican / y freno de amor le para; / no salir es cobardía, / ingratitud es dejalla. // Del cuello pendiente ella, / viéndole tomar la espada, / con lágrimas y suspiros / le dice aquestas palabras: // «Salid al campo, señor, / bañen mis ojos la cama; / que ella me será también, / sin vos, campo de batalla. // Vestíos y salid apriesa, / que el general os aguarda; / yo os hago a vos mucha sobra / y vos a él mucha falta. // Bien podéis salir desnudo, / pues mi llanto no os ablanda; / que tenéis de acero el pecho / y no habéis menester armas». // Viendo el español brioso / cuánto le detiene y habla, / le dice así: «Mi señora, / tan dulce como enojada, // porque con honra y amor / yo me quede, cumpla y vaya, / vaya a los moros el cuerpo, / y quede con vos el alma. // Concededme, dueña mía, / licencia para que salga / al rebato en vuestro nombre, / y en vuestro nombre combata»* (<https://arxiu-web.upf.edu/todogongora/poesia/romances/064/index.html>).

369. *Que fagan de noche un forado grande de piedras porque por el puedan ver el dicho alcor, porque sy allí se fyzieren las dichas almenaras por*

»Lo malo es que muchas veces no sientes venir al moro sigiloso y traidor, y cuando acuerdas a notarlo ya te ha degollado; tampoco mejora tu suerte si los descubres cuando están cerca y das la alarma, porque entonces vienen por ti de pésimo talante y te apiolan de todas formas.[370] También he sido cuadrillero de guarda, patrullando el campo con media docena de jinetes y pocos más peones para prevenir la entrada de malhechores de los que tan infestada está la frontera, y no todos son moros, por cierto. En fin. Esa es la vida del homiciano. Dura y peligrosa, pero uno puede también hacer fortuna si le echa valor.

»Quizá os sorprenda saber que hay entre nosotros homicianas. Las adúlteras pueden escapar al castigo si se acogen al privilegio de homicianos y pasan un tiempo en las guarniciones de la frontera, donde fácilmente os podéis imaginar la ajetreada vida que les espera siendo mujeres entre tantos hombres. Cuando nos llega una nueva, la recibimos con tal entusiasmo que pasa muchos días tan dolorida de sus partes que ni sentarse puede.

»Los moros también tienen sus homicianos que penan culpas en la frontera, además de los cenetes, voluntarios fanáticos que vienen de la Berbería africana para la guerra santa o yihad en los *ribats* o castillos-convento, y que viven del botín.

—Yo me llamo Mohamed Fajuri. Soy elche. Nací cristiano, pero en 1482 me cautivaron unos almogávares moros y estando en cautividad me convertí a la secta de Mahoma para obtener mi libertad, porque cuando te haces moro dejas de ser esclavo.

---

allí los verán cierto e esto digo porque se podría encender fuego en alguna parte buen rato de allí y pensarían las atalayas que hera allí, y por el dicho agujero no pueden mentir (Torres Fontes, 2004, pp. 101-102).

370. Conocemos de estos la acción heroica de Diego de Linares, guarda escusaña de Alcalá la Real. Como viese entrar moros, prendió una hoguera y dio la alerta. Capturado por el rey de Granada e increpado por su temeridad respondió: *Más quiero padesçer, señor, que no digan a mis hijos los de mi vezinos: «La flaqueza de tu padre hizo viuda a mi madre».*

»Algunos elches gozamos de la confianza de nuestros amos e incluso ocupamos puestos importantes en la administración o en el ejército. Si los cristianos toman Granada, como parece que pretenden, me espera un porvenir incierto porque la Inquisición me puede quemar por hereje.[371]

»Los moros también tienen sus tránsfugas pasados al cristianismo, que se llaman *tornadizos* o *enaciados,* y que llegado el caso traicionan a sus antiguos correligionarios, como ese Ruy Díaz, el capitán del que hablas más arriba, el que puso la escala en la conquista de Huéscar.

—Yo soy Luca Bacigalupo, genovés de nación y mercader en esta frontera. Llevo a los moros toda clase de productos, a excepción de los prohibidos por considerarse estratégicos: caballos, armas y trigo. Para el comercio entre moros y cristianos se han fijado, de común acuerdo de las partes, ciertos puertos secos o vías por las que practicarlo con supervisión oficial: Quesada, Jaén, Alcalá la Real, Cabra, Morón y Casares, en la serranía de Ronda.

»Como mercader, tengo licencia para moverme por la frontera e ir del moro al cristiano, y viceversa, de manera que provea de género a los merchantes que tienen tienda fija. Para transportar el género me sirvo de los almayales o arrieros, que transportan mis mercancías de un lado a otro. Algunas veces nos juntamos varios colegas para proteger las recuas con una escolta de guerreros que pagamos a escote y las ponemos en caravana bajo el mando de un *exea* que las dirige y responde por ellas, y por ese servicio percibe una crecida paga o *exeadgo.*[372]

371. Hubo un tiempo en que se respetaba el principio de libertad de religión (datado, al menos, desde 1310): *Et si quisiere ser cristiano que lo sea, et si quier moro que lo non tengamos en nuestra tierra et que vaya por do quier* (Giménez Soler, 1908, pp. 167-169). En la tregua firmada en Granada el 19 de diciembre de 1455 se acuerda que personas reputadas puedan convencerlas para que vuelvan a la religión original y en todo caso avalar la conversión de los que se resistan.

372. *El axea judgue los rrecueros que se barajaren e fagan justicia en la rrequa.* Fuero de Andújar, título DCXXV. *Exea,* pronunciado *ejea,* pro-

Los mercaderes estamos sujetos al impuesto (diezmo de lo morisco en Castilla, magrán en Granada), aunque muchos lo evitan contrabandeando productos sin declararlos o exportando los expresamente prohibidos *(caballos e potros e yeguas e potrancas e mulas e mulos para la silla e çerriles, como albarda)*.

—Y ese contrabando, ¿cómo se evita?

—De dos maneras: colgando o asaeteando al contrabandista y con el registro ante escribano de todo ganado que se halle diez leguas adentro en tierras de Castilla, desde la frontera con el moro, haciendo constar su edad, alzada y color.[373] Más controles que en la Comunidad Europea, ya ves, pero a pesar de eso no se consigue atajar el contrabando porque la mitad de los controladores están untados.

—¿Untados?

—Sobornados, que pareces tonto.

—*Nihil novum sub sole.*

—Llamadme Martín Precioso, si os parece. Soy lo que el historiador Torres Fontes llama *cazador de cabezas,* aunque yo prefiero tenerme por un mero servidor del municipio, lo que allí llamamos *ballestero de monte.*[374] Uno de mis oficios, como mantenedor de la paz en la frontera, es atrapar o matar a esos renegados elches que viven de saquear y secuestrar a cristianos, sus antiguos vecinos, aprovechando su familiaridad con el terreno donde nacieron y se criaron y su conocimiento de las personas que en él habitan, especialmente de los ricos, por los que se puede exigir crecido rescate.

---

viene del árabe *al-sica* «guía, acompañante», de la raíz *syc,* «acompañar, seguir» (Chamocho, 2017, pp. 77-79).

373. En 1478, la reina Isabel autorizó a cualquier persona que descubriera a unos contrabandistas para prenderlos y quedarse con una tercera parte de las mercancías y animales que llevaran consigo (Suárez Fernández, 1954, n. 90).

374. A veces la paga consistía en eximirlos de pagar tributos: *Reçibieron por ballesteros de monte desta dicha çibdat e que mandaban que fuesen escusados de aquí delante de todo pecho en toda su vida e de todos otros trebutos* (Torres Fontes, 2004, p. 97).

»Algunas veces me llegan noticias de una entrada que el renegado piensa hacer y me pongo al acecho en algún conocido lugar de paso para capturarlo, pero otras veces me arriesgo a lo que llamamos *talegada en campo de moros,* que consiste en entrar en territorio enemigo, donde vive o pasa el sujeto, y capturarlo o matarlo allí. La recompensa se cobra contra presentación de su cabeza a la autoridad competente.[375] Las cabezas se clavan en lugar visible de su lugar de origen para que disuadan a otros de la tentación de seguirlos. Cuando se capturan, es costumbre quemarlos vivos en la hoguera pública.

»Lo normal es que los ballesteros de monte actuemos en cuadrillas de pocos hombres, pero a veces las circunstancias exigen formar grandes partidas. En 1434 una tropa de casi mil jinetes y peones moros saquearon el pueblo de Calasparra y secuestraron a casi toda la población. Convocados por el alcaide de Lorca para atajarlos antes de que se pusieran a salvo, les tendimos una emboscada en la Cañada de la Cruz, cerca del puerto del Conejo. Fue una gran victoria. Matamos a muchos moros, cautivamos a cincuenta y liberamos a los cautivos. Solo hubo que lamentar la muerte de muestro capitán, Alonso Yáñez. También pereció el capitán de los moros, al que despojamos de *alhajas, armas y vestiduras, caballo, bridas, montura y estribos de plata.*

375. *Por cuanto en aquella tierra ay omnes que sepan seguir los rastros de los de tierra de moros que entran a fazer mal e daño a los nuestros regnos salvo los vallesteros de monte [...], tenemos por bien e es nuestra merced que ayan en aquella cibdat seys vallesteros de monte para seguir los dichos rastros e que sean quitos de monedas para siempre* (Juan I de Castilla, a petición del Concejo de Murcia, 24 de enero de 1385, Torres Fontes, 2004, p. 35).

CAPÍTULO 60

Vientos de guerra

En el siglo xv, Castilla había reanudado esporádicamente la Reconquista y arrebatado a los nazaríes Antequera (1410), Jimena (1431), Huéscar (1434), Huelma (1438) y Gibraltar (1462).

Los avances cristianos desprestigiaban a sucesivos sultanes que, incapaces de defender las fronteras, subían los impuestos para atender a crecientes gastos militares. Por otra parte, no siempre adoptaban una política defensiva coherente, mediatizados como estaban por los magnates del reino.

El pueblo era incapaz de comprender que Granada no podía medirse militarmente con Castilla, pero advertía que el reino y su propia existencia estaban amenazados. En una reacción típicamente fundamentalista, que, por cierto, observamos también en el mundo árabe actual, la impotencia frente a la superioridad cristiana los llevó a refugiarse en una fe fanática. A la larga fue peor. La antigua tolerancia hacia los cristianos residentes en Granada, muchos de ellos en calidad de cautivos, se transformó en creciente opresión.

En el Domingo de Resurrección de 1477, aprovechando que Castilla se debatía en una guerra civil entre partidarios de Juana la Beltraneja y los de su tía Isabel, los moros asaltaron la localidad murciana de Cieza, mataron a ochenta cristianos, casi todos los hombres, y cautivaron a quinientos entre mujeres y niños.[376]

376. Se da la circunstancia de que veintinueve años antes los moros habían saqueado la villa y cautivado a sus habitantes. En Granada existía

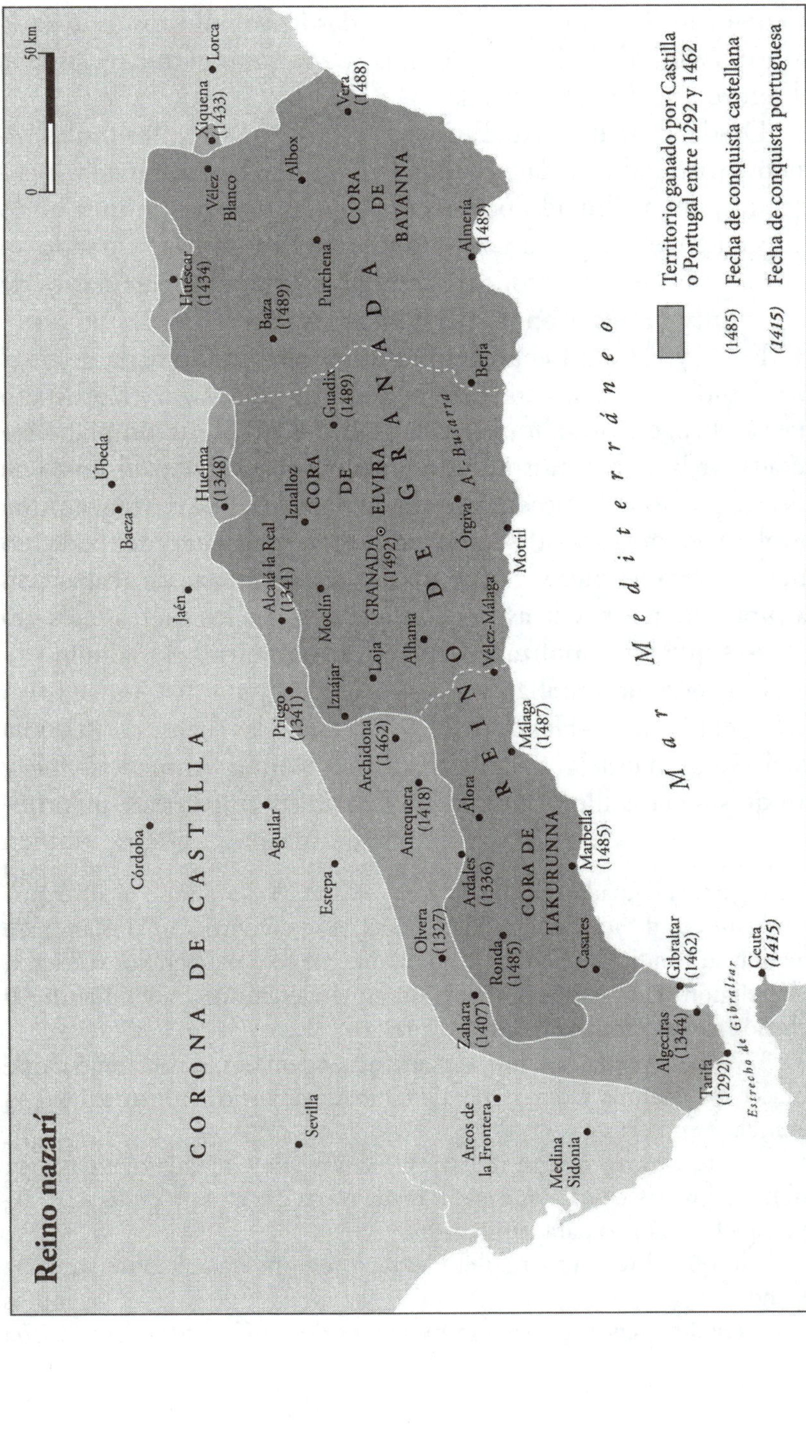
Reino nazarí
CORONA DE CASTILLA
REINO DE GRANADA
CORA DE ELVIRA
CORA DE BAYANNA
CORA DE TAKURUNNA
Al-Busarra
Mar Mediterráneo
Estrecho de Gibraltar
0
50 km
Sevilla
Córdoba
Baeza
Úbeda
Jaén
Aguilar
Estepa
Arcos de la Frontera
Medina Sidonia
Tarifa (1292)
Algeciras (1344)
Gibraltar (1462)
Ceuta (1415)
Zahara (1407)
Olvera (1327)
Ronda (1485)
Casares
Ardales (1336)
Marbella (1485)
Antequera (1418)
Álora
Archidona (1462)
Málaga (1487)
Priego (1341)
Iznájar
Loja
Alhama
Vélez-Málaga
Alcalá la Real (1341)
Moclín
GRANADA (1492)
Iznalloz
Órgiva
Motril
Huelma (1348)
Guadix (1489)
Berja
Baza (1489)
Huéscar (1434)
Purchena
Almería (1489)
Vélez Blanco
Albox
Xiquena (1433)
Vera (1488)
Lorca
Territorio ganado por Castilla o Portugal entre 1292 y 1462
(1485) Fecha de conquista castellana
(1415) Fecha de conquista portuguesa

En Castilla, los halcones, inflamados por el ambiente mesiánico que los franciscanos difundían desde los púlpitos, exigían la continuación de la Reconquista, la *guerra divinal* que reclamaba el nuevo espíritu de Cruzada.

Desde los tiempos de Enrique IV (1454-1474), los frailes venían insistiendo en la necesidad de conquistar Granada, pero este rey, tan atribulado por sus problemas internos, nunca pudo emprender el proyecto con la necesaria constancia. Cuando su hermana Isabel (la Católica) ascendió al trono, los partidarios de la conquista arreciaron en sus demandas.

Isabel y Fernando habían puesto los ojos en Granada desde el principio de su reinado, pero tuvieron que aplazar el proyecto hasta 1482, cuando, liquidada la guerra civil, pudieron plantearse acabar la Reconquista. No era solo por arrebatar al moro su último bastión. También contaba la necesidad de desfogar a una nobleza camorrista a la que convenía mantener ocupada en una empresa heroica y gananciosa, la conveniencia de acabar con la piratería nazarí y la aspiración a sustituir a los mercaderes genoveses que monopolizaban el comercio nazarí y el magrebí.

Los reyes necesitaban un *casus belli* para atacar Granada. En 1481, el rey Abu-l-Hasan (Muley Hacén en las fuentes cristianas) lo sirvió en bandeja: su gobernador en Ronda, Ahmad al-Zagri, conquistó el castillo fronterizo de Zahara en un golpe de mano.[377]

---

una ergástula llamada *Corral de Cieza la Desdichada,* donde se albergaba a los cautivos de aquella localidad. Muchos se convirtieron al islam para mejorar su condición, pero cuando finalmente fueron liberados volvieron a la religión de Cristo y se enrolaron en el ejército de Isabel durante la rebelión de las Alpujarras (1499-1501).

377. La leyenda romántica añade que, además, Granada dejó de satisfacer los tributos y que el rey de Granada advirtió arrogantemente al recaudador cristiano:

—Dile a tu rey que ya murieron los reyes de Granada que pagaban tributo a los cristianos y que en Granada no se labra ya oro; ahora se forjan espadas y lanzas para combatirlos.

A lo que el rey Fernando el Católico respondería, siempre según la leyenda:

—He de arrancar uno a uno los granos de esa Granada.

Algunos nobles castellanos replicaron con un golpe de efecto mayor: atravesaron en pleno invierno de 1482 la sierra de Loja para saquear la residencia veraniega de la aristocracia granadina, el pueblecito termal de Alhama, próximo a Granada. La riqueza del botín conseguido estimuló a muchos nobles renuentes a unirse a la cruzada: *Ovieron en ella el marqués e todos los que con él fueron infinitas riquezas de oro e plata e aljófar e seda, e de ropas de seda, de zarzahán e tafetán,*[378] *e alhajas de muchas maneras, e cavallos e azémilas, e paños e arreos de casa.*[379]

La pérdida de Alhama causó conmoción en Granada, el «¡ay de mi Alhama!» que resuena en los romances fronterizos. Naturalmente, los moros intentaron recuperarla, pero nuevamente los cristianos se les adelantaron avituallándola y reforzando su guarnición y defensas hasta ponerla en condiciones de resistir un asedio.

La guerra de Granada duró diez años ininterrumpidos, entre 1482 y 1492. Fue una guerra desigual entre una federación poderosa, Castilla y Aragón, y un pequeño Estado que se sabía perdido, una guerra de desgaste en la que el astuto Fernando desangró lentamente al reino nazarí hasta que cayó como fruta madura.

Podemos distinguir tres fases en el conflicto. En la primera —dos años a partir del rompimiento de las hostilidades en 1482—, asistimos a una guerra medieval, mesnadas que recorren la tierra enemiga casi a la ventura, saqueando poblados, incendiando alquerías, talando panes y huertos sin otro plan que *fazer guerra cruel e todo el mal e danno que pudiere,* como leemos en una carta de Enrique IV.[380]

Es que, inevitablemente, la guerra de Granada se tiñe de romanticismo después de que Washington Irving y los escritores de su tiempo pasaran por ella.

378. El *zarzahán* es una tela de seda que forma listas de colores; el *tafetán* es también de seda, pero el cruce de sus hilos tiene apariencia granulada.

379. Malpica, 1996, p. 34.

380. Torres Fontes, 2001, p. 201.

En la segunda fase, los cinco años siguientes, Fernando planea una guerra metódica que arranca a Granada plazas clave para el dominio de comarcas importantes. Superada la mentalidad caballeresca medieval, Fernando prohíbe los desafíos individuales en los que antes perecían buenos caballeros. El individualismo de las mesnadas señoriales se diluye al agregárseles las milicias concejiles de las grandes ciudades béticas: Sevilla, Córdoba, Jaén, Écija, Andújar, Arjona, etcétera. De esta fusión nace un ejército permanente, el primero de Europa que merece el calificativo de moderno, unos trece mil jinetes y cincuenta mil peones, dotado incluso de sanidad (con hospitales de campaña) y cuerpos de pontoneros y artilleros.

Después de siglo y pico de existencia, con más ruido que nueces, la artillería se había revelado un arma demoledora en la toma de Constantinopla por los turcos. Consciente de ello, Fernando contrató a buenos especialistas alemanes, milaneses y borgoñones, y dotó a su ejército con unas doscientas lombardas y culebrinas, y hasta dos mil espingardas que resultaron decisivas en la toma de fortalezas hasta entonces inexpugnables como las de Cambil y Alhabar.[381] Al propio tiempo, la activa marina castellana patrullaba el Estrecho para impedir el desembarco de refuerzos africanos.

Así las cosas, el anciano pero todavía antojadizo Muley Hacén vivía una tórrida pasión otoñal por una concubina cristiana, de nombre Zoraya (mencionada páginas atrás al hablar de los cautivos). A la esposa principal, Aixa, no le hizo gracia que el sultán se encaprichara con la esclava y concibió la idea de derrocarlo y sustituirlo por su hijo y heredero Mohamed XI Abu Abd Allah (al que llamaremos en adelante Boabdil el Chico). Para ello contaba con la complicidad de la poderosa estirpe de los Abencerrajes (Banu Siray).

Muley Hacén descubrió la conjura de su esposa y la encerró, pero Aixa consiguió huir y, una vez libre, instó a su hijo a rebelarse.

381. De la artillería de esta guerra trato en mi novela *El mercenario de Granada* (Eslava Galán, 2007).

La casa real granadina se dividió en banderías cuyo enfrentamiento degeneró en franca guerra civil ante la mirada complacida de Castilla, que no podía soñar con mejor situación. Los Reyes Católicos eran conscientes de que una Granada debilitada por luchas intestinas resultaría más fácil de conquistar. Fernando, siempre bien informado de aquellas luchas dinásticas, planeó la conquista de Granada con metódica astucia, fiel a su principio de dividir para triunfar (no en balde Maquiavelo lo tomaría como ejemplo en su tratado político *El príncipe*).

Muley Hacén había comprometido su prestigio en recuperar Alhama. En el empeño estaba cuando, en su ausencia, Boabdil consiguió alzarse con la capital con ayuda de los Abencerrajes. Al sultán no le quedó más salida que fortificarse en el castillo de Mondújar, junto a su hermano Mohamed XII Abu Abd Allah, llamado el Zagal.

Los cristianos cosecharon un par de sonadas derrotas en campo abierto. La primera cuando Fernando intentó conquistar Loja y como parte de los preparativos instaló su artillería en el cerro Albohacen (hoy cuesta del Socorro) que dominaba la ciudad. El astuto caudillo Aliatar advirtió que estaba insuficientemente protegida y la destruyó mediante un hábil golpe de mano.

La segunda derrota fue más grave: el Zagal dispersó y casi aniquiló a otro ejército cristiano que operaba en la Axarquía malagueña, región de difícil orografía, después de aislar y emboscar a sus destacamentos. Esa victoria le granjeó gran popularidad en Granada.

CAPÍTULO 61

El desastre de la Axarquía

El desastre de la Axarquía (marzo de 1482) fue comparable, por sus repercusiones en la imaginación popular, al desastre de Annual (1921). En ambos casos se trata de la aniquilación de un ejército cristiano demasiado confiado que se interna en territorio enemigo sin las debidas cautelas y después se deja ganar por el pánico.

El relato, apasionante como una novela, está en la obra de Alonso de Palencia, el gran cronista de esta guerra.

> *En junto pudieron aprestarse dos mil setecientas lanzas muy escogidas, pero escaso número de peones [...]. Y eran los infantes muy necesarios para lo que se proyectaba, invadir la Axarquía [...], famoso territorio en el que se cultiva como en ningún otro de Europa la industria de la seda. Aunque para penetrar allí los nuestros no podían hacerlo sino por estrechas y escabrosas gargantas de las montañas, los guías afirmaron que si lograban atravesar sin tropiezo aquellos primeros desfiladeros, luego hallarían junto al mar cómoda llanura para asegurar el regreso por otro camino. Confiados los caudillos en estas promesas, se congratulaban de ver reunida tan escogida hueste, cual si ya tuviesen ricos despojos y presa de esclavos [...]. Unánimes todos en el plan, disentían, sin embargo, en los medios de ejecutarlo. El marqués de Cádiz proponía atacar repentinamente a la escasa guarnición del alcázar de Málaga, que por su proximidad al mar ofrecía facilidades para combatirlo y para conservarse, puesto que diariamente podrían traerse víveres y refuerzos. Opinión muy diferente sustentaba el maestre don Alfonso de Cárdenas; y así, el principio de las consultas hizo ya*

prever a las claras lo desdichado del éxito, porque no solo es funesta la discrepancia de opiniones entre los caudillos, sino que cuando capitanea el ejército más de uno, el desastre ocurre fatalmente [...]. A fin de poner término a las discusiones, se dejó parte de la impedimenta con la artillería y máquinas de guerra dispuestas para el ataque proyectado, y la caballería ligera, con parte del recuaje necesario para el transporte de provisiones, atravesó los desfiladeros y atacó las aldeas [...]. Hallábanse ya apercibidos los moradores de la llegada del enemigo, por suponer que aprovecharía la ausencia de Albuhacen, y, así, se habían refugiado en los sitios más defendidos, abandonando todas sus haciendas a la ventura. De aquí concibieron los nuestros el deseo de elegir el botín de más fácil transporte, sin cuidarse para nada del futuro peligro. Cuando los moros los vieron ocupados en esta faena, fueron cercándolos ocupando las alturas, seguros de superar con sus reducidas fuerzas a las mayores de los cristianos, sobre todo si las atacaban de noche, cuando se hallaban fatigadas, y en terreno escabroso, en que las vides y arbustos les daban gran ventaja para pelear con el enemigo. No se engañaron ellos en su cálculo, ni a los nuestros se les alcanzó algún medio de salvación, y así llegó el desastre cuando más enfangados estaban en el botín. Muchos, solo atentos a recogerlo, desobedecían cuantas órdenes se les daban de volver a las filas. No faltaron entre los Grandes algunos que emplearon todo el día en acercarse a Málaga lo suficiente para contemplar desde lejos la ciudad, nunca vista por ellos. Cuando, saciada el ansia de botín, vieron desvanecidas las esperanzas fundadas en su seguridad, se acordaron, ya tarde, de las órdenes de regresar a la hueste.

Entre mil pareceres increpábanse mutuamente, y no faltó guerrero, antes despreciado, que acusase a los jefes de apatía, desidia y cobardía. Eran tantas las opiniones como las cabezas. Finalmente se consultó a los conocedores de los caminos sobre el que debía seguirse, siempre que ofreciera seguridad. También aquí fueron varios los planes [...]. Resuelto el regreso por las montañas, se internaron por sendas estrechas y pedregosas, donde los moros comenzaron a picarles la retaguardia, sin que pudieran defenderse por lo escabroso del terreno y, más aún, por el estorbo de la impedimenta. A poco llegaron a una hoya, sepultura de no pocos, porque, no siendo casi practicable para los jinetes, se empeñaron en pasarla atropelladamente y a porfía multitud de hombres de armas abrumados con el peso de sus armaduras. En el apresuramiento fueron muchos los que se despeñaron, aumentando el desastre la masa de sus cadáveres. En nada se reparaba con tal de llegar en precipitada fuga a lugar más seguro antes de la noche, que se echaba encima. Al cabo, y ya anochecido, hicieron alto en la falda de los escarpados cerros, en espera de la luz del día.

Viendo los moros coyuntura para cortarles la retirada, les arrojaron en las primeras horas de la noche una lluvia de venablos, y con un continuo vocerío provocaron a los fugitivos, ya sin aliento, y amedrentaron a los tímidos. Ni había posibilidad de descanso para aquellos, ni a estos se ofrecía esperanza de escapar de la muerte. Eran tantos los heridos, que no había medio de resistir a un enemigo ventajosamente emboscado tras los setos y con entera libertad para hostilizarnos. Ofrecíase patente la derrota y no se veía camino de salvación, solo dominado cada uno por el anhelo de la propia […], unos estaban mortalmente heridos; otros, encerrados aquella noche entre los riscos y estrechuras, solo atendían a su salvación, completamente cercados de enemigos que con grandes alaridos vociferaban que cuantos habían entrado en aquel sitio estaban irremisiblemente condenados a la muerte o al cautiverio.

Cuando al siguiente día, 21 de marzo, se notó la falta del Marqués, aumentó la turbación de los nuestros y se lanzaron a atravesar el elevado cerro, creyendo que del otro lado ya no corrían peligro. Aunque con dificultad, lo consiguieron; pero abatió sus ánimos y sus fuerzas el verse amenazados de completo exterminio por el enemigo previamente apostado en las estrechas sendas y quebradas por donde habían de pasar. Entonces los hijos abandonaban al padre a su suerte; el hermano no socorría al hermano y ningún jefe se cuidaba de sus soldados. Con sus propias manos, trémulas de miedo, se despojaban de sus arreos los que antes se pavoneaban con sus resplandecientes armaduras, y algunos perecieron mientras pugnaban afanosamente por quitárselas. Aprovechando la matanza de los compañeros de armas, llegaron algunos a la garganta más estrecha. Allí arreciaron los aullidos de los heridos y el ruido sordo de los cuerpos al caer en tierra, ninguno a los tiros del enemigo que les perseguía o del que les cortaba el paso, sino pisoteados y aplastados por los caballos al precipitarse. Lo estrecho del desfiladero les impedía revolverse contra sus escasos perseguidores; aquella multitud caía a cada paso despedazada por unos cuantos moros sin armas, y al ver los infelices la enorme matanza de sus compañeros, especialmente de los peor armados, imploraban misericordia del enemigo, pidiéndole el cautiverio y el aliciente del futuro rescate a cambio de la vida […]. En suma: pasaron de ochocientos los muertos, y casi mil quinientos, de ellos cuatrocientos de noble linaje, quedaron en manos del enemigo. También se apoderó de las armas de los fugitivos y de los muertos, cuyos despojos Albuhacen permitió conservar a los vencedores al volver pocos días después a Málaga. Por módica suma dada a los populares, los obligó a entregar [a] los cautivos más nobles, para procurarse después crecido rescate.[382]

382. De Palencia, 1909, libro III.

CAPÍTULO 62

Boabdil, capturado

Espoleado por el ejemplo de su padre y de su tío, Boabdil quiso demostrar que también él era capaz de derrotar a los cristianos. Para ello, asesorado por su suegro, el prestigioso frontero Aliatar, invadió la rica comarca cordobesa de Cabra y Montilla. Estaban sitiando Lucena, que se defendía enconadamente, cuando un ejército cristiano de socorro los sorprendió y los derrotó. Aliatar pereció en el combate y Boabdil cayó prisionero. A su tradicional sobrenombre, el Chico, se añadió desde entonces uno nuevo: el Zogoibi (Desventurado).

El cronista Alonso de Palencia cuenta los pormenores de la captura del prohombrecito:

> *Don Fernando, al llegar, le consultó el Alcaide, como a persona de más edad y más práctica en la guerra, sobre lo que había de hacerse, y fue su opinión que se tentase fortuna aquel día, en que el enemigo, rendido por la fatiga y vigilias, podría fácilmente ser vencido, por confiar además en que de todas partes irían acudiendo más numerosas tropas. Este parecer suele tener frecuente confirmación con los temerosos, y en especial y forzosamente había de realizarse en las estrechuras de gargantas y en el paso de los torrentes, donde unos cuantos hombres prácticos en el terreno destrozarían a la multitud de enemigos desalentados.*
>
> *Al llegar los moros al arroyo de Garci González, los nuestros los atacaron por retaguardia. Creyó el joven y valiente Boabdil recurso más prudente y seguro hacer frente según fuera llegando la caballería del Conde y del Alcaide de los Donceles, mientras la impedimenta y los*

aterrados peones atravesaban el arroyo por el único vado posible. De repente, los moros, cual si se escaparan de la prisión, quisieron forzar la marcha al atravesarlo, y el Rey, viendo el corto número de los nuestros, comenzó a alentar a su gente y a recoger los dispersos y acobardados para lanzarlos contra los cristianos, también en desorden, porque, a causa de las marchas forzadas, los mil doscientos peones estaban sin aliento y no se creía que nuestras trescientas lanzas o pocas más pudiesen entrar en liza con la numerosa caballería enemiga. Así pues, Boabdil eligió [a] sus mejores combatientes y dispuso sus batallas del lado [de] acá del arroyo.

Los nuestros, ya dispuestos al encuentro, enviaron de descubierta al noble y diestro capitán Fernando de Argote, alcaide de Lucena, con diecisiete lanzas escogidas para observar la disposición de la hueste contraria y conocer por los estandartes si se apercibía a batalla formal o solo intentaba un simulacro de combate. Volvió el Alcaide y dijo que reinaba la confusión en las filas de los moros, a quienes sus adalides no conseguían animar a la pelea, antes con llevar los estandartes inclinados a tierra, indicaban sus propósitos de huida. Tan favorable noticia animó a los nuestros a romper contra los jinetes moros más desembarazados y que estaban con su Rey del lado [de] acá del arroyo. En vano se esforzó por llevarlos al combate. Ellos y los peones, en revuelta confusión, volvieron las espaldas y a todo correr intentaron atravesar el cauce, aterrorizados por el vocerío de ochenta peones y cuarenta jinetes nuestros que por el flanco y por el valle se aproximaban.

Temiendo verse cercados, los que a duras penas habían atravesado el arroyo, divididos en dos bandos, emprendieron diversos caminos, y atentos solo a escapar, dejaron abandonado a su Rey, que por salvarlos había olvidado su propia seguridad y escogido el sitio de mayor peligro. Cuando vio a su gente en desbandada y que los nuestros la exterminaban en aquellas gargantas, echó pie a tierra y, abandonando el caballo, buscó sitio donde esconderse. Pero su arrogante presencia, la blancura de su ropaje y sus preciosos arreos no le permitieron permanecer mucho tiempo oculto. A pesar de los zarzales y malezas que bordeaban el cenagoso lecho del arroyo, pronto le descubrió Martín Hurtado, peón de Lucena. Quiso apoderarse de él amenazándolo con el puñal, pero el Rey se defendía con el suyo, hasta que llamando el soldado a voces en su auxilio a unos parientes que por allí pasaban, lograron sujetar al prisionero. Rogoles que no se ensañaran con él y se aprovecharan de la buena suerte de haber hecho cautivo a un Rey.

Con una señal de la cruz les pidió seguro, y despojado ya de sus armas, se entregó a los vencedores.[383]

¿Qué hacemos con Boabdil prisionero? El astuto Fernando no se lo pensó dos veces: liberarlo para que siga incordiando a su padre. Le devolvió la libertad con la condición de que se declarara súbdito de Castilla y se comprometiera a tributar doce mil doblas de oro anuales. Fernando, como señor natural suyo, lo ayudaría a recuperar el trono a cambio de catorce mil ducados y la liberación de siete mil cautivos cristianos.

Granada había vuelto a manos de Muley Hacén, que recobraba su prestigio después de algunas señaladas victorias. Boabdil decidió establecerse en Almería, donde contaba con muchos partidarios.

El reino nazarí ahondaba su escisión en dos bandos que apoyaban al rey o a su hijo.

Mientras tanto, la guerra cambió de signo. Los cristianos recuperaron Zahara (1483) y en cinco años de campañas ininterrumpidas conquistaron las plazas estratégicas de la región occidental.[384]

Un esfuerzo bélico tan prolongado acarreó graves problemas de financiación,[385] pero es enteramente falsa la leyenda que sos-

383. De Palencia, 1909, libro III. Los vestidos, zapatos y espadas jinetas de Boabdil regaladas por los vencedores a los Reyes Católicos se conservan hoy en el Museo del Ejército de Toledo.

384. Álora, que dejaba expedito el camino de Málaga; Setenil, Benamejí, Coín, Cártama y, la posición más importante y defendida, Ronda, con toda su serranía. Esta campaña marca, desde el punto de vista de la historia militar, el comienzo de la Edad Moderna.

385. El coste total de la guerra, por parte cristiana, se cifra en la respetable cantidad de 800 millones de maravedíes, que en parte fueron cubiertos por la llamada *bula de Cruzada,* autorizada por el papa, y en parte por empréstitos forzosos a los reyes, suscritos por particulares o por ciudades y comunidades. Estos quizá ascendieron a 375 millones de maravedíes. La administración de tan enormes sumas correspondió a dos comisarios, fray Hernando de Talavera y fray Pedro Jiménez; la contabilidad, a Luis de Santángel.

tiene que Isabel juró no mudarse de camisa hasta conquistar Granada.[386]

Muley Hacén comprendió que la guerra estaba perdida. Desanimado por las continuas derrotas y hastiado de las intrigas de palacio, abdicó en su hermano el Zagal y se retiró a sus posesiones de Almuñécar y Mondújar, donde falleció a poco.[387]

El Zagal condujo la guerra con renovados bríos, pero Fernando reforzó el ejército de Boabdil y avivó la guerra civil. Al final, el Zagal pactó con su sobrino el reparto del reino. Él retenía Málaga, Almería, Vélez-Málaga, Almuñécar y las Alpujarras, y dejaba para Boabdil la fértil vega de Granada y los territorios fronterizos con los cristianos. En cuanto a la capital, el Zagal se mantendría en la Alhambra, pero permitiría a Boabdil instalarse en el vecino Albaicín.

En 1486, el Rey Católico invocó una violación del tratado para atacar a Boabdil en su refugio de Loja. El moro cayó prisionero por segunda vez.[388]

386. Algunos autores consideran que el dudoso episodio corresponde a otra Isabel, a la infanta Isabel Clara Eugenia de Austria, con ocasión del asedio de Ostende, que se prolongó durante tres años. A este episodio atribuyen algunos autores el origen de la palabra francesa *isabelle,* que designa el pelaje de color amarillo, pero la palabra existía ya en 1595, unos años antes del mentado asedio de Ostende, así que el origen debe de ser distinto. Es posible que proceda del árabe *hizah,* aplicado al pardo del pelaje de los leones. Su equivalente español, *isabela,* se aplica al pelaje de algunas yeguas.

387. Parece que lo sepultaron en Mondújar o Salobreña, aunque la leyenda asegura que sus fieles lo inhumaron en el pico más alto de Sierra Nevada, el que desde entonces lleva su nombre: Muley Hacén, Mulhacén. En el cerrillo de Mondújar se descubrieron recientemente los restos de un *macáber* islámico que podrían corresponder a un panteón real.

388. En esta acción intervinieron algunos campeones extranjeros atraídos por afán de aventura o deseosos de ganar las gracias espirituales de la Cruzada. Entre estos, destacaron el francés Gastón de Lyon y el inglés lord Scales, conde Rivers, que aportó una compañía de trescientos arqueros armados del famoso arco largo, el arma medieval más temible, responsable directa de la derrota francesa en Crécy (1346) y de la castellana en Aljubarrota (1385).

Esta vez Fernando no fue tan generoso. Boabdil tuvo que abdicar como rey de Granada y se comprometió a renovar los pactos, lo que entrañaba auxiliar a los Reyes Católicos como leal súbdito. A cambio le prometieron el ducado de Guadix si ganaban la plaza en medio año.

CAPÍTULO 63

La pérdida de Málaga

La guerra civil granadina se reavivó nuevamente. Fernando, como señor de Boabdil, sitió Málaga, defendida por el experto estratega Ahmed el Zegrí. La ciudad y su puerto, vitales para la comunicación con África, sucumbieron en 1487, después de un asedio en el que participaron tropas castellanas y aragonesas.

Los Reyes Católicos trataron Málaga con la dureza que la ley de la guerra usaba contra las ciudades que resistían y causaban penalidades al sitiador. Toda la población fue esclavizada y dividida en tres lotes: uno para canjear por cautivos cristianos; otro para repartir entre los nobles participantes en el asedio y el tercero para la Corona.

La pérdida de Málaga abatió la moral de los granadinos, pero ni aun así superaron sus rencillas internas. Mientras la guerra civil los debilitaba aún más, Fernando proseguía su implacable avance y conquistaba en 1486 Moclín, Montefrío, Colomera y otros castillos estratégicos.

> *La villa de Moclín* —leemos en la *Crónica* de Hernando del Pulgar— *fue siempre reputada en la estimaçión de los moros e de los cristianos por guarda de Granada, así por ser çercana a aquella çiudat e por la fortaleza grande de sus torres e muros como por ser asentada en tal lugar que da seguridat a las comarcas si es amiga e gran guerra si es enemiga [...].*
>
> *E los artilleros acordaron que se devía asentar el artillería en tres lugares, en cada uno seys lonbardas grandes, e repartieronse los quartados e otros medianos tiros por otras partes, en çircuyto de la villa. E*

como el artillería fue asentada e començaron a disparar todas las diez e ocho lombardas de un golpe, firieron en tres torres, las principales de la fortaleza. E continuaron los tiros aquel día y la noche siguiente, fasta que derribaron gran parte de aquellas torres e todo el petril e almenas donde las lombardas tirauan, de manera que los moros no tenían donde se poner, pero reparauan lo que poddían, e siempre tiraban con los rivadoquines e búzanos. E fue tan grande la priesa de los tiros en aquel día e noche que jamás ovo espaçio de un momento que no se oyesen grandes sonidos de los tiros que se tirauan los unos a los otros.

Durante esta rigurosa conquista, facían grandes daños en la una parte e la otra, en espeçial los tiros que facían los moros con los búzanos e ribadoquines matauan ombres e bestias e derribaban las tiendas e fazían grandes estragos en la gente del real [campamento], *e todos andauan solícitos buscando lugares seguros, más para se defender que para ofender. E los moros con la alegría del estrago que facían, daban grandes alaridos. Los christianos, visto el daño que reççibían, estauan encendidos en yra para se vengar. Et así duró grant confusión e neçesidat en el real todo un día e una noche.*[389]

La artillería allanaba caminos. Ningún castillo resistía a la nueva arma... Excepto Moclín. Los artilleros cristianos tuvieron que emplearse a fondo, incluso con proyectiles incendiarios.[390]

En el cerco de Moclín destacó aquel caballero inglés, el referido lord Scales, «el conde de las Escalas», que luchaba en el lado cristiano por promesa o simple afán de aventura.[391]

389. Del Pulgar, 1740, cap. CXC.

390. Barrantes, en su *Ilustración de la casa de Niebla* testimonia este uso: *Tiraron una pella de resina y azufre de las que iban lanzando centellas de fuego, e por caso fue a caer en una torre donde los moros tenían toda su pólvora e bastimentos, e alcanzando una centella donde la pólvora estaba, la quemó toda, con todas las provisiones que tenían, los cuales visto tanto daño, diéronse a partido* (es decir, capitularon).

391. Una vez más, Bernáldez recoge la noticia: *Allegó el conde de Inglaterra lord Rivens o lord Escales magníficamente vestido e iría consigo cinco caballos encubertados con sus pajes encima, todos vestidos con seda y brocado y venían con él ciertos gentiles hombres de los suyos muy ataviados e ansí llegó a hacer recibimiento a la reina e a la infanta e después fizo reverencia al rey e anduvo un rato festejando a todos encima de su caballo e saltando de un*

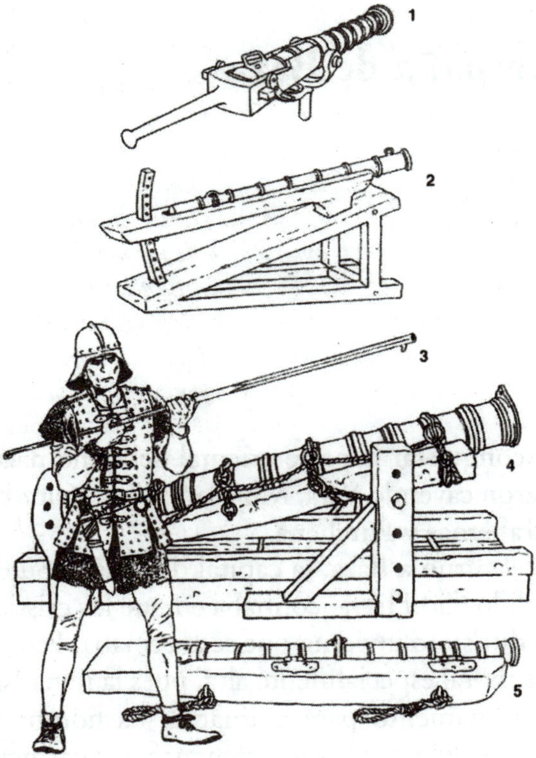

1. Falconete
2. Ribadoquín
3. Espingarda
4. Bombarda
5. Pasavolante

cabo a otro muy concertadamente. (Bernáldez, 1946, cap. 80). La reina le agradeció su valeroso comportamiento en el cerco de Loja y expresó su pesar por la pérdida de sus dientes por una pedrada que recibió al escalar la muralla, a lo que el inglés respondió: «Es cosa que no tiene importancia perder unos dientes en el servicio de Aquel que me los dio. Nuestro Señor, que ha construido esta casa, ha abierto una ventana en ella para ver más fácilmente lo que pasa dentro». Admirada de su entereza, Isabel le envió al día siguiente un regalo regio: doce caballos, dos camas con sus cobertores de brocado y ropas y tiendas para sus hombres, todo ello seguramente procedente del botín. Lord Scales regresó a Inglaterra, donde alcanzó nuevas victorias aplicando la táctica del tornafuye aprendida de los moros granadinos. Murió al año siguiente en Francia cuando, rodeado de enemigos, rehusó rendirse.

CAPÍTULO 64

La campaña de Baza

Faltaba por conquistar la parte oriental del reino nazarí. Sucesivamente fueron cayendo Vera, Mojácar, Níjar, Vélez Blanco, Vélez-Rubio, Tabernas y Purchena.

Le llegó el turno a Baza, la capital del Zagal. Su defensor, el experto caudillo Cid Hiaya, confiaba en que los cristianos no soportarían el durísimo invierno que se avecinaba. Pero lo soportaron, y con la moral especialmente alta, pues la reina Isabel se instaló en el campamento para animar a sus hombres. Falta de provisiones y sin leña con la que calentarse, la guarnición decidió capitular (1489).[392]

Después de la pérdida de Baza, la derrota del Zagal era inevitable. Optó por negociar mientras aún conservaba algunas plazas. A cambio de ciertas modestas posesiones en el valle de Lecrín, con título de rey, el Zagal entregó Guadix y Almería y se comprometió a colaborar con Castilla en la guerra contra Boabdil. Luego se retiró a vivir a Tremecén (en la actual Argelia).

Caídas Almería y Málaga, se cumplía con siglos de retraso el plan de Alfonso VII, luego adoptado por Fernando III, de conquistar los puertos costeros y aislar al-Ándalus de África.

En 1490, la suerte de Granada estaba echada, pero Boabdil, que todavía disponía de unos sesenta mil guerreros, había olvidado su promesa de entregarla o no se sentía con fuerzas para

392. A pesar de que los romances aseveran que en aquella ciudad el moro guardaba «carne y pan para resistir diez años».

cumplirla porque Granada estaba llena de fanáticos y refugiados que no tenían nada que perder y exigían resistir a ultranza. Fernando lo declaró felón, divulgó los pactos secretos de Loja (por desprestigiarlo ante los suyos) y se dispuso a rendir la ciudad por hambre.

Comenzó la tercera y última etapa de la guerra, el cerco de Granada. Emulando a los antiguos romanos, el ejército castellano dispuso un cerco implacable con tala de los árboles del espacio intermedio para que los sitiados no pudieran emboscarse ni proveerse de leña.

Los granadinos llevaban tres siglos viendo llegar cristianos a la vega para saquear y talar, pero en cuanto comenzaban los fríos, abatían sus tiendas y marchaban. En esta ocasión, el enemigo había llegado para quedarse. Los Reyes Católicos, siempre en primera línea, compartieron con sus tropas las privaciones invernales, velando por mantener la moral y la disciplina. La *Crónica* de Hernando del Pulgar (cap. CXVII) nos explica lo que aparejaba el invierno en un campamento: *Sobrevino una lluvia tan grande que derribó muchas casas, y la gente del real padeció mucha pena [...], se dañaron los caminos de tal manera que las recuas que andaban con los mantenimientos no los podían pasar por el crecimiento de los ríos, y por las grandes hoyas y barrancos que la fortuna de las aguas hizo. Y porque solo un día por esta causa cesaron de andar las recuas, hubo tan grande falta de pan y cebada que las gentes, quitada toda esperanza de poder allí durar, se querían ir por miedo al hambre que recelaban.*

Una calamidad, el agua; la otra, bien opuesta, el fuego. Los incendios menudeaban entonces en los campamentos, que eran ciudades de lona y tablas, con muchos fuegos para cocinar, calentarse o alumbrarse.[393] Uno de estos incendios fortuitos des-

393. Pedro Mártir de Anglería cuenta en una carta a Ascanio Sforza el peligro en que estuvo Isabel cuando una noche, estando en oración, la tea que alumbraba la alcoba real prendió las ropas de la cama y el incendio se propagó rápidamente por la torre de madera de tres plantas donde estaba el aposento. Isabel, madre y estadista a la vez, se preocupó de salvar a su hijito, el príncipe don Juan, y el escritorio donde guardaba los docu-

truyó por completo el campamento cristiano el 14 de julio. Sobre sus restos humeantes levantaron los reyes un nuevo campamento de casas de adobe y piedra en lugar de tiendas de lona. Así surgió la ciudad de Santa Fe, construida en ochenta días.

mentos secretos. Mientras tanto, Fernando, que en medio de la alarma de fuego había creído que se trataba de un ataque del enemigo, organizaba a sus hombres solo armado de espada y escudo, todavía en camisón de dormir.

CAPÍTULO 65

La caída de Granada

El campo musulmán había quedado convenientemente devastado. Los reyes asediaban la capital de un reino condenado. No fueron ya menester grandes operaciones militares. Los reyes comprendieron que sería más eficaz sobornar a las personas adecuadas que tomar la ciudad por la fuerza e iniciaron conversaciones con los visires de Boabdil.[394]

En Granada, la población estaba dividida entre los que querían entregarla para que sus bienes fueran respetados y los partidarios de resistir a ultranza porque tenían poco o nada que perder. La dura realidad acabó imponiéndose. Durante un invierno extremadamente crudo, el hambre aquejó a la población.

Fernando jugaba sus cartas: severo cerco y razonables condiciones de rendición para los partidarios de entregar la plaza. El problema era que los halcones, alfaquíes y fanáticos, querían resistir, y las palomas no se atrevían a enfrentárseles.

La inútil agonía terminó cuando Boabdil firmó la capitulación el 2 de enero de 1492 y permitió que una guarnición cristiana entrara en la Alhambra por la apartada puerta de los Siete

394. A este respecto son reveladores los datos contenidos en un curioso documento titulado *Quenta de lo que he dado por mandado del señor Fernando de Zafra a los moros,* en el que se inventarían los sobornos (seda, brocados, caballos, cantidades en metálico) pagados por el negociador cristiano Hernando de Zafra a distintos personajes de la corte nazarí, incluidos los propios negociadores de las capitulaciones.

Suelos y ocupara secretamente el castillo y las torres principales. Cuando amaneció, la atónita población granadina vio ondear el pendón de los Reyes Católicos sobre la torre de la Vela.[395] Después de este hecho consumado, los halcones comprendieron que no tenía objeto resistir.

El acuerdo secreto establecía que Boabdil entregaba Granada a los reyes a cambio de un sustancioso señorío. Los moros que optaran por permanecer en el reino serían súbditos de la Corona castellana, pero podrían ejercer libremente su religión y conservarían todas sus propiedades, así como sus derechos y libertades. El trato incluía a los renegados o elches, antiguos cristianos convertidos al islam de los que había muchos en Granada. Además, los reyes decretaban la amnistía por delitos de guerra y una exención de tributos durante tres años, para restaurar las heridas de la lucha.

Las condiciones eran tan generosas que es dudoso que Fernando pensara cumplirlas. Por otra parte, revelan una clara intención por parte de los reyes. Daban facilidades a la población musulmana para que se sintiera cómoda bajo la nueva regencia cristiana porque su laboriosidad tanto en el campo como en las ciudades aseguraba unos ingresos fiscales muy interesantes. Parte de esos ingresos se destinarían a recuperar, mediante compra, las grandes fincas cedidas como soborno a la aristocracia nazarí que ayudó a la entrega de Granada. De esta manera no tendrían mayor interés en quedarse en la península y emigrarían a Marruecos descabezando el núcleo dirigente nazarí.

Podemos imaginar la impresión que causaron las defensas de Granada en sus ocupantes. Como en muchas otras ciudades musulmanas, la Alhambra era una alcazaba, o barrio residencial, dominada por un castillo, que, a su vez, señoreaba la ciudad defendida por un triple recinto defensivo. Granada había acumulado defensas desde que los ziríes la hicieron capital de su reino taifa,

395. Una ceremonia que el Ayuntamiento de la ciudad renueva cada año a pesar de las protestas de los conversos al islam y sus compadres buenistas.

a principios del siglo XI, y establecieron su alcazaba en la colina vecina a la Alhambra, en el Albaicín.[396]

Los peones cristianos se extasiarían frente a la puerta de la Justicia, la Bab al-Sharía o puerta de la Explanada, la simple arquitectura del paralelepípedo en que se abre un gigantesco arco de herradura.[397]

En el acceso a la torre, los cristianos encontrarían la entrada en recodo más compleja de Europa: cuatro quiebros sucesivos cubiertos de sólidas bóvedas para complicar la invasión del recinto por un atacante que consiga forzar la puerta. Al otro lado de la torre remontaron una calle recta que desemboca en la explanada superior. La fuerte muralla del castillo la cortaba, con la enorme torre del homenaje asomando tras las almenas.

La torre de la Vela, un edificio de planta cuadrada, dieciséis metros de lado y casi veintisiete de altura. Los que ondearon la enseña de Castilla contemplarían la ciudad a vista de pájaro, la vega del río Genil, las nieves de Sierra Nevada brillando al sol..., una de las vistas más bellas del mundo.

Mientras los cristianos enmudecían ante el esplendor y la belleza de los palacios de la Alhambra, aquellas magníficas estan-

396. Los ziríes reforzaron el castillo de la Alhambra y trazaron desde él una coracha cubierta que descendía hasta el Darro para asegurarle el suministro de agua. Luego, el castillo de la Alhambra se integró en la muralla general de la ciudad. Cuando Alhamar estableció su reino en Granada, en 1238, se instaló en la alcazaba zirí. Seguramente fueron las vistas del cerro de la Alhambra, un día tras otro, las que lo animaron a construir en ella una ciudad palatina independiente, con todos sus servicios, que prestigiara su joven dinastía, y eso fue lo que hizo añadiendo edificios en la explanada frente a la fortaleza occidental. Sus sucesores construyeron sus palacios en la ladera norte, al tiempo que crecía la zona residencial de altos cortesanos y comerciantes con sus tiendas hacia el este y por la ladera sur.

397. Los cristianos que ocuparon la Alhambra se preguntarían por el significado del talismán que protege aquel ingreso: la mano abierta y la llave con cordón y borla. Siglos después, los guías románticos explicarían a los turistas que, según la leyenda, cuando la mano alcance la llave, volverán los moros a Granada. Los Reyes Católicos contrarrestaron la magia islámica colocando una hornacina con la imagen de la Virgen.

cias adornadas de mocárabes, aquellos patios y fuentes, aquellos muros cubiertos de coloreadas yeserías, Boabdil, acompañado por sus fieles, abandonó la ciudad palatina para entrevistarse con Fernando a orillas del Genil.

Fernando, caballeroso, impidió que le besara las manos y lo trató con gran deferencia, de rey a rey. Boabdil le entregó las llaves de la ciudad, que Fernando, a su vez, puso en manos de su esposa y esta en las de su primogénito, el príncipe don Juan, que las entregó al nuevo alcaide perpetuo de la ciudad, el conde de Tendilla.

Los ocho siglos de dominio musulmán en la península habían terminado.[398]

398. Como nunca llueve a gusto de todos, la caída del último bastión islámico perjudicó el negocio de los que vivían de la frontera y del contrabando. Don Francesillo de Zúñiga, en su *Crónica burlesca del emperador Carlos V,* glosa las penas de Alcalá la Real, económicamente hundida por la desaparición del puerto fronterizo: *Católica Majestad, la ciudad de Alcalá de Albençaide besa los magistrales pies de Vuestra Majestad y las muy altas manos de Vuestra Alteza, y le hace saber cómo pasan muy gran necesidad después de que noramala y por nuestros pecados fue ganado el reino de Granada* (Rodríguez Molina y García Benítez, 2009, p. 790).

CAPÍTULO 66

El suspiro del moro

Boabdil recuperó a su hijo, que mientras se ultimaban las negociaciones había sido rehén de los cristianos, junto con otros cuatrocientos vástagos de las principales familias musulmanas, y partió hacia las tierras alpujarreñas que se le habían asignado, en el valle de Purchena, donde ya lo esperaba el resto de la familia. La leyenda asegura que cuando alcanzó el último punto desde el que podía contemplarse la Alhambra no pudo contener las lágrimas. Su madre, la noble Aixa, le reprochó: «Llora, llora como mujer por lo que no supiste defender como hombre». El lugar fue llamado por los musulmanes Feg Allah Akbar, y por los cristianos, el Suspiro del Moro.

Boabdil no vivió tranquilo en su minúsculo señorío de las Alpujarras. Importunado por Fernando con ofertas de compra, cedió finalmente y se retiró a Fez, donde murió peleando contra las tribus jerifes en defensa del califa de la ciudad.[399]

399. El enviado de Boabdil, Aben Comixa, firmó en Barcelona la venta del feudo de Boabdil (7 de marzo de 1493) y recibió los veintiún mil castellanos de oro acordados, que transportó a lomos de una recua de asnos al castillo de Laujar de Andarax, en las Alpujarras almerienses, donde vivía Boabdil. «Aben Comixa dejó el botín en el patio del castillo, entró en el salón y le dijo a su rey: "Vuestra hacienda traigo vendida, veis aquí el precio de ella. [...] Con este dinero podréis comprar mejor hacienda en Berbería, y allí podréis vivir con más seguridad y descanso que en esta tierra, donde fuisteis rey y no tenéis la esperanza de poderlo ya ser"» (Mármol Carvajal, 1600, libro 1, cap. XXI, p. 59). Interesante tipo este Aben Comixa, que

¡Granada cristiana! Desde la conquista de Constantinopla por los turcos, medio siglo antes, un golpe tremendo para la cristiandad, el islam había avanzado por el oriente europeo hacia Viena, y por el Mediterráneo, hacia Italia. La cristiandad se sentía amenazada y necesitaba la compensación psicológica de alguna conquista importante, por eso recibió con alborozo la noticia de la caída de Granada.

---

figura entre los secretos negociadores de Boabdil para entregar Granada. El mismo año de la entrega se convierte al cristianismo y los reyes le otorgan privilegio de hidalguía con el nombre de Juan de Granada. El secretario de los reyes, Hernando de Zafra, no se fiaba de la sinceridad de esta conversión cuando escribe: *Este don Juan de Granada a mi ver es cargo de conçiençia que esté aquí, porque para el fin que vuestras altesas lo mandaron dexar el non es nada ni vale nada ni haze nada, que todo su fecho es estarse en Pullena syn oyr misa ni vísperas, con su mançeba que hasta aquí era mora y dizen que se ha tornado christiana por conplir con la buena gente* (López de Coca, 2012, pp. 134-135). El caso es que para mayor abundamiento se hizo fraile, luego pasó al estado seglar para dedicarse a turbios negocios, y finalmente se hizo de nuevo moro y se quedó en la Berbería, donde encontraba mayores perspectivas de realización personal. Veamos: *Y llegado al puerto de Argel, era en esta çibdad alcaide un moro llamado Abencominja, natural del reino de Granada, a quien segund es dicho, después de entregada Granada envió el Rey moro a fablar cierto negocio con el Rey y la Reyna, y por virtud de la creencia que llevaba concertó con el Rey de Granada como vendiese la tierra que le dejaron los reyes en el Alpujarra y le fue necesario pasarse al África. Este Abencomija después que pasó lo del Rey de Granada se tornó cristiano, y la Reina D.ª Isabel le tuvo buena voluntad y le hizo muchas mercedes. Y estando muy en su gracia, fingiendo ser muy buen christiano, pidió licencia a la Reina y se metió fraile en la orden de Sant Francisco, y después dejó los hábitos y se embarcó en ciertas galeras venecianas que pasaban a África desde Málaga o Almería. Y llegado a Bujía en hábito de cristiano, fabló secretamente con el Rey desta çibdad y díjole como era moro, y suplicóle que le hiziese merçed de alguna cosa con que viviese, y el Rey ofresçióle que le haría muy buen tratamiento. Y este traía consigo honrada casa de criados cristianos, y díjoles como su voluntad era de volver a su secta; que los que se quisiesen quedar con él a ser moros, que les haría honrra, y que los que se quisieren volver, que les daría para el camino. Los criados todos se fueron en las galeazas, y él se quedó con el Rey de Bujía, el cual le dio en tenencia esta çibdad de Argel y le hizo otras mercedes* (De Padilla, 1846, pp. 179-180, citado por López de Coca, 2012, p. 146).

Después de la entrega, los Reyes Católicos regresaron al campamento de Santa Fe sin entrar en la ciudad, una medida prudente para evitar una humillación innecesaria a la población granadina, que veía tremolar el pendón de Castilla y la cruz alzada sobre su ciudad.[400]

La caída de Granada causó profunda conmoción en el islam. Durante una generación, el llanto por la pérdida de al-Ándalus se convirtió en un lugar común poético,[401] cuyos ecos se prolongan hasta hoy en la «herida sangrante» que alimenta las reivindicaciones del terrorismo yihadista.

400. Es evidente que los reyes vivieron aquel día como el de su mayor gloria y, sin duda, Isabel consideró siempre la conquista de Granada como el hecho más trascendente de su reinado, incluso más que el venidero descubrimiento de América. Prueba de ello es que en Granada edificarían el mausoleo real donde hoy reposan sus cuerpos y los de Juana y Felipe, sus sucesores (el resto, a partir de su nieto Carlos, yacen en El Escorial).

401. Todavía en el siglo XVII resuena vivo en las palabras del compilador tunecino Al-Maqqari: «La más tremenda desgracia se ha abatido sobre este país de incomparable hermosura y consecuentemente todo ha nacido contrahecho y corrompido. Todo por la discordia entre sus arraeces y sus magnates, entre los emires y los visires. Los cristianos no hubieran prevalecido sobre los musulmanes, ni lavado sus manchas, ni arrasado un hogar ni una vivienda de al-Ándalus, ni les hubieran tomado las comarcas ni las ciudades, de no haber encontrado el terreno abonado por las rencillas, de no haber estimulado la maldad y la traición y la guerra civil entre los que tenían que defender a Granada de su ruina y su pérdida».

Apéndices

1. El griego Monómakos explica el origen del islam

Imaginemos que un día cualquiera comparece ante Pelayo un cristiano fugitivo de los moros, Arcadio Monómakos, el mercader griego amigo de Musa al principio de este libro. Imaginemos que el caudillo rebelde Pelayo se aficiona a él porque había peregrinado a Jerusalén y le habla de los cuatro climas del mundo.

En la aldea ovetense se sientan a tomar sidrina a la sombra del carballón.

—¿De dónde ha salido esta morisma que tanto nos aflige? —inquiere Pelayo.

—De Arabia, señor —responde Monómakos—, una tierra tan extensa como seis veces Spania, casi rodeada de mares, más allá de Jerusalén, donde Nuestro Señor Jesucristo padeció su pasión por redimir nuestros pecados. Es una tierra casi toda desértica en la que habitan tres tribus:

»1. Los kalbíes, agricultores en algunas tierras irrigadas del sur.
»2. Los qaysíes, pastores nómadas que viven en el desierto con sus camellos y sus dátiles.
»3. Los quraishíes, comerciantes caravaneros. Estos, a su vez, se dividen en dos clanes: los omeyas, ricos, y los hachemíes, sus parientes pobres.

—Ricos y pobres, como en toda tierra de fabes —observa Pelayo.

—Con la diferencia de que entre ellos los pobres tienen preferencia en materia protocolaria porque los hachemíes son los custodios de la Kaaba.

—¿Y qué es la Kaaba? —inquiere Pelayo.

—Es una torre cuadrada, sin ventanas, en el centro de La Meca, la ciudad donde se reúnen las tribus en fecha señalada para honrar a sus dioses y de paso mercadear, comprar caballos y concertar casamientos y alianzas. Los árabes creen que la Kaaba es la morada de Dios, «creador y maestro de los mundos», por eso depositaban en ella sus ídolos. Calculo que habría más de trescientos, unos de tribus, otros de clanes y unos pocos de familias importantes. No lejos de ese lugar santo nació Mahoma en tiempos de nuestros tatarabuelos.

—El Mesías de los moros…

—En efecto, de joven solo era un humilde camellero que viajaba con las caravanas a Siria e Irak. Allí observó las creencias de cristianos y judíos y cómo la gente de una misma creencia se unía. «Si los árabes tuviéramos algo parecido…», suspiraba.

»El sueño del humilde camellero se cumplió cuando se casó con una rica viuda, Jadiya, quince años mayor que él, lo que le permitió dejar los camellos para consagrarse enteramente a la meditación en una cueva cercana a La Meca donde gustaba de retirarse. Allí permaneció unos meses en plan eremita y cuando regresó a La Meca anunció a sus parientes y amigos que se le había aparecido el arcángel Yibril (Gabriel).

—San Gabriel, nada menos —comenta Pelayo.

—Pues Yibril le mostró dos copas, una de vino y otra de leche. Mahoma escogió la leche —explica Monómakos—. El arcángel sonrió y le dijo: «Has superado la prueba. A partir de ahora predica en el nombre de tu Señor, Alá, que ha creado al hombre del barro, de sangre coagulada o de una gota de semen…».[402]

—O sea, que, según los musulmanes, Dios prefiere la leche al vino —deduce Pelayo—. Muy errados los veo, pues según las Escrituras verdaderas, el vino consagrado es la propia sangre de Cristo. ¿Y qué ocurrió después?

402. Sura 96, aleyas 1 y 2.

—Mahoma regresó a La Meca y anunció que Alá se comunicaba con la humanidad a través de su boca.[403]

—¿Y lo creyeron?

—Unos, sí, y otros, no. Nueve años después, una noche en que dormía al raso cerca de la Kaaba se le volvió a aparecer el arcángel Yibril y, levantándolo del suelo como el viento levanta una hoja seca de caducifolio, lo trasladó a Jerusalén y de allí lo transportó hasta las puertas del paraíso[404] donde lo recibieron los profetas Adán, Noé, Abraham, Ismael, Isaac, Jacob, Moisés, David, san Juan Bautista y Jesucristo.[405]

—Pero esos son personajes de las Escrituras —objeta Pelayo.

—En efecto, señor, para Mahoma, las Escrituras de los judíos y los cristianos *(kutayyiba)* preceden al Corán y transmiten también los mensajes que Alá envía a la humanidad por medio de sus ángeles *(mala'ika)*. Después de ese viaje nocturno *(isra')* —prosigue Monómakos—, Mahoma regresó a La Meca, y recorrió plazas y asambleas predicando el islam, o sumisión a un Dios único, Alá, el que habitaba en la Kaaba. Hablando por su boca expuso que deseaba expulsar de allí los ídolos tribales que profanaban su casa, así como el cese de las fiestas paganas. Además, advertía a los que acumulaban riquezas su obligación de sostener a los pobres que padecen hambre y necesidad.

»Como es natural, estas predicaciones contrariaron a los ricos mercaderes omeyas, especialmente a los que vivían de los peregrinos y de la Kaaba. Cuando vieron peligrar su negocio arremetieron contra Mahoma, se burlaron de sus predicaciones y lo tacharon de loco. Sin embargo, Mahoma daba señales de gran cordura.

—¿Cordura, dices? —se extraña Pelayo.

403. Alá es la forma castellana aceptada de الله *(al-lāh)*, «el Dios».

404. Este viaje al cielo desde el antiguo templo de Salomón explica que la mezquita de la Roca de Jerusalén sea el segundo lugar más sagrado del islam, después de La Meca.

405. La revelación conocida como «el viaje nocturno», descrita en la sura 17 del Corán. Mahoma hizo el viaje a lomos de un animal alado «más pequeño que una mula, pero mayor que un asno».

—Juzga tú mismo, señor: cuando Alá le señaló que sus creyentes debían rezar cincuenta veces al día, a Mahoma le pareció un número excesivo y le suplicó que lo rebajara a cinco, lo que Alá, en su misericordia, otorgó.[406]

»Al poco tiempo fallecieron casi simultáneamente la rica Jadiya, su esposa, y su tío y protector Abu Talib. Desamparado de estos apoyos, Mahoma no se sintió seguro en La Meca y, temiendo por su vida, huyó con un puñado de fieles al oasis de Yatrib, a seis días de distancia.[407]

»El oasis de Yatrib se conocería en lo sucesivo como Medina (*Medinat al-Nabi,* "la ciudad del Profeta"). Allí predicó Mahoma durante diez años y cada vez acudían más gentes que después de escuchar sus predicaciones se sometían al islam y practicaban los cinco deberes *(ibada)* que Alá impone a sus fieles: profesar la fe (*shahada,* declaración de fe en Alá y en las enseñanzas de Mahoma, su profeta), rezar cinco veces al día, ayunar en el mes de ramadán *(sawm),* dar limosna a los pobres *(zakat)* y peregrinar a La Meca *(hajg* o *hayy)* si cuentas con medios para ello. Por lo demás, solo debían creer en los ángeles[408] y en el día del Juicio Final *(Yawm al-Din).*

—¿Pues de dónde procede lo de la guerra santa? —pregunta Pelayo.

—En sus primeros años en La Meca, Mahoma era un guía moral que predicaba la paz, la piedad y la importancia de la limosna, porque en la ciudad había muchos ricos y muchos pobres, pero cuando se vio perseguido por sus paisanos y tuvo que huir, su doctrina evolucionó, por eso parece a veces contradictoria. En el exilio de Medina, Mahoma comenzó a predicar la yihad, la guerra, contra aquellos habitantes de La Meca que rechazaban su

406. *Salat,* al alba, a mediodía, al crepúsculo y por la noche.

407. La huida o emigración de Mahoma (la hégira) el verano de 622 señala el comienzo del calendario musulmán.

408. El islam reconoce la existencia de gran cantidad de ángeles. A fin de darles empleo a todos, cada persona tiene dos ángeles de la guarda: uno anota sus buenas acciones y otro las malas con destino al día del Juicio Final. Ocho ángeles sostienen el trono de Alá y diecinueve se encargan del infierno.

revelación. La yihad o «guerra santa» puede considerarse un sexto deber de los creyentes. En principio solo estaba pensada para los habitantes de La Meca, pero los sucesores de Mahoma la han hecho extensiva al resto del mundo, hasta conseguir que toda la humanidad se someta al islam.

—Lo que incluye a los cristianos.

—Cristianos, judíos y hasta los que no profesan religión alguna. Para el islam, la mayor abominación, el «profundo extravío» *(chirk)* que merece la condenación eterna, es el ateísmo, porque niega implícitamente la divinidad de Alá. El Libro Santo dice: «Matad a aquellos que recibieron el Libro que no creen en Alá ni en el día último, que no se vedan lo que vedaron Alá y su enviado, y no cumplen la ley de la verdad, hasta que no paguen el tributo y se sometan en todo» (Corán, 9:29).[409]

—No se puede hablar más claro —reconoce Pelayo.

409. Según el reverenciado imán sufí Abū Ḥanīfa (699-767), el mundo se divide en tres partes: *dar al-islam* («la casa del islam») o países gobernados por el islam; *dar al-sulh* («la casa del pacto»), territorios consentidos a los que todavía no se exige la conversión al islam, y *dar al-harb* («la casa de la guerra»), los territorios que el islam debe someter en su expansión natural por medio de la yihad o guerra santa. Por su parte, el historiador Ibn Jaldún (1332-1406) escribe: «La yihad es un deber religioso, debido a la universalidad de la misión (musulmana) y (la obligación) de convertir a todo el mundo al islam por la persuasión o por la fuerza» (Ibn Jaldún, 1958, p 303). La misma idea de forzar las conversiones aparece en las predicaciones del ayatolá Jomeini: «El islam obliga a todos los adultos varones a prepararse para la conquista de (otros) países a fin de que el islam se observe en todos los países del mundo» (Taheri, 1987, p. 226). El prestigioso *Diccionario del islam,* en el artículo «Yihad» (pp. 243-244), la define como «una guerra religiosa contra aquellos que no creen en la misión de Mahoma. Es un deber religioso imperioso establecido como una institución divina en el Corán y en las tradiciones, impuesta especialmente con el propósito de promover el islamismo y proteger del mal a los musulmanes». Modernamente, se ha querido dar al término *yihad* un significado pacífico: esfuerzo, entendido como la lucha íntima y personal del musulmán para resistir las tentaciones de Satanás (Iblís). En este sentido se manifiesta el musulmán suizo Tariq Ramadán (1962), para el que yihad es resistencia a la agresión injusta en pro de la paz.

—El islam no concibe dogmas complicados ni misterios impenetrables para la inteligencia humana, tan caros a nuestra religión cristiana —prosigue Monómakos—. Es una religión sencilla que permite una relación directa entre Alá y el creyente, sin interposición sacerdotal. Sus creencias son simples: Alá creó el mundo y lo rige hasta que determine su fin, el día del Juicio Final, en que las almas resucitarán para ser juzgadas: entonces, los justos ingresarán en el paraíso, donde ya los aguardan los mártires caídos en defensa y extensión del islam, y los réprobos irán al infierno.

—O sea, que los moros tienen cielo e infierno, como nosotros.

—No exactamente, señor. En el cielo cristiano solo somos espíritus cuya recompensa consiste en contemplar a Dios eternamente. Por el contrario, el paraíso de los moros, la *yanna*, es una región de verdes prados y frescas arboledas recorridas por arroyos de agua, leche y miel donde los ángeles reciben al mártir, le devuelven su cuerpo terrenal con el vigor de sus treinta años y ya no envejece.

—Notable recompensa —reconoce Pelayo.

Asiente Monómakos.

—Más recompensa es que en esa eterna juventud el venturado pueda colmar todo posible deseo que no cumpliera en vida.

—¿Todo todo…? —duda Pelayo.

—Todo —asiente el griego—. El mártir tiene acceso libre a todo lo que puede desear un cuerpo joven y vigoroso: manjares exquisitos, descanso en cómodos divanes, canapés bordados en seda, bebidas delicadas, frutas exóticas, manjares deliciosos como ojo de oveja…, y lo más gustoso, huríes de nacaradas carnes y perfectas hechuras, cuya virginidad se renueva después de cada acoplamiento.

—¿Es posible? —inquiere Pelayo.

Monómakos asiente entornando los ojos.

—Cada mártir toca a setenta y dos huríes —precisa.[410]

410. Lejos de nuestra intención polemizar por una hurí de más o de menos, pero hemos de consignar que las fuentes difieren. Según El-Saleh (1986, p. 39), al creyente le corresponden cien huríes por noche, pero

Medita Pelayo, un militar esforzado, sobre las recompensas del sacrificio. Apacentar un rebaño de hermosas doncellas, saciar en ellas tus apetencias carnales y experimentar «un placer cientos de veces mayor que el terrenal», como aseguran los alfaquíes, le parece un estímulo de lo más eficaz para los soldados. Lástima que se le ocurriera al enemigo. Nosotros hemos de conformarnos con la salvación eterna. Espanta tan negros pensamientos y atiende el parlamento de Monómakos:

—... Otros autores aseveran que cada hurí acoge al varón con «una suavidad desconocida en las mujeres de la tierra y con toda gracia».[411]

—Ahora comprendo ese afán suicida con que los muslimes se lanzan a la batalla —recapacita Pelayo.

—La muerte es la mayor recompensa para el creyente; la vida solo un trámite para alcanzar ese estado de beatitud de los mártires —continúa Monómakos.

—¿No estarás insinuando que prefieres el paraíso de los moros...? —pregunta Pelayo.

—Por supuesto que no, señor. Donde se ponga contemplar eternamente a Dios, sin parpadear siquiera, que se quite cualquier otra remuneración...

—¿Y qué me dices del infierno?

—Ese se parece más al nuestro. Fuego eterno, demonios, refinados tormentos, agua hirviendo para beber y dieta reducida a los repugnantes frutos del árbol *zaqum.*

Asiente Pelayo tratando de comprender. Desde luego, lo de las huríes es difícil igualarlo, reconoce en su fuero interno, y en eso los moros nos ganan por la mano a los cristianos. Intenta buscar una rendija por la que colar su escepticismo, pero no la encuentra.

—Y Mahoma, ¿cómo acabó sus días?

—Los musulmanes creen en su ascensión *(mi'raj)* al cielo, como nosotros creemos en la de Cristo.

---

otras fuentes aseveran que «cada uno de los bienaventurados se casará con cuatro mil vírgenes, ocho mil viudas y cien huríes» (Ibn Qayyim, 2004, p. 174; Al-Mundiri, pp. 4, 538).

411. El-Saleh, 1986, p. 40.

Otro día de mañana amanece lluvioso. Arrimados a la candela de la cova de Onga, Pelayo y Arcadio Monómakos reanudan la conversación de la víspera.

—Proseguiré mi relato —dice el griego—. Después de diez años en Medina, Mahoma regresó a La Meca escoltado por miles de fervientes seguidores. Cuando los mecanos o mequíes supieron que el antiguo prófugo se acercaba, allegaron gente armada y salieron a su encuentro, pero al ver que lo acompañaba un ejército de diez mil conversos dispuestos a morir por él, el prudente general de los mequíes vio la luz, como Pablo en el camino de Damasco, se convirtió al islam y se pasó al enemigo dejando a la ciudad indefensa.

—¿Y qué hicieron los mequíes?

—Ver la luz, al igual que su general. Abjuraron de errores pasados y se convirtieron masivamente. Cundió la noticia por la península arábiga y el resto de las tribus árabes abrazaron también el islam. Hermanados por el islam, los que antes se peleaban por un pozo, una cabra o una sandalia reunieron una fuerza tan poderosa como no se había visto antes.

—Para daño nuestro —reconoce Pelayo.

—Mahoma murió poco después sin dejar herederos varones y sin designar sucesor. Su pariente más cercano, su sobrino y yerno Alí (casado con Fátima, una de sus cuatro hijas), intentó sucederlo, pero lo rechazaron los *muhayirun,* la vieja guardia que acompañó a Mahoma cuando huyó de La Meca. Alí les parecía demasiado joven e inexperto. Los jeques quraishíes, la tribu del profeta, impusieron la candidatura de su suegro Abu Bakr (padre de una de sus esposas), perteneciente a la familia omeya.

»Bajo la nueva gerencia omeya, los árabes salieron de su desértica península y conquistaron medio mundo. Fue como una inundación: invadieron los imperios bizantino y sasánida (antes persa).[412] En pocos años el islam se extendía desde Marruecos

412. A los romanos los invadieron las propias tribus mercenarias a las que encomendaron la vigilancia de sus fronteras. También los árabes se empleaban como mercenarios a sueldo de Bizancio o de Persia y conocían las debilidades de estos imperios.

hasta las riberas del río Oxus y Azerbayán, en Asia central.[413] Abandonaron el erial del que procedían y cambiaron la capital a Damasco, centro de su vasto imperio y posición privilegiada por sus aguas, sus huertas y sus arboledas frutales.[414]

—Una fuerza invencible.

—Esa es la apariencia, señor, pero sus élites nunca han superado el estadio tribal y tienden a enfrentarse entre ellas. Entre qaysíes y yemeníes media un abismo. Además, existen distintas maneras de interpretar el Corán que dan lugar a otras divisiones en sectas religiosas. La desunión crónica de los árabes es la esperanza de los pueblos sometidos.

2. Nobleza versus realeza

No siempre reinaba la armonía entre los nobles y el rey.

El famoso paladín de la frontera murciana y alcaide de Lorca, Alonso Fajardo el Bravo, enemistado con su señor natural, el rey

413. Quince millones de kilómetros cuadrados, el imperio más grande que había visto el mundo.

414. A la muerte de Mahoma, el islam se escindió en varias tendencias doctrinales: la chiita y la sunita (seguidora de la tradición o *sunna*), a la que pertenecen cuatro escuelas jurídicas: hanafí, malikí, shafi'í y hanbalí. La malikí, más rigorista que las otras, es a la que pertenecieron los musulmanes españoles.

Los chiitas son mayoritarios solamente en Irán (96 por ciento) y en Irak (60 por ciento). Aguardan el regreso del Mahdí, el duodécimo imán, que volverá al final de los tiempos para instaurar el orden y la justicia durante mil años. Tienen su ciudad santa en Karbala, situada a ciento diez kilómetros al sur de Bagdad, donde se encuentran las mezquitas de los imanes Hasan y Husein, nietos de Mahoma e hijos de su yerno Alí.

La facción islámica más activa actualmente es la wahabí, un grupo sunita puritano y ultraortodoxo que preconiza la vuelta a las antiguas costumbres islámicas sin concesión alguna a la modernidad. Los wahabíes, que detentan el poder en Arabia Saudí, están extendiendo su pensamiento por el islam y apoyan económica y doctrinalmente muchas organizaciones fundamentalistas repartidas por todo el mundo islámico. El wahabí más conocido era Osama bin Laden, vástago él mismo de una importante familia saudí. Por sus obras los conoceréis.

Enrique IV de Castilla, le escribe de esta guisa en carta fechada el 20 de agosto de 1458, que nos recuerda la que el desesperado Lope de Aguirre dirigió a Felipe II:

> *Como los fechos míos cada día empeoran y la ira vuestra contra mí crece sin razón y justicia, me es forzoso decir a vuestra señoría el fin y determinación mía; y porque della no puedo huir mi corazón llora sangre, y por la pena y trabajo que mi alma recibe me deseo la muerte [...]. De buenos fechos y malos yo soy el que más ha hecho en vuestros reinos y me he hecho conocido por reinos y señoríos estraños [...]. Yo, señor, combatí a Lorca y la entré por fuerza de armas* [es decir, «la conquisté por asalto»] *y la gané y tuve; donde se prendieron doscientos moros y hube gran cabalgada, ropa, bestias y ganado. Yo gané a Mojácar, donde se hicieron tan grandes fechos de armas que las calles corrían sangre [...]. Yo descerqué el castillo de Cartagena, que vos tenían en toda perdición* [que daban por perdido]. *Y agora en galardón* [pago] *de estos servicios y otros muchos muy notorios mandáis hacerme guerra a fuego y sangre y dais sueldo a vuestras gentes por me venir a cercar e destruir. Y esto, señor, lo he a buena ventura, que más quiero ser muerto de león que corrido de raposo [...]. No debéis, señor, aquejarme tanto, pues sabéis que podría dar los castillos que tengo a los moros y ser vasallo del rey de Granada y vivir en mi ley de cristiano como otros hacen con él* [o sea, amenaza al rey con desnaturarse y servir a otro señor, el sultán de Granada, que respetará que a su servicio siga siendo cristiano]. *Y si tanto vuestra señoría de mi mal grado ha, mándeme comprar lo mío y poner en Aragón los dineros [...] y irnos hemos de vuestros reinos que no consienten buenos en ellos* [otra posibilidad es que le mande vender su hacienda y marchar al reino de Aragón con el dinero obtenido].

Finalmente lo maldice si no muda de proceder y sigue persiguiéndolo:

> *La destruición del rey don Rodrigo venga sobre vos y vuestros reinos y vos la veáis y no la podáis remediar como él hizo.*

Después atempera el tono, reconociendo que en las palabras anteriores quizá ha sido demasiado severo: *Suplico a vuestra señoría no se enoje de mi escriptura, que el can con rabia a su señor muerde,* pero no deja de advertirle que tiene medios para perjudicarlo si lo sigue acosando: *Miémbrese vuestra señoría que tengo en mi poder vuestras firmas y sellos para ayudar a mi persona y defender lo que tengo. Estas publicaré a do estuviera y enviare á reinos cristianos.* Finalmente, termina la carta con una llamada a la concordia y a la sensatez para que la enemistad real con este tan imprescindible súbdito no acarree al rey mayores daños:

Soy en todo desesperación por ser así desechado de vuestra Alteza; soez cosa es un clavo y por él se pierde una herradura, y por una herradura un caballo, y por un caballo un caballero, y por un caballero una hueste y por una hueste una ciudad y un reino. Muy poderoso señor, la Santísima Trinidad acreciente la vida y real estado de vuestra señoría, y os muestre el camino de su servicio.[415]

Meses más tarde las aguas volvieron a su cauce, porque el rey consideró sensatamente el asunto y perdonó al rebelde y a cuantos lo secundaron en su desobediencia:

Auedes tenido muchas ueces paz e amistad con los moros enemigos de nuestra santa fe católica en el tiempo que se les fazía guerra por mi mandado [...], llevado armas e vendido muchos cristianos a los dichos moros, los quales algunos de ellos an renegado nuestra santa fe católica y se han tornado moros [...]; auedes fecho e cometido e perpetrado fasta aquí muertes de omes e robos e fuerças, crímenes e delitos e maleficios, muy enormes e detestables e abominables a Dios e a las gentes, con gran deseruicio de Dios e mío [...], de lo qual todo yo agora perdone al dicho Alonso Fajardo [...] e agora vosotros, e cada uno de vos, venís en conocimiento de los dichos vuestros malos errores e vos arrepentís dellos e vos plaze y quereys de aquí adelante como leales seruidores, así mismo con buenos y leales seruicios emendar los dichos vuestros yerros e cosas pasadas [...]. E porque vos e cada uno vos me fezistes juramento e seguridad de lo fazer e complir asy [...]. Por ende yo os perdono a vos e a cada uno de vos todas las cosas susodichas e cada una de ellas [...], de cualquier calidad o enormidad que puedan ser [...] e alço e tiro de vos, e de cada uno de vos, toda mácula e infa-

415. Torres Fontes, 2001, pp. 228-230.

mia en que por ello caystes e incurristes, e vos restituyo en toda vuestra buena fama.[416]

Otro caso notable es el ocurrido entre Sancho IV de León, llamado el Bravo, y el señor de Vizcaya don Lope Díaz III de Haro, que le tenía comido el terreno. El 8 de junio de 1288 se encontraron en Alfaro y entablaron una encendida discusión sobre ciertos castillos que el conde retenía contra la voluntad real. El rey se acaloró y ordenó a su escolta que detuviera al conde. El de Haro *se levantó mucho asina e dijo: «¿Presos? ¿Cómo? ¡A la merda! ¡Oh, los míos!», e metió mano a un cuchillo e dejose ir para la puerta donde estaba el Rey el cuchillo sacado e la mano alta... ballesteros e caballeros, veyendo que el Conde iva contra el Rey, firieron al Conde, e diéronle con una espada en la mano, e cortáronsela, e cayó luego la mano en tierra con el cuchillo; e luego diéronle con una maza en la cabeza, que cayó en tierra muerto.*[417]

La carta de Alonso Fajardo nos revela el fuerte carácter de aquellos profesionales de la guerra. Podríamos multiplicar los testimonios, pero tan solo mencionaremos una reveladora anécdota ocurrida durante uno de los asedios de Jaén por Fernando III: entre los concejos castellanos participantes en el cerco fi-

416. Torres Fontes, 2001, pp. 207-208. No sé si le interesará al lector qué fue de los Fajardo, los temibles adelantados de la frontera, cuando ya el final de la guerra era inminente y pronto no habría moros que combatir. Se reciclaron y se convirtieron en «señores de las putas», o sea, dueños de una cadena de prostíbulos o mancebías que abarcaba el antiguo territorio nazarí. En el documento otorgado por el rey Fernando a Alonso Yáñez Fajardo en Salamanca el 4 de noviembre de 1486, leemos: *Se concede la merced de todas las casas y sitios en que ahora están y se usan todas las mujeres públicas del partido en las ciudades de Ronda y Loja, Alhama y Marbella y en todos los otros lugares y villas y señoríos que yo gané de los moros enemigos de nuestra santa fe católica y de todas las casas y sitios en que están mujeres públicas del partido en las ciudades de Granada y Málaga, Baza y Purchena y Vera y de todas las otras ciudades y villas y señoríos cualesquier que sean del reino de Granada al tiempo que por la gracia de Dios se ganaren...* (Moreno Mengíbar y Vázquez García, 1999, p. 58).

417. Sánchez Albornoz y Aurelio Viñas, 1981, pp. 152-153.

guraba el de Ávila, población en la que existían dos bandos rivales, los García y Gómez y los Blasco o Blázquez. Un buen día algunos de los García y Gómez se enzarzaron en una lucha con los moros. Advertido esto por los Blasco o Blázquez, se lanzaron a todo galope para participar en la carnicería. Desde el campamento seguía el desarrollo de la lucha otro abulense, San Muñoz, que a la sazón jugaba una partida de ajedrez con su amigo Tello Alfonso.

—Oye, ¿qué compromiso tienen esos caballeros que fueron en ayuda de los primeros? —preguntó don Tello.

—Compromiso, ninguno —respondió San Muñoz—, porque son sus mortales enemigos.

—Por Dios que no haría yo lo mismo —observó don Tello—, porque si un enemigo mío estuviese en semejante estrechura me alegraría de que lo matasen y no iría yo a socorrerlo.

—¡Por Dios, don Tello!, ¡eso no lo hacemos los de Ávila! —dijo San Muñoz—. Entre nosotros ninguno se tendría por vengado con la muerte de su enemigo si no lo mata por su propia mano, como debe ser.

En otra crónica menuda encontramos la historia de una venganza nobiliaria. Lo notable es la entereza y el orgullo con el que muere el hidalgo: condenado a muerte por empozamiento en un río desde un puente. Se trata de la muerte dada a Juan López de Salazar o de San Pelayo, hijo de Lope García de Salazar (que vivía con el señor de Vizcaya Juan Núñez).

E fuese ençima de una mula e Lopico de Garavilla, su fijo vastardo de XVIII años, en el su cavallo, que otra persona de los suyos no quiso ir con él porque ya la su ora era llegada e no se podría alongar. E llegados en Villasana, entraron a comer e, sentándose, quitáronle la espada y la daga y el manto para que se asentase a comer; e sentados, comieron e, comido, quitaron los cochillos todos de la tabla e salieron diez omes de la cámara armados e prendiéronlo, e aquel su fijo con él. E como lo vio, dixo a su moço d'espuelas:

—Cavalga en mi cavallo e vete Arzeniega e di a los míos que curen de sí, que lo mío fecho es.

E tiró a poder de cavallo e fuéronse a Sant Pelayo, faziendo grandes llantos.

Tomáronlo en una mula, un ome en las ancas con él atado, deziendo que lo levarían al Rey porque así les era mandado por él, e fueron a la puente Deja. Açerca de Caniego, díxole Pero Ferrández:

—Juan López, adonde morió aquí Ferrand Lóp[e]z de la Orden.

Como esto le oyó, díxole:

—Señor Pero Ferrández, ya veo adónde me levades, pero dígovos que más a guisa de cavallero maté yo por mi mano a ese Ferrand López que vos dezides e le corté la caveça con mi espada e otros muchos de vuestro linaje que no vos matades oy a mí, que ya no me podedes quitar LXXX años que yo he, la qual muerte que vos a mí dades, los tienpos del mundo que d'ella abrá memoria, vos será retraída por aleve a vos e a vuestra generaçión e d'estos mis enemigos que son conbusco en ella, entre los quales muchas vezes ensangrenté mis armas e manos en plaça, (e) como todo fijodalgo deve fazer.

Que ya todos los qu'él avía dexado en Arzeniaga eran allí llegados.

E oídas estas palabras, entristiçió mucho e fue un rato callando e llorando; e aun llorando que dixo algunos de los suyos que no se devía fazer tal fecho e que se catase otra manera e que se llegaron todos sobre él diziéndole muchas palabras que lo acavase, si no, que ellos lo acavarían luego con sus manos e se desnaturarían d'él si luego no le enpozase. E diéronle dos clérigos, a él uno e al fijo otro, e enpozaron al fijo delante, por le dar mayor pesar; e enpozaron a él, no lo dexando bien confesar los enemigos, e echáronlo al pozo del río. E tan esforçado se mostró e su cara alegre e su color no mudada como si estoviera en sus solazes, como solía; e así echado en el agua, que era asaz pequeña que dava de los pies en el suelo e que salía arriba la caveça sobre el agua e que le davan los enemigos con los cuentos de las lanças, e aun algunos con los fierros, e que les dezía cada vez que así salía:

—Dad, dad, fijos de putas, que, como tengo una alma e un cuerpo que toviese çiento, no vos podríades vengar de mí, que yo he seído en sacar tanta sangre de vuestro linaje que no lo podríades vengar en otros treçientos tales como yo; e dad quanto podierdes.

E así lo fizieron morir penadamente. E era este Juan L[ó]pez (1041) XVI años más moço que Lope Garçía, su padre, e era omne alto e mucho venbrudo e mucho vermejo en el cavello e varva e en los cueros e crespo e de grande fuerça. E leváronlo [a] enterrar en la iglesia de Sant Pelayo, que era suya e su asentamiento.[418]

418. Ana María Sánchez, «Edición de las *Bienandanzas e fortunas* de Lope García de Salazar» (<http://parnaseo.uv.es/Lemir/textos/bienandanzas/Menu.htm>).

3. Una historia menuda

En la frustrada toma de Loja por el rey Fernando (1482) pereció el maestre de Calatrava Rodrigo Téllez Girón, de veinticuatro años, alcanzado por dos virotes de ballesta, uno de los cuales le entró por la escotadura de la axila (uno de los escasos puntos que no cubría la armadura) y le alcanzó el corazón. Este joven héroe prematuramente muerto era hijo de la pasión del anterior maestre de Calatrava, Pedro Girón, por la gentil Isabel de las Casas, hija de un rico hacendado de Alanís.

¿Cómo se conocieron el maestre y la gentil dama?

Al parecer, el maestre Girón acertó a pasar por Alanís, en la Sierra Morena sevillana, y pernoctó en la casa del rico hacendado Alonso de las Casas, que presentó a su familia al ilustre huésped. Don Pedro quedó tan prendado de Isabel, la hija menor de su anfitrión, que aquella misma noche, retiradas las mujeres, solicitó la mano de la muchacha. Había un problema: debido a su condición de freire, el maestre no podía casarse.

—Eso no será impedimento —alegó don Pedro—. El papa me otorgará gustoso la necesaria dispensa.

Don Alonso receló de las urgencias del impetuoso pretendiente de su hija y optó por ponerla a salvo en un convento de Sevilla. Nunca lo hiciera, porque el maestre le adivinó la intención y la raptó a mitad de camino, la convirtió en su concubina y la retuvo varios años en su villa del Moral de Calatrava.[419] La muchacha le dio tres hijos y una hija, entre ellos nuestro Rodrigo Téllez Girón.

Pasaron los años y don Pedro obtuvo del rey Enrique IV la mano de su hermana, la princesa Isabel (futura Católica). Dada su condición de fraile tuvo primero que pedir dispensa al papa (que se la otorgó). Después convocó capítulo en el convento de Calatrava para traspasar el maestrazgo a su hijo don Rodrigo (aunque solo tenía diez años y era hijo ilegítimo).[420] Los altos

419. Parece que este rapto famoso inspiró a Cervantes el de Luscinda por don Fernando que cuenta en el capítulo XXXVI del Quijote.

420. Existía el precedente de otro ilegítimo que alcanzaba el maestrazgo de Calatrava: don Alfonso de Aragón, hijo bastardo del rey Juan de

cargos de la orden desfilaron ante la silla maestral para besarle la mano al niño.

Ya liberado de su condición de fraile de Calatrava (aunque siguió dirigiendo la orden durante la minoría de su hijo), don Pedro se entregó, con ímpetu juvenil, a preparar sus esponsales con Isabel de Castilla. Él había cumplido los cuarenta y tres, y ella apenas estrenaba los quince, pero eso no iba a ser impedimento para el que estaba acostumbrado a doblegar voluntades.

Un mes antes de las bodas, don Pedro salió de su villa de Porcuna con lucido séquito camino del alcázar de Segovia, residencia de la novia, *y llegado a dormir a un castillo, que llaman el Berrueco, jurisdizión de la ciudad de Iaén [...], vino por el ayre una gran compaña de cigueñas guiadas por una capitana: y llegando al castillo, hizieron un gran remolino y estraño sonido con los picos, y deteniéndose sobre él, causaron un tiro de piedra alrededor tan escura sombra por su muchedumbre, aunque el día era muy claro, que puso espanto y temor de algún gran mal venidero al Maestre y toda su gente. Por pronóstico también se puede escrebir lo que refiere el coronista del ayuno y oración de la infanta doña Isabel, que tuvo por un día y una noche, quando supo que el Maestre venía a casar con ella, suplicando a Dios, antes llevasse a uno dellos, que el matrimonio se effectuasse: pues muerte de tan poderoso varón, parece avía de suceder rogado y suplicado Nro. Señor por tal muger, para cuya sublimación a la grandeza destos reynos con su marido don Fernando de Aragón.* Prosiguió don Pedro su camino y pocos días después murió mientras dormía en Villarrubia de los Ojos (hoy Ciudad Real). Podríamos sospechar que envenenado, pero si nos atenemos a la crónica debe ser porque Dios apartaba del camino de la gentil Isabel todo estorbo: *Permitió Dios muerte de muchas y muy altas personas del mundo, como la del rey don Enrique su hermano con generación dudosa, y la del príncipe don Alonso, que por ser varón le avía de preceder, y la de don Carlos, a quien avían de venir los reynos de Aragón y de Navarra, y de otros señores que pretendían casar con ella.*[421]

Navarra, elegido maestre de Calatrava en 1443 por imposición de Juan II de Castilla.

421. Valera, Mss 1210, pp. 69-70.

Volviendo al guapo hijo de don Pedro, el flamante maestre de Calatrava Rodrigo Téllez Girón, *joven de tan varonil belleza como simpática distinción,* según el cronista Alonso de Palencia, hemos de consignar que tuvo una existencia tan agitada como la del padre. Intervino en la guerra civil en el partido de Juana la Beltraneja contra Isabel,[422] hasta que comprendió que había apostado por los perdedores y cambió de bando, o dicho más finamente, *desistió en fin deste parecer, y volvió a la gracia de los Reyes Católicos, que le recibieron benignamente, viendo aver errado por su poca edad, y se alegraron de que él se combidasse a servirlos, por ser tan poderoso.*[423]

Así fue como se encontró enrolado en el ejército de Fernando durante el ataque a Loja, donde *peleando en lo más fuerte y peligroso de la batalla, le dieron los moros dos saetadas, y una de ellas fue debajo del brazo por la escotadura de las corazas, como le traía alzado con la espada peleando. Esta herida le tocó en el corazón [...]. Murió [el] año de mill y quatrocientos y ochenta y dos, siendo de edad de veynte y quatro años, y aviendo tenido el maestrazgo diez y seys.*[424]

La muerte de don Rodrigo dejó en la más absoluta desolación a su amante, doña Beatriz de Bobadilla y Ossorio, que pasaba por ser la mujer más guapa de Castilla. Viéndola tan abatida, el rey Fernando acudió a consolarla *(el Rey [le] mostraba alguna afición,* apunta Abréu Galindo), lo que provocó los fundados celos de la reina Isabel (mujer que *amaba de tanta manera a su marido, que andaba sobre aviso con celos a ver si él amaba a otras*). Empeñada en alejar a la beldad de su marido, Isabel la casó con Hernán de Pedraza, señor de la Gomera y Hierro, que a la sazón pleiteaba en la corte para hacer pasar un alevoso asesi-

422. *El Maestre (como mancebo que era de diez y seys años) siguió este partido de doña Juana y del Rey de Portogal su esposo, por inducimiento del Marqués de Villena su primo y del Conde de Urueña su hermano: y con esta voz hizo guerra en las tierras del Rey en la Mancha y Andaluzía* (Palencia, 1909, p. 132).

423. *Definiciones...,* 1748, LXXX.

424. Rades y Andrada, 1572, fol. 81r; y Orden de Calatrava, 1652.

nato por circunstancial homicidio. La reina lo perdonó con la condición de que se casara con Beatriz y regresara con ella a la Gomera, que era como decir al fin del mundo, y de este modo *enderezó el carro volcado* (Leonardo Torriani). El matrimonio no duró mucho debido al asesinato del marido.[425]

Aquella muerte, ocurrida en 1488, desencadenó la rebelión de los gomeros, que durante días sitiaron a los castellanos en la torre del Conde, aunque al final desistieron de tomarla, cuando un hábil ballestero de los que defendían las almenas acertó a Hautacuperche con un virote en el colodrillo. Apagada la rebelión, la nada desconsolada viuda, doña Beatriz, viuda hermosa y temperamental *(mujer rara, que, teniendo todas las gracias y flaquezas de su sexo, tuvo la crueldad y constancia de un hombre sañudo,* la define Viera y Clavijo; *mujer varonil* o *averiada doncella,* según otros),[426] se consolidó como señora de la isla y alivió sus lutos, si el rumor es cierto, con don Cristóbal Colón, antiguo amante o ave de paso, en 1492, 1493 y 1498. Ello no empece que también pudieran hablar de negocios. De hecho, está documentado que don Cristóbal adquirió de su amiga sesenta ovejas. Beatriz volvió a casarse, en 1498, con Alonso Fernández de Lugo, primer adelantado de Canarias, y regresó a España (ya fallecida la reina Isabel) para morir en su pueblo, Medina del Campo, a los cuarenta y tres años de edad.

Otro hombre joven prematuramente muerto en la guerra de Granada fue Martín Vázquez de Arce (1461-1486), hoy famoso

425. Pedraza había suscrito el Pacto de Guahedún con los aborígenes, lo que lo convertía en hijo de Hapalupo, el cacique de la isla. Tenía Hapalupo una hija llamada Yballa, mujer de singular hermosura. Entre Pedraza e Yballa nació una irrefrenable pasión, sin atender a que entre los guanches el incesto se castiga con la muerte (aunque en este caso Pedraza e Yballa no fueran hermanos de sangre, sino de pacto). Hapalupo convocó al guerrero Hautacuperche, secreto enamorado de su hija, para que se personara en la cueva de Guahedum, el picadero donde Pedraza y la bella Yballa consumaban. Hautacuperche fue a la cueva y, sin mediar palabra, atravesó con su lanza al desventurado castellano, lavando con sangre su pecado.

426. Viera y Clavijo, 2008, t. II, p. 279.

por su escultura funeraria en la catedral de Sigüenza conocida como *El doncel,* apelativo unamuniano algo incorrecto, dado que don Martín tenía veinticinco años de edad, estaba casado y tenía una hija seguramente ilegítima llamada Ana de Arce y de Sosa. Al servicio de los Mendoza desde su temprana edad, participó en la guerra de Granada y murió ahogado cuando los moros abrieron las compuertas de la Acequia Gorda del Genil en julio de 1486 para anegar la vega invadida de fuerzas cristianas.[427] El epitafio dice:

> *Aquí yaze Martín Vasques de Arce,*
> *cauallero de la Orden de Sanctiago*
> *que mataron los moros socorriendo*
> *el muy ilustre señor duque del Infantadgo, su señor,*
> *a cierta gente de Jahén a la Acequia*
> *Gorda en la vega de Granada*
> *cobró en la hora su cuerpo Fernando de Arce su padre*
> *y sepultolo en esta su capilla,*
> *año MCCCCLXXXVI.*
> *Este año se tomaron la ciudad de Lora*
> *las villas de Illora, Moclín y Monte Frío*
> *por cercos en que padre e hijo se hallaron.*

4. La turbia historia de los moriscos

Tras la caída del reino nazarí de Granada, España volvió a ser cristiana como ocho siglos antes, en tiempos de los godos. Con una fundamental diferencia: quedaban dos numerosas comunidades que no eran cristianas, los judíos y los moros.

En cuanto a la población musulmana de Granada, al principio quedó libre de abandonar el país, aunque con prohibición de repatriar oro, plata, armas o caballos. La inmensa mayoría optó por quedarse; pero las clases dirigentes no se resignaban a vivir

427. La Acequia Gorda todavía existe. Es el cauce de agua llamado por los moros Al-Saqiya al-Kubra (Acequia Mayor) paralelo al río Genil del que obtiene sus aguas.

sometidas y emigraron a África. El sultán de Fez les cedió las ruinas de Tetuán, nido de piratas que había sido arrasado por Enrique III el Doliente hacía casi un siglo. Los expatriados la reconstruyeron con inédito esplendor.

El reino de Granada se agregó a la Corona de Castilla. En esta nueva etapa, su organización y administración recayó en tres funcionarios competentes: un virrey o gobernador militar, don Íñigo López, conde de Tendilla; un experimentado burócrata, Hernando de Zafra;[428] y un fraile jerónimo, fray Hernando de Talavera, confesor de Isabel cuya valía como gestor y economista había resultado decisiva en anteriores actuaciones. A él le encomendaron la normalización o castellanización del reino y la delicada tarea de evangelizar a los moros (aunque los términos del tratado les garantizaban libertad religiosa). El trabajo del fraile implicaba expropiar o adquirir tierras a los musulmanes (y evitar que estos compraran las parcelas en venta), y atraer a Granada a colonos cristianos (andaluces, manchegos y murcianos, pero también vizcaínos, gallegos, asturianos, genoveses, portugueses y alemanes).

Fray Hernando de Talavera, un funcionario de humilde origen ascendido por servicios a la Corona, afrontó la delicada tarea proselitista con persuasión y paciencia, incluso utilizando el árabe como lengua litúrgica para ser mejor entendido por los catecúmenos. Puso muy buena voluntad, pero fracasó.[429]

428. Hernando de Zafra, habilísimo diplomático y sagaz administrador, no vaciló en vulnerar el espíritu de los acuerdos de 1491, pero procuró atenerse siempre a su letra. Hizo tan bien su tarea que los reyes le perdonaron que, además, amasara una importante fortuna personal mientras estaba en el cargo.

429. La historia de la Orden de San Jerónimo presenta a fray Hernando de Talavera como «hijo de padres honrados de limpia sangre, aunque poca hacienda», pero parece que al menos su madre fue de sangre judía. Un familiar pudiente lo envió a estudiar a Salamanca, donde se formó como «catedrático sin vanidad y predicador apostólico» (Alcántara, 1866, p. 37). Siendo prior del monasterio del Prado, en Valladolid, la reina lo designó confesor suyo. Desde entonces, sirvió a la reina en distintas misiones, hasta desempeñar competencias que hoy corresponderían a

La corriente migratoria de los moros que regresaban a África aumentó en años sucesivos, a medida que empeoraban las condiciones de vida bajo el poder cristiano. Los Reyes Católicos prohibieron la emigración cuando comprendieron que la despoblación del territorio les reducía las rentas, al tiempo que fortalecía al potencial enemigo de la Berbería islámica.

La amenaza del vencido

En 1499, los Reyes Católicos regresaron a Granada. Lo que vieron les desagradó: la mayoría de la población, que todavía era morisca, seguía vistiendo sus atuendos tradicionales y observando sus costumbres, ajena por completo a la presencia cristiana. En Granada, a pesar de los nuevos campanarios erigidos por los conquistadores en parroquias, conventos y ermitas, seguía escuchándose alta y clara la plegaria del muecín cinco veces al día, y esta circunstancia enfadaba a los cristianos. Parecía que la ciudad y el reino no acabarían de pertenecerles hasta que se castellanizasen plenamente.

Granada seguía siendo una ciudad musulmana, aunque la Alhambra estuviese ocupada por una guarnición de Castilla.

Los reyes se sintieron decepcionados y molestos por el empecinamiento de los musulmanes en sus credos y costumbres. Por otra parte, les preocupaba que aquella población pudiese colaborar con el enemigo berberisco que crecía amenazador en el norte de África e, incluso, con el turco, que avanzaba sin cesar por el otro extremo del Mediterráneo. Decididos a recurrir a procedimientos más drásticos, relevaron de su tarea a fray Hernando de Talavera y encargaron la evangelización a fray Francisco Jiménez de Cisneros.

Cisneros, castellano impaciente y resoluto, no vaciló en aplicar procedimientos coactivos para lograr la conversión, aunque

---

un ministro de Hacienda en los difíciles tiempos de las sucesivas guerras con Portugal y con Granada. Su eficaz actuación anuncia la de los regalistas del siglo XVII-XVIII, aquellos funcionarios empeñados en devolver a la Corona sus competencias y privilegios.

solo fuera nominal, de los moros recalcitrantes. Comenzó por bautizar a los hijos de antiguos cristianos convertidos al islam (aquellos renegados o elches que quedaban a salvo de la Inquisición en virtud de los acuerdos) y siguió con la quema pública de ejemplares del Corán.

La actuación de Cisneros se enmarca en un cambio de política castellana respecto a la población mudéjar. Pocos años después de la entrega de Granada, las autoridades comenzaron a alterar el espíritu de los pactos, ya que no su letra: subida de impuestos, limitación de áreas de residencia, segregación respecto a la comunidad cristiana y otras mil formas sutiles de entorpecer la vida de los vencidos.

Como era de temer, los moros se rebelaron. La revuelta estalló en el Albaicín el 18 de diciembre de 1499 y cogió por sorpresa a los cristianos. El propio Cisneros, cuya casa fue atacada por los sublevados, tuvo que huir. No obstante, la guarnición de la Alhambra resistió y después de tres días de desórdenes sofocó la rebelión y tornó a hacerse con el control de la ciudad. Temerosos de las represalias, unos cincuenta mil musulmanes de la ciudad y de su poblada vega solicitaron el bautismo.

Lo de Granada había sido solo un avance. La verdadera tormenta vino después, a mediados de enero, cuando estalló una insurrección general en las Alpujarras que se propagó rápidamente a la sierra de Almería. El campo y las montañas se llenaron de bandoleros monfíes (del árabe *munfi*, «desterrado») que derrotaron a un destacamento cristiano en Sierra Bermeja.

El rey Fernando dirigió personalmente la represión con extrema dureza. Derogados los acuerdos de 1491, los rebeldes sometidos tuvieron que escoger entre la conversión al cristianismo o el exilio. Muchos no vacilaron en bautizarse acogidos a la *taqiyya* (التقية), una ley islámica que permite fingir la conversión a otra fe si las circunstancias lo exigen.[430]

430. Un texto de la época lo expone así: *Todo cabe debaxo de buena disimulança, porque la buena doctrina no la puede bedar ninguna ley por inumana que sea* (Harvey, 1995, p. 562).

En el Acta de Talavera un optimista anotó: *Ya non ay moros,* pero el sencillo pueblo siempre receló de la súbita conversión de los moriscos.

Para la Iglesia, el bautismo los había convertido en cristianos, aunque disculpaba que, debido a la premura de la conversión, flojearan algo en el conocimiento de la doctrina. Por este motivo se les concedió una moratoria de cuarenta años antes de someterse a la jurisdicción inquisitorial como el resto de los cristianos españoles. Tampoco este plazo se respetó, porque en 1499, el nuevo inquisidor general, Diego de Deza (sucesor de Tomás de Torquemada), suspendió la moratoria y amplió a Granada la jurisdicción de la Inquisición cordobesa, a cuyo cargo estaba el severo Rodrigo de Lucero.

La represión religiosa se completó con la cultural, referida al idioma, las costumbres y el atuendo. Sucesivas leyes prohibieron el uso del árabe (la algarabía, que tanto ofendía a los oídos cristianos), los vestidos moriscos, los baños multifuncionales, el baile, el folclore...[431]

Todo lo morisco era objeto de sospecha. El padre Aznar los pinta disolutos y vagos: *eran muy amigos de burlarías, cuentos, berlandinas, y sobre todo amicísimos (y así tenían comúnmente gaytas, sonajas, adufes) de baylas, danzas, solazes, cantarcillos, aldabas, paseos de huertas y fuentes, y de todos los entretenimientos bestiales en que, con descompuesto bullicio y gritería, suelen ir los mozos villanos vozinglando por las calles. Vanagloriábanse de baylones, jugadores de pelota y de la estornija, tiradores de bola y del canto, y corredores de toros, y de otros hechos semejantes de gañanes. Eran dados*

431. *El Rey les mandó dejar la habla morisca, y con ella el comercio y comunicación entre sí; quitóseles el servicio de los esclavos negros, a quienes criaban con esperanzas de hijos, el hábito morisco, en que tenían empleado gran caudal; obligáronlos a vestir castellano con mucha costa, que las mujeres trujesen los rostros descubiertos, que las casas, acostumbradas a estar cerradas, estuviesen abiertas: lo uno y lo otro tan grave de sufrir entre gente celosa. Hubo fama que les mandaban tomar los hijos y pasallos a Castilla; vedáronles el uso de los baños, que eran su limpieza y entretenimiento; primero les habían prohibido la música, cantares, fiestas, bodas conforme a su costumbre, y cualesquier juntas de pasatiempo* (Hurtado de Mendoza, 1627).

a oficios de poco trabajo [...] echados al sol en invierno con su botija al lado.[432]

Las más inocentes actividades parecían sospechosas al observador cristiano. Cuando había boda de moros, las puertas de la casa debían permanecer abiertas para que la autoridad se asegurara de que no se entregaban a ritos prohibidos. En los alumbramientos tenía que asistir una comadre cristiana. Y en los libros de bautismo se señalaba el nacido con la acotación *morisco* o *moriscote*.

Nuevos géneros de tormentos

Los moriscos se sublevarían nuevamente en 1568, esta vez de modo tan general y violento que en la Cancillería castellana se habló de una nueva conquista de Granada. La noticia de las crueldades cometidas por los moriscos con sus prisioneros cristianos, especialmente si eran clérigos, predispuso a los reyes a una represión sin contemplaciones. [433]

Los rebeldes resultaron derrotados a pesar del apoyo que les prestaban los turcos, los berberiscos norteafricanos y de la incordiante Francia. Unos ochenta mil de ellos fueron desterrados del reino de Granada. La población morisca de la península, quizá

432. Aznar, 1612, capítulo titulado «De la condición, trato, traje, comida, oficio, vicio y pestilencia pegajosa de los moriscos».

433. *Inventaban nuevos géneros de tormentos: al cura de Mairena henchieron de pólvora y pusiéronle fuego; al vicario enterraron vivo hasta la cinta, y jugáronle a las saetadas; a otros lo mismo, dejándolos morir de hambre. Cortaron a otros miembros y entregáronlos a las mujeres, que con agujas los matasen: a quien apedrearon, a quien acañavearon, desollaron, despeñaron; y a los hijos de Arce, alcaide de La Peza, uno degollaron y otro crucificaron, azotándole e hiriéndole el costado primero que muriese [...]. Estas crueldades hicieron los ofendidos por vengarse; los monfíes por costumbre convertida en naturaleza. Las cabezas, o las persuadían o las consentían; los justificados las miraban y loaban, por tener al pueblo más culpado, más obligado, más desconfiado, y sin esperanzas de perdón* (Hurtado de Mendoza, 1627).

un cuarto de millón de personas, concentrada en Levante y Aragón se convirtió en constante objeto de sospecha. En los lugares próximos a la costa, la quinta columna morisca indicaba a los piratas berberiscos en qué oculta ensenada podían fondear sus naves, qué escondido camino debían seguir para atacar qué pueblo y a qué cristianos ricos debían secuestrar para obtener pingües rescates. También les señalaban a quiénes debían asesinar para satisfacer las venganzas personales del denunciante. La constante amenaza de los piratas islámicos determinó que muchas poblaciones costeras se refundaran en el interior y que la costa se llenara de atalayas y torres refugio.[434]

Durante más de dos siglos no hubo lugar seguro en nuestro litoral mediterráneo. Los hortelanos que trabajaban en estos campos andaban como liebre en descampado, siempre alerta, para correr a refugiarse en la torre más cercana en caso de peligro. A veces los piratas venían con tal fuerza que ni murallas ni torres bastaban para escapar de ellos. Todo el mundo conocía casos, como el asalto de la villa de Cullera por el pirata Dragut el 25 de mayo de 1550, que dejó el lugar despoblado durante décadas.

La relación entre musulmanes radicales y piratas era tan fluida que en ocasiones mediaban tan solo unas horas entre la denuncia y la acción.[435]

Con el tiempo, la piratería berberisca prosperó y pudo allegar verdaderas flotillas que se atrevieron contra objetivos más ambiciosos. *En el año 1637, a 3 días del mes de agosto, en la madrugada*

434. En la playa de San Juan (Alicante), antiguamente extensión de feraces huertas, se cuentan por docenas entre los bloques de apartamentos veraniegos y las arboledas urbanas.

435. En 1566 un grupo de inquisidores pernoctaron en la localidad almeriense de Tabernas llevando detenida a una morisca de Benicanón. A las pocas horas, aún de noche, los piratas berberiscos atacaron el pueblo y los inquisidores tuvieron que escapar a campo través en paños menores, *sin zapatos, en calças y jubón.* Los berberiscos se llevaron los caballos y las armas de los huidos además de cuarenta y tres cautivos cristianos a los que se agregaron noventa y nueve moriscos que en el entusiasmo del momento se sumaron a sus correligionarios.

—leemos en otra relación de la época— *llegaron cinco galeras de veintiséis bancos de Argel, cuyo corsario era Alí Puchili, al paraje de la villa de Calpe y, echando en tierra la gente, que fueron seiscientos tiradores, subiendo de la mar a la villa de Calpe y la imbadieron, [...] y por ser verano, toda la más gente de la villa estavan en sus labranzas, que se hazen allí grandes melones y se provehe parte del reyno de esta fruta y, assí, con poco humo y muchas amenazas, les abrieron la torre y entregaron a los moros [...]. Hicieron muchos daños en la villa, matando todos los lechones y cabalgaduras, y saqueándola se le llevaron trescientas noventa y seis personas y, entre ellos, algunas forasteras que havían venido a la fiesta, que se prevenía a 5 de agosto de Nuestra Señora de Calpe.*[436]

Sucesos como estos divulgados en cartas y romances de ciego sembraban pavor en muchos corazones. Si los moros saqueaban y secuestraban con tanta impunidad los pueblos costeros, ¿quién podía asegurar que algún día no llegarían a sus puertas traídos por los moriscos del lugar para vengarse de los cristianos?

Nadie se fiaba de los moriscos, por serviles y mansos que se mostraran. La reiteración de saqueos y matanzas fue tal que al final se percibió a los moriscos como un cáncer que había que extirpar. Después de muchas vacilaciones, por miedo a las funestas repercusiones económicas, se optó por expulsarlos en tiempos de Felipe III. Entre 1609 y 1614, unos trescientos mil moriscos abandonaron la península para trasladarse al norte de África.

5. La progresía contra la Reconquista

A los que en nuestra mocedad padecimos la escuela nacionalcatólica nos contaron loores de la Reconquista (así, con mayúscula) y de Covadonga, ese bello rincón de Asturias donde el manantial que brota de una cueva manifiesta un lugar numinoso y probablemente sagrado mucho antes de que la santina lo cristianizara.[437]

436. Martínez López, 2006, p. 84.

437. Las crónicas hablan de una *coba dominica* (Rotense) o *coua Sancte Marie*, probable santuario ancestral convenientemente cristianiza-

La escuela nacionalcatólica, aquella mesa del maestro alineada con el crucifijo de la pared y encuadrada entre los retratos del Caudillo en capote de campaña y del Ausente en camisa azul mahón, se extinguió con el advenimiento de la democracia.

La democracia lo trastocó todo, historia incluida, aunque ciertamente la renovación de la historia se veía venir (cada generación hace la suya y generalmente aplica el principio «al maestro, cuchillada» a la generación anterior).

Hoy, el estamento académico invierte parte de nuestros impuestos en discutir si la palabra *Reconquista* es o no adecuada para expresar lo que parece que expresa.[438]

Examinemos el caso con la conveniente objetividad (dentro de lo que cabe). A la facción más progre del citado estamento el término *Reconquista* le parece decimonónico, providencialista, nacionalista y carca. Atufa a franquista, dicen.[439] Por una vez, y sin que ello siente precedente, aplauden al (para ellos) reaccionario Ortega y Gasset, que en su ensayo *España invertebrada* (1922) escribió: «Yo no entiendo cómo se puede llamar Reconquista a una cosa que dura ocho siglos». Algunos remontan el concepto a los regeneracionistas, que pretendían cerrar el sepulcro del Cid y perder la llave.

«No existía entonces la noción de España como unidad política, y menos como noción de patria», remacha Javier Peña, catedrático de Historia Medieval en Burgos.[440]

Casi nos convencen, pero luego los partidarios del término *Reconquista* señalan la venerable antigüedad de la idea de la recuperación del reino godo, latente en el documento con que Alfon-

---

do. «Una deidad cetónica femenina asociada a la fertilidad [...] en la que los nativos hacían rituales de fecundidad. Algún venerable clérigo debió santificar la cueva [...] y persuadió a los lugareños de que aquella doncella en realidad se trataba de la madre de Cristo» (Yeyo Balbás, 2022, p. 506).

438. Estudian la cuestión García Fritz, 2009, p. 170 y nota 63, y *Crítica,* 2018; Ríos Saloma, 2011, y Carlos de Ayala, 2017.

439. En realidad, aparece por vez primera en 1796, aunque luego se populariza a lo largo del siglo XIX.

440. *Diario de Burgos,* 2 de noviembre de 2013.

so II dota a la iglesia de San Salvador de Oviedo (812) y explícita en la *Crónica de Alfonso III* (c. 887), en la que leemos: «Los cristianos afrontan batalla con los moros día y noche hasta que Dios quiera que sean expulsados de aquí».[441]

Fernando I de León esgrime la idea de la Reconquista en 1045 ante los embajadores del rey moro de Toledo: «Solamente pedimos nuestro país, que nos arrebatasteis antiguamente [...]; ahora os hemos vencido [...]. ¡Emigrad, pues, a vuestra orilla [allende el Estrecho] y dejadnos nuestro país!».[442]

En las memorias del moro Abdalá, soberano de la taifa zirí de Granada, destronado por los almorávides en 1090, encontramos la misma idea en palabras del mozárabe Sisnando Davídiz, embajador de Alfonso VI de Castilla y León: «Al-Ándalus era en principio de los cristianos, hasta que los árabes los vencieron y los arrinconaron en Yilliqiya (Galicia), la región menos favorecida por la naturaleza. Por eso, ahora que pueden, desean recobrar lo que les fue arrebatado, cosa que no lograrán sino debilitándolos y con el transcurso del tiempo, pues, cuando no tengáis dinero ni soldados, nos apoderaremos del país sin ningún esfuerzo».[443]

«Vosotros, moros y moabitas, sustrajisteis fraudulentamente a nuestros reyes el reino de la Lusitania —reprocha el arzobispo de Braga a los moros lisboetas en 1147—. Desde entonces hasta ahora, se han hecho, y cada día se hacen, innumerables devastaciones de ciudades, villas e iglesias... Injustamente retenéis, desde hace más de 358 años, nuestras ciudades y tierras, que antes de vosotros habitábamos los cristianos.»[444]

441. *Crónica albeldense,* 881. «El tópico de la lamentación por la pérdida de España inspirará la posterior historiografía y literatura hispano-cristiana; con ella, la visión providencialista será muy distinta y creerá no solo en la esperanza de redención espiritual, sino también político-militar de la península: la Reconquista» (Serrano del Pozo, 2014, p. 44).

442. Ibn 'Idari, citado en Maíllo Salgado, 1993, p. 233.

443. 'Abd Allah, 1980, p. 158.

444. «De expugnatione Olisiponis A. D. MCXLVII», en *Portugaliae Monumenta Historica, Scriptores,* vol. I, Lisboa,1856, p. 398; citado por García Fitz, 2009, p. 171, y nota 65.

En vísperas de la batalla de las Navas de Tolosa (1212), Alfonso VIII de Castilla *apartose otro día con los de Aragón et portogaleses et gallegos et asturianos esos que i vinieron, et dixoles así el rey don Alffonso. Amigos todos nos somos españoles et entráronnos los moros la tierra por fuerça.*[445]

Por todas partes encontramos el mismo argumento y la misma memoria, en palabras de Alfonso XI: *Et con grand placer por las conquistas que Dios tovo por bien que ficiese en la su tierra que los moros sus enemigos le tenían tomada luengos tiempos avía.*[446]

Don Juan Manuel, nieto de Fernando III y fecundo escritor, afirma que *hay guerra entre los cristianos et los moros, et la habrá hasta que hayan recobrado los cristianos las tierras que los moros les tienen por la fuerza; ca, por lo que se refiere a la ley ni a la religión que ellos tienen, non habría guerra entre ellos.*[447]

El recuerdo del despojo y de la reivindicación reconquistadora recorre toda la dilatada Edad Media sin desmayo ni olvido. Ya a las puertas de su remate, con la conquista del reino de Granada, el caudillo de la frontera Alonso Fajardo maldice al rey Enrique IV, con el que está enemistado, con estas palabras: *La destruición del rey don Rodrigo venga sobre vos y vuestros reinos y vos la veáis y no la podáis remediar como él hizo.*[448]

Y los Reyes Católicos, ante las protestas del sultán de Egipto, le aclaran que *las Españas en los tiempos antiguos fueron poseídas por los reyes sus progenitores; e que si los moros poseían ahora en España aquella tierra del reino de Granada, aquella posesión era tiranía, e non jurídica. E por excusar esta tiranía, los reyes sus progenitores de Castilla y de León siempre pugnaron por lo restituir a su señorío, según antes lo había sido.*[449]

La idea de *reconquista* estuvo tan viva en la Edad Media que incluso arraigó en algunos autores musulmanes que abogaban por la revitalización del islam andalusí para recuperar el terreno

445. *Primera crónica general* (Menéndez Pidal, 1977, t. II, p. 693).
446. *Crónicas de los reyes de Castilla,* 1875, 1, p. 335.
447. Don Juan Manuel, 1991.
448. Torres Fontes, 2001, p. 230.
449. Hernando del Pulgar, 1740, cap. CXII.

ganado por los cristianos. En el prólogo de su historia, Al-Marrakushi hace votos porque «Alá devuelva al-Ándalus a los musulmanes». El mismo autor, cuando elogia a Ibn Tasufin menciona su propósito de «devolver aquella tierra a los musulmanes».

Idéntico espíritu preside la anónima relación *Fath al-Andalus,* en la que la batalla de Zalaca se considera el comienzo de la vuelta de la península al seno del islam. Otra obra del mismo periodo compara a Abd al-Mumin con Tariq y Muza, los conquistadores de 711 y, finalmente, el llamado testamento de Al-Mansur anima a los creyentes a hacer de nuevo que la península sea «morada del islam».[450]

El historiador González Jiménez lo resume: «La idea de Reconquista, a despecho de modernas teorías y hasta del descrédito que en determinados círculos académicos e intelectuales haya podido tener o tenga, sigue en pie. Despojada de las retóricas e inevitables adherencias de una historiografía de corte romántico-tradicionalista, ha sido reforzada por las investigaciones de los más reputados historiadores de este siglo». Y en otro texto: «Lo que enfrentaba a moros y cristianos era la ideología de la Reconquista, incompatible por sí misma con la existencia de un poder islámico en la península».[451] Por su parte, Torres Fontes se refiere al «propósito y sentido que se mantuvo en los reinos cristianos de recuperación del territorio en poder de los musulmanes, ideal latente en todos ellos durante el Alto Medievo».[452]

Ladero Quesada es de la misma opinión: «Actualmente, muchos consideran espurio el término *Reconquista* para describir la realidad histórica de aquellos siglos, y prefieren hablar simplemente de conquista y sustitución de una sociedad y una cultura, la andalusí, por otra, la cristiano-occidental; pero aunque esto fue así, también lo es que el concepto de *Reconquista* nació en los siglos medievales y pertenece a su realidad, en cuanto que sirvió para justificar ideológicamente muchos aspectos de aquel proceso».[453]

450. Albarrán Iruela, 2021, p. 39.
451. González Jiménez, 2005, p. 151; 2010, p. 97.
452. Torres Fontes, 2004, p. 19.
453. Ladero Quesada, 1998, p. 334.

Bienvenida sea, pues, la palabra *Reconquista* para definir el esfuerzo de nuestros tatarabuelos para recobrar el terruño que los moros les habían arrebatado.

6. ¿Somos moros?

Digamos unas palabras sobre la supuesta sangre agarena que corre por las venas de los españoles, especialmente de los del sur. Esa peregrina idea inspiró al partido independentista andaluz, que considera a los andaluces el resultado de un cruce de moros y de cristianos *de la raza mora, vieja amiga del Sol / […] con el alma de nardo del árabe español,* cantado por Manuel Machado.

De la misma cuerda terne es Fernando Villalón, conde de Miraflores de los Ángeles, el ganadero y poeta que se arruinó en el empeño de crear una casta de toros bravos con los ojos azules y escribió una soleá que luego ha cantado Camarón:

¡Islas del Guadalquivir,
donde se fueron los moros
que no se quisieron ir!

La idea del andaluz moro regurgita de vez en cuando en los fanatizados conversos al islam y en autores mal informados o malintencionados como Ian Gibson, para el que las facciones de Santiago Abascal, líder de Vox, «denotan claramente que tiene sangre moruna en las venas, como tantos españoles».[454]

La venturosa realidad es que los andaluces tenemos de moros tanto como los asturianos, los santanderinos, los catalanes o los sorianos. Hemos visto a lo largo de este libro que durante la larga vecindad de los ocho siglos de España islámica muchos musulmanes tomaron esposas cristianas, lo que contribuyó a la diversidad racial de la población islámica, pero como la ley islámica prohíbe, bajo pena de muerte, el enlace de musulmana con cristiano, esta relación se produjo muy raramente en el bando con-

454. Gibson, 2021, p. 48.

trario. Dicho de otro modo: muchos moriscos expulsados por Felipe III podían ser mestizos de cristianos, pero la población española actual descendiente de los conquistadores no contiene sangre moruna.

Como escribió el sabio arabista Emilio García Gómez:

> La ósmosis sanguínea entre musulmanes y cristianos siempre fue dificilísima en uno de los dos sentidos. Antes de seguir diré que no hay que dejarse influir, y acaso inconscientemente se hace, por el ejemplo «judío», actualmente tan en boga, ya que los judíos eran —digamos— más «sutiles», se infiltraban por las mujeres y sentían otro tipo de solidaridad internacional. Nada de esto se daba con los árabes. Veamos lo esencial.
>
> Los árabes pueden casarse con cristianas, dejándolas incluso practicar su fe (lo cual sucedió en el harén del profeta y ocurre en nuestros días), pero ninguna musulmana puede casarse con un cristiano, por ser delito religioso y social penado con la muerte. Hasta en una república laica con cincuenta años de vida, como la turca, una cosa así es rarísima y siempre abominada [...]. Habría, claro está, uniones por esclavitud o violencia, pero siempre excepcionales y limitadísimas. Por este lado, la masa musulmana era una muralla ciclópea.
>
> Además, y es lo importante, esa masa se volatilizó (en lo que sigue me limito a Andalucía, que es de lo que se trata). Tras la venida de los africanos, y por iniciativa de estos, se rompió la convivencia confesional. Los almohades desterraron al África a los últimos mozárabes. Y los reyes de Castilla y León, desde la batalla de las Navas (1212), decidieron quitarse de delante a todos los moros y no dejar ninguno detrás. Su hoz segaba implacable, dejando apenas nada a los espigadores. Los moros se iban a la ciudad más cercana (de la cual iba a echarlos el rey siguiente), o se pasaban a Bercería, o contribuían a la superpoblación de Granada, donde fundaban nuevos barrios (Albaicín, Antequeruela).[455] Las ciudades

455. Un lamento de un anciano árabe recogido tanto por la *Crónica de Fernando IV* como por la del árabe Ibn al-Jatib ilustra lo que venimos diciendo. A raíz de la conquista de Gibraltar (1309) el moro que se ve forzado a partir para África se queja: «Señor, ¿qué tienes contra mí que me expulsas? Tu bisabuelo el rey Fernando me echó de Sevilla cuando la con-

conquistadas se repoblaban con hombres del norte. Ahí están, casi todos publicados, los repartimientos, desde los grandes de Córdoba y Sevilla (luego, Málaga), hasta los mínimos, como el de Comares. Las «morerías» rezagadas eran insignificantes. Un documento publicado por Romero de Lecea dice que en 1495 quedaban en Córdoba cuarenta y cinco vecinos moros, pronto treinta y luego nada. De la ridícula exigüidad de la «morería» de Sevilla nos ha hablado Collantes de Terán. Sobre lo que pasó en Granada no hace falta insistir, y también disponemos, bien publicados (C. Villanueva), de los *Libros de habices*. ¿En las montañas? Después de la gran rebelión de los moriscos, Gómez-Moreno dice que «no quedó uno solo de los 48.000 que vivían en la Alpujarra», sustituidos con gentes «de todas las comarcas españolas, extremeñas en gran parte, y con gallegos en las cumbres de más duro clima, al pie de Sierra Nevada». No juzgo: narro.

Y luego vinieron los gitanos; y las flotas de América; y los *desperados,* que dicen los ingleses, especie de *hippies* de la época, como aquel Carriazo de *La ilustre fregona,* doctorado en las almadrabas de Zahara; y los taberneros cántabros que abrían en Cádiz sus «tiendecillas de montañés», y los románticos franceses...

Toda mi vida he exaltado las glorias de la civilización arabigoandaluza. Antes, con otras personas, lo hicieron, mejor y en materias más importantes, los maestros de mi escuela científica, que murieron con los brazos llenos de cicatrices polémicas (yo todavía las luzco). Pero el famoso péndulo español se ha pasado a la otra banda. Ahora hay quienes añoran no estar bajo un Estado musulmán y quienes se han convertido o están en medio convertidos al islamismo. Respeto tales ideas, aunque no las comparta. Ahora bien: una cosa son las ideas y otra la historia. Si alguien además sostiene tener sangre árabe, y no es por pura fantasía romántica, tiene que probarlo, y por dificililllo lo tengo. Caso de pertenecer a

---

quistó y me fui a vivir a Jerez. Tu abuelo, el rey Alfonso, me expulsó de Jerez cuando la conquistó y me fui a vivir a Tarifa creyendo que allí estaría a salvo, pero el rey Sancho, tu padre, le expulsó de ella y me vine a vivir aquí, a Gibraltar, seguro de que en ninguna parte de la tierra de moros a este lado del mar estaría tan a salvo como aquí, y como he visto que no hay lugar de este lado donde pueda establecerme ahora, me marcho al otro lado del mar, donde pueda encontrar un lugar donde pueda esperar tranquilo el fin de mis días» (*Crónica de Fernando IV,* cap. 17).

esas familias conocidas que antes llamaban nobles, es posible que, al revolver viejos papeles, pergaminos o repartimientos, encuentre que no procede de las ilustres tribus de Tamim o de Zais, sino que sus antepasados bajaron a la maravillosa Andalucía de Cintruénigo, de Mondoñedo, de las Encartaciones, de Almendralejo o de Frómista.[456]

Las morerías o barrios moros que quedaron atrás fueron insignificantes, apenas un par de docenas de vecinos. Finalmente, tras la sublevación de 1264, Alfonso X el Sabio expulsó a los moros que habían quedado en tierra cristiana y la repobló con colonos cristianos traídos del norte, gallegos, castellanos, vascos…

¿Qué se hizo de estos moros? Algunos se acogieron al superpoblado reino nazarí de Granada; otros pasaron al Magreb. El historiador González Jiménez ha calculado que, a finales del siglo XV, solo quedaban en toda Andalucía unas trescientas veinte familias mudéjares.

Recapitulando: no hay motivo para pensar que los andaluces sean una población mestiza. Es cierto que, como buena parte del resto de los españoles, aquella tierra tiene un pasado islámico que merece estudio y reconocimiento. Es razonable también que conserven con orgullo los monumentos que testimonian ese pasado (Giralda de Sevilla, mezquita de Córdoba, Alhambra de Granada, Aljafería de Zaragoza, etcétera), pero sus ancestros no son moros, sino cristianos del norte (castellanos, vascos, gallegos, aragoneses y catalanes), que transmitieron la cultura cristiana occidental, aunque en el transcurso del tiempo la hayan enriquecido con pintoresquismos locales y faralaes a veces imaginados por visitantes extranjeros que buscaban Oriente en España y de este modo acortaban y abarataban el viaje a tierras exóticas. Mejor así, porque de haber predominado entre nosotros la cultura y la religión islámicas, la defensora de tan peregrinas ideas, la maurófila diputada Teresa Rodríguez-Rubio Vázquez (todos apellidos cristianonorteños) gozaría de muchas menos libertades y hasta es posible que debido a su condición de mujer le prohibie-

456. García Gómez, 1982.

ran mitinear, y no digamos tomar el sol en cueros y a sus anchas en nuestras cristianísimas playas.

Abordando el mismo asunto por el lado científico, un reciente análisis de los marcadores genéticos del cromosoma Y, de transmisión patrilineal, en individuos de las provincias de Granada, Málaga y Almería (en las que los moros permanecieron los ocho siglos completos de la Reconquista) demuestra que el componente de ADN del norte de África es muy bajo y similar al que existe en otros lugares de España y de otros países del Mediterráneo. «La expulsión de los pueblos del norte de África y la repoblación de la zona con habitantes del resto de la península fue tan efectiva que es difícil identificar algún trazo del legado genético dejado por los antiguos pobladores», explica la autora principal del trabajo, María Saiz Guinaldo, del Laboratorio de Identificación Genética de la Universidad de Granada.[457]

7. ¿Una reconquista islámica?

Hoy, los avances de la cristiandad europea en materia de derechos humanos y solidaridad (unidos a la necesidad de mano de obra extranjera) determinan que las fronteras se abran generosamente a la emigración musulmana. Con ello se cumple la famosa predicción atribuida al presidente de Argelia, Huari Bumedian:

> Un día, millones de hombres abandonarán el hemisferio sur para irrumpir en el hemisferio norte. Y lo conquistarán poblándolo con sus hijos. Será el vientre de nuestras mujeres el que nos dé la victoria. Al igual que los bárbaros acabaron con el Imperio romano desde dentro, así los hijos del islam, utilizando el vientre de sus mujeres, colonizarán y someterán a toda Europa.[458]

457. María Saiz, María Jesús Álvarez-Cubero, José Antonio Lorente, Juan Carlos Álvarez y Luis Javier Martínez-González, 2019.

458. Es posible, aunque dudoso, que el político argelino hubiera leído en Gibbon el dilema al que se enfrentan los dirigentes de la sociedad occidental, todos ellos de talante progresista y conciliador: «Admitir o

En la misma línea de pensamiento se manifiesta el movimiento islámico Justicia y Caridad *(Al-Adl wal-Ihsane),* aspirante al «califato global», cuando recomienda a sus miembros: «Tened muchos hijos con españolas» como medio de reconquistar al-Ándalus para el islam.[459]

Los alarmistas sostienen que estas personas que escapan de una forma de vida que los condena a la miseria la traen consigo y pretenden imponérnosla en virtud del inquietante principio enunciado por el político e historiador Charles de Montalembert: «Cuando soy débil os reclamo la libertad en nombre de vuestros principios; cuando sea fuerte, os la negaré en nombre de los nuestros».[460]

---

rechazar a una innumerable multitud de bárbaros que, movidos por el hambre y la desesperación, solicitan un lugar donde establecerse en los territorios de una nación civilizada [...]. Es deber de un patriota preferir y promover el interés exclusivo y la gloria de su país natal, pero un filósofo puede permitirse tener puntos de vista más amplios y considerar Europa como una gran república cuyos diversos habitantes han conseguido niveles similares de educación y cultura. [...] Las naciones salvajes del globo constituyen el enemigo común de la sociedad civilizada. Podríamos preguntarnos, con inquieta curiosidad, si Europa sigue amenazada por la repetición de las calamidades que oprimieron a los ejércitos e instituciones de Roma» (Lainz, 2022).

459. Mucha, 2010. Según la Unión de Comunidades Islámicas de España (Ucide), en 2021 había en España 2.216.513 musulmanes, que representan un 4 por ciento de la población española. El 42 por ciento de estos musulmanes son españoles, y el 58 por ciento restante, inmigrante (38 por ciento marroquíes y 20 por ciento de otra nacionalidad). Se estima que en España existen unas 1.800 mezquitas u oratorios registrados y unos 238.000 niños musulmanes escolarizados (Ortega Dolz, 2021).

460. «El islam ha declarado la guerra santa a Occidente, que no sabe defenderse [...]. Los inmigrantes musulmanes no se han integrado jamás en ningún lado. Ahí tiene usted el ejemplo de la India. No se integran porque si uno obedece la voluntad de Dios no puede obedecer la voluntad del pueblo, ni respetar el principio de legitimidad de la democracia. Y el islam es un sistema teocrático cuyos miembros están obligados a cumplir la voluntad de Alá, tal y como la interpretan sus clérigos. Así era Europa en la Edad Media; sin embargo, la religión cristiana ha consegui-

La alarma por la islamización de Europa cunde entre los estratos sociales conservadores europeos, que se inquietan ante hechos como el permiso concedido el 6 de octubre de 2021 por el Gobierno local de Colonia, la de la famosa catedral gótica de afiladas agujas, para que la mezquita principal, de las treinta existentes en la ciudad, llame a sus fieles a la oración a través de altavoces.[461]

En el mismo orden o desorden de cosas hemos de anotar que las musulmanas españolas maestras de primaria pueden dar clase a nuestros jóvenes alumnos sin renunciar al hiyab o velo islámico, un símbolo religioso al parecer compatible en aulas donde el crucifijo se suprimió por incompatible con la libertad religiosa que debe presidir la nueva sociedad multicultural y desprejuiciada que estamos creando.

Se da la circunstancia de que en ningún país islámico se permite la edificación de iglesias ni signo exterior alguno que recuerde la existencia de otras religiones.

¿Avance multicultural o suicidio de la vieja Europa cegada por el buenismo de dirigentes incompetentes y nada previsores?

Algunas voces advierten de las funestas consecuencias de la tolerancia practicada con los intolerantes: «El multiculturalismo acrático, el antirracismo manipulado por la victimización de quienes en el fondo no defienden sino un neorracismo diferencialista, representa una gran trampa en la que las Administraciones caen para no ser acusadas de ultraderechismo [...], la debilidad de una derecha que no quiere ser acusada de racista y la complacencia de una izquierda que busca encontrar nueva savia

---

do aceptar la laicidad, pero el islam no. [...] No acepto la idea de que si cogemos a un musulmán y lo declaramos español vaya a convertirse en un buen ciudadano español. No se convierte en nada, sigue siendo lo que es. No recurramos a soluciones estúpidas y equivocadas. Debemos controlar y limitar la entrada de inmigrantes, porque de lo contrario nos arrollarán. ¿Qué hacer con los musulmanes que ya están en Europa? Obligarlos a acudir a la escuela laica nacional» (Sartori, 2007).

461. Especialmente en la mayor mezquita de Europa, inaugurada en septiembre de 2018 por el presidente turco Recep Tayyip Erdogan.

a su desorientación ideológica conforman un estado teórico de fragilidad extremadamente susceptible al chantaje moral y al descalabro político».[462]

En las páginas que preceden hemos notado que el cristianismo y el islam jamás convivieron, aunque coexistieron abusando el más fuerte del más débil, con alternancias, y en un estado de conflicto larvado o evidente. Desde la Reconquista, las dos comunidades han seguido una evolución muy distinta. La islámica ha conservado su idiosincrasia, la de «poner en manos de Dios los conflictos que no sabe resolver»,[463] mientras que la cristiana experimentó una revolución de pensamiento, la Ilustración, que le supuso un notable progreso social basado en la igualdad de los hombres ante la ley, la separación de los conceptos de *delito* (civil) y *pecado* (religioso) y, en fin, la aceptación de la democracia y la dignificación de la mujer.

La experiencia muestra que el emigrante musulmán no se integra en el marco de valores de la sociedad occidental debido al insuperable escollo de una religión incompatible con la Declaración de Derechos Humanos que hoy vertebra la civilización occidental.

En los países que gozan de una numerosa población musulmana —Bélgica, Francia, Inglaterra...—, esta tiende a concentrarse en sus propios barrios, al amparo (y vigilancia) de sus propios dirigentes —versión moderna de los malikíes descritos en este libro— e impone sus costumbres incluso cuando discrepan con la cultura igualitaria de la nación de acogida (caso del velo femenino). El ejemplo más extremo de esa resistencia a la integración lo suministran esos terroristas islámicos hijos de segunda y hasta de tercera generación que se han educado en la escuela laica del país de acogida y jamás han pisado un país musulmán.

La actitud de la sociedad cristiana es de suicida complacencia, lastrada quizá por cierta absurda mala conciencia por haber avasallado a los pueblos asiáticos y africanos durante los imperios británico, francés, holandés y belga.

462. Rodríguez Magda, 2006. p. 145.
463. Pérez Galdós, 1981, t. IV, p. 644.

«Y aquí seguimos tirando por la borda siglos de lucha. Admitiendo por la puerta de atrás lo que echamos a patadas por la puerta principal, con sangre, inteligencia y sacrificio. Suicidándonos como idiotas.»[464]

Esa es la penosa lección de la historia. Por decirlo crudamente, «el enfrentamiento que estamos presenciando en el mundo no es un enfrentamiento entre dos religiones ni entre dos civilizaciones [...]. Es un enfrentamiento entre una mentalidad que pertenece a la Edad Media y otra mentalidad que pertenece al siglo XXI. Es un enfrentamiento entre el progreso y el atraso, entre lo civilizado y lo primitivo, entre la barbarie y lo racional. Es un enfrentamiento entre la libertad y la opresión, entre la democracia y la dictadura. Es un enfrentamiento entre derechos humanos por una parte y la violación de esos derechos por la otra. Es un enfrentamiento entre aquellos que tratan a las mujeres como animales y aquellos que las tratan como seres humanos».[465]

Los islamistas radicales están convencidos de que algún día Europa será musulmana. Suelen mencionar un proverbio árabe: «Vosotros tenéis el reloj, nosotros el tiempo».

Dicho sea sin acritud.

464. Pérez-Reverte, 2017, p. 8.

465. Declaraciones de Wafa Sultán, psicóloga y periodista siria nacionalizada estadounidense a la cadena de noticias árabe Al Jazeera el 21 de febrero de 2006.

Y aquí [illegible]
bando por [illegible]
[illegible]
[illegible]idio.

[illegible]

[illegible]

[illegible]

Anexo. Gobernantes medievales de la península ibérica

	GOBERNANTES MUSULMANES EN LA PENÍNSULA	GOBERNANTES CRISTIANOS EN LA PENÍNSULA (según Anwar G. Chejne en *La España musulmana*)
	Emires andalusíes dependientes del norte de África	
700	Abd al-Aziz ben Musa (714-716)	
	Ayub Habib al-Lajmi (716)	**Asturias**
	Al-Hurr (716-719)	Pelayo (718-737)
	Al-Samh ben Malik (719-721)	
	Abderramán al-Gafiqi (emir interino, 721)	

	GOBERNANTES MUSULMANES EN LA PENÍNSULA	GOBERNANTES CRISTIANOS EN LA PENÍNSULA (según Anwar G. Chejne en *La España musulmana*)
725	Ambasa ben Suhaym al-Qalbí (721-726)	
	Udhra ben Abd Allah, (emir interino, 726)	
	Yahya ben Salama al-Qalbí (726)	
	Hudhaifa ben al-Ahwas (726-728)	
	Utmán ben Abi Nisa (728-729)	
	Al-Haytham ben Ubayd (729-730)	
	Mohamed ben Abd Allah (730)	

GOBERNANTES MUSULMANES EN LA PENÍNSULA	GOBERNANTES CRISTIANOS EN LA PENÍNSULA (según Anwar G. Chejne en *La España musulmana*)
Abderramán al-Gafiqi (segundo mandato, 730-732)	
Abd al-Malik ben Qatan (732-734)	
Uqba ben al-Hachchach (734-741)	Alfonso I (739-757)
Abd al-Malik ben Qatan (segundo mandato, 741)	
Balch ben Bishr al-Qushayri (741)	
Tha'laba ben Salama (742-743)	

	GOBERNANTES MUSULMANES EN LA PENÍNSULA	GOBERNANTES CRISTIANOS EN LA PENÍNSULA (según Anwar G. Chejne en *La España musulmana*)	
	Abul Jatar al-Hussam (743-745)		
	Thuwaba ben Salama (745-746)		
750	Yusuf ben Abderramán (746-755)		
	Emires independientes de al-Ándalus		
775	Abderramán I ben Muawiya al-Dajil (756-788)		
	Hisham I (788-796)	Alfonso II, el Casto (791-842)	
800	Alhakén I (796-822)		**Navarra**

	GOBERNANTES MUSULMANES EN LA PENÍNSULA	**GOBERNANTES CRISTIANOS EN LA PENÍNSULA (según Anwar G. Chejne en *La España musulmana*)**	
		Ramiro I (842-850)	Íñigo Arista (840-c. 852)
850	Abderramán II (822-852)	Ordoño I (850-866)	García Íñiguez (c. 1852-882)
875	Mohamed I (852-886)	Alfonso III (866-910)	
	Al-Mundir (886-888)	**León**	Fortún Garcés (882-905)
900	Abdalá (888-912)	García I (910-914)	Sancho Garcés I (905-925)
	Califas de al-Ándalus		
	Abderramán III (912-961)	Ordoño II (914-924)	
		Fruela II (924-925)	

	GOBERNANTES MUSULMANES EN LA PENÍNSULA	GOBERNANTES CRISTIANOS EN LA PENÍNSULA (según Anwar G. Chejne en *La España musulmana*)		
925		Alfonso Froilaz (925-926)		García Sánchez (925-970)
		Alfonso IV (926-931)	**Condado de Castilla**	
		Ramiro II (931-951)	Fernán González (931-944)	
			Ansur Fernández (944-945)	
950		Ordoño III (951-956)		
		Sancho I (956-958 y 960-966)		
		Ordoño IV (958-960)		

	GOBERNANTES MUSULMANES EN LA PENÍNSULA	**GOBERNANTES CRISTIANOS EN LA PENÍNSULA (según Anwar G. Chejne en *La España musulmana*)**		
	Alhakén II (961-976)	Sancho I (967-984)		
		Ramiro III (967-984)	García Fernández (970-995)	Sancho Garcés II (970-994)
975	Hisham II (976-1009)	Bermudo II (984-999)		
		Alfonso V (999-1027)	Sancho García (995-1017)	García Sánchez II (994-1000)
1000	Mohamed II (1009)			Sancho Garcés III (1004-1035)
	Soleimán (1009)			
	Mohamed II (segundo mandato, 1010)			

GOBERNANTES MUSULMANES EN LA PENÍNSULA	**GOBERNANTES CRISTIANOS EN LA PENÍNSULA (según Anwar G. Chejne en *La España musulmana*)**
Hisham II (segundo mandato, 1010-1013)	
Soleimán (segundo mandato, 1013-1016)	
Alí ben Hammud al-Nasir (1016-1018)	
Abderramán IV (1018)	
Al-Qasim al-Mamún (1018-1021)	
Yahya I ben All (1021-1023)	
Al-Qasim al-Mamún (segundo mandato, 1023)	

	GOBERNANTES MUSULMANES EN LA PENÍNSULA		GOBERNANTES CRISTIANOS EN LA PENÍNSULA (según Anwar G. Chejne en *La España musulmana*)		
	Abderramán V (1023-1024)				
	Mohamed III (1024-1025)				
1025	Yahya I ben Alí (segundo mandato, 1025-1027)				
	Hisham III (fin del califato, 1027-1031)		Bermudo III (1027-1037)		
	Emires almorávides	**Miramamolines o califas almohades**			**Aragón**
			Castilla y León	García Sánchez III (1035-1054)	Ramiro I (1035-1063)
			Fernando I (1037-1065)		
1050	Yahya II ibn Umar (1045-1056)			Sancho IV (1054-1076)	

	GOBERNANTES MUSULMANES EN LA PENÍNSULA		**GOBERNANTES CRISTIANOS EN LA PENÍNSULA (según Anwar G. Chejne en *La España musulmana*)**	
	Abu Bakr ibn Umar (1056-1069)			
	Yusuf ibn Tasufin (1069-1106)		Sancho II (rey de Castilla, 1065-1072; rey de León, 1972)	Sancho Ramírez (1063-1076)
1075			Alfonso VI (rey de León, 1965-1072; rey de Castilla y León, 1072-1109)	Sancho Ramírez (1076-1094)
				Pedro I (1094-1104)
1100	Alí ibn Yusuf (1106-1143)		Doña Urraca (1109-1126)	Alfonso I el Batallador (1104-1134)
1125		Muerte de Mohamed ibn Tumart (1130)	Alfonso VII (1126-1157)	

Portugal

	GOBERNANTES MUSULMANES EN LA PENÍNSULA		GOBERNANTES CRISTIANOS EN LA PENÍNSULA (según Anwar G. Chejne en *La España musulmana*)				
		Abd al-Mumin (1133-1163)			García Ramírez (1134-1150)	Ramiro II (1134-1137)	Alfonso Enríquez (1138-1185)
	Tafsún ben Alí (1143-1147)		**León**	**Castilla**			
1150	Ishak ben Tafsún (1147)		Fernando II (1157-1188)	Sancho III (1157-1158)	Sancho VI el Sabio (1150-1194)	Petronila I (1157-1164)	
				Alfonso VIII (1158-1214)		Alfonso II (1164-1196)	
1175		Abu Yaqub Yusuf (1163-1184)					
		Al-Mansur (1184-1199)	Alfonso IX (1188-1230)				Sancho I (1185-1211)
1200		Al-Nasir (1199-1213)			Sancho VII el Fuerte (1194-1234)	Pedro II (1196-1213)	

	GOBERNANTES MUSULMANES EN LA PENÍNSULA	GOBERNANTES CRISTIANOS EN LA PENÍNSULA (según Anwar G. Chejne en *La España musulmana*)		
	Al-Mustansir (1213-1224)		Jaime I el Conquistador (1213-1276)	Alfonso II (1211-1223)
		Enrique I (1214-1217)		
		Doña Berenguela (1217)		
		Castilla y León		
		Fernando III (rey de Castilla, 1217-1252; rey de León, 1230-1252)		
	Abd ul-Wáhid al-Majlu (1224)			Sancho II (1223-1248)
1225	Abu Mohamed al-Ádil (1224-1227)			
	Yahya al-Mutasim (1227-1229)			

	GOBERNANTES MUSULMANES EN LA PENÍNSULA		GOBERNANTES CRISTIANOS EN LA PENÍNSULA (según Anwar G. Chejne en *La España musulmana*)		
	Idris al-Mamún (1229-1232)				
	Abd ul-Wáhid II (1232-1241)	**Reyes nazaríes de Granada**		Teobaldo I (1234-1253)	
	Al-Mutamid (1242-1248)	Mohammed ben Yusuf ben Nasr Alhamar (1238-1273)			
	Al-Murtada (1248-1266)				Alfonso III (1248-1279)
1250			Alfonso X el Sabio (1252-1284)	Teobaldo II (1253-1270)	
	Abu-l-Ula Idris (1266-1269)				
		Mohamed II (1273-1302)		Enrique I (1270-1274)	

	GOBERNANTES MUSULMANES EN LA PENÍNSULA	GOBERNANTES CRISTIANOS EN LA PENÍNSULA (según Anwar G. Chejne en *La España musulmana*)			
1275			Juana I (1274-1305)	Pedro III (1276-1285)	Dionisio I (1279-1325)
		Sancho IV (1284-1295)		Alfonso III (1285-1291)	
		Fernando IV (1295-1312)		Jaime II (1291-1327)	
1300	Mohamed III (1302-1309)		Luis I (1305-1316)		
	Al-Nasr (1309-1314)	Alfonso XI (1312-1350)	Juan I (1316)		
	Ismail I (1314-1325)		Felipe II (1316-1322)		
1325	Mohamed IV (1325-1333)		Carlos I (1322-1328)	Alfonso IV (1327-1336)	Alfonso IV (1325-1357)
	Yusuf I (1333-1354)		Juana II (1328-1349)	Pedro IV (1336-1387)	

	GOBERNANTES MUSULMANES EN LA PENÍNSULA	**GOBERNANTES CRISTIANOS EN LA PENÍNSULA (según Anwar G. Chejne en *La España musulmana*)**			
1350	Mohamed V (1354-1359)	Pedro I (1350-1369)			
	Ismail II (1359-1360)		Carlos II (1349-1387)		Pedro I (1357-1367)
	Mohamed VI (1360-1362)				
	Mohamed V (segundo mandato, 1362-1391)	Enrique II (1369-1379)			Fernando I (1367-1383)
1375		Juan I (1379-1390)			
	Yusuf II (1391-1392)	Enrique III (1390-1406)	Carlos III (1387-1425)	Juan I (1387-1396)	Juan I (1385-1433)
	Mohamed VII (1392-1408)			Martín I (1396-1410)	

	GOBERNANTES MUSULMANES EN LA PENÍNSULA	GOBERNANTES CRISTIANOS EN LA PENÍNSULA (según Anwar G. Chejne en *La España musulmana*)		
1400	Yusuf III (1408-1417)	Juan II (1406-1454)		
				Fernando I de Antequera (1412-1416)
	Mohamed VIII (1417-1419)		Blanca I (1425-1441)	Alfonso V (1416-1458)
	Mohamed IX (1419-1427)			
1425	Mohamed VIII (segundo mandato, 1427-1429)			
	Mohamed IX (segundo mandato, 1429-1431)			
	Yusuf IV (1431-1432)			

	GOBERNANTES MUSULMANES EN LA PENÍNSULA	GOBERNANTES CRISTIANOS EN LA PENÍNSULA (según Anwar G. Chejne en *La España musulmana*)		
	Mohamed IX (tercer mandato, 1432-1445)			Eduardo I (1433-1438)
	Yusuf V (1445)			Alfonso V (1438-1481)
	Mohamed X (1446-1447)			
	Mohamed IX (cuarto mandato, 1447-1454)			
1450	Abu Nasr Saad (1454-1462)	Enrique IV (1454-1474)	Juan II (rey de Navarra,1441-1479; rey de Aragón, 1458-1479)	Juan II (1455-1495)
	Yusuf V (segundo mandato, 1462)		Leonor I (1479)	

	GOBERNANTES MUSULMANES EN LA PENÍNSULA	GOBERNANTES CRISTIANOS EN LA PENÍNSULA (según Anwar G. Chejne en *La España musulmana*)	
	Abu Nasr Saad (segundo mandato, 1462-1464)		Francisco I (1479-1483)
	Abu-l-Hasan [Muley Hacén] (1464-1482)		Juan III (1483-1512)
1475		Isabel (1474-1504)	Fernando II el Católico (rey de Aragón, 1479-1516; rey de Navarra, 1512-1516)
	Mohamed XI (1482-1483)		
	Abu-l-Hasan [Muley Hacén] (segundo mandato, 1483-1485)		

	GOBERNANTES MUSULMANES EN LA PENÍNSULA	GOBERNANTES CRISTIANOS EN LA PENÍNSULA (según Anwar G. Chejne en *La España musulmana*)	
	Mohamed XII (1485-1486)		
	Boabdil (segundo mandato, 1486-1492)		Manuel I (1495-1521)
1500		Carlos I (1516-1555)	—
1550		Felipe II (1555-1598)	
1600		Felipe III (1598-1621)	

Bibliografía

ABD ALLAH IBN BULUGGIN, *El siglo XI en primera persona: las memorias de Abd Allah, último rey zirí de Granada, destronado por los almorávides (1090)*, Alianza, Madrid, 1980.

AL MAKKI, Makki, «Ensayo sobre las aportaciones orientales en la España musulmana», *Revista del Instituto Egipcio de Estudios Islámicos,* n.os 9-10, 1961, pp. 65-231.

ALBARRÁN IRUELA, Javier, «Dos crónicas mozárabes, fuentes para el estudio de la conquista de al-Ándalus», *Revista Historia Autónoma,* n.º 2, marzo 2013, Universidad Autónoma de Madrid (texto en internet: <https://revistas.uam.es/historia-autonoma/article/view/435/424>).

— «La voz de enfrente: cartas, interacción entre comunidades y discursos de legitimación. El caso de Alfonso VI, al-Muʿtamid y Yūsuf b. Tāšīn», *El Humanista,* n.º 41, Madrid, 2019, pp. 40-61.

— «Cuando al-Ándalus se unió al Magreb», *Muy Historia,* n.º 143, 2021, pp. 34-41.

ALCÁNTARA SUÁREZ Y MUÑANO, Pedro de, *Vida del venerable D. Fray Hernando de Talavera: primer Arzobispo de Granada* [S. l.], [s. n.], 1866.

ALCOBERRO I PERICAI, Agustí, «Mites i llegendes», *Quaderns d'Història,* n.º 9, 2003, pp. 135-148.

— *Apologeticum Aduersus Elipandum y Heterii et Sancti Beati ad Elipandum,* epístola, Estudio crítico, Fundación Ignacio Larramendi (texto en internet: <https://www.researchgate.net/

publication/332687277_beato_de_liebana_estudio_critico>).

Alfonso X el Sabio, *Las Siete Partidas.*

Alvira, Martí, «Presencia política y participación militar de las mujeres en la cruzada albigense», en Alegre Lorenz, David y Miguel Alonso Ibarra (coords.), *Masculinidades y feminidades en conflicto en el ámbito bélico-militar,* Universidad Complutense de Madrid, primavera de 2019, pp. 27-66 (texto en internet: <https://ifc.dpz.es/recursos/publicaciones/37/81/02alvira.pdf>).

Anónimo, *Crónica mozárabe de 754,* Anubar, Zaragoza, 1991.

Anónimo, *El jardín de las caricias,* Buenos Aires, Guillermo Kraft, 1952.

Anónimo, *Los siete infantes de Lara y Romancero del Cid,* Ciudad de FCE, México, 2017.

Anónimo, *Poema de Fernán González,* en Menéndez Pidal, Ramón, *Reliquias de la poesía épica española,* M. Rivadeneyra, Madrid, 1951, pp. 34-153 (texto en internet: <http://www.cervantesvirtual.com/obra-visor/poema-de-fernan-gonzalez--0/html/fedb5e98-82b1-11df-acc7-002185ce6064_2>).

Ayala, Carlos de, «La Reconquista, ¿ficción o realidad historiográfica?», en Gordo Molina, A., y Melo Carrasco, D. (coords.), *La Edad Media peninsular: aproximaciones y problemas,* Trea, Gijón, 2017, pp. 127-142.

Aznar Embiz y Cardona, Pedro, *Expulsión justificada de los moriscos españoles y suma de las excelencias cristianas de nuestro Rey don Felipe III el Católico,* Huesca, Pedro Cabarte, 1612.

Balbás, Yeyo, *Espada, hambre y cautiverio: la conquista islámica de Spania,* Desperta Ferro, Madrid, 2022.

Barrantes Maldonado, Pedro, *Ilustraciones de la casa de Niebla,* Universidad de Cádiz, Cádiz, 1998.

Bendito Saura, Mariano, «La manipulación política del lemosín, hoy le dicen catalán», *Verdades Ofenden,* diciembre de 2012 (texto en internet: <https://laverdadofende.blog/2012/12/29/la-manipulacion-politica-del-lemosi-hoy-catalan/>).

Bernáldez, Andrés, *Historia de los Reyes Católicos, don Fernando y doña Isabel,* Aguilar, Madrid, 1946.

Bofarull, Antonio de (ed.), *Crónica catalana de Ramon de Muntaner: texto original y traducción castellana, acompañada de numerosas notas,* Mario Jepús, Barcelona, 1860.

Boloix, Bárbara, «Mujeres y poder tras la celosía: las sultanas de la Alhambra», *Andalucía en la Historia,* n.º 44, 2014, pp. 46-51.

Bramon, Dolors, «Los árabes sí que invadieron España. Las estructuras sociales de la España musulmana», en Guichard, P. (ed.), *Estudios sobre historia medieval,* Edicions Alfons el Magnànim, Valencia, 1987, pp. 27-71.

Branchadell, Albert, *L'aventura del català: de les Homilies d'Organyà al nou Estatut,* Esfera dels Llibres, Barcelona, 2006.

Canal Sánchez-Pagín, José María, «Jimena Muñoz, amiga de Alfonso VI», *Anuario de Estudios Medievales,* vol. 21, 1991, pp. 11-40.

Cantarella, Eva, «Identità, genere e sessualità nel mondo antico», en A. Maffi e L. Gagliardi (eds.), *Diritto società in Grecia e Roma,* Milán, Giuffré, 2011, p. 951.

Carriazo Arroquia, Juan de Mata, «Cartas de la frontera de Granada», *Al-Andalus: Revista de las Escuelas de Estudios Árabes de Madrid y Granada,* vol. 11, n.º 1, 1946, pp. 69-130.

— «Los moros de Granada en las actas del Concejo de Jaén de 1479», *Miscelánea de Estudios Árabes y Hebraicos,* vol. 4, 1955, pp. 81-125.

— «Relaciones fronterizas entre Jaén y Granada en el año 1479», *Revista de Archivos, Bibliotecas y Museos,* vol. 61-1, Madrid, 1955, pp. 23-51.

— (ed.), *Crónica del condestable Miguel Lucas de Iranzo,* Espasa Calpe, Madrid, 1940.

— (ed.), *Crónica de Juan II de Castilla,* Real Academia de la Historia, Madrid, 1982.

— *En la frontera de Granada,* Universidad de Granada, 2002.

Chamocho Cantudo, Miguel Ángel, *Los fueros de los reinos de Andalucía: de Fernando III a los Reyes Católicos,* Agencia Estatal, *Boletín Oficial del Estado,* Madrid, 2017.

Charlo Brea, Luis, *Crónica latina de los reyes de Castilla*, Universidad de Cádiz, Cádiz, 1984.

Chejne, Anwar G., *La España musulmana,* Cátedra, Madrid, 1980.

Coll i Alentorn (ed.), *Crònica de Jaume I,* Barcino, Barcelona, 1949.

Corral Lafuente, José Luis, *Historia contada de Aragón,* Librería General, Zaragoza, 2000.

— *¿Qué fue de la Corona de Aragón?,* Prensa Diaria Aragonesa, Zaragoza, 2010.

— *La Corona de Aragón: manipulación, mito e historia,* Doce Robles, Zaragoza, 2014.

Davis, Robert C., *Christian Slaves, Muslim Masters: White Slavery in the Mediterranean, the Barbary Coast and Italy, 1500-1800,* Palgrave Macmillan, Nueva York, 2003.

Desclot, Bernat, *Historia de Cataluña compuesta por Bernat Besclot, cabalero catalán,* Sebastian de Cormellas al Call, Barcelona, 1616.

Díez de Games, Gutierre, *El victorial: crónica de don Pero Niño,* Espasa Calpe, Madrid, 1940.

Domínguez Ortiz, Antonio, *El Antiguo Régimen: los Reyes Católicos y los Austrias,* Alianza, Madrid, 1973.

— *España, tres milenios de historia,* Marcial Pons, Madrid, 2021.

Don Juan Manuel, *El libro de los estados,* Castalia, Madrid, 1991.

— *Libro del caballero y del escudero,* Linkgua Digital, Barcelona, 2005.

Durán, Agustín (comp.), *Romancero general,* t. II, Imprenta de Rivadeneyra, Madrid, 1851.

Echevarría Arsuaga, Ana, *Almanzor: un califa en la sombra,* Sílex, Madrid, 2011.

El-Saleh, Sobhi, *La Vie future selon le Coran,* Librarie Philosophique J. Vrin, París, 1986.

Eslava Galán, Juan, «El castillo de Baños de la Encina», *Ideal,* Granada, 28 de septiembre de 1968.

— «El castillo de Cabra y su frontera», *Ideal,* Granada, 28 de noviembre de 1969.

Eslava Galán, Juan, «Tácticas en la batalla de las Navas de Tolosa», *Cuadernos de Estudios Medievales y Ciencias y Técnicas Historiográficas,* n.ºs 6-7, 1981, pp. 39-53 (texto en internet: <https://digibug.ugr.es › CEM-006-007-Artículo-002>).

— *Poliorcética y fortificación bajomedieval en el reino de Jaén,* Universidad de Granada, 1984.

— «Materiales y técnicas constructivas en la fortificación medieval», *Cuadernos de Estudios Medievales,* n.ºs 12-13, 1984, pp. 271-278.

— «El castillo de Linares», *Boletín del Instituto de Estudios Giennenses,* nº. 117, 1984, pp. 57-83.

— «La rebelión de Ibn Hafsun», *Historia y Vida,* n.º 207, 1985, pp. 66-77.

— «Fortines beréberes en al-Ándalus», *Cuadernos de Estudios Medievales y Ciencias y Técnicas Historiográficas,* n.ºs 14-15, 1985-1987, pp. 97-113.

— «La violación de Florinda y la pérdida de España», *Historia y Vida,* n.º 223, 1986, pp. 78-84.

— «Las defensas de Arjona», *Boletín del Instituto de Estudios Giennenses,* n.º 125, 1986, pp. 25-91.

— «La campaña de 1225 y el primer cerco de Jaén por Fernando III», *Boletín del Instituto de Estudios Giennenses,* n.º 132, 1987, pp. 23-38.

— «Los almohades», *Historia y Vida,* n.º 237, 1987, pp. 94-105.

— «Las defensas almorávides de Jaén», *Boletín del Instituto de Estudios Giennenses,* n.º 133, 1988, pp. 9-32.

— «Murallas de Jaén», *Senda de los Huertos,* n.º 10, abril-junio, 1988, pp. 35-42.

— «La vía del Jandulilla: dos siglos de frontera castellano-nazarí (1246-1448)», en Segura Graíño, C. (ed.), *Relaciones exteriores del reino de Granada: IV Coloquio de Historia Medieval Andaluza,* Instituto de Estudios Almerienses, Almería, 1989, pp. 105-121.

— *Castillos y atalayas del reino de Jaén,* Riquelme y Vargas, Jaén, 1989.

Eslava Galán, Juan, «Los castillos de la tierra de Segura», *Boletín del Instituto de Estudios Giennenses,* n.º 137, 1989, pp. 9-38.
— «Fortificaciones de tapial en al-Ándalus y al-Magreb», *Castillos de España: Publicación de la Asociación Española de Amigos de los Castillos,* n.º 96, 1989, pp. 52-55.
— «El castillo de la Peña de Martos y la Orden de Calatrava», *Boletín del Instituto de Estudios Giennenses,* n.º 142, 1990, pp. 149-160.
— *Los Reyes Católicos, su vida y su tiempo,* Planeta, Barcelona, 1996.
— «Vida fronteriza en la Baja Edad Media», *Historia y Vida,* n.º 381, 1999, Barcelona, pp. 34-40.
— *Los castillos de Jaén,* Universidad de Jaén, Jaén, 1999.
— «La marea islámica», *Historia y Vida,* n.º 421, 2003, pp. 34-41.
— «La batalla de las Navas de Tolosa», *Andalucía en la Historia,* n.º 2, 2003, pp. 68-79.
— «Los templarios en Andalucía», *Andalucía en la Historia,* n.º 5, 2004, pp. 38-42.
— *Los templarios y otros enigmas medievales,* Planeta, Barcelona, 2005.
— *El mercenario de Granada,* Barcelona, Planeta, 2007.
— *Califas, guerreros, esclavos y eunucos: los moros en España,* Espasa Calpe, Madrid, 2008.
— «Aristócratas, guerreros, campesinos y artesanos», *Andalucía en la Historia,* n.º 32, 2011, pp. 10-13.
— «Los castillos de la Comarca de las Cuatro Villas», *Argentaria,* n.º 1, 2012, pp. 95-99.
— «Arquitectura militar jiennense y la conquista cristiana», *Alcazaba: Revista Histórico-Cultural,* n.os 16-17, 2016-2017, pp. 109-114.
Estévez Sola, Juan A. (ed.), *Chronica hispana saeculi* XII, *pars II,* Turnholt, Brepols, 1995.
Falque Rey, Emma (ed.), *Chronicon Compostellanum,* Habis, Madrid, 1983, pp. 73-83.
Fanjul García, Serafín, «España, perdida y recobrada», *Anaquel de Estudios Árabes,* n.º 8, 1997, pp. 101-128.

Fanjul García, Serafín, *Al-Ándalus contra España: la forja del mito*, Siglo XXI, Madrid, 2000.
— *La quimera de al-Ándalus,* Siglo XXI, Madrid, 2004.
— «No quiero ser *dhimmi*», *ABC,* 3 de febrero de 2006.
Fernández Vega, Pedro Ángel, *Estudio crítico: Beato de Liébana,* Fundación Ignacio Larramendi, Madrid, 2017 (texto en internet: <https://www.larramendi.es/poligrafos_y_autores/es/catalogo_imagenes/grupo.do?path=1024060>).
Fierro, Maribel, «Al-Ándalus en el pensamiento fascista español. La revolución islámica en Occidente de Ignacio Olagüe», en Martín, M. (dir.), *Al-Ándalus/España: historiografías en contraste,* Casa de Velázquez, Madrid, 2017, pp. 325-349.
Gacto Fernández, Enrique, «Imbecillitas sexus», *Cuadernos de Historia del Derecho,* n.º 20, 2013, pp. 27-76 (texto en internet: <https://revistas.ucm.es/index.php/CUHD/article/download/45328/42654/>).
Gall, Michel, *El secreto de las mil y una noches,* Plaza & Janés, Barcelona, 1976.
García Fitz, Francisco, «La Reconquista: un estado de la cuestión», *Clío & Crimen,* 6, 2009.
— *La Reconquista,* Universidad de Granada, Granada, 2010.
— «Crítica e hipercrítica en torno al concepto de reconquista. Una aproximación en la historiografía reciente», en Ayala Martínez, Carlos de, Isabel Cristina Ferreira Fernandes, J. Santiago Palacios Ontalva (coord.), *La Reconquista: ideología y justificación de la guerra santa peninsular*, La Ergástula, Madrid, 2019.
García Gómez, Emilio, «Novedades sobre la crónica anónima titulada *Fath al-Andalus*», *Annales de l'Institut d'Études Orientales de la Faculté des Lettres d'Alger*, XII, 1954, pp. 31-42.
— «¿Andaluces moros?», *ABC,* 26 de enero de 1982, p. 3.
García Osuna y Rodríguez, José María Manuel, *Urraca I de León primera reina y emperatriz de Europa,* El Forastero, León, 2020.
García Sanjuán, Alejandro, *La conquista islámica de la península ibérica y la tergiversación del pasado: del catastrofismo al negacionismo,* Marcial Pons, Madrid, 2013.

García Sanjuán, Alejandro, «La persistencia del discurso nacionalcatólico sobre el Medievo peninsular en la historiografía española actual», *Historiografías: Revista de Historia y Teoría,* n.º 12, 2016, pp. 132-153.

Gaspariño García, Sebastián, *Historia de al-Ándalus según las crónicas medievales,* vol. XIV, tomo I: *Los amires: el califato de Hisam II,* Fajardo el Bravo, Murcia, 2019.

Gelmírez, Diego, *Historia Compostelana donde se incluyen las pruebas del tomo precedente, con otras muchas noticias de Papas, Cardenales, Obispos, Concilios, Reyes, Varones ilustres y en especial del primer Arzobispo de Santiago,* Imprenta de la Viuda de Eliseo Sánchez, Madrid, 1765.

Gibson, Ian, *Hacia la República Federal Ibérica: reflexión y sueño de un hispanista irredento,* Espasa, Madrid, 2021.

Gil Fernández, Juan, José L. Moralejo, y Juan I. Ruiz de la Peña, *Crónicas asturianas,* Universidad de Oviedo, Oviedo, 1986.

Giménez Soler, Andrés, *La Corona de Aragón y Granada, historia de las relaciones entre ambos reinos,* Imprenta de la Casa Provincial de Caridad, Barcelona, 1908.

González Jiménez, Manuel, «Morón de la Frontera a comienzos del siglo xv», *Anuario de Estudios Medievales,* 17, 1987, pp. 401-422.

— «Morón, una villa de frontera (1402-1427)», en Segura Graíño, C. (coord.), *Relaciones exteriores del reino de Granada: IV Coloquio de Historia Medieval Andaluza,* Instituto de Estudios Almerienses, Almería, 1988, pp 55-70.

— «La frontera entre Andalucía y Granada: realidades bélicas», en Ladero Quesada, M. Á. (ed.), *La incorporación de Granada a la Corona de Castilla: Actas del Symposium conmemorativo del Quinto Centenario,* Diputación Provincial de Granada, Granada, 1993, pp. 87-145.

— *Alfonso X el Sabio,* Ariel, Barcelona, 2004.

— *La Reconquista: realidad y leyenda,* conferencia del 17 de marzo de 2005, Universidad de Sevilla (texto en internet: <https://core.ac.uk/download/pdf/51384994.pdf>).

GONZÁLEZ JIMÉNEZ, Manuel, «Los otros andaluces. Los moros que no se quisieron ir», *Boletín de la Real Academia Sevillana de Buenas Letras,* 38, 2010, pp. 85-98.

— y Ángel Luis MOLINA MOLINA, *Los milagros romanzados de santo Domingo de Silos de Pedro Marín*, Real Academia Alfonso X el Sabio, Murcia, 2008.

GRENOUILLEAU, Olivier, *Les Traites négrières : essai d'histoire globale,* Galimard, París, 2006.

GUICHARD, Pierre, *Al-Ándalus (711-1492), estructura antropológica de una sociedad islámica en Occidente,* Barral Editores, Barcelona, 1976.

HARVEY, Leonard P., «Una referencia explícita a la legalidad de la práctica de la taqiya por los moriscos», *Sharq al-Andalus,* 12, 1995, pp. 561-563.

HURTADO DE MENDOZA, Diego, *Guerra de Granada hecha por el rey de España don Felipe II contra los moriscos de aquel reino, sus rebeldes,* 1627 (texto en internet: <https://www.cervantesvirtual.com/obra-visor/guerra-de-granada-hecha-por-el-rey-de-espana-don-felipe-ii-contra-los-moriscos-de-aquel-reino-sus-rebeldes-historia-escrita-en-cuatro-libros--0/html/fee8dfa0-82b1-11df-acc7-002185ce6064_2.htm>).

IBN ABD AL-HAKAM, ABU AL-QASIM ABD AL-RAHMAN, *Futuh Misr wa Akhbaruha,* Universitaire Pers, Leiden, 1920.

IBN ABD RABBIHI AL-ANDALUSĪ, Aḥmad ibn Muḥammad, *Al-'iqd al-farīd,* 9 vols., Dār al-Kutub al-'Ilmiyya, Beirut, 1997 (trad. cast.: *El collar único,* Síntesis, Madrid, 2007).

IBN AL-KARDABŪS, *Historia de al-Ándalus,* Akal, Madrid, 1986.

IBN HAZM, Ali B. Ahmad, *El collar de la paloma,* Alianza Editorial, Madrid, 1979.

— *Libro de los caracteres y la conducta (que trata) de la medicina de las almas,* S. L. Iralka, San Sebastián, 1996.

IBN JALDÚN, *The Muqaddimah. An introduction to history,* Routledge and K Paul, Londres, 1958.

IBN QAYYIM AL-JAWZIHAD, *Le Paradis: Hadi el Arvah i'la bilad el Af'rah,* Universel, París, 2004.

JACKSON, Gabriel, *Introducción a la España medieval,* Alianza Editorial, Madrid, 2015.

JAIME I, *Llibre dels fets,* Bruguera, Barcelona, 1991.

JAURALDE POU, Pablo, y Juan Alfredo BELLÓN (eds.), *Cancionero de obras de burlas provocantes a risa,* Akal, Madrid, 1974.

JIMÉNEZ DE RADA, Rodrigo, *Historia de los hechos de España,* Alianza, Madrid, 1989.

LADERO QUESADA, Miguel Ángel, *Castilla y la conquista de Granada*, Universidad de Valladolid, Valladolid, 1967.

— *Lecturas sobre la España histórica,* Real Academia de la Historia, Madrid, 1998.

— *Las guerras de Granada en el siglo XV,* Ariel, Barcelona, 2002.

— «La frontera de Granada, 1265-1481», *Revista de Historia Militar,* 1, Madrid, 2002, pp. 49-122.

— *La formación medieval de España,* Alianza, Madrid, 2004.

LAFUENTE ALCÁNTARA, Emilio, *Ajbar Machmúa (crónicas anónimas del siglo XI),* Órbigo, La Coruña, 2014.

LÁINZ, Jesús, *La nación falsificada,* Encuentro, Madrid, 2006.

— «Las pateras del Danubio», *El Manifiesto,* 27 de mayo de 2021 (texto en internet: <https://elmanifiesto.com/tribuna/338976608/Las-pateras-del-Danubio.html>).

LEVI DELLA VIDA, Giorgio, «Il motivo del cannibalismo simulato», en Nallino, M. (comp.), *Note di storia letteraria araboispanica,* Istituto per l'Oriente, Roma, 1971.

LLORENTE, José Antonio, *Historia crítica de la Inquisición de España,* Juan Pons, Barcelona, 1870 (texto en internet: <https://bibliotecadigital.jcyl.es/es/consulta/registro.do?id=20831>).

LÓPEZ DE AYALA, Pedro, *Crónicas de los Reyes de Castilla Don Pedro, Don Enrique II, Don Juan I, Don Enrique III,* vol. 1, en la imprenta de Don Antonio de Sancha, 1779.

LÓPEZ DE COCA CASTAÑER, José Enrique, «Comercio exterior del reino de Granada», en Diputación de Sevilla (ed.), *Hacienda y comercio: Actas del II Coloquio de Historia Medieval Andaluza,* Diputación Provincial de Sevilla, Sevilla, 1982.

— «Converso, hidalgo, fraile y renegado: don Juan de Granada Abencomixa», *HID,* n.º 39, 2012, pp. 129-151.

— «La liberación de cautivos en la frontera de Granada (siglos XIII-XV)», *En la España Medieval,* vol. 36, 2013, pp. 79-114.

LÓPEZ PEREIRA, José Eduardo, *Continuatio Isidoriana Hispana: crónica mozárabe de 754,* Centro de Estudios e Investigación San Isidoro, León, 2009.

LOZANO, Cristóbal, *Historias y leyendas,* Espasa, Madrid, 1969.

LUNA, Álvaro de, *Crónica de Álvaro de Luna*, Espasa, Madrid, 1940.

MALPICA CUELLO, Antonio, *Poblamiento y castillos en Granada,* El Legado Andalusí, D. L., Madrid, 1996.

MAMI, Ridha, «El corrido mexicano y la épica árabe», *Espéculo: Revista de Estudios Literarios,* n.º 38, 2008 (texto en internet: <http://www.ucm.es/info/especulo/numero38/comexica.html>).

MANZANO MORENO, Eduardo, *La frontera de al-Ándalus en época de los omeyas,* Consejo Superior de Investigaciones Científicas, Madrid, 1991.

— *Conquistadores, emires y califas: los omeyas y la formación de al-Ándalus,* Crítica, Barcelona, 2006.

— «De cómo los árabes realmente invadieron Hispania», *Al-Qantara,* vol. 35, n.º 1, 2014, pp. 311-319.

— *La corte del califa: cuatro años en la Córdoba de los omeyas,* Crítica, Barcelona, 2019.

— «Tierra de nadie: geoestrategia y frontera», *Desperta Ferro: Antigua y Medieval,* n.º 52, 2019, pp. 6-12.

— «Los ejércitos árabes de la conquista», *Desperta Ferro,* especial *Ejércitos medievales hispánicos (II). Conquista y resistencia (711-929),* n.º 27, 2021, pp. 38-41.

MÁRMOL CARVAJAL, Luis, *Historia del rebelión y castigo de los moriscos del reyno de Granada*, Juan René, Málaga, 1600 (texto en internet: <http://www.bibliotecavirtualdeandalucia.es/catalogo/es/catalogo_imagenes/grupo.do?path=86321>).

MARQUÉS DE LIDAL, y Miguel SALVÁ, *Colección de documentos inéditos para la historia de España,* tomo XXV, Imprenta de la Viuda de Calero, Madrid, 1854.

MÁRQUEZ VILLANUEVA, Francisco, *Moros, moriscos y turcos en Cervantes: ensayos críticos,* Bellaterra, Barcelona, 2010.

MARTÍN, José Carlos, «Los *Chronica byzantia-arabica*: contribución a la discusión sobre su autoría y datación, y traducción anotada», *E-Spania, Revue Électronique d'Études Hispaniques Médiévales,*, 1 junio de 2006 (texto en internet: <https://doi.org/10.4000/e-spania.329>).

MARTÍN, José Luis, *Historia de España 3: la Alta Edad Media,* Historia 16, Madrid, 1980.

— *Historia de España 4: una sociedad en guerra. Reinos cristianos y musulmanes (siglos XI-XIII),* Historia 16, Madrid, 1980.

MARTÍNEZ ENAMORADO, Virgilio, «Arqueología de los mozárabes. Bobastro. Las Mesas de Villaverde», *Revista de Arqueología,* n.º 202, Madrid, febrero de 1998, pp. 42-53.

MARTÍNEZ LÓPEZ, M., *Piratas y corsarios en las costas de Alicante,* Editorial Club Universitario, Alicante, 1996.

MELO CARRASCO, Diego, «Las treguas entre Granada y Castilla durante los siglos XIII a XV», *Revista de Estudios Histórico-Jurídicos,* n.º 34, 2012, pp. 237-275.

MENÉNDEZ PIDAL, Ramón, *Flor nueva de romances viejos,* Espasa Libros, Barcelona, 2010.

— *Reliquias de la poesía épica española,* M. Rivadeneyra, Madrid, 1951.

— *La España del Cid,* Espasa Calpe, Madrid, 1969.

— (ed.), *Primera crónica general de España,* 2 vols., Gredos, Madrid, 1955 (1.ª ed., 1906; reimpresa en 1977).

MOLINA, Luis, «Las campañas de Almanzor a la luz de un nuevo texto», *Al-Qanṭara: Revista de Estudios Árabes,* vol. 2, n.º 1, 1981, págs. 209-263.

— «Las campañas de Almanzor. Nuevos datos», *Al-Qanṭara: Revista de Estudios Árabes,* vol. 3, n.os 1-2, 1982, pp. 467-472.

MONTANER FRUTOS, Alberto (ed.), *Cantar de Mio Cid,* Galaxia Gutenberg, Barcelona, 2011.

— *El señal del rey de Aragón: historia y significado,* Institución Fernando el Católico, Zaragoza, 1995 (reimpresión corregida de 2013, texto en internet: <https://ifc.dpz.es/recursos/publicaciones/19/73/_ebook.pdf>).

MORALES TALERO, Santiago, «Don Fadrique de Castilla y Castro, Duque de Arjona», *Boletín del Instituto de Estudios Giennenses,* 40, Jaén 1964, pp. 17-34.

MORENO MENGÍBAR, Andrés, y Francisco VÁZQUEZ GARCÍA, *Crónica de una marginación: la prostitución en Andalucía desde el siglo* XV *a la actualidad,* Baal, Cádiz, 1999.

MORETA VELAYOS, Salustiano (res.), *Ibn 'Idari. La caída del califato de Córdoba y los reyes de taifas (al-Bayan al-Mugrib).* Estudio, traducción y notas por Felipe Maíllo Salgado. Estudios Árabes e Islámicos. Universidad de Salamanca, Salamanca, 1993.

MORRIS, Ian, *Guerra, ¿para qué sirve?,* Ático de los Libros, Barcelona, 2017.

MOURELLE DE LEMA, Manuel, *La identidad etnolingüística de Valencia desde la antigüedad hasta el siglo* XIV, Grugalma, Madrid, 1996.

MUCHA, Martín, «Invasión por el útero», *El Mundo,* 28 de febrero de 2010.

OCAMPO, Florián de, *Las quatro partes enteras de la Cronica de España que mando componer el Serenissimo rey don Alonso llamado el Sabio: donde se contienen los acontescimientos y hazañas mayores y mas señaladas que suçedieron en España desde su primera poblaçion hasta casi los tiempos del dicho señor rey / vista y emendada mucha parte de su impression por el maestro Florian Doca[m]po,* Agustín de Paz y Juan Picardo, Zamora, 1541.

— *Los cuatro libros primeros de la crónica general de España que recopila el maestro Florián de Ocampo, criado y cronista del emperador rey nuestro señor por mandado de su magestad cesárea,* Zamora, Juan Picardo; a expensas de Juan Pedro Mussetti, 1543.

— *Tercera crónica general,* Medina del Campo, Guillermo Millis, 1553.

OLAGÜE VIDELA, Ignacio, *La revolución islámica en Occidente. Los árabes no invadieron jamás España,* Almuzara, Sevilla, 2017.

ORDEN DE CALATRAVA, *Definiciones de la orden y cavallería de Calatrava conforme al capítulo general celebrado de Madrid, año de MDCLII,* Imprenta del Mercurio, Madrid, 1748.

ORTEGA DOLZ, Patricia, «Mil ochocientos oratorios en manos de Dios», *El País,* 15 de agosto de 2021.

Ortega Ortega, Julián M., *La conquista islámica de la Península Ibérica. Una perspectiva arqueológica,* La Ergástula, Madrid, 2018.

Padilla, Lorenzo de, *Colección de documentos inéditos para la historia de España: Crónica de Felipe I llamado el Hermoso,* vol. 8, Viuda de Calero, Madrid, 1846.

Palacios Ontalva, Santiago, «La reconquista: un concepto a debate también desde la Arqueología Medieval», en *Jornadas Internacionais: A Reconquista. Ideologia e Justificação da Guerra Santa Peninsular,* Palmela (Portugal), 2018.

Palencia, Alfonso de, *Anales de la guerra de Granada,* Tipografía de la Revista de Archivos, Madrid, 1909 (texto en internet: <http://www.cervantesvirtual.com › obra-visor › html>).

Pérez, Joseph, *Isabel y Fernando: los Reyes Católicos,* Nerea, Madrid, 1988.

Pérez Castañeda, María Dolores, «Las treguas y las suspensiones de hostilidades en la dinámica estratégica castellana frente a Granada (1369-1481)», en Toro Ceballos, F., y Rodríguez Molina, J. (coords.), *II Estudios de Frontera: actividad y vida en la frontera. En memoria de don Claudio Sánchez-Albornoz,* Diputación Provincial de Jaén, Jaén, 1996, pp. 671-682.

— «Las treguas y las suspensiones de hostilidades en la dinámica estratégica castellana frente a Granada (1369-1481)», en *II Estudios de Frontera. Actividad y vida en la frontera,* Jaén, 1998, pp. 671-682.

Pérez Galdós, Benito, *Obras completas*, 5 vols., Aguilar, Madrid, 1981.

Pérez-Reverte, Arturo, «Maestras con yihab y otros disparates», *XL Semanal,* 5 de marzo de 2017.

Pétré-Grenouilleau, Olivier, *Les Traites négrières: essai d'histoire globale,* Gallimard, París, 2004.

Pi i Bofarull, Jaume, *Catalunya para marcianos,* Planeta, Barcelona, 2018.

Pinetti, Joseph, *Divertimenti fisici: la storia di un mago nel* XVIII *secolo,* Stampa Alternativa, Viterbo, 2001.

Pita, Antonio, «La ciudad árabe resplandeciente se oculta al lado del Guadalquivir», *El País,* 1 de abril de 2018.

PORRAS ARBOLEDAS, Pedro Andrés, «El comercio fronterizo entre Andalucía y el reino de Granada a través de sus gravámenes fiscales», *Baética: Estudios de Arte, Geografía e Historia,* n.º 7, 1984, pp. 245-254.

PRESCOTT, William H., *The Art of War in Spain: The Conquest of Granada (1482-1492)*, Greenhill Books, Londres, 1995.

PROCOPIO DE CESAREA, *Bellum Gothicum,* libros II y IV, Cambridge University Press, Cambridge (MA), 1961.

PUERTO FERRÉ, María Teresa, *Lengua valenciana: una lengua suplantada*, Diputación de Valencia, Valencia, 2006.

— «Normalizacion del barceloní y gestación del catalán: hechos y fechas, siglos XIX y XX», Russafi, 11 de enero de 2012 (texto en internet: <http://www.teresafreedom.com/modules.php?name=Sections&op=viewarticle&artid=3>).

PULGAR, Hernando del, *Crónica de los Señores Reyes Católicos Don Fernando y Doña Isabel de Castilla y de Aragón escrita por su cronista Hernando del Pulgar; cotexada con antiguos manuscritos y aumentada de varias ilustraciones y enmiendas,* Imprenta de Benito Monfort, Valencia, 1740 (reedición en Atlas, Madrid, 1953).

RADES Y ANDRADA, fray Francisco de, *Chrónica de las tres órdenes de cavallería de Sanctiago, Calatrava y Alcántara,* Toledo, 1572 (texto en internet: <https://bibliotecadigital.jcyl.es/es/catalogo_imagenes/grupo.do?path=10072375>).

REILLY, Bernard F., *El reino de León y Castilla bajo el rey Alfonso VI (1065-1109),* Instituto Provincial de Investigaciones y Estudios Toledanos, Toledo, 1989.

— *Cristianos y musulmanes,* Barcelona, Crítica, 1992.

RIBERA Y TARRAGÓ, Julián, *Disertaciones y opúsculos,* E. Maestre, Madrid, 1928.

RÍOS SALOMA, Martín, *La Reconquista, una construcción historiográfica (siglos XVI-XIX)*, Marcial Pons, Madrid, 2011.

RIQUER, Martín de, «Examen lingüístico del *Llibre dels feyts d'armes de Catalunya* de Bernat Boades», *Boletín de la Real Academia de Buenas Letras de Barcelona,* Barcelona, 1948, pp. 247-274 (texto en internet <www.raco.cat/index.php/BoletinRABL/article/viewFile/197121/269749>).

Riu Riu, Manuel, Carmen Batlle Gallart, J. M. Salrach Mares, y Manuel Sánchez Martínez, *La conquista musulmana y los inicios de la Reconquista,* Folio, Barcelona, 2008.

Rivas, Alma, *Reflexiones de Averroes sobre las mujeres andalusíes,* 2016 (texto en internet: <https://www.academia.edu/37720932/Reflexiones_de_Averroes_sobre_las_mujeres_andalus%C3%ADes>).

Rodríguez Magda, Rosa María, *La España convertida al islam,* Altera, Barcelona, 2006.

Rodríguez Molina, José, *La vida de moros y cristianos en la frontera,* Alcalá Grupo Editorial, Alcalá la Real, 2007.

— y Javier García Benítez, «Alcalá la Real, enclave generador de tratados de paz», en Toro Ceballos, F., y Rodríguez Molina, J. (eds.), *VII Estudios de Frontera: islam y cristiandad, siglos* XII-XVI. *Homenaje a M.ª Jesús Viguera Molins,* Universidad de Granada, Granada, 2009, p. 785-798.

Rodríguez Monteoliva, Faustino, *Lobras y Tímar: estudios sobre la Repoblación de la Alpujarra*, Ayuntamiento de Lobras, Granada, 2001.

Rosell, Cayetano (ed.), *Continuación de la crónica de Pulgar por un autor anónimo,* Biblioteca de Autores Españoles, Madrid, 1953.

Rubiera Mata, María Jesús, «La mesa de Salomón», *Awraq: Estudios sobre el Mundo Árabe e Islámico Contemporáneo,* n.º 3, 1980, pp. 26-31.

Safi, Nadia, «Las mujeres y el lenguaje misógino en la poesía árabe andalusí», en Martín Clavijo, M. (ed. lit.), *Más igualdad, redes para la igualdad,* Universidad de Granada, Granada, 2012 (texto en internet: <https://idus.us.es/bitstream/handle/11441/54676/Pages%20from%20congresoAUDEM-9.pdf?sequence=1&isAllowed=y>.

Saiz, María, María Jesús Álvarez-Cubero, José Antonio Lorente, Juan Carlos Álvarez, y Luis Javier Martínez-González, «Genetic Structure in the Paternal Lineages of South East Spain Revealed by the Analysis of 17 Y-STRs», *Scientific Reports,* n.º 9, 2019 (texto en internet: <https://www.nature.com/articles/s41598-019-41580-9>).

Sánchez Adalid, Jesús, *Las armas de la luz,* HarperCollins, Barcelona, 2021.
Sánchez, M., «Al-Ándalus (711-10311)», en Martín, José Luis (ed.), *Historia de España 3. La Alta Edad Media,* Historia 16, Madrid, 1980.
Sánchez Albornoz, Claudio, *La España musulmana,* Espasa, Madrid, 1978.
— y Aurelio Viñas, *Lecturas históricas españolas,* Rialp, Madrid, 1981.
— *De la Andalucía islámica a la de hoy,* Rialp, Madrid, 1983.
Sánchez Saus, Rafael, *Al-Ándalus y la cruz: la invasión musulmana,* Stella Maris, Barcelona, 2016.
Santa Cruz, Alonso de, *Crónica de los Reyes Católicos,* Publicaciones de la Escuela de Estudios Hispano-Americanos de Sevilla, Sevilla, 1951.
Sartori, Giovanni, «El islam ha declarado la guerra santa a Occidente, que no sabe defenderse», *El Mundo,* 13 de octubre de 2007.
Seco de Lucena Paredes, Luis, «Acerca de las campañas militares de Almanzor», *Miscelánea de Estudios Árabes y Hebraicos,* vols. 14-15, 1965, pp. 5-29.
Serrano del Pozo, Joaquín, «La pérdida de España: el tópico de la lamentación y el sentido providencial en la *Crónica mozárabe* del 754», *Intus-Legere Historia,* vol. 8, n.º 1, 2014, pp. 25-46.
Simón i Tarrés, Antoni, *La monarquía de los Reyes Católicos: hacia un Estado hispánico plural,* Temas de Hoy, Madrid, 1996.
Simonet, Francisco Javier, *Historia de los mozárabes en España, deducida de los mejores y más auténticos testimonios de los escritores cristianos y árabes,* Viuda e Hijos de M. Tello, Madrid, 1897-1903.
Suárez Fernández, Luis, *Juan II y la frontera de Granada,* Universidad de Valladolid, Valladolid, 1954.
Taheri, Amir, *Holy Terror: The Inside Story of Islamic Terrorism,* Hutchinson, Londres, 1987.
Toro Ceballos, Francisco, José Rodríguez Molina (coords.), *Estudios de frontera: Alcalá la Real y el arcipreste de Hita. con-*

greso internacional celebrado en Alcalá la Real, Diputación Provincial de Jaén, Jaén, 1996.

Torres Fontes, Cristina, «Don Rodrigo Téllez Girón, maestre de Calatrava», *Miscelánea Medieval Murciana,* 3, Murcia, 1976, pp. 41-72.

Torres Fontes, Juan, «Conquista y pérdida de Huéscar en el reinado de Juan II de Castilla», *Murgetana,* n.º 84, 1992, pp. 81-99.

— *Fajardo el Bravo,* Real Academia Alfonso el Sabio, Murcia, 2001.

— *Instituciones y sociedad en la frontera murciano-granadina,* Real Academia Alfonso X el Sabio, Murcia, 2004.

Ubieto Arteta, Antonio (ed.), *Crónica najerense,* Anubar, Valencia, 1966.

VV. AA., *Crónica de los reyes de Castilla,* Biblioteca de Autores Españoles, Rivadeneyra, Madrid, 1875.

VV. AA., *Diccionario del islam. Religión y cultura,* Editorial Monte Carmelo, Burgos, 2006.

Valdeón Baruque, Julio, *La Baja Edad Media: crisis y renovación en los siglos XIV-XV,* Historia 16, Madrid, 1981.

— *La Reconquista: el concepto de España. Unidad y diversidad,* Espasa, Madrid, 2006.

Valdés García, Olga, *El chronicon mundi de Lucas de Tuy. Edición crítica y estudio,* Universidad de Salamanca, Salamanca, 1997.

Valencia, Rafael, «Las fuentes árabes. Un corpus en reelaboración», *Andalucía en la Historia,* n.º 31, 2011, pp. 24-27.

Valera, Diego de, *Memorial de diversas hazañas,* Biblioteca Nacional Hispánica, Mss. 1210.

Vallejo Girvés, Margarita, *Bizancio y la España tardoantigua (siglos V-VIII): un capítulo de historia mediterránea,* Universidad de Alcalá de Henares, Alcalá de Henares, 1993.

Vallvé Bermejo, Joaquín, *Abderramán III: califa de España y Occidente,* Ariel, Barcelona, 2003.

Vernet, Juan (ed.), *Las mil y una noches,* s. l., LeLibros (texto en internet: <https://0201.nccdn.net/1_2/000/000/17f/d54/Las-mil-y-una-noches.pdf>).

VICTORIO, Juan (ed.), *Poema de Alfonso Onceno,* Cátedra, Madrid, 1991.

VIERA Y CLAVIJO, José de, *Noticias de la historia general de las Islas de Canaria,* Editorial Maxtor Librería, Valladolid, 2004.

VIGUERA MOLINS, María Jesús, «El Cid en las fuentes árabes», en Hernández Alonso, César (coord.), *El Cid, Poemae Historia,* Actas del Congreso Internacional, Burgos, 2000, pp. 55-92.

— «Violencia y poder andalusí en leyendas españolas», UCM (texto en internet: <https://www.academia.edu/41611873/Poder_y_leyendas_Prepublication_>).

VILLAR IGLESIAS, José Luis, «Al-Ándalus y las fuentes del oro», tesis doctoral inédita, Universidad de Sevilla, 2015.

— «Los aspectos económicos en la batalla por el Magreb entre omeyas y fāṭimíes: el control del acceso al oro del Sudán occidental», *Espacio, Tiempo y Forma,* n.º 33, UNED, 2020, pp. 653-676.